혼자
공부하는
자바

개정판

혼자 공부하는 자바(개정판)

1:1 과외하듯 배우는 프로그래밍 자습서

초판 1쇄 발행 2019년 6월 10일
개정판 1쇄 발행 2024년 2월 1일
개정판 2쇄 발행 2024년 4월 29일

지은이 신용권 / **펴낸이** 전태호
펴낸곳 한빛미디어(주) / **주소** 서울시 서대문구 연희로2길 62 한빛미디어(주) IT출판1부
전화 02-325-5544 / **팩스** 02-336-7124
등록 1999년 6월 24일 제25100-2017-000058호
ISBN 979-11-6921-190-1 94000 / 979-11-6224-194-3(세트)

총괄 배윤미 / **책임편집** 이미향 / **기획 · 편집** 권소정
디자인 박정화 / **일러스트** 이진숙 / **전산편집** 김현미 / **용어 노트** 김도윤
영업 김형진, 장경환, 조유미 / **마케팅** 박상용, 한종진, 이행은, 김선아, 고광일, 성화정, 김한솔 / **제작** 박성우, 김정우

이 책에 대한 의견이나 오탈자 및 잘못된 내용은 출판사 홈페이지나 아래 이메일로 알려주십시오.
파본은 구매처에서 교환하실 수 있습니다. 책값은 뒤표지에 표시되어 있습니다.

한빛미디어 홈페이지 www.hanbit.co.kr / 이메일 ask@hanbit.co.kr
소스 코드 www.hanbit.co.kr/src/11190 / 학습 사이트 hongong.hanbit.co.kr

지금 하지 않으면 할 수 없는 일이 있습니다.
책으로 펴내고 싶은 아이디어나 원고를 메일(**writer@hanbit.co.kr**)로 보내주세요.
한빛미디어(주)는 여러분의 소중한 경험과 지식을 기다리고 있습니다.

혼자 공부하는 자바

개정판

신용권 지음

★ ★
혼자 공부하는 시리즈 소개

누구나 혼자 할 수 있습니다! 야심 찬 시작이 작심삼일이 되지 않도록 돕기 위해서 〈혼자 공부하는〉 시리즈를 만들었습니다. 낯선 용어와 친해져서 책장을 술술 넘기며 이해하는 것, 그래서 완독의 기쁨을 경험하고 다음 단계를 스스로 선택할 수 있게 되는 것이 목표입니다.

지금 시작하세요. 〈혼자 공부하는〉 사람들이 '때론 혼자, 때론 같이' 하며 힘이 되겠습니다.

HB 한빛미디어
Hanbit Media, Inc.

첫 독자가 전하는 말

'어떻게 하면 자바를 배우기 시작한 입문자가 더 쉽고 빠르게 익힐 수 있을까'라는 고민에서 시작한 이 책은 독자 26명의 실제 학습 결과를 기반으로 만들어졌습니다. 독자의 의견을 적극적으로 반영하여 한 단계 더 업그레이드한 자바 입문서를 지금 만나보세요!

다른 어떤 자바 입문서보다 입문자에게 최적화된 책입니다. 초보자들도 쉽게 이해할 수 있는 친절한 설명과 함께 직접 손으로 코드를 작성하면서 개념을 체득하고 실전 감각을 키울 수 있습니다. 또한, 저자가 직접 멘토링 해주는 듯한 느낌을 받을 수 있어 열의를 다지며 학습할 수 있습니다. 이 책의 흐름을 따라가다 보면 어느새 자바와 친해진 자신을 발견할 수 있을 것입니다!

_ 베타리더 김가은 님

개발자를 꿈꾸는 자녀에게 권해주고 싶은 자바 입문 필독서입니다. 프로그래밍의 기초 체력을 길러주고 스스로 고기를 잡을 수 있도록 안내하는 책입니다. 쉬운 설명과 깔끔한 정리, 완벽한 이해를 위한 핸즈온, 그리고 실무에 도움이 되는 팁까지 자바 프로그래밍을 시작하기에 매우 좋은 책입니다.

_ 베타리더 김삼영 님

〈혼자 공부하는〉 시리즈는 프로그래밍을 공부하는 분들에게 바이블과 같아요. 파이썬, 머신러닝, C, 데이터 분석까지 모두 혼자 공부하는 시리즈를 활용했어요. 〈직접 해보는 손코딩〉과 〈확인 문제〉를 풀어보면서 기초 지식을 쌓을 수 있다는 것이 장점이에요.

_ 베타리더 오두영 님

파이썬이나 C 프로그래밍 경험만 있던 저에게, '자바'라는 언어의 매력을 알게 해준 책입니다. 프로그래밍 언어는 혼자 공부하기 어렵다는 편견이 있었는데, 이 책을 통해 자바의 A to Z 를 알 수 있을 것 같다는 생각이 들었습니다.

_ 베타리더 류다인 님

자바에 관한 기초적인 내용을 초보자를 위해 꼼꼼히 풀어서 설명하는 저자의 노력이 느껴지는 책입니다. 챕터마다 수록된 〈핵심 포인트〉와 〈확인 문제〉는 독자가 해당 내용을 이해하고 습득하는 데 큰 도움을 줍니다. 이 책은 개정판으로, JDK 21을 지원함으로써 최신 개발 환경에서도 사용할 수 있어 매우 유용합니다. 이처럼 독자에게 친절한 설명과 실용성을 제공하는 이 책은 자바를 배우는 데 아주 적합하다고 생각합니다.

_ 베타리더 윤명식 님

자바에 처음 입문하는 사람에게 적극 추천하고 싶은 책입니다. 입문자뿐 아니라 모든 개발자들이 곤란을 겪는 개발 환경 세팅 가이드가 최신 환경에 맞게 친절하고 섬세하게 잘 설명되어 있습니다. 특히, 개념이나 용어를 설명할 때 적절한 표현과 도식을 활용하여, 머릿속에 그림이 그려지듯 쉽게 이해할 수 있도록 도와줍니다. 각 챕터가 끝날 때 해당 챕터의 내용을 요약한 〈핵심 포인트〉가 있어 처음 학습할 때 챕터를 복기하고 복습할 때에도 유용합니다.

_ 베타리더 안승태 님

『혼자 공부하는 자바(개정판)』 책이 만들어지기까지
강기범, 김가은, 김삼영, 김세웅, 김수연, 김수정, 김영익, 김현진, 노현승,
류다인, 류영표, 박찬웅, 안단희, 안승태, 오두영, 윤명식, 이강민, 이대상,
이성애, 이장훈, 임승민, 임승현, 장수민, 전현준, 정종훈, 정주희
26명의 독자가 함께 수고해주셨습니다.
감사합니다.

"자바를 배우기에 너무 늦지 않았냐고요?"

Q 자바를 배우면 프로그래머로 취업하는 데 도움이 될까요?

A 적어도 우리나라의 IT 업계에서는 그 말이 맞습니다. 왜냐하면 자바 기반의 프로젝트가 상당히 많기 때문이죠. 프로그램 개발은 수요(요청, 발주)가 있어야 진행할 수 있습니다. 그런 면에서 자바 수요를 따라갈 프로그래밍 언어는 없습니다.

생각해보세요. 만약 자바를 배웠는데 자바 프로젝트의 수요가 없다면 어떻게 될까요? 개발업체에서는 자바 프로그래머를 채용하지 않을 테고, 자바 프로그래머는 자바로 개발할 프로젝트가 없으니 다른 프로그래밍 언어를 배워야 할 것입니다.

그런데 우리나라 정부, 공공기관, 대기업에서 발주하는 프로젝트는 대부분 자바 기반의 프로젝트입니다. 수요가 많으니 자바 프로그래머의 수요도 많습니다. 앞으로도 그럴 것으로 예상합니다. 이것이 지금 자바를 배워도 늦지 않은 이유입니다.

Q 자바 프로그래머가 되면 어떤 개발을 하게 되나요?

A 자바로 할 수 있는 일은 매우 많습니다. 그런데 중요한 것은 수요가 있는 곳에서 발주하는 자바 기반의 프로젝트가 무엇인가 하는 것이겠죠?

웹 개발 프로젝트가 가장 많습니다. 여기서 자바 프로그래머는 웹 서버 개발을 맡습니다. 다음으로는 앱 프로젝트인데요, 안드로이드 앱을 만들 때 자바 언어를 사용할 수 있습니다. 이두 가지 프로젝트의 수요가 가장 많은데 이것만 잘해도 자바 프로그래머로 일감이 끊기는 경우는 없을 것입니다. 이 외에도 다른 소프트웨어 개발로 넘어가기가 쉽다는 장점이 있어요. 임베디드, 사물인터넷, 빅데이터, 인공지능 분야로도 진출이 가능합니다.

Q 웹 서버 개발자, 안드로이드 앱 개발자를 목표로 한다면 자바를 배우면 되겠군요?

A 네. 이 두 가지 직군을 목표로 잡았다면 자바가 정답입니다. 안드로이드 앱은 코틀린 언어로도 개발할 수 있는데, 코틀린은 자바 라이브러리를 사용하기 때문에 코틀린을 학습하기 전에 자바를 먼저 학습하는 것이 좋습니다. 프로그래머가 되고 싶은데 아직 구체적인 목표를 잡지 않았다면 다른 분야로도 쉽게 넘어갈 수 있는 자바를 먼저 공부하라고 말씀드리고 싶네요.

『혼자 공부하는 자바(개정판)』이야기

Q 이미 많은 자바 책이 출간되어 있습니다. 『혼자 공부하는 자바(개정판)』은 이 책들과 무엇이 다른가요?

A 그 전에 자바를 배우는 방법에 대해 말씀드려볼까 해요. 자바는 배우기에 쉬운 언어는 아닙니다. 소프트웨어 전공 학생이라면 몇 년에 걸친 학부 과정 속에서 차근차근 배울 수 있겠지만, 그렇지 못한 경우라면 IT 전문학원에서 자바 과정을 배우기도 하죠. 그러나 보통 이 과정은 6개월 풀과정입니다. 하루에 8시간 넘게 학습해야 해요. 모든 자바 입문자가 이렇게 긴 시간을 내기는 어렵지요. 이 책을 쓴 목적은 바로 이렇게 긴 시간을 내기 어려운 입문자에게 마치 6개월의 자바 학습 과정을 배우는 것과 같은 효과를 주기 위해서입니다. '혼자 공부하는' 키워드에 부합하도록 정말 혼자서도 배울 수 있게 준비했습니다. 꼭 필요한 것을 목차로 구성했고, 이해를 돕기 위해 동영상 강의도 준비했어요. 제가 교육기관에서 25년 동안 강의한 내용이 그대로 들어가 있다고 보시면 됩니다.

이 책을 학습한 후 보다 더 깊이 있게 자바를 배워보고 싶다면, 『이것이 자바다』를 추천합니다. 『혼자 공부하는 자바』는 자바에서 꼭 알아야 할 것만 추려 담아 놓았다면, 『이것이 자바다』는 '자바 정복'을 목표로 자바의 모든 것을 담아 두었습니다. 독자 여러분의 니즈에 따라 알맞게 선택해보시길 권합니다.

Q 저는 프로그래밍을 전혀 모르는 입문자인데, 정말 이 책으로 자바를 배울 수 있나요?

A 자바 문법을 배우는 것이 자바를 배우는 전부는 아닙니다. 중요한 것은 자바 코드의 실행 흐름, 객체 지향적 개념을 잡는 것입니다. 이 책에서 자바의 모든 문법, 모든 기능을 다룬다고는 말씀드리지 못합니다. 그러나 핵심 문법, 코드의 실행 흐름, 객체 지향적 개념은 반드시 배울 수 있다고 말씀드릴 수 있어요. 이것을 잡으면, 이후에는 어떤 것을 추가로 학습하면 되는지 저절로 알게 될 것입니다.

Q 그렇게 말씀하셔도 걱정되네요. 제가 끝까지 해낼 수 있을까요?

A 단지, 이 책 한 권으로 다가 아니에요. 〈혼공〉 학습 사이트가 있습니다. 이곳에는 저자 직강 동영상도 있고, 커뮤니티도 있고, 학습단도 운영해요. 여러분과 같은 자바 입문자들을 만날 수 있답니다. 함께 교류하면서 힘을 얻을 수 있으니 걱정하지 말고 시작해보세요.

『혼자 공부하는 자바(개정판)』 7단계 길잡이

01-1 프로그래밍

핵심 키워드   기계어   프로그래밍 언어

컴퓨터에서 실행하는 프
언어로 작성된 소스
어의 역할에 대해
어보겠습니

에 필요한 여러 가지 기능을

수 있도록 구성되어 있지만, 개발자가 추가적으로
, C++ 애플리케이션 개발 등 다양한 개발 환경을 구

에 이르기까지 광범
사용하는 전문 개발
들은 어떤 에디터를
드립니다.

좋은 편집 툴이란
개발자에게 보다
정확한 코딩을 유
도하도록 도와주
는 것!

직접 해보는 손코딩

소스 코드는 직접 손으로 입력한
후 실행하세요! 코드 이해가 어
려우면 주석, 실행결과, 앞뒤의
코드 설명을 참고하세요.

시작하기 전에

해당 절에서 배울 주제 및
주요 개념을 짚어줍니다.

Start   **1**   **2**   **3**   **4**

핵심 키워드

해당 절에서 중점적으로
볼 내용을 확인합니다.

말풍선

지나치기 쉬운 내용 혹은
꼭 기억해두어야 할 내용
을 짚어줍니다.

시작하기 전에

컴퓨터가 이해할 수 있는 기계어 machine language는 우
른 0과 1로 이루어진 이진 코드를 사용합니다. 사
용하는 언어는 컴퓨터 입장에서 보면 이해할 수 없
터가 대화하기 위해서는 사람의 언어와 기계어의 대

프로그래밍 언어로 작성한 파일을 소스 source 파일
없으므로 컴파일 compile이라는 과정을 통해서 0
서 사용합니다.

직접 해보는 손코딩

주석 사용하기   소스 코드 Hello.java

```
01    package sec03.exam01;
02
03    /*
04    작성자: 신용권
05    작성일: 2025.12.31
06    */
07    public class Hello {
```

범위 주석

마무리

▶ 6가지 키워드로 끝내는 핵심 포인트

• 바이트 코드 파일: 자바 소스 파일을 javac 명령어

• JVM: 자바 가상 기계Java Virtual Machine는 바이트
번역하고 실행하는 역할을 합니다. JVM은
는 자바 소스 파일을 ㄱ

좀 더 알아보기

쉬운 내용, 핵심 내용도 좋지만,
때론 깊이 있는 학습이 필요할
때도 있습니다. 더 알고 싶은
갈증을 풀 수 있는 내용으로 담
았습니다.

확인 문제

지금까지 학습한 내용을 문
제를 풀면서 확인합니다.

5　　**6**　　**7**　　**Finish**

핵심 포인트

절이 끝나면 마무리의 핵심
포인트에서 핵심 키워드의
내용을 리마인드하세요.

**좀 더
알아보기**　　**제공 소스 파일 이용**

학습의 편의를 위해서 이 책에서 다루는 모든 자바
일은 한빛출판네트워크 웹사이트(www.hanbit.c
압축 파일명은 다음과 같습니다.

`SelfStudyJava.zip`

"fStudyJava.zip 파일을 다운로드

▶ 확인 문제

1. 배열을 생성하는 방법으로 틀린 것은 무

　① int[] array = { 1, 2, 3 };

　② int[] array; array = { 1, 2, 3 };

　③ int[] array = new int[3];

　④ int[][] array = new int[3][2]

2. 배열의 기본 초기값에 대

『혼자 공부하는 자바(개정판)』 100% 활용하기

때론 혼자, 때론 같이 공부하기!

학습을 시작하기 전부터 책 한 권을 완독할 때까지, 곁에서 든든한 러닝 메이트^{Learning Mate}가 되어 드리겠습니다.

본격적으로 학습을 시작하기 전에

Oracle JDK 설치하기

자바로 프로그램을 개발하기 위해서는 먼저 자바 개발 도구(JDK)를 설치해야 합니다. Oracle 홈페이지에 접속하여 Oracle JDK를 무료로 다운로드한 후 설치해주세요. 31쪽

https://www.oracle.com

이클립스 설치하기

이 책으로 자바를 처음 학습하는 분들이라면, 오픈 소스 통합 개발 환경인 이클립스를 사용하길 권장합니다. 이클립스 홈페이지에 접속하여 무료로 다운로드한 후 설치해주세요. 40쪽

https://www.eclipse.org

학습 사이트 100% 활용하기

예제 파일 다운로드,
동영상 강의 보기, 저자에게 질문하기를 한번에!

사이트 바로 가기

hongong.hanbit.co.kr   go

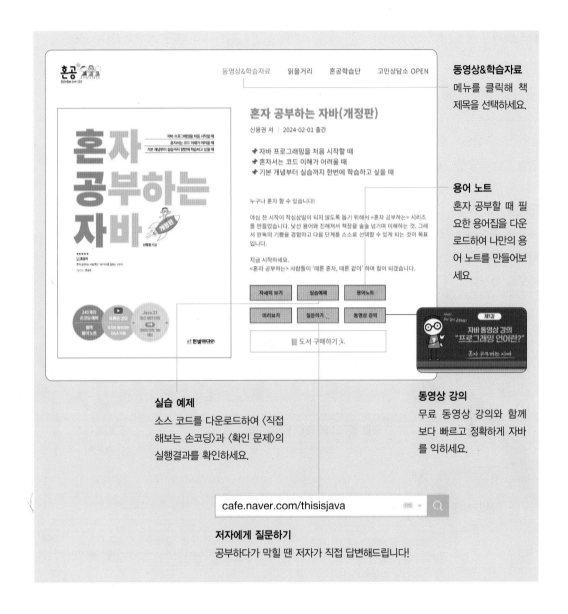

동영상&학습자료
메뉴를 클릭해 책
제목을 선택하세요.

용어 노트
혼자 공부할 때 필
요한 용어집을 다운
로드하여 나만의 용
어 노트를 만들어보
세요.

실습 예제
소스 코드를 다운로드하여 〈직접
해보는 손코딩〉과 〈확인 문제〉의
실행결과를 확인하세요.

동영상 강의
무료 동영상 강의와 함께
보다 빠르고 정확하게 자바
를 익히세요.

저자에게 질문하기
공부하다가 막힐 땐 저자가 직접 답변해드립니다!

때론 혼자, 때론 같이! '혼공 학습단'과 함께 하세요.

 한빛미디어에서는 '혼공 학습단'을 모집합니다.
자바 학습자들과 함께 학습 일정표에 따라 공부하며 완주의 기쁨을 느껴보세요.

✉ 한빛미디어 홈페이지에서 '메일 수신'에 동의하면 학습단 모집 일정을 안내받으실 수 있습니다.

일러두기

기본편 01~11장

자바의 기초를 다룬 부분으로 프로그래밍의 기초 과정을 학습하려는 독자는 기본편만 학습해도 좋습니다.

고급편 12~14장

자바를 활용해서 개발을 하려면 고급편까지 모두 이해하도록 합시다.

난이도 ●●●●●

01~05장

대부분의 프로그래밍 언어에서 공통적으로 다루는 기초 내용입니다.

✓ 자료 타입 암기!

Start

01
자바 시작하기
●○○○○

▶

02
변수와 타입
●●●○○

5장을 학습하기 위해서는 기본 타입과 참조 타입의 차이를 이해해야 합니다. ↑

08~09장

객체 지향 프로그래밍을 더욱 강화시키는 문법입니다. 적절히 활용할 수 있도록 인터페이스의 역할을 꼭 이해하고 넘어갑시다.

◀ **09**
중첩 클래스와 중첩 인터페이스
●●●○○

◀ **08**
인터페이스
●●●●○

✓ 자바에서 예외 처리하는 방식만 짚고 넘어가기

10
예외 처리
●●●○○

10장

예외가 발생했을 때 처리하는 다양한 방법을 중심으로 공부하세요!

11장을 학습하기 위해선 클래스와 인터페이스에 대한 지식이 필요합니다.

▶

11장

개발을 더욱 편리하게 해주는 API들을 다루는 내용입니다.

▶ **11**
기본 API 클래스
●●●○○

▶

12
스레드
●●●●○

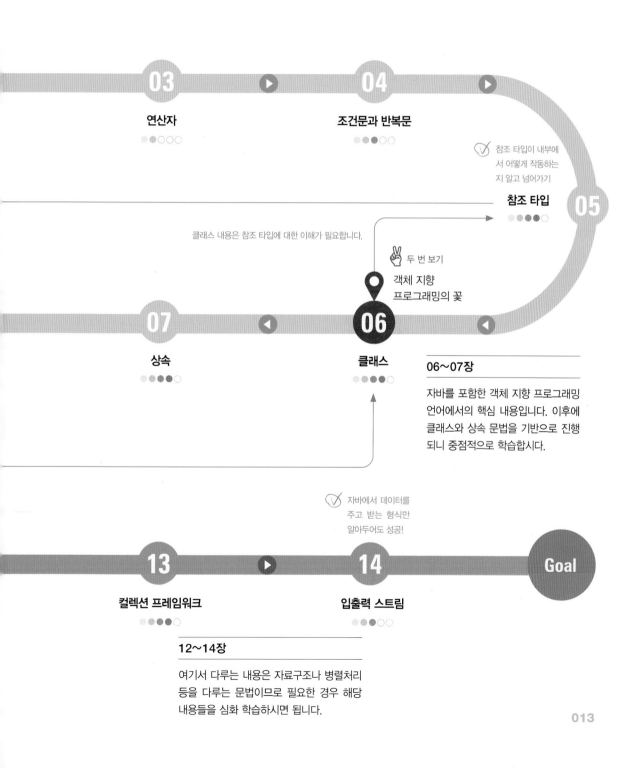

03

연산자

04

조건문과 반복문

참조 타입이 내부에서 어떻게 작동하는지 알고 넘어가기

참조 타입

클래스 내용은 참조 타입에 대한 이해가 필요합니다.

두 번 보기
객체 지향
프로그래밍의 꽃

05

07

상속

06

클래스

06~07장

자바를 포함한 객체 지향 프로그래밍 언어에서의 핵심 내용입니다. 이후에 클래스와 상속 문법을 기반으로 진행되니 중점적으로 학습합시다.

자바에서 데이터를 주고 받는 형식만 알아두어도 성공!

13

컬렉션 프레임워크

14

입출력 스트림

Goal

12~14장

여기서 다루는 내용은 자료구조나 병렬처리 등을 다루는 문법이므로 필요한 경우 해당 내용들을 심화 학습하시면 됩니다.

- 프로그래밍 언어와 자바의 개념을 이해합니다.

- 자바 개발 환경을 구축하고, 자바 프로그램 개발 순서를 배웁니다.

- 이클립스를 통해 자바 프로젝트를 생성하고, 컴파일 과정을 거쳐 바이트 코드를 실행하는 방법에 대해 알아봅니다.

Chapter

01

자바 시작하기

01-1 프로그래밍 언어와 자바

핵심 키워드

기계어   프로그래밍 언어   소스 파일   컴파일   JDK   환경 변수

컴퓨터에서 실행하는 프로그램(program)은 특정 목적을 수행하도록 프로그래밍 언어로 작성된 소스를 기계어로 컴파일한 것입니다. 이번 절에서는 프로그래밍 언어의 역할에 대해 알아보고, 자바 언어로 프로그램을 개발할 수 있는 환경을 만들어보겠습니다.

시작하기 전에

컴퓨터가 이해할 수 있는 기계어^{machine language}는 우리가 일상생활에서 사용하는 언어와는 너무나도 다른 0과 1로 이루어진 이진 코드를 사용합니다. 사람이 이해하기에는 매우 어렵죠. 반대로 사람이 사용하는 언어는 컴퓨터 입장에서 보면 이해할 수 없는 문자의 집합입니다. 그렇기 때문에 사람과 컴퓨터가 대화하기 위해서는 사람의 언어와 기계어의 다리 역할을 하는 프로그래밍 언어가 필요합니다.

프로그래밍 언어로 작성한 파일을 소스^{source} 파일이라고 합니다. 소스 파일은 컴퓨터가 바로 이해할 수 없으므로 컴파일^{compile}이라는 과정을 통해서 0과 1로 이루어진 기계어 파일로 번역한 후에 컴퓨터에서 사용합니다.

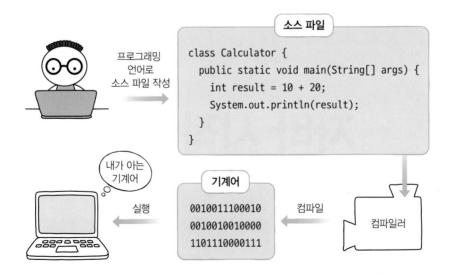

자바 소개

프로그래밍 언어에는 많은 종류가 있습니다. 대표적으로 자바^{Java}, C, C++, C#, 파이썬^{Python} 등이 있습니다. 이 프로그래밍 언어들이 제공하는 기능은 조금씩 다르기 때문에 어떤 언어가 가장 우수하다고 말할 수는 없습니다.

자바는 1995년도에 썬 마이크로시스템즈$^{Sun\ Microsystems}$에서 처음 발표한 후, 가장 성공한 프로그래밍 언어로서 전세계적으로 다양한 분야에서 사용되고 있습니다. 안드로이드폰에서 실행하는 애플리케이션뿐만 아니라 웹사이트를 개발하는 핵심 언어로 사용되며, 모든 운영체제에서 실행 가능한 데스크톱 애플리케이션도 개발할 수 있습니다.

> 웹 애플리케이션 구축용 언어로는 자바가 최고!

자바는 오라클$^{https://www.oracle.com}$에서 라이선스를 가지고 있습니다. 오라클은 자바 개발 도구$^{JDK:\ Java\ Development\ Kit}$를 배포하여 자바로 프로그램을 쉽게 개발할 수 있도록 기술적으로 지원합니다.

자바는 다음과 같은 특징을 가지고 있습니다.

• 모든 운영체제에서 실행 가능

자바로 작성된 프로그램은 모든 운영체제에서 실행 가능합니다. 따라서 윈도우에서 개발된 프로그램을 수정하지 않고 바로 리눅스에서도 실행할 수 있다는 장점이 있습니다.

- **객체 지향 프로그래밍**

  객체(부품)를 만들고, 이 객체들을 서로 연결해서 더 큰 프로그램을 완성하는 기법을 객체 지향 프로그래밍OOP: Object-Oriented Programming이라고 합니다. 자바는 객체 지향 프로그래밍을 위한 최적의 언어입니다.

- **메모리 자동 정리**

  자바는 메모리(RAM)를 자동 관리하므로, 개발자는 메모리를 관리하는 수고를 덜고 핵심 기능인 코드 작성에 집중할 수 있습니다.

- **무료 라이브러리 풍부**

  무료로 다운로드해서 사용할 수 있는 오픈 소스 라이브러리open source library가 풍부하기 때문에 프로그램 개발 기간을 단축할 수 있습니다.

자바 개발 도구 설치

자바로 프로그램을 개발하기 위해서는 먼저 자바 개발 도구JDK: Java Development Kit를 설치해야 합니다. 쉽게 설치 가능한 JDK에는 Open JDK와 Oracle JDK가 있으며, 프로그램을 개발하거나 학습용으로 사용할 때에는 둘 다 무료로 사용이 가능합니다.

반면 상업용으로 판매하는 프로그램 속에 JDK를 포함시키거나 상업용 웹사이트를 운영한다면 Open JDK는 무료로 사용 가능하지만, Oracle JDK는 오라클에 사용료를 지불하고 사용해야 합니다.

구분	Open JDK	Oracle JDK
라이선스 종류	GNU GPL version 2, with the Classpath Exception	Oracle Technology Network License Agreement for Oracle Java SE
사용료	개발 및 학습용: 무료, 상업용: 무료	개발 및 학습용: 무료, 상업용: 유료

Open JDK를 기반으로 해서 만든 것이 Oracle JDK이므로 둘 사이에 사용상의 차이점은 거의 없습니다. 다만 Oracle JDK는 오라클의 LTSLong Term Support: 장기 지원 서비스가 제공되므로 기술 지원 및 버그를 개선한 업데이트 버전을 꾸준히 받을 수 있다는 장점이 있습니다. 학습용으로는 둘 다 무료이니 안정적인 Oracle JDK를 사용하는 것이 좋습니다.

01 Oracle JDK 설치 파일을 다운로드하기 위해 오라클 웹사이트(https://www.oracle.com)에 접속합니다. 상단의 [Products] 메뉴에서 [Hardware and software]의 [Java]를 클릭합니다.

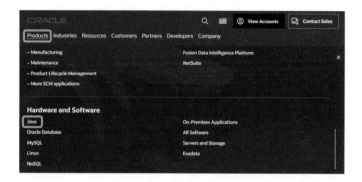

02 [Java] 화면이 나타나면 우측 상단의 [Download Java] 버튼을 클릭합니다.

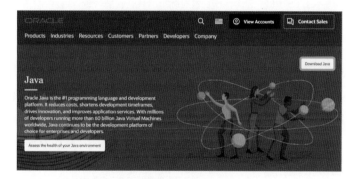

03 [Java Downloads] 화면에서 아래로 스크롤한 후 [JDK 21] 탭의 [JDK Development Kit 21.0.x downloads]에서 [Windows] 탭을 클릭합니다. 그리고 [x64 Installer]의 다운로드 링크를 클릭해서 설치 파일 'jdk-21_windows-x64_bin.exe'를 다운로드받습니다.

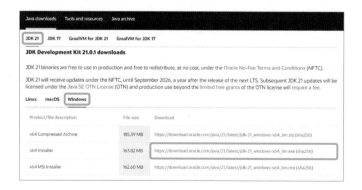

자바 버전은 '주 버전(major).서브 버전(minor).패치 버전(patch)'으로 구성되어 있습니다. 버전 21.0.x을 예로 들면, 21
이 주 버전, 0이 서브 버전, x가 패치 버전입니다. 주 버전은 이전 주 버전과 호환되지 않는 내용이 추가되었을 때 업데이트
되고, 서브 버전은 주 버전 내에서 호환이 되는 내용이 추가되었을 때 업데이트됩니다. 패치 버전은 서브 버전 내에서 버그
를 수정할 때마다 업데이트되며, 패치 버전이 높을수록 서브 버전이 더욱더 안정화가 되었다는 뜻입니다.

일반적으로 자바 버전이라고 하면 주 버전(major)을 말합니다. 자바 21을 설치한다는 것은 Java SE 21 또는 JDK 21을
설치한다는 것과 동일한 의미입니다.

오라클은 모든 버전마다 LTS(장기 지원 서비스)를 제공하지 않습니다. 새롭게 추가된 기능을 미리
사용해보는 버전이 있으며, 이 기능이 애플리케이션 개발에서 사용할 수 있을 만큼 안정화되었을 때
LTS 버전을 릴리즈합니다. 그렇기 때문에 LTS 버전을 사용할 것을 추천드립니다. 참고로 자바 9,
10, 12~16, 18~20은 LTS 버전이 아닙니다. 이 책을 학습하기 위해서는 LTS 버전인 자바 8, 자바
11, 자바 17, 자바 21 그리고 이후 LTS 버전 중 하나만 설치해도 됩니다(부록을 학습하기 위해서는
자바 21 이상의 버전을 설치해야 합니다).

04 파일 탐색기에서 다운로드한 JDK 설치 파일
을 실행하고 [사용자 계정 컨트롤] 대화상자에서
디바이스 변경을 허용하도록 [예] 버튼을 클릭
합니다. 이것은 JDK를 C:\Program Files\
Java에 설치할 때 필요합니다.

05 각 화면에서 [Next] 버튼을 클릭해서 기본 설치를 진행합니다.

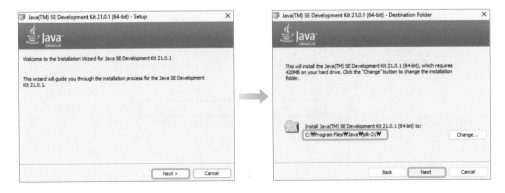

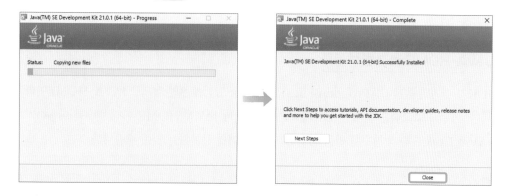

06 설치가 완료되면 JDK는 C:\Program Files\Java\jdk-21 경로에 저장됩니다.

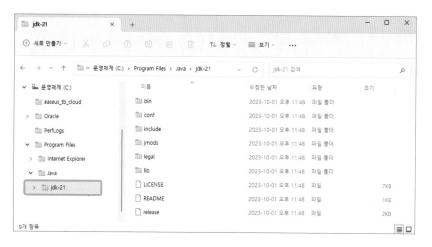

➕ **여기서 잠깐** **jdk 폴더 설명**

jdk 폴더는 버전마다 조금씩 다른 구조를 가지고 있습니다. jdk-21의 폴더들은 다음과 같은 내용을 담고 있습니다.

- **bin:** 개발할 때 필요한 도구(실행 파일)들이 있습니다. 자바 컴파일러(javac.exe)와 자바 실행 명령어(java.exe)가 이 폴더에 저장되어 있습니다.
- **conf:** 자바 개발자, 배포자 및 최종 사용자가 편집할 수 있는 설정 파일들이 저장되어 있습니다.
- **include:** 자바를 C 언어로 작성된 프로그램과 통합하는 데 필요한 파일이 저장되어 있습니다.
- **jmods:** 컴파일된 자바 모듈(표준 라이브러리)들이 저장되어 있습니다.
- **legal:** 저작권 및 라이선스 파일이 저장되어 있습니다.
- **lib:** 자바 프로그램 실행 환경과 관련된 세부 정보 파일들이 저장되어 있습니다.
- **기타 파일:** 라이선스 및 jdk 릴리즈 정보 등이 저장되어 있습니다.

환경 변수 설정

JAVA_HOME 환경 변수 등록

JDK가 설치된 폴더(C:\Program Files\Java\jdk-21)를 일반적으로 JAVA_HOME이라고 말합니다. 어떤 프로그램은 설치된 JDK의 위치를 찾을 때 JAVA_HOME 환경 변수를 이용하기 때문에 JAVA_HOME 환경 변수를 만들고, JDK 설치 폴더를 등록하는 것이 좋습니다.

01 윈도우 운영체제에서 환경 변수를 변경할 때에는 [시스템 속성] 대화상자를 이용합니다. 작업 표시줄에 있는 검색 아이콘을 클릭하고 입력란에 '시스템 환경 변수 편집'이라고 입력합니다. 여기서 [시스템 환경 변수 편집]을 클릭하여 [시스템 속성] 대화상자를 실행합니다.

02 [시스템 속성] 대화상자가 실행되면 [고급] 탭을 선택하고, [환경 변수] 버튼을 클릭합니다.

03 [환경 변수] 대화상자가 나타나면 [시스템 변수]에서 [새로 만들기] 버튼을 클릭합니다.

04 [새 시스템 변수] 대화상자가 나타나면 [변수 이름]에 'JAVA_HOME', [변수 값]에 JDK가 설치된 경로를 입력합니다. 입력이 완료되면 적용하기 위해 모든 대화상자에서 [확인] 버튼을 클릭합니다.

note [변수 값]을 저장할 때에는 [디렉터리 찾아보기] 버튼을 클릭해서 JDK가 설치된 폴더를 지정하면 편리합니다.

Path 환경 변수 수정

파일 탐색기에서 JDK 설치 폴더를 보면 bin 폴더가 있습니다. bin 폴더 안에는 다양한 명령어들이 있는데, 대표적으로 자바 소스 파일을 컴파일해주는 javac 명령어와 컴파일된 파일을 실행해주는 java 명령어가 있습니다.

javac와 java 명령어는 명령 프롬프트(cmd.exe)의 명령 라인에서 개발자가 직접 컴파일하고 실행할 때 사용됩니다. 문제는 bin 폴더 안에 있기 때문에 다른 폴더에서 실행할 수 없다는 것입니다. 다른 폴더에서 실행하려면 다음과 같이 환경 변수 Path에 bin 폴더를 등록해야 합니다. 다음은 윈도우 11에서 Path 환경 변수에 bin 폴더를 등록하는 순서입니다.

01 [환경 변수] 대화상자의 [시스템 변수]에서 Path 환경 변수를 선택하고 [편집] 버튼을 클릭합니다.

02 [환경 변수 편집] 대화상자가 나타나면 [새로 만들기] 버튼을 클릭하고 추가된 항목에 직접 '%JAVA_HOME%\bin'을 입력합니다.

note '%JAVA_HOME%'은 JAVA_HOME 환경 변수의 값을 사용한다는 의미입니다. JAVA_HOME이 C:\Program Files\Java\jdk-21이므로 %JAVA_HOME%\bin은 C:\Program Files\Java\jdk-21\bin이 됩니다.

03 입력을 끝내면 등록된 [%JAVA_HOME%\bin]을 선택하고 [위로 이동] 버튼을 클릭해서 첫 번째 항목으로 올려줍니다. 이제 모든 대화상자의 [확인] 버튼을 클릭해서 환경 변수 설정을 마칩니다.

note 첫 번째 항목으로 위치시키는 이유는 명령 라인에서 명령어를 찾을 때, Path 환경 변수에 등록된 순서대로 찾기 때문입니다. 만약 %JAVA_HOME%\bin보다 먼저 등록된 폴더에 java 명령어가 있다면 다른 버전의 java 명령어가 사용될 수 있습니다.

04 환경 변수가 올바르게 설정되었는지 확인하기 위해 명령 프롬프트(cmd.exe)를 실행합니다. [시작] 버튼 바로 옆에 있는 [검색] 버튼을 클릭하고 입력란에 '명령' 또는 'cmd'를 입력한 후 [명령 프롬프트]를 선택해서 실행할 수 있습니다.

05 명령 프롬프트가 실행되면 'javac –version'을 입력하고 [Enter] 키를 누릅니다. 다음과 같이 javac 버전이 출력된다면 환경 변수가 제대로 설정되었다는 의미입니다.

➕ 여기서 잠깐 **환경 변수가 잘못 설정되었을 경우**

명령 프롬프트에서 'javac –version'을 실행했는데 javac 21.0.x가 출력되지 않는다면 환경 변수 설정이 잘못된 것입니다. 이 경우, 환경 변수 JAVA_HOME과 Path를 다시 확인하고 수정해야 합니다. 수정을 하고 나면 명령 프롬프트는 닫고 재시작한 후에 테스트해야 합니다.

▶ 6가지 키워드로 끝내는 핵심 포인트

- **기계어**: 컴퓨터(운영체제)가 이해하고 실행할 수 있는 0과 1로 이루어진 코드를 말합니다.
- **프로그래밍 언어**: 사람이 기계어를 이해하는 것은 매우 어렵기 때문에 사람의 언어와 기계어의 다리 역할을 합니다. 종류로는 C, C++, 자바^{Java}, 파이썬^{Python} 등이 있습니다.
- **소스 파일**: 프로그래밍 언어로 작성된 파일을 말합니다.
- **컴파일**: 소스 파일을 기계어로 번역하는 것을 말합니다. 이 역할을 담당하는 소프트웨어를 컴파일러라고 합니다.
- **JDK**: 자바 개발 도구^{Java Development Kit}의 줄임말로, 자바로 프로그램을 개발할 수 있는 실행 환경(JVM)과 개발 도구(컴파일러) 등을 제공합니다.
- **환경 변수**: 운영체제가 실행하는 데 필요한 정보를 제공해주는 변수를 말합니다. JDK를 설치한 후 명령 라인(명령 프롬프트, 터미널)에서 컴파일러(javac)와 실행(java) 명령어를 사용하려면 JAVA_HOME 환경 변수를 등록하고 Path 환경 변수를 수정하는 것이 좋습니다.

▶ 확인 문제

1. 다음 중 맞는 것에 O표, 틀린 것에 X표 하세요.

   ① 소스 파일이란 컴퓨터가 이해하는 기계어로 구성된 파일이다. (   )
   ② 자바 언어로 프로그램을 개발하기 위해서는 JDK를 설치해야 한다. (   )
   ③ JDK가 설치되면 기본적으로 C:\Program Files\Java 폴더가 생성된다. (   )
   ④ 자바 컴파일러와 실행 명령어는 JDK 설치 폴더\bin 폴더에 있다. (   )

2. JDK 설치 폴더 안의 bin 폴더를 Path 환경 변수에 등록하는 이유는 무엇입니까?

   ① 자동 부팅을 하기 위해
   ② 자동 업데이트를 하기 위해
   ③ 다른 경로에서 bin 폴더 안에 있는 명령어를 사용할 수 있도록 하기 위해
   ④ 컴파일한 바이트 코드를 저장하기 위해

01-2 이클립스 개발 환경 구축

핵심 키워드

이클립스 · 워크스페이스 · 뷰 · 퍼스펙티브

복잡한 프로그램을 개발할 경우에는 개발자의 코딩 실수를 줄이기 위해 키워드의 색상 구분, 자동 코드 완성 및 디버깅(debugging: 모의 실행을 해서 코드의 오류를 찾는 것) 기능을 갖춘 소스 편집 툴을 사용하는 것이 좋습니다.

이번 절에서는 기업체에서 가장 선호하는 개발 전문 툴인 이클립스의 사용 방법에 대해 알아보겠습니다.

시작하기 전에

이클립스는 무료로 사용할 수 있는 오픈 소스 통합 개발 환경IDE: Integrated Development Environment입니다. IDE란 프로젝트 생성, 자동 코드 완성, 디버깅 등과 같이 개발에 필요한 여러 가지 기능을 통합적으로 제공해주는 툴을 말합니다.

이클립스는 기본적으로 자바 프로그램을 개발할 수 있도록 구성되어 있지만, 개발자가 추가적으로 플러그인plugin을 설치하면 웹 애플리케이션 개발, C, C++ 애플리케이션 개발 등 다양한 개발 환경을 구축할 수 있습니다.

현재 이클립스는 초급 개발자부터 고급 개발자에 이르기까지 광범위하게 사용되고 있고, 기업체에서 가장 많이 사용하는 전문 개발 툴입니다. 이 책으로 자바를 처음 학습하는 분들은 어떤 에디터를 선택할지 고민하지 말고 이클립스를 사용하길 권해드립니다.

좋은 편집 툴이란 개발자에게 보다 정확한 코딩을 유도하도록 도와주는 것!

이클립스 설치

이클립스는 자바 언어로 개발된 툴이기 때문에 실행하기 위해서는 JDK가 필요합니다. 앞에서 이미 JDK를 설치했기 때문에 이클립스 설치 파일만 다운로드하면 됩니다.

01 이클립스 홈페이지(https://www.eclipse.org)의 오른쪽 상단에서 [Download] 버튼을 클릭합니다.

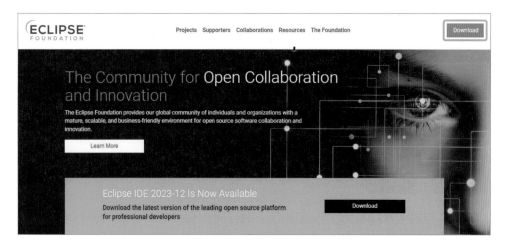

02 다운로드 화면이 나타나면 [Install your favorite desktop IDE packages]의 [Download x86_64] 버튼을 클릭하고 이어서 나타나는 화면에서 [Download] 버튼을 클릭해 설치 파일을 다운로드합니다.

03 다운로드한 인스톨러 파일(eclipse-inst-jre-win64.exe)을 선택하고 마우스 오른쪽 버튼을 클릭해 [관리자 권한으로 실행]을 선택합니다. [사용자 계정 컨트롤] 대화상자가 나타나면 [예] 버튼을 클릭합니다.

note 관리자 권한으로 실행하는 이유는 C:\Program Files 폴더에 이클립스를 설치하기 위해서입니다.

04 다음과 같이 [eclipse installer] 대화상자가 나타나면 [Eclipse IDE for Enterprise Java and Web Developers]를 선택합니다.

note 이 책으로 자바를 학습하기 위해서는 [Eclipse IDE for Java Developers]를 선택해도 좋지만, 웹 애플리케이션 개발까지 고려하고 있다면 [Eclipse IDE for Enterprise Java and Web Developers]를 선택하는 것이 좋습니다. 현업 개발자들도 [Eclipse IDE for Enterprise Java and Web Developers]를 사용합니다.

05 [VM]은 'C:\Program Files\Java\jdk-21'로 지정하고, [Installation Folder]는 기본 폴더를 그대로 유지한 후 [INSTALL] 버튼을 클릭합니다.

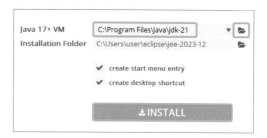

06 [Eclipse Foundation Software User Agreement] 대화상자가 나타나면 [Accept Now] 버튼을 클릭합니다.

07 설치가 완료되면 다음과 같이 [LAUNCH] 버튼이 활성화됩니다. [LAUNCH] 버튼을 클릭해서 Eclipse를 실행합니다.

note 이후에 이클립스를 실행할 때에는 바탕 화면에 생성된 [Eclipse] 바로 가기 아이콘을 더블클릭하면 됩니다.

워크스페이스

설치 완료 화면에서 [LAUNCH] 버튼을 클릭하거나, 바탕 화면에 생성된 [Eclipse] 바로 가기 아이콘을 더블클릭하면 [Eclipse IDE Launcher] 대화상자가 나타납니다. 여기서는 프로젝트가 기본적으로 저장될 워크스페이스Workspace 폴더를 지정해줍니다.

01 [Workspace]를 다른 폴더로 지정하고 싶다면 [Eclipse IDE Launcher] 대화상자에서 [Browse] 버튼을 클릭해서 변경합니다. 여기서는 'C:\SelfStudyJava'로 지정하도록 하겠습니다. [Launch] 버튼을 클릭하면 이클립스가 실행됩니다.

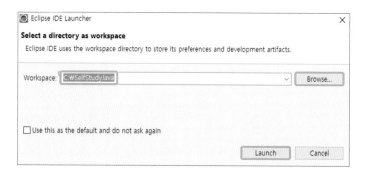

note 하단에 있는 [Use this as the default and do not ask again]을 체크하면 이클립스를 재시작할 때 [Eclipse IDE Launcher] 대화상자가 실행되지 않습니다. 하지만 이클립스를 실행할 때 워크페이스 변경이 필요한 경우도 있기 때문에 체크하지 않는 것이 좋습니다.

note 가끔 워크스페이스 폴더를 잘못 지정해서 다른 폴더로 변경하고 싶을 경우가 있습니다. 이클립스를 실행한 상태에서 워크스페이스 폴더를 변경하려면 [File] – [Switch Workspace] – [Other] 메뉴를 선택하면 됩니다.

02 다음은 이클립스 실행 화면입니다. 다음 실행 시 [Welcome] 탭이 나오지 않도록 하려면 하단의 [Always show Welcome at start up]을 체크 해제하고, [Welcome] 탭의 [×] 버튼을 클릭해서 닫아줍니다.

퍼스펙티브와 뷰

퍼스펙티브Perspective는 이클립스에서 프로젝트를 개발할 때 유용하게 사용할 수 있는 뷰View들을 미리 묶어 이름을 붙여놓은 것입니다. 여기서 뷰는 이클립스 내부에서 사용되는 작은 창을 말합니다.

Eclipse IDE for Enterprise Java and Web Developers 버전의 이클립스는 기본적으로 Java EE 퍼스펙티브를 보여줍니다. 자바를 처음 학습할 때는 Java EE 퍼스펙티브보다는 Java 퍼스펙티브로 변경해서 사용하는 것이 좋습니다. Java 퍼스펙티브로 변경하려면 [Window] - [Perspective] - [Open Perspective] - [Java] 메뉴를 선택합니다.

Java 퍼스펙티브에서 제일 많이 사용하는 뷰는 Package Explorer 뷰입니다. Package Explorer 뷰에서는 프로젝트를 관리하고, 자바 소스 파일을 생성 및 삭제하는 작업을 합니다.

그리고 Console 뷰도 많이 사용하는데, Console 뷰에서는 프로그램에서 출력하는 내용을 볼 수 있습니다. 만약 Java 퍼스펙티브에서 Console 뷰가 보이지 않는다면 [Window] - [Show View] - [Console] 메뉴를 선택합니다.

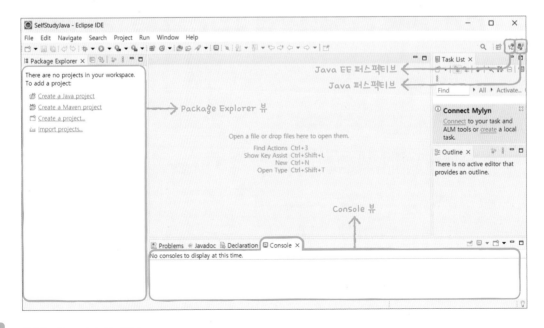

▶ 4가지 키워드로 끝내는 핵심 포인트

- **이클립스**: 무료로 사용할 수 있는 오픈 소스 통합 개발 환경IDE: Integrated Development Environment입니다. IDE란 프로젝트 생성, 자동 코드 완성, 디버깅 등과 같이 개발에 필요한 여러 가지 기능을 통합적으로 제공해주는 툴을 말합니다.

- **워크스페이스**: 이클립스 실행과 관련된 메타 데이터metadata와 프로젝트 폴더가 저장되는 폴더를 말합니다.

- **뷰**: 이클립스 내부에서 사용되는 작은 창을 말합니다.

- **퍼스펙티브**: 프로젝트를 개발할 때 유용하게 사용할 수 있는 뷰view들을 미리 묶어 이름을 붙여 놓은 것을 말합니다.

▶ 확인 문제

1. 이클립스에 대한 설명 중 맞는 것에 O표, 틀린 곳에 X표 하세요.

① 이클립스는 무료이며 통합 개발 환경(IDE)을 제공한다. (   )

② 이클립스를 실행할 때에는 워크스페이스를 지정해야 한다. (   )

③ 이클립스는 자바 프로그램만 개발할 수 있다. (   )

④ 퍼스펙티브는 뷰들을 미리 묶어 이름을 붙여 놓은 것이다. (   )

01-3 자바 프로그램 개발 과정

핵심 키워드 | 바이트 코드 파일 | JVM | 클래스 선언 | main() 메소드 | 주석 | 실행문

이번 절에서는 소스 파일 작성부터 실행까지 실습을 진행하면서 자바 프로그램 개발 과정을 이해해보겠습니다. 그리고 소스 파일의 구조에 대해 알아보겠습니다.

시작하기 전에

자바 프로그램을 개발하기 위해서는 우선 파일 확장명이 .java인 텍스트 파일을 생성하고 자바 언어로 코드를 작성해야 합니다. 이렇게 만들어진 자바 소스 파일을 javac 명령어로 컴파일합니다. 컴파일이 성공하면 확장명이 .class인 바이트 코드 파일이 생성됩니다.

바이트 코드 파일은 완전한 기계어가 아니므로 바로 실행할 수 있는 파일이 아닙니다. 바이트 코드 파일을 완전한 기계어로 번역해서 실행하려면 java 명령어를 사용해야 합니다.

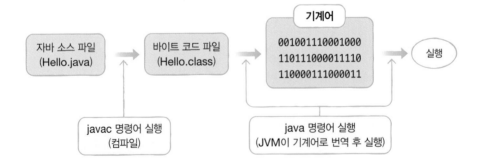

바이트 코드 파일과 자바 가상 기계

자바 프로그램은 완전한 기계어가 아닌, 바이트 코드byte code 파일(.class)로 구성됩니다. 바이트 코드 파일은 운영체제에서 바로 실행할 수 없고, 자바 가상 기계JVM: Java Virtual Machine라는 번역기가 필요합니다.

note 자바 가상 기계는 '기계'라는 표현이 있지만 하드웨어가 아니고, JDK에 포함되어 있는 소프트웨어입니다.

자바가 JVM을 사용하는 이유는 바이트 코드 파일을 다양한 운영체제에서 수정하지 않고 사용할 수 있도록 하기 위함입니다. 이 특징이 자바 언어를 성공으로 이끌었다고 볼 수 있습니다. 예를 들어 개발자는 윈도우 운영체제에서 편하게 프로그램(바이트 코드 파일)을 개발하고, 개발 완료된 프로그램은 리눅스로 옮겨 바로 실행할 수 있습니다.

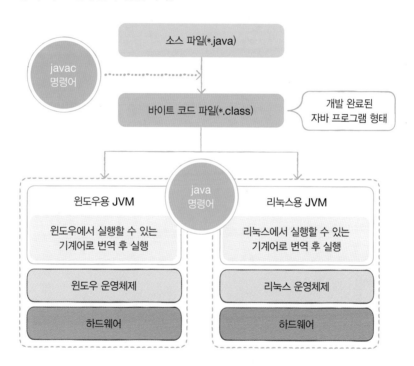

javac 명령어로 컴파일된 바이트 코드 파일은 JDK가 설치된 어떠한 운영체제에서도 java 명령어로 동일하게 실행할 수 있습니다. 각 운영체제의 JVM은 바이트 코드 파일을 해당 운영체제에서 실행 가능한 기계어로 번역해서 실행하기 때문입니다.

> 개발자는 운영체제와 상관없이 자바 프로그램을 개발할 수 있습니다.

프로젝트 생성부터 실행까지

이클립스에서 자바 프로그램을 작성하고, 실행하는 방법을 단계별로 실습해봅시다.

[1단계] 프로젝트 생성

이클립스에서 자바 소스 파일을 작성하려면 우선 자바 프로젝트를 생성해야 합니다.

01 자바 프로젝트를 생성하기 위해 [File] – [New] – [Java Project] 메뉴를 선택합니다.

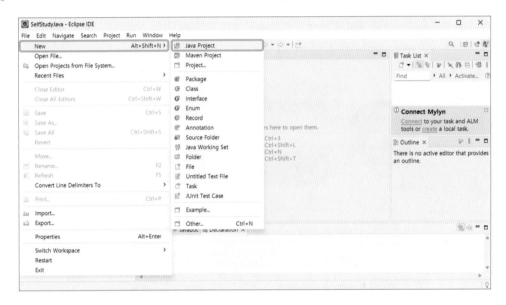

note 만약 [Java Project] 메뉴가 보이지 않는다면 [Window] – [Perspective] – [Open Perspective] – [Java] 메뉴를 선택해서 Java 퍼스펙티브로 변경합니다.

02 [New Java Project] 대화상자가 나타나면 [Project name] 입력란에 새 프로젝트명으로 'chap01'을 입력하고, 일반 프로젝트로 생성하기 위해 [Create module-info.java file]을 체크 해제합니다. 나머지는 다음과 같이 기존 설정을 유지한 채 [Finish] 버튼을 클릭합니다.

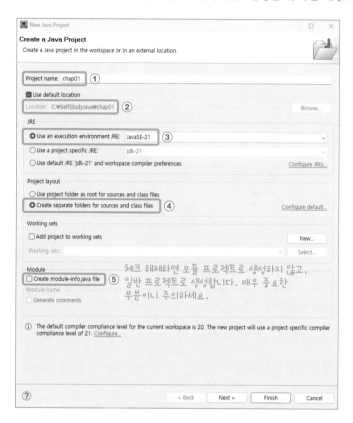

[New Java Project] 대화상자의 설정 내용은 다음과 같습니다.

① [Project name] 입력란에 새로운 프로젝트명 'chap01'을 입력합니다.

② [Location] 입력란에서 프로젝트 폴더 생성 경로를 확인합니다.

③ [JRE]에서 사용할 Java 버전으로 'JavaSE-21'을 선택합니다.

④ [Project layout]은 기본적으로 자바 소스 파일(.java)과 컴파일된 바이트 코드 파일(.class) 을 분리해서 저장하도록 설정되어 있습니다.

⑤ [Module]에서 [Create module-info.java file]을 체크 해제합니다.

[2단계] 소스 파일 생성과 작성

Hello.java 소스 파일을 생성하고, "Hello, Java"를 출력하는 코드를 작성해보겠습니다.

01 Package Explorer 뷰에서 chap01 프로젝트의 src 폴더를 선택하고 마우스 오른쪽 버튼을 클릭한 후 [New] – [Package]를 선택합니다.

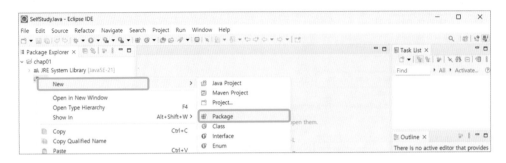

➕ 여기서 잠깐　　**패키지란?**

자바는 소스 파일 및 컴파일된 바이트 코드 파일들을 기능별로 쉽게 관리하기 위해 패키지(Package)를 사용합니다. 패키지는 마치 파일 시스템의 폴더(디렉토리)와 비슷합니다.

02 [New Java Package] 대화상자에서 [Name] 입력란에 패키지 이름으로 'sec03.exam01'을 입력하고 [Finish] 버튼을 클릭합니다.

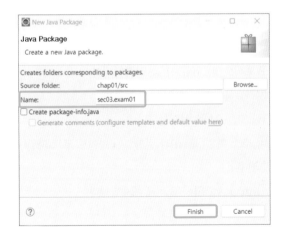

03 Package Explorer 뷰에서 sec03.exam01 패키지를 선택하고 마우스 오른쪽 버튼을 클릭한 후 [New] – [Class]를 선택합니다.

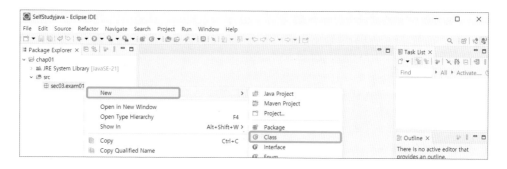

04 [New Java Class] 대화상자에서 [Name] 입력란에 클래스 이름인 'Hello'를 입력합니다. 그리고 main() 메소드를 자동으로 추가하기 위해 [public static void main(String[] args)]를 체크한 후 [Finish] 버튼을 클릭합니다.

① **Source folder:** 패키지가 생성될 폴더를 말합니다.

② **Package:** 자바 소스 파일이 포함될 패키지를 말합니다.

③ **Name:** 자바 소스 파일의 이름이자, 작성할 클래스 이름이기도 합니다. 항상 첫 글자를 대문자로 작성하는 것이 관례입니다.

④ **public static void main(String[] args):** 자바 소스 프로그램을 컴파일한 후 실행하려면 반드시 추가해야 합니다.

05 Package Explorer 뷰를 보면 sec03.exam01 패키지 안에 Hello.java 소스 파일이 생성된 것을 볼 수 있습니다. Hello.java 편집 뷰도 자동으로 같이 열립니다.

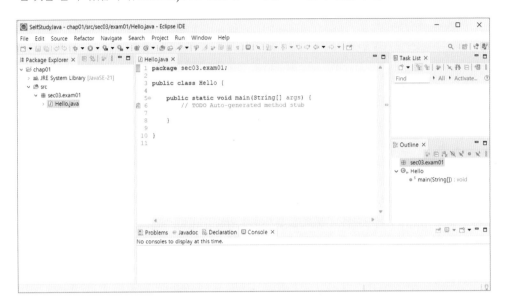

06 Hello.java 편집 뷰에서 다음과 같이 작성합니다. 작성을 완료한 후 [File] − [Save] 메뉴를 실행하여 소스 파일을 저장하면 자동으로 컴파일됩니다. 이클립스는 컴파일을 위한 메뉴가 따로 없습니다.

자바 소스 파일   소스 코드 `Hello.java`

```
01   package sec03.exam01;
02
03   public class Hello {
04
05     public static void main(String[] args) {
06
07       System.out.println("Hello, Java");
08
09     }
10
11   }
```

• 3라인에서 Hello의 H가 대문자로 작성되어야 합니다(파일명과 대소문자가 동일).
• 5라인에서 String의 S가 대문자로 작성되어야 합니다.
• 7라인에서 System의 S가 대문자로 작성되어야 합니다.
• 7라인 끝에 세미콜론(;)을 붙여줍니다.

note 만약 코드 일부분에 빨간색 밑줄이 보인다면 해당 부분이 잘못 작성된 것입니다. 빨간색 밑줄이 나오지 않도록 수정하고 소스 파일을 저장해주세요.

+ 여기서 잠깐 **파일 편집 탭에서 *의 의미**

파일을 수정하고 저장하지 않으면 편집기 상단에 있는 탭의 파일명 앞에 *가 붙습니다. 파일을 수정한 후에는 반드시 저장하는 습관을 갖는 것이 좋습니다. [파일] – [저장] 메뉴를 선택해도 좋고, 단축키 Ctrl + S 를 입력해도 좋습니다.

---

07 성공적으로 컴파일되면 자동 컴파일된 바이트 코드 파일은 C:\SelfStudyJava\chap01\bin 폴더 내부에 패키지 폴더(sec03\exam01)와 함께 Hello.class로 생성됩니다.

[3단계] 바이트 코드 실행

이클립스에서 생성된 바이트 코드 파일을 실행하는 방법은 아주 간단합니다.

01 Package Explorer 뷰에서 소스 파일 Hello.java를 선택하고 툴 바에서 Run() 아이콘을 클릭해서 바이트 코드 파일을 실행합니다.

바이트 코드 파일은 다음과 같은 방법으로도 실행 가능합니다. Package Explorer 뷰에서 소스 파일 Hello.java를 선택하고, 마우스 오른쪽 버튼을 클릭한 후 [Run As] – [Java Application]을 선택해서 바이트 코드 파일을 실행합니다.

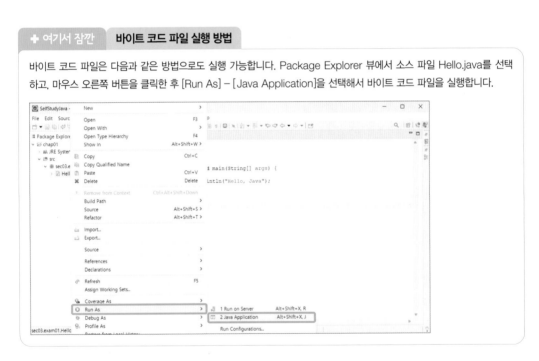

02 성공적으로 실행되면 Console 뷰에 "Hello, Java"가 출력됩니다.

명령 라인에서 컴파일하고 실행하기

이클립스는 개발자의 편리를 위해 소스 파일을 저장하면 자동으로 컴파일하고, Run 아이콘(▶ ▾)을 클릭하면 복잡한 명령어를 몰라도 쉽게 자바 프로그램을 실행해줍니다.

하지만 이클립스 개발 환경이 아니라 명령 프롬프트 또는 터미널과 같은 명령 라인^{Command Line}에서 javac와 java 명령어로 소스 파일을 직접 컴파일하고 실행해야 하는 경우도 있습니다. 그래서 chap01 프로젝트를 명령 라인에서 컴파일하고 바이트 코드 파일을 실행하는 방법에 대해 알아보겠습니다.

01 파일 탐색기에서 C:\SelfStudyJava\chap01 프로젝트 폴더를 열면 src 폴더와 bin 폴더가 있습니다. src 폴더에는 sec03\exam01 패키지 폴더와 Hello.java가 저장되어 있고, bin 폴더에는 컴파일된 sec03\exam01 패키지 폴더와 바이트 코드 파일인 Hello.class가 있습니다.

자바에서는 패키지도 소스의 일부분이기 때문에 컴파일하면 패키지 폴더가 bin 폴더 안에 생성됩니다. bin 폴더 안에 있는 이클립스가 컴파일한 모든 패키지와 파일을 삭제합니다.

02 명령 프롬프트를 실행하고 다음과 같이 작성해 chap01 폴더로 이동합니다.

```
cd C:\SelfStudyJava\chap01
```

03 src 폴더에 있는 소스 파일을 javac 명령어로 컴파일해서 바이트 코드 파일을 bin 폴더에 생성해보겠습니다. javac 명령어를 사용하는 방법은 다음과 같습니다.

컴파일	javac -d [바이트 코드 파일 저장 위치] [소스 경로/*.java]
	javac -d bin src/sec03/exam01/*.java

-d 옵션은 패키지를 포함한 바이트 코드 파일이 저장될 폴더를 지정합니다. 소스 파일이 하나일 경우에는 Hello.java처럼 파일을 직접 입력할 수 있고, 소스 파일이 여러 개일 경우에는 *.java로 작성할 수 있습니다.

```
javac -d bin src/sec03/exam01/*.java
```

명령어를 실행한 후 바이트 코드 파일이 생성되었는지 확인하기 위해 다음과 같이 tree /f /a 명령어를 실행해봅니다.

```
tree /f /a
```

```
C:\SelfStudyJava\chap01>javac -d bin src/sec03/exam01/*.java

C:\SelfStudyJava\chap01>tree /f /a
운영체제 볼륨에 대한 폴더 경로의 목록입니다.
볼륨 일련 번호는 E8B3-BE8E입니다.
C:.
|   .classpath
|   .project
|
+---.settings
|       org.eclipse.core.resources.prefs
|       org.eclipse.jdt.core.prefs
|
+---bin
|   \---sec03
|       \---exam01
|               Hello.class
|
\---src
    \---sec03
        \---exam01
                Hello.java

C:\SelfStudyJava\chap01>
```

bin 폴더 안에 패키지 폴더 sec03\exam01와 함께 바이트 코드 파일인 Hello.class이 생성된 것을 확인할 수 있습니다.

note .settings 폴더와 .classpath, .project는 이클립스에서 생성한 프로젝트를 위한 파일이니 신경 쓰지 않아도 됩니다.

다음은 앞에서 살펴본 그림이지만, 이해를 돕기 위해 포함시켰습니다.

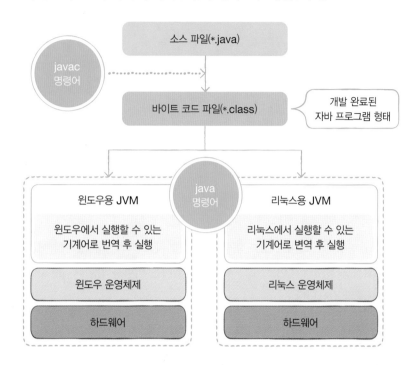

윈도우 운영체제에서 소스 파일 sec03\exam01\Hello.java를 javac 명령어로 컴파일해서 바이트 코드 파일 sec03\exam01\Hello.class를 얻었습니다. 만약 리눅스 운영체제에서 실행하고 싶다면 무엇을 가지고 가면 될까요? chap01 프로젝트 폴더 전체를 복사해서 가져가도 되지만, 여기에는 src 폴더가 포함되어 있기 때문에 소스 파일도 같이 복사됩니다.

소스 파일은 윈도우 운영체제에 남겨놓고 리눅스에서 실행만 하고 싶다면 bin 폴더 안에 있는 sec03 폴더를 복사해서 가져가면 됩니다. 패키지 폴더도 바이트 코드의 일부이므로 가져가야 합니다. 우리는 C: 드라이버에 Temp 폴더를 만들어 놓고, 여기에 sec03 폴더를 복사해서 실행해보겠습니다.

먼저 윈도우 파일 탐색기에서 C: 드라이버에 Temp 폴더를 생성합니다.

그리고 윈도우 파일 탐색기를 이용해서 bin 폴더에 있는 sec03 폴더를 복사해서 C:\Temp
에 붙여넣기 합니다.

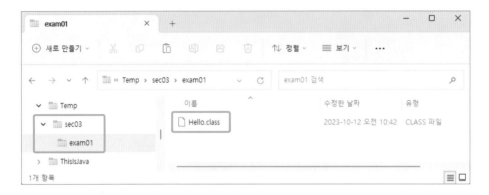

04 이제 java 명령어로 바이트 코드 파일을 실행할 차례입니다. java 명령어는 jdk에 포함되어
있는 JVM을 구동시켜 바이트 코드 파일을 실행하는 역할을 합니다. java 명령어를 실행하는
방법은 다음과 같습니다.

실행	java –cp [바이트 코드 파일 위치] [패키지.패키지.바이트 코드 파일이름]
	java –cp . sec03.exam01.Hello

–cp 옵션은 classpath의 약어로 패키지를 포함한 바이트 코드 파일의 위치를 말합니다. 만
약 패키지를 포함한 바이트 코드 파일이 java 명령어를 실행하는 위치에 있다면 .을 입력하면
됩니다. 이어서 실행할 바이트 코드 파일 이름을 입력합니다. 주의할 점은 .class를 제외한 이
름이어야 합니다. 예를 들어 바이트 코드 파일이 Hello.class라면 Hello만 입력하면 됩니다.

다음은 C:\Temp 폴더 위치에서 Hello.class를 실행합니다. 패키지가 시작하는 위치가
Temp 폴더이기 때문입니다. 패키지를 구분할 때 /가 아니라 .을 사용해야 합니다. 패키지는
바이트 코드의 일부분이기 때문입니다.

```
C:\Temp>java -cp . sec03.exam01.Hello
```

note 명령 프롬프트에서 'cd C:/Temp'를 작성해주면 Temp 폴더로 이동합니다.

```
C:/SelfStudyJava/chap01>cd C:/Temp
```

프로그램 소스 분석

Hello.java 소스 파일을 보면 최상단에 package 키워드와 sec03.exam01이 명시되어 있습니다. Hello.java는 sec03.exam01 패키지에서 생성되었기 때문에 이와 같은 패키지 선언이 반드시 있어야 합니다.

```
package sec03.exam01;
```

다음은 클래스 선언입니다.

중괄호 {} 블록의 앞부분인 public class Hello를 **클래스 선언부**라고 합니다. public class는 **공개 클래스**라는 뜻이고, Hello는 **클래스 이름**입니다. 클래스 이름은 소스 파일명과 동일해야 하며, 대소문자도 일치해야 합니다.

> 클래스는 필드 또는 메소드를 포함하는 블록, 메소드는 어떤 일을 처리하는 실행문들을 모아 놓은 블록을 말합니다.

javac 명령어로 컴파일하면 클래스 이름에 .class가 붙어 바이트 코드 파일이 생성됩니다. 일반적으로 Hello.class를 Hello 바이트 코드 파일이라고 부르지 않고 Hello 클래스라고 간단히 부릅니다.

java 명령어로 바이트 코드 파일을 실행하려면 클래스 블록 내부에 다음과 같은 main() 메소드 블록을 가지고 있어야 합니다.

중괄호 {} 블록의 앞부분인 public static void main(String[ ] args)를 **메소드 선언부**라고 합니다. 그리고 괄호 () 바로 앞의 main은 **메소드 이름**입니다. java 명령어로 바이트 코드 파일을 실행하면 제일 먼저 main() 메소드를 찾아 블록 내부를 실행합니다. 그래서 main() 메소드를 프로그램 실행 진입점^{entry point}이라고 부릅니다.

주석 사용하기

주석은 프로그램 실행과는 상관없이 코드에 설명을 붙인 것을 말합니다. 복잡한 코드일수록 주석을 달면 전체 코드를 이해하기 쉽고 수정이 용이합니다. 특히 다른 사람이 작성한 코드를 주석 없이 해석하는 작업은 쉬운 일이 아니기 때문에 본인이 작성한 코드를 다른 사람이 볼 필요가 있다면 주석을 꼭 넣어주는 것이 좋습니다.

주석은 컴파일 과정에서 무시되고 실행문만 바이트 코드로 번역됩니다. 따라서 주석을 많이 작성한다고 해서 바이트 코드 파일의 크기가 커지는 것은 아니므로 가급적이면 설명이 필요한 코드에 주석을 달아두는 것이 좋습니다.

> 주석은 코드에 설명을 붙인 것으로, 주로 실행문에 사용합니다.

주석 기호는 다음과 같이 세 가지가 있습니다.

구분	주석 기호	설명
라인 주석	// …	//부터 라인 끝까지 주석으로 처리합니다.
범위 주석	/* … */	/*와 */ 사이에 있는 내용은 모두 주석으로 처리합니다.
도큐먼트 주석	/** … */	/**와 */ 사이에 있는 내용은 모두 주석으로 처리합니다. 주로 javadoc 명령어로 API 도큐먼트를 생성하는 데 사용합니다.

➕ 여기서 잠깐　　**문자열 내부에는 주석을 붙일 수 없다**

주석 기호는 코드 내 어디서든 작성이 가능하지만, 문자열(" ") 내부에서 작성하면 안 됩니다. 문자열 내부에서 주석 기호는 주석문이 아니라 문자열 데이터로 인식하기 때문에 다음과 같이 사용할 수 없습니다.

```
System.out.println("Hello, /*주석이 될 수 없음*/welcome to the java world!");
```

Hello.java에 라인 주석(//)과 범위 주석(/* ~ */)을 추가해보겠습니다.

> **직접 해보는 손코딩**

주석 사용하기　소스 코드 Hello.java

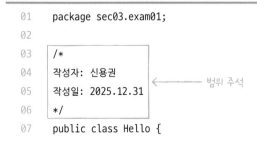

```
01    package sec03.exam01;
02
03    /*
04    작성자: 신용권
05    작성일: 2025.12.31
06    */
07    public class Hello {
```

범위 주석

```
08        //프로그램 실행 진입점
09        public static void main(String[] args) {
10            //콘솔에 출력하는 실행문                          ←—— 라인 주석
11            System.out.println("Hello, Java");
12        } //end of main
13    } //end of class
```

실행문과 세미콜론(;)

main() 메소드 블록 내부에는 다양한 실행문들이 작성됩니다. 다음 코드는 모니터에 괄호 () 안의
내용(매개값)을 출력하는 실행문입니다. 실행문 끝에는 반드시 세미콜론(;)을 붙여서 실행문이 끝났
음을 표시해주어야 하며, 그렇지 않으면 컴파일 에러가 발생합니다.

```
System.out.println("Hello, Java");
```

➕ 여기서 잠깐   **실행문의 종류**

실행문은 변수 선언, 값 저장, 메소드 호출에 해당하는 코드를 말합니다. 지금은 변수 선언이나 메소드 호출과 같은 실행문
은 궁금해 하지 않아도 됩니다. 앞으로 이 책으로 학습하다보면 저절로 알게 될 것입니다.

다음은 실행문을 작성한 예입니다.

```
int x;                      //변수 x 선언
x = 1;                      //변수 x에 1을 저장
int y = 2;                  //변수 y를 선언하고 2를 저장
int result = x + y;         //변수 result를 선언하고 변수 x와 y를 더한 값을 저장
System.out.println(result); //println 메소드 호출
```

컴파일러는 세미콜론(;)까지 하나의 실행문으로 해석하기 때문에 하나의 실행문을 여러 줄에 걸쳐서
작성하고 맨 마지막에 세미콜론(;)을 붙여도 됩니다. 또한 세미콜론(;)을 구분자로 해서 한 줄에 여러
가지 실행문을 작성할 수도 있습니다. 예를 들어, 앞의 코드를 다음과 같이 바꾸어 작성할 수 있습니다.

```
int x = 1; int y = 2;
int result =
x + y;
```

실행문과 세미콜론(;)을 연습하는 예제를 작성해보겠습니다.

01 Package Explorer 뷰에서 chap01 프로젝트의 src 폴더를 선택하고 마우스 오른쪽 버튼을
클릭한 후 [New] – [Package]를 선택합니다.

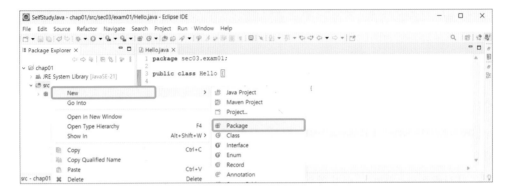

02 [New Java Package] 대화상자에서 [Name] 입력란에 패키지 이름으로 'sec03.exam02'
를 입력하고 [Finish] 버튼을 클릭합니다.

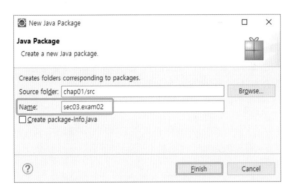

03 Package Explorer 뷰에서 sec03.exam02 패키지를 선택하고 마우스 오른쪽 버튼을 클릭
한 후 [New] – [Class]를 선택합니다.

04 [New Java Class] 대화상자에서 [Name] 입력란에 클래스 이름인 'RunStatementExample' 을 입력합니다. 그리고 main() 메소드를 자동으로 추가하기 위해 [public static void main(String[] args)]를 체크합니다. 마지막으로 [Finish] 버튼을 클릭합니다.

05 Package Explorer 뷰를 보면 sec03.exam02 패키지 안에 RunStatementExample. java 소스 파일이 생성된 것을 볼 수 있고 RunStatementExample.java 편집 뷰가 열립니다.

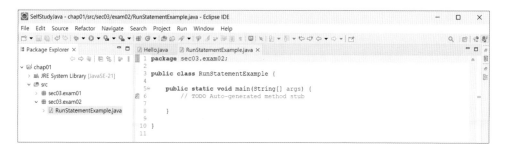

➕ 여기서 잠깐 패키지 표시 방식 변경

Package Explorer 뷰에서는 기본적으로 패키지를 상위 패키지와 하위 패키지를 평평하게(Flat) 표시합니다. 이 방식은 하위 패키지가 깊어질수록 보기에 난해하기 때문에 계층적으로(Hierarchical) 표시하는 것이 좋습니다. 패키지 표시 방식을 변경하려면 Package Explorer 뷰의 우측 상단(🔽) 아이콘을 클릭한 후 [Package Presentation] – [Hierarchical] 메뉴를 선택하면 됩니다.

06 RunStatementExample.java 편집 뷰에서 다음과 같이 작성합니다.

자바 소스 파일 소스코드 RunStatementExample.java

```
01  package sec03.exam02;
02
03  public class RunStatementExample {
04    public static void main(String[] args) {
05      int x = 1;                    //변수 x를 선언하고 1을 저장
06      int y = 2;                    //변수 y를 선언하고 2를 저장
07      int result = x + y;           //변수 result를 선언하고 x와 y를 더한 값을 저장
08      System.out.println(result);   //모니터에 출력하는 메소드 호출
09    }
10  }
```

07 Package Explorer 뷰에서 소스 파일 RunStatementExample.java를 선택합니다. 툴 바에서 Run(▶) 아이콘을 클릭해서 실행합니다. 실행결과는 Console 뷰에 다음과 같이 출력됩니다.

제공 소스 파일 이용하기

학습의 편의를 위해서 이 책에서 다루는 모든 자바 소스 파일을 압축해서 제공합니다. 해당 압축 파일은 한빛출판네트워크 웹사이트(www.hanbit.co.kr/src/11190)에서 다운로드할 수 있습니다. 압축 파일명은 다음과 같습니다.

```
SelfStudyJava.zip
```

SelfStudyJava.zip 파일을 다운로드하고 압축을 해제해보면 다음과 같이 각 장별로 폴더가 저장되어 있습니다.

각 장 폴더 안에는 src 폴더가 있고, 여기에 자바 소스 파일들이 저장되어 있습니다. 소스 파일을 이용하는 방법은 두 가지입니다.

이클립스에서 미리 프로젝트를 생성한 경우

파일 탐색기에서 src 폴더 안에 있는 자바 소스 파일들을 직접 복사(Ctrl+C)한 후, 이클립스 Package Explorer 뷰의 프로젝트 src 폴더에 붙여넣기(Ctrl+V)하면 됩니다.

이클립스에서 프로젝트를 생성하지 않았을 경우

① 이클립스에서 [File] – [Open Projects from
File System] 메뉴를 선택합니다.

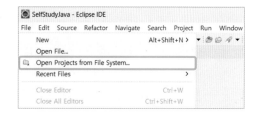

② [Import Projects from File System or Archive] 대화상자에서 [Directory] 버튼을 클릭하고 압축 해제한 폴더에서 원하는 chap×× 폴더를 선택한 후 [Finish] 버튼을 클릭합니다. 여기서는 chap02 폴더를 선택하였습니다.

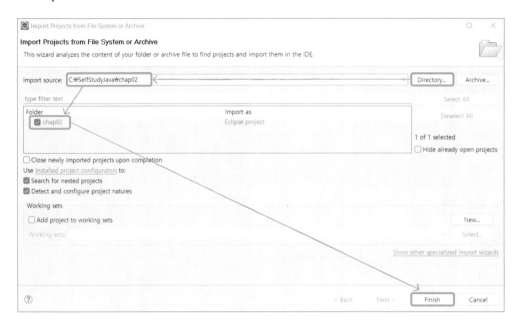

③ 이클립스의 Package Explorer 뷰를 보면 chap02 폴더를 이용해서 프로젝트가 자동 생성된 것을 확인할 수 있습니다.

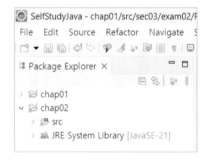

제공되는 소스 파일을 이용하면 눈으로 빨리 확인하고 실행해볼 수 있다는 장점은 있지만, 처음 자바를 학습하는 분들에게는 큰 도움이 되지 않습니다. 프로그래밍 언어 학습은 직접 작성하고 실행함으로써 실력이 향상됩니다. 이 책으로 학습할 동안에는 프로젝트 및 소스 파일을 직접 작성하고, 제공되는 파일은 확인용으로만 사용하길 바랍니다.

▶ 6가지 키워드로 끝내는 핵심 포인트

- **바이트 코드 파일**: 자바 소스 파일을 javac 명령어로 컴파일한 파일을 말합니다.

- **JVM**: 자바 가상 기계Java Virtual Machine는 바이트 코드 파일을 운영체제를 위한 완전한 기계어로 번역하고 실행하는 역할을 합니다. JVM은 java 명령어에 의해 구동됩니다.

- **클래스 선언**: 자바 소스 파일은 클래스 선언부와 클래스 블록으로 구성됩니다. 이렇게 작성하는 것을 클래스 선언이라고 합니다.

- **main() 메소드**: java 명령어로 바이트 코드 파일을 실행하면 제일 먼저 main() 메소드를 찾아 블록 내부를 실행합니다. 그래서 main() 메소드를 프로그램 실행 진입점entry point이라고 부릅니다.

- **주석**: 주석은 프로그램 실행과는 상관없이 코드에 설명을 붙인 것을 말합니다. 주석은 컴파일 과정에서 무시되고 실행문만 바이트 코드로 번역됩니다.

- **실행문**: 변수 선언, 값 저장, 메소드 호출에 해당하는 코드를 말합니다. 실행문 끝에는 세미콜론(;)을 붙여야 합니다.

▶ 확인 문제

1. 자바 프로그램 개발 과정을 순서대로 적어보세요. (　　) → (　　) → (　　) → (　　)

   ① javac 명령어로 컴파일한다.
   ② 소스 파일(~.java)을 작성한다.
   ③ java 명령어로 실행한다.
   ④ 실행결과를 확인한다.

2. 자바 소스에 대한 설명 중 맞는 것에 O표, 틀린 곳에 X표 하세요.

① 컴파일하면 '클래스이름.class'라는 바이트 코드 파일이 생성된다. (　　)
② main() 메소드는 반드시 클래스 블록 내부에서 작성해야 한다. (　　)
③ main() 메소드를 작성할 때 중괄호 블록을 만들지 않아도 된다. (　　)
④ 컴파일 후 실행을 하려면 반드시 main() 메소드가 있어야 한다. (　　)

3. 주석에 대한 설명 중 맞는 것에 O표, 틀린 곳에 X표 하세요.

① // 뒤의 라인 내용은 모두 주석이 된다. (　　)
② /*부터 시작해서 */까지 모든 내용이 주석이 된다. (　　)
③ 주석이 많으면 바이트 코드 파일의 크기가 커지므로 꼭 필요할 경우에만 작성한다. (　　)
④ 문자열 안에는 주석을 만들 수 없다. (　　)

4. 이클립스의 자바 프로젝트에 대해 설명한 것 중 맞는 것에 O표, 틀린 곳에 X표 하세요.

① 기본적으로 소스 파일과 바이트 코드 파일이 저장되는 폴더가 다르다. (　　)
② 자바 소스 파일을 작성하는 폴더는 src이다. (　　)
③ 선언되는 클래스 이름은 소스 파일 이름과 달라도 상관없다. (　　)
④ 올바르게 작성된 소스 파일을 저장하면 자동으로 컴파일되고, 바이트 코드 파일이 생성된다. (　　)

5. 이클립스에서 바이트 코드 파일을 실행하는 방법을 모두 선택해보세요.

① Package Explorer 뷰에서 소스 파일을 더블클릭한다.
② Package Explorer 뷰에서 바이트 코드 파일을 선택하고, 툴 바에서 Run 아이콘을 클릭한다.
③ Package Explorer 뷰에서 소스 파일을 선택하고, 툴 바에서 Run 아이콘을 클릭한다.
④ Package Explorer 뷰에서 소스 파일을 선택하고, 마우스 오른쪽 버튼을 클릭한 후 [Run As] - [Java Application]을 선택한다.

Chapter

02

변수와 타입

02-1 변수

핵심 키워드

변수　변수 선언　변수 사용　변수 사용 범위

컴퓨터 메모리(RAM)는 값을 저장할 수 있는 수많은 번지(주소)들로 구성되어 있습니다. 그런데 메모리의 어디에 저장하고, 어떤 방식으로 저장할지 정해놓지 않으면 프로그램 개발이 무척 어렵게 됩니다.
프로그래밍 언어는 이 문제를 해결하기 위해 변수라는 개념을 사용합니다. 이번 절에서는 변수의 역할 및 사용 방법에 대해 알아보겠습니다.

시작하기 전에

변수variable는 값을 저장할 수 있는 메모리의 특정 번지에 붙이는 이름입니다. 프로그램은 변수를 통해 메모리의 특정 번지에 값을 저장하고 읽을 수 있습니다.

메모리에 값을 저장하고 싶다면 변수를 선언하고 변수에 값을 지정하면 됩니다. 그러면 메모리의 어디에 저장하고, 어떤 방식으로 저장할지는 프로그래밍 언어와 운영체제가 정합니다. 자바의 경우 JVM이 하는 일입니다.

프로그래밍 언어마다 다르지만, 자바의 변수는 다양한 타입의 값을 저장할 수 없습니다. 정수 타입 변수에는 정수값만 저장할 수 있고, 실수 타입 변수에는 실수값만 저장할 수 있습니다. 하나의 변수에 동시에 두 가지 값을 저장할 수 없고, 하나의 값만 저장할 수 있습니다.

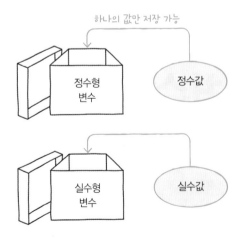

변수 선언

변수를 사용하기 위해서는 먼저 변수를 선언해야 합니다. 변수 선언은 변수에 어떤 타입^type^의 데이터를 저장할 것인지 그리고 변수 이름이 무엇인지를 결정합니다. 변수 선언은 다음과 같이 합니다.

> 타입(type)은 형, 자료형으로도 불립니다. 이 책에서는 '타입'으로 통일해서 사용합니다.

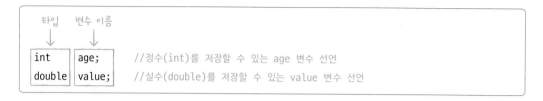

타입   변수 이름

```
int   age;      //정수(int)를 저장할 수 있는 age 변수 선언
double value;   //실수(double)를 저장할 수 있는 value 변수 선언
```

타입은 변수에 저장되는 값의 종류와 범위를 결정짓는 요소이기 때문에 충분히 생각한 다음 결정해야 합니다. 같은 타입의 변수는 콤마(,)를 이용해서 한꺼번에 선언할 수도 있습니다.

```
int x;
int y;          동일
int z;
```

```
int x, y, z;
```

변수 이름은 자바 언어에서 정한 명명 규칙을 따라야 하는데, 이는 다음과 같습니다.

> 프로그램은 변수 이름을 통해서 메모리 번지에 값을 저장하거나, 저장된 값을 읽습니다.

작성 규칙	예
첫 번째 글자는 문자이거나 '$', '_'이어야 하고 숫자로 시작할 수 없으며, 특수 문자가 포함되면 안됩니다(필수).	가능: price, $price, _companyName 불가능: 1v, @speed, $#value
영어 대소문자를 구분합니다(필수).	firstname과 firstName은 다른 변수
첫 문자는 영어 소문자로 시작하되, 다른 단어가 붙을 경우 첫 문자를 대문자로 합니다(관례).	maxSpeed, firstName, carBodyColor
문자 수(길이)의 제한은 없습니다.	
자바 예약어는 사용할 수 없습니다(필수).	다음 표 참조

예약어란 이미 해당 프로그래밍 언어에서 의미를 갖고 사용되고 있는 단어로, 변수 이름으로 사용할 수 없습니다. 예약어로 변수 이름을 선언하면 컴파일 에러가 발생합니다. 자바 예약어는 다음과 같습니다.

> 예약어를 지금 모두 외울 필요는 없고 학습하면서 저절로 알게 될 것입니다.

분류	예약어
기본 타입	boolean, byte, char, short, int, long, float, double
접근 제한자	private, protected, public
클래스와 관련된 것	class, abstract, interface, extends, implements, enum
객체와 관련된 것	new, instanceof, this, super, null
메소드와 관련된 것	void, return
제어문과 관련된 것	if, else, switch, case, default, for, do, while, break, continue
논리값	true, false
예외 처리와 관련된 것	try, catch, finally, throw, throws
기타	package, import, synchronized, final, static

➕ 여기서 잠깐 **변수 이름**

개발자는 변수가 어떤 값을 저장하고 있는지 쉽게 알 수 있도록 의미 있는 이름을 지어주는 것이 좋습니다. 변수 이름의 길이는 프로그램 실행과는 무관하기 때문에 충분히 길어도 상관없습니다. 또한 변수 이름에는 한글을 포함하지 않는 것이 좋습니다.

값 저장

변수에 값을 저장할 때에는 대입 연산자(=)를 사용합니다. 수학에서 등호(=)는 '같다'는 의미지만, 자바 언어에서는 오른쪽의 값을 왼쪽의 변수에 저장한다는 의미를 갖습니다.

다음 코드는 int 타입으로 score 변수를 선언하고, 90이라는 정수값을 score 변수에 저장합니다.

> int 타입은 정수를 저장할 수 있는 타입을 의미합니다. 자세한 내용은 82쪽을 참고하세요.

```
int score;        //변수 선언
score = 90;        //값 저장
  ↑_____|
   저장
```

자바에서는 변수에 값이 저장되지 않으면 변수가 생성되지 않습니다. 선언과 생성은 다른 이야기입니다. 변수 선언은 저장되는 값의 종류와 이름만 언급한 것입니다. 변수에 최초로 값이 저장될 때 변수가 생성됩니다. 이것을 변수 초기화라고 합니다. 그리고 이때 사용된 값을 초기값이라고 합니다. 위 코드에서는 90이 초기값에 해당합니다.

초기값은 다음과 같이 변수를 선언함과 동시에 제공할 수도 있습니다.

```
int score = 90;
         ↑____|
        저장
```

변수가 초기화되면 메모리 번지 정보를 갖게 되고, 해당 메모리 번지에 값이 저장됩니다.

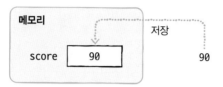

초기화되지 않은 변수는 아직 메모리 번지 정보를 가지고 있지 않으므로 변수를 통해 메모리 값을 읽을 수 없습니다. 따라서 다음은 잘못된 코딩입니다.

잘못된 코딩 예

```
int value;               //변수 value 선언
int result = value + 10; //변수 value 값을 읽고 10을 더해서 변수 result에 저장
```

1라인에서 변수 value가 선언되었지만, 초기화되지 않았기 때문에 2라인의 value + 10에서 value 변수는 존재하지 않습니다. 이 경우 컴파일 에러가 발생합니다.

위 코드는 다음과 같이 변경해야 합니다.

올바른 코딩 예

```
int value = 30;          //변수 value가 30으로 초기화됨
int result = value + 10; //변수 value 값(30)을 읽고 10을 더해서 변수 result에 저장
```

다음 예제를 작성하면서 6라인 때문에 10라인에서 컴파일 에러(The local variable value may not have been initialized)가 발생하는 것을 확인해보세요.

변수 초기화　　　　VariableInitializationExample.java

```
01    package sec01.exam01;
02
03    public class VariableInitializationExample {
```

```
04    public static void main(String[] args) {
05        //변수 value 선언
06        int value;
07
08        //변수 value 값을 읽고 10을 더하는 산술 연산을 수행
09        //연산의 결과값을 변수 result의 초기값으로 저장
10        int result = value + 10;
11
12        //변수 result 값을 읽고 콘솔에 출력
13        System.out.println(result);
14    }
15 }
```

변수 사용

변수는 출력문이나 연산식 내부에서 변수에 저장된 값을 출력하거나 연산할 때 사용합니다. 다음 코드를 보면 변수 hour와 minute에 각각 3과 5를 저장하였습니다.

```
int hour = 3;
int minute = 5;
```

println() 메소드의 매개값에 변수를 사용하면 변수에 저장된 값을 사용해서 출력합니다.

> 메소드란 어떤 일을 처리하는 실행문들을 모아놓은 블록을 말합니다.

```
System.out.println(hour + "시간 " + minute + "분"); //변수 hour와 minute 값을 출력: 3시간 5분
```

그리고 산술 연산식에 변수를 사용하면 저장된 값으로 연산을 수행합니다. 다음은 연산을 수행하는 과정을 보여줍니다.

```
int totalMinute = (hour * 60) + minute;
int totalMinute = (3 * 60) + minute;        //변수 hour에 저장된 값으로 대치
int totalMinute = 180 + 5;                  //변수 minute에 저장된 값으로 대치
int totalMinute = 185;                      //185를 변수 totalMinute에 저장
```

직접 해보는 손코딩

변수 사용 VariableUseExample.java

```
01  package sec01.exam02;
02
03  public class VariableUseExample {
04    public static void main(String[] args) {
05      int hour = 3;
06      int minute = 5;
07      System.out.println(hour + "시간 " + minute + "분");
08
09      int totalMinute = (hour*60) + minute;
10      System.out.println("총 " + totalMinute + "분");
11    }
12  }
```

> 실행결과   ✕
>
> 3시간 5분
> 총 185분

변수는 또 다른 변수에 대입하여 값을 복사할 수 있습니다. 다음 코드는 변수 x 값을 변수 y 값으로 복사합니다.

```
int x = 10;    //변수 x에 10을 저장
int y = x;     //x에 저장된 값을 변수 y에 복사(저장)
```

y [10]   x [10]

다음 예제는 두 변수의 값을 교환하는 방법을 보여줍니다. 두 변수의 값을 교환하기 위해서 새로운 변수 temp를 선언한 것에 주목하기 바랍니다.

직접 해보는 손코딩

변수값 교환 VariableExchangeExample.java

```
01  package sec01.exam03;
02
03  public class VariableExchangeExample {
04    public static void main(String[] args) {
05      int x = 3;
```

```
06        int y = 5;
07        System.out.println("x:" + x + ", y:" + y);
08
09        int temp = x;
10        x = y;
11        y = temp;
12        System.out.println("x:" + x + ", y:" + y);
13    }
14 }
```

실행결과 ☒

X:3, y:5
X:5, y:3

9~11라인의 내용을 순서대로 도식화하면 다음과 같습니다.

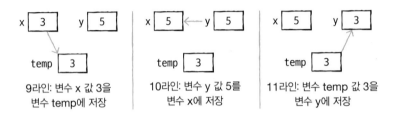

9라인: 변수 x 값 3을
변수 temp에 저장

10라인: 변수 y 값 5를
변수 x에 저장

11라인: 변수 temp 값 3을
변수 y에 저장

변수 사용 범위

자바의 모든 변수는 중괄호 {} 블록 내에서 선언되고 사용됩니다. 메소드 블록 내에서 선언된 변수를 로컬 변수local variable라고 부르는데, 로컬 변수는 메소드 블록 내부에서만 사용되고 메소드 실행이 끝나면 메모리에서 자동으로 없어집니다.

다음은 main() 메소드 블록 내에서 변수가 선언된 모습입니다.

```
public class VariableExample {
  public static void main(String[] args) {
    int value = 10;          //로컬 변수 value
    int sum = value + 20;    //로컬 변수 sum
    System.out.println(sum);
  }

}
```

메소드
블록

클래스
블록

변수는 블록 내 어디에서든 선언할 수 있지만, 변수 사용에는 제한이 따릅니다. 변수는 자신이 선언된 위치로부터 자신이 속한 블록 내부에서만 사용할 수 있습니다.

> 변수는 기본적으로 선언된 블록 내에서만 사용할 수 있습니다.

메소드 블록 내에는 다른 중괄호 {} 블록들이 작성될 수 있습니다. 예를 들어 조건문에 해당하는 if() {}, 반복문에 해당하는 for() {}, while() {} 등이 중괄호 블록을 가질 수 있습니다. 이러한 중괄호 {} 블록 내에서 선언된 변수는 해당 중괄호 {} 블록 내에서만 사용이 가능하고 밖에서는 사용할 수 없습니다.

```
public static void main(String[] args) {
  int var1;                            메소드 블록에서 선언
  if(…) {
    int var2;                          if 블록에서 선언          if
    //var1과 var2 사용 가능                                     블록
  }
  for(…) {
    int var3;                          for 블록에서 선언         for
    //var1과 var3 사용 가능                                     블록
    //var2는 사용 못함
  }
  //var1 사용 가능
  //var2와 var3는 사용 못함
}
```

메소드 블록

변수를 선언할 때에는 다음과 같은 사항을 주의해야 합니다.

- 변수가 어떤 범위에서 사용될 것인지를 생각하고, 선언 위치를 결정해야 합니다.
- 메소드 블록 전체에서 사용하고 싶다면 메소드 블록 첫머리에 선언합니다.
- 특정 블록 내부에서만 사용된다면 해당 블록 내에 선언합니다.

직접 해보는 손코딩

변수의 사용 범위   소스 코드 VariableScopeExample.java

```
01    package sec01.exam04;
02
03    public class VariableScopeExample {
04      public static void main(String[] args) {
05        int v1 = 15;
06        if(v1>10) {
07          int v2;
08          v2 = v1 - 10;
09        }
10        int v3 = v1 + v2 + 5;  //v2 변수를 사용할 수 없기 때문에 컴파일 에러 발생
11      }
12    }
```

코드를 실행해보면 10라인에서 컴파일 에러가 발생합니다. 변수 v2가 선언된 곳은 if 블록 내부인 7라인이므로 if 블록 바깥인 10라인에서는 사용할 수 없기 때문입니다. 에러 메시지는 "v2 cannot be resolved to a variable"이라고 출력되는데, 이는 변수 v2를 해석할 수 없다는 뜻입니다.

➕ 여기서 잠깐 이클립스에서 에러를 확인하는 방법

다음 그림은 이클립스에서 에러를 표시하는 방법과 에러 내용을 확인하는 방법입니다.

마무리

▶ 4가지 키워드로 끝내는 핵심 포인트

- **변수**: 값을 저장할 수 있는 메모리 번지에 붙인 이름입니다. 변수를 통해 프로그램은 메모리 번지에 값을 저장하고 읽을 수 있습니다.

- **변수 선언**: 변수에 어떤 타입의 데이터를 저장할지 그리고 변수 이름이 무엇인지를 결정하는 것을 말합니다.

- **변수 사용**: 변수의 값을 읽거나 변경하는 것을 말합니다. 변수는 출력문이나 연산식 내부에서 사용되어 변수에 저장된 값을 출력하거나 연산에 사용합니다.

- **변수 사용 범위**: 변수는 자신이 선언된 위치에서 자신이 속한 블록 내부까지만 사용이 가능하고 밖에서는 사용할 수 없습니다.

▶ 확인 문제

1. 변수에 대한 설명 중 맞는 것에 O표, 틀린 것에 X표 하세요.

   ① 변수는 하나의 값만 저장할 수 있다. (　　)
   ② 변수는 선언 시에 사용한 타입의 값만 저장할 수 있다. (　　)
   ③ 변수는 변수가 선언된 중괄호 {} 안에서만 사용 가능하다. (　　)
   ④ 변수는 초기값이 저장되지 않은 상태에서 읽을 수 있다. (　　)

2. 변수 이름으로 사용할 수 있는 것에 O표, 사용할 수 없는 것에 X표 하세요.

   ① modelName (　　)
   ② 6hour 　　(　　)
   ③ class 　　(　　)
   ④ $value 　(　　)
   ⑤ _age 　　(　　)
   ⑥ int 　　　(　　)

3. 컴파일 에러가 발생하는 코드를 찾고, 그 이유를 설명해보세요.

① int sum;

② int score1 = 0;

③ int score2;

④ sum = score1 + score2;

4. 변수 사용 범위에 대한 내용입니다. 컴파일 에러가 발생하는 위치를 찾고, 그 이유를 설명해
보세요.

```
01   int v1 = 0;
02   if (true) {
03     int v2 = 0;
04     if (true) {
05       int v3 = 0;
06       v1 = 1;
07       v2 = 1;
08       v3 = 1;
09     }
10     v1 = v2 + v3;
11   }
12   System.out.println(v1);
```

02-2 기본 타입

핵심 키워드

정수 타입   char 타입   String 타입   실수 타입   boolean 타입

변수를 선언할 때 주어지는 타입에 따라 변수에 저장할 수 있는 값의 종류와 허용 범위가 달라집니다. 변수를 선언한 후에는 타입을 변경할 수 없기 때문에 변수를 선언할 때 어떤 타입을 사용할지 충분히 고려해야 합니다. 이 절에서는 타입의 종류와 허용 범위에 대해서 알아보겠습니다.

시작하기 전에

자바는 정수, 실수, 논리값을 저장할 수 있는 기본primitive 타입을 제공합니다. 자바가 제공하는 기본 타입은 총 8개입니다.

정수를 저장할 수 있는 타입에는 byte, char, short, int, long이 있고, 소수점이 있는 실수를 저장할 수 있는 타입에는 float, double이 있습니다. 그리고 true, false와 같은 논리값을 저장할 수 있는 타입에는 boolean이 있습니다.

구분	저장되는 값에 따른 분류	타입의 종류
기본 타입	정수 타입	byte, char, short, int, long
	실수 타입	float, double
	논리 타입	boolean

정수 타입

자바에서 정수 타입은 총 5개로, 다음 표와 같이 메모리 사용 크기와 저장되는 값의 범위가 서로 다릅니다.

타입	메모리 사용 크기			저장되는 값의 허용 범위
byte	1byte	8bit	$-2^7 \sim (2^7-1)$	$-128 \sim 127$
short	2byte	16bit	$-2^{15} \sim (2^{15}-1)$	$-32,768 \sim 32,767$
char	2byte	16bit	$0 \sim (2^{16}-1)$	$0 \sim 65535$(유니코드)
int	4byte	32bit	$-2^{31} \sim (2^{31}-1)$	$-2,147,483,648 \sim 2,147,483,647$
long	8byte	64bit	$-2^{63} \sim (2^{63}-1)$	$-9,223,372,036,854,775,808 \sim 9,223,372,036,854,775,807$

각 타입에 저장되는 값의 범위를 외울 필요는 없지만, 메모리 사용 크기 정도는 알고 있는 것이 좋습니다.

char 타입은 음수 값을 가질 수 없으며, 나머지 정수 타입이 저장할 수 있는 값의 범위는 $-2^{n-1} \sim (2^{n-1}-1)$입니다. 여기서 n은 메모리 bit 수입니다. 정수 타입으로 선언된 변수에는 정수 리터럴을 대입해서 정수를 저장할 수 있습니다.

✚ 여기서 잠깐   **정수 리터럴**

소스 코드에서 프로그래머에 의해 직접 입력된 값을 리터럴(literal)이라고 부릅니다. 입력된 리터럴 중에서 자바가 정수로 인식하는 경우는 다음과 같습니다.

2진수: 0b 또는 0B로 시작하고 0과 1로 구성됩니다.

```
0b1011  → 1x2³ + 0x2² + 1x2¹ + 1x2⁰          → 11
0b10100 → 1x2⁴ + 0x2³ + 1x2² + 0x2¹ + 0x2⁰   → 20
```

8진수: 0으로 시작하고 0~7 숫자로 구성됩니다.

```
013     → 1x8¹ + 3x8⁰                        → 11
0206    → 2x8² + 0x8¹ + 6x8⁰                 → 134
```

10진수: 소수점이 없는 0~9 숫자로 구성됩니다.

```
12
365
```

16진수: 0x 또는 0X로 시작하고 0~9 숫자와 A, B, C, D, E, F 또는 a, b, c, d, e, f로 구성됩니다.

```
0xB3    → 11x16¹ + 3x16⁰                     → 179
0x2A0F  → 2x16³ + 10x16² + 0x16¹ + 15x16⁰    → 10767
```

다음은 다양한 정수 리터럴을 int 타입 변수에 저장하고 값을 10진수로 출력하는 예제입니다.

정수 리터럴　　IntegerLiteralExample.java

```
01  package sec02.exam01;
02
03  public class IntegerLiteralExample {
04    public static void main(String[] args) {
05      int var1 = 0b1011;      //2진수
06      int var2 = 0206;        //8진수
07      int var3 = 365;         //10진수
08      int var4 = 0xB3;        //16진수
09
10      System.out.println("var1: " + var1);
11      System.out.println("var2: " + var2);
12      System.out.println("var3: " + var3);
13      System.out.println("var4: " + var4);
14    }
15  }
```

> 🖥 **실행결과** ✕
> var1: 11
> var2: 134
> var3: 365
> var4: 179

다음은 byte 타입 변수에 허용 범위를 초과한 값을 대입했을 경우 컴파일 에러가 발생하는 것을 보여줍니다.

byte 타입 변수　　ByteExample.java

```
01  package sec02.exam02;
02
03  public class ByteExample {
04    public static void main(String[] args) {
05      byte var1 = -128;
06      byte var2 = -30;
07      byte var3 = 0;
08      byte var4 = 30;
09      byte var5 = 127;
10      byte var6 = 128; ←────── 컴파일 에러(Type mismatch: cannot convert from int to byte)
11
12      System.out.println(var1);
13      System.out.println(var2);
```

```
14        System.out.println(var3);
15        System.out.println(var4);
16        System.out.println(var5);
17      }
18    }
```

long 타입은 수치가 큰 데이터를 다루는 프로그램에서 주로 사용되는데, 대표적인 예가 은행이나 과학과 관련된 프로그램들입니다.

기본적으로 컴파일러는 정수 리터럴을 int 타입으로 간주합니다. 그래서 정수 리터럴이 int 타입의 허용 범위(−2,147,483,648 ~ 2,147,483,647)를 초과할 경우, long 타입임을 컴파일러에게 알려 주어야 합니다.

방법은 간단합니다. 정수 리터럴 뒤에 소문자 l이나 대문자 L을 붙이면 되는데, 일반적으로 소문자 l은 숫자 1과 비슷해 혼동하기 쉬우므로 대문자 L을 사용합니다.

```
long balance = 30000000000; ←───── 컴파일 에러
long balance = 30000000000L;
```

note long 타입 변수에 정수 리터럴을 저장할 때 반드시 L을 붙여야 할까요? 정답은 아닙니다. 정수 리터럴이 int 타입의 허용 범위 이내라면 L을 붙이지 않아도 됩니다.

직접 해보는 손코딩

long 타입 변수   소스 코드 LongExample.java

```
01    package sec02.exam03;
02
03    public class LongExample {
04      public static void main(String[] args) {
05        long var1 = 10;
06        long var2 = 20L;
07        //long var3 = 1000000000000; ←───── 컴파일 에러
08        long var4 = 1000000000000L;
09
10        System.out.println(var1);
11        System.out.println(var2);
12        System.out.println(var4);
13      }
14    }
```

```
🖵 실행결과                    ✕
10
20
1000000000000
```

char 타입

하나의 문자를 작은따옴표(')로 감싼 것을 문자 리터럴이라고 합니다. 문자 리터럴은 유니코드^{Unicode}로 변환되어 저장됩니다. 유니코드는 세계 각국의 문자를 2byte로 표현할 수 있는 숫자(0 ~ 65535)로 매핑한 국제 표준 규약입니다. 자바는 이러한 유니코드를 저장할 수 있도록 2byte 크기인 char 타입을 제공합니다.

예를 들어 'A', 'B', '가', '각' 문자를 char 변수에 저장할 경우 변수에 저장되는 유니코드 값은 다음과 같습니다.

```java
char var1 = 'A';        //유니코드: 65
char var2 = 'B';        //유니코드: 66
char var3 = '가';       //유니코드: 44032
char var4 = '각';       //유니코드: 44033
```

유니코드는 정수이므로 char도 정수 타입에 속합니다. 그래서 char 변수에 작은따옴표(')로 감싼 문자가 아니라, 10진수 또는 16진수 형태로 유니코드를 저장할 수 있습니다. 예를 들어 문자 'A'는 10진수로 65이고, 16진수로는 0x0041이므로 다음과 같이 char 변수에 직접 저장할 수 있습니다.

```java
char c = 65;           //10진수
char c = 0x0041;       //16진수
```

> ➕ 여기서 잠깐 **문자 리터럴을 int 타입에 저장할 경우**
>
> 작은따옴표(')로 감싼 문자 리터럴은 유니코드로 변환되기 때문에 int 타입 변수에도 저장할 수 있습니다. char 타입 변수에 저장하면 자동으로 문자로 매핑되어 출력되지만, int 타입 변수에 저장하면 유니코드 자체가 출력됩니다.
>
> ```java
> char var1 = 'A';
> int var2 = 'A';
> System.out.println(var1);    //A를 출력
> System.out.println(var2);    //65를 출력
> ```

char 타입   소스코드   CharExample.java

```java
01    package sec02.exam04;
02
03    public class CharExample {
04      public static void main(String[] args) {
05        char c1 = 'A';          //문자를 직접 저장
06        char c2 = 65;           //10진수로 저장
07        char c3 = '\u0041';     //16진수로 저장
08
09        char c4 = '가';         //문자를 직접 저장
10        char c5 = 44032;        //10진수로 저장
11        char c6 = '\uac00';     //16진수로 저장
12
13        System.out.println(c1);
14        System.out.println(c2);
15        System.out.println(c3);
16        System.out.println(c4);
17        System.out.println(c5);
18        System.out.println(c6);
19      }
20    }
```

실행결과 ×
```
A
A
A
가
가
가
```

String 타입

작은따옴표(')로 감싼 문자는 char 타입 변수에 저장되어 유니코드로 저장되지만, 큰따옴표(")로 감싼 문자 또는 여러 개의 문자들은 유니코드로 변환되지 않습니다. 따라서 다음은 잘못 작성된 코드입니다.

잘못된 코딩 예

```java
char var1 = "A";
char var2 = "홍길동";
```

자바에서 큰따옴표(")로 감싼 문자들을 문자열이라고 부릅니다. 작은따옴표(')와 큰따옴표(")는 컴파일러가 문자 리터럴과 문자열 리터럴을 구별하는 기호로 사용됩니다. 문자열을 변수에 저장하고 싶다면 다음과 같이 String 타입을 사용해야 합니다.

올바른 코딩 예

```
String var1 = "A";
String var2 = "홍길동";
```

note String 타입은 기본 타입이 아닙니다. String은 클래스 타입으로, 6장에서 상세히 설명합니다.

 직접 해보는 손코딩

String 타입   StringExample.java

```
01    package sec02.exam05;
02
03    public class StringExample {
04      public static void main(String[] args) {
05        String name = "홍길동";
06        String job = "프로그래머";
07        System.out.println(name);
08        System.out.println(job);
09      }
10    }
```

문자열 내부에 역슬래시(\)가 붙은 문자를 사용할 수 있는데, 이것을 이스케이프escape 문자라고 합니다. 이스케이프 문자를 사용하면 문자열 내부에 특정 문자를 포함시킬 수 있습니다. 예를 들어 큰따옴표(")는 문자열 식별 기호인데, 데이터로써 큰따옴표를 사용하고 싶을 때는 이스케이프 문자 \"를 사용합니다.

```
String str = "나는 \"자바\"를 좋아합니다.";
System.out.println(str);
```
➡ 나는 "자바"를 좋아합니다.

또한 이스케이프 문자를 사용하면 출력을 제어할 수 있습니다. 예를 들어, 탭만큼 띄우거나(\t) 개행 (한 줄 내림, \n)을 지시할 수 있습니다.

```
String str = "번호\t이름\t나이";
System.out.println(str);
```
➡ 번호   이름   나이
         tab 공간   tab 공간

```
String str = "홍길동\n감자바";
System.out.println(str);
```
➡ 홍길동
   감자바

다음은 자주 사용하는 이스케이프 문자를 정리한 표입니다.

이스케이프 문자	출력 용도
\t	탭만큼 띄움
\n	줄 바꿈(라인 피드)
\r	캐리지리턴
\"	" 출력
\'	' 출력
\\	\ 출력
\u16진수	16진수 유니코드에 해당하는 문자 출력

이스케이프 문자 출력   EscapeExample.java

```
01   package sec02.exam06;
02
03   public class EscapeExample {
04     public static void main(String[] args) {
05       System.out.println("번호\t이름\t직업");
06       System.out.print("행 단위 출력\n");
07       System.out.print("행 단위 출력\n");
08       System.out.println("우리는 \"개발자\" 입니다.");
09       System.out.print("봄\\여름\\가을\\겨울");
10     }
11   }
```

실행결과 ✕
```
번호        이름        직업
행 단위 출력
행 단위 출력
우리는 "개발자" 입니다.
봄\여름\가을\겨울
```

실수 타입

소수점이 있는 실수 리터럴을 저장할 수 있는 타입에는 float과 double이 있습니다. 다음은 float 타입과 double 타입이 저장할 수 있는 메모리 사용 크기와 허용 범위입니다.

타입	메모리 사용 크기		저장되는 값의 허용 범위(양수 기준)	정밀도(소수점 이하 자리)
float	4byte	32bit	$(1.4 \times 10^{-45}) \sim (3.4 \times 10^{38})$	7자리
double	8byte	64bit	$(4.9 \times 10^{-324}) \sim (1.8 \times 10^{308})$	15자리

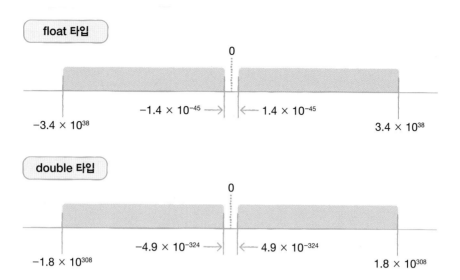

➕ 여기서 잠깐 | **실수 리터럴**

소스 코드에서 소수점이 있는 숫자 리터럴은 10진수 실수로 인식합니다.

```
0.25,  -3.14
```

또한 알파벳 소문자 e 또는 대문자 E가 포함되어 있는 숫자 리터럴은 지수와 가수로 표현된 소수점이 있는 10진수 실수로 인식합니다.

```
5e2      → 5.0 x 10² = 500.0
0.12E-2  → 0.12 x 10⁻² = 0.0012
```

자바는 실수 리터럴을 기본적으로 double 타입으로 해석하기 때문에 double 타입 변수에 저장해야 합니다. 실수 리터럴을 float 타입 변수에 저장하면 컴파일 에러가 발생합니다.

```
float var = 3.14;←————— 컴파일 에러(Type mismatch: cannot convert from double to float)
double var = 3.14;
double var = 314e-2;
```

실수 리터럴을 float 타입으로 저장하고 싶다면 리터럴 뒤에 소문자 f나 대문자 F를 붙여 컴파일러가 float 타입임을 알 수 있도록 해야 합니다.

```
float var = 3.14; ←——— 컴파일 에러(Type mismatch: cannot convert from double to float)
float var = 3.14f;
float var = 3E6F;
```

float 타입과 double 타입이 허용하는 소수점 이하 자리는 각각 7자리와 15자리입니다. double 타입은 float 타입보다 2배 정도 정밀도가 높기 때문에 좀 더 정확한 데이터 저장이 가능합니다.

> 메모리에 여유가 있고 특별한 이유가 없는 한 실수 리터럴을 저장할 때에는 double 타입을 사용하는 것이 좋습니다.

note double이라는 이름은 float 타입보다 약 2배의 정밀도를 갖는다는 의미에서 붙여진 것입니다.

직접 해보는 손코딩

float과 double 타입   소스 코드   FloatDoubleExample.java

```
01    package sec02.exam07;
02
03    public class FloatDoubleExample {
04      public static void main(String[] args) {
05        //실수값 저장
06        //float var1 = 3.14; ←——— 컴파일 에러(Type mismatch)
07        float var2 = 3.14f;
08        double var3 = 3.14;
09
10        //정밀도 테스트
11        float var4 = 0.1234567890123456789f;
12        double var5 = 0.1234567890123456789;
13
14        System.out.println("var2: " + var2);
15        System.out.println("var3: " + var3);
16        System.out.println("var4: " + var4);
17        System.out.println("var5: " + var5); ←——— double 타입인 var5가
18                                                   float 타입인 var4보다
19        //e 사용하기                                  2배 이상 정밀한 값으로 출력
20        double var6 = 3e6;
21        float var7 = 3e6F;
22        double var8 = 2e-3;
23        System.out.println("var6: " + var6);
24        System.out.println("var7: " + var7);
25        System.out.println("var8: " + var8);
26      }
27    }
```

```
📄 실행결과                        ✕
var2: 3.14
var3: 3.14
var4: 0.12345679
var5: 0.12345678901234568
var6: 3000000.0
var7: 3000000.0
var8: 0.002
```

논리 타입

자바는 참과 거짓을 의미하는 논리 리터럴로 true와 false를 사용합니다. 논리 리터럴은 다음과 같이 1byte 크기의 boolean 타입 변수에 저장할 수 있습니다.

```
boolean stop = true;
boolean state = false;
```

boolean 타입 변수는 주로 두 가지 상태값에 따라 조건문과 제어문의 실행 흐름을 변경하는 데 사용합니다.

다음 코드를 보면 stop 변수가 true 값을 가지고 있기 때문에 if 블록이 실행되어 "중지합니다."가 출력됩니다. 만약 stop 변수가 false 값을 가지고 있다면 else 블록이 실행되어 "시작합니다."를 출력합니다.

직접 해보는 손코딩

boolean 타입 소스 코드 BooleanExample.java

```
01    package sec02.exam08;
02
03    public class BooleanExample {
04      public static void main(String[] args) {
05        boolean stop = true;
06        if(stop) {
07          System.out.println("중지합니다.");
08        } else {
09          System.out.println("시작합니다.");
10        }
11      }
12    }
```

> 🖥 **실행결과** ✕
>
> 중지합니다.

마무리

▶ 5가지 키워드로 끝내는 핵심 포인트

- **정수 타입**: 정수를 저장할 수 있는 타입으로 byte, short, int, long 타입을 말합니다.

- **char 타입**: 작은따옴표(')로 감싼 하나의 문자 리터럴을 저장할 수 있는 타입입니다.

- **String 타입**: 큰따옴표(")로 감싼 문자열을 저장할 수 있는 타입입니다.

- **실수 타입**: 실수를 저장할 수 있는 타입으로 float, double 타입을 말합니다.

- **boolean 타입**: 참과 거짓을 의미하는 true와 false를 저장할 수 있는 타입입니다.

▶ 확인 문제

1. 다음 표는 메모리 사용 크기별로 자바의 기본 타입을 구분한 것입니다. 빈칸에 자바의 기본 타입 8개를 적어보세요.

구분	1byte	2byte	4byte	8byte
정수 타입	( )	( ) ( )	( )	( )
실수 타입			( )	( )
논리 타입	( )			

2. 변수에 값을 저장하는 코드입니다. 맞는 것에 O표, 틀린 것에 X표 하세요.

① byte var = 200;   (   )

② char var = 'AB';   (   )

③ char var = 65;   (   )

④ long var = 50000000000;   (   )

⑤ float var = 3.14;   (   )

⑥ double var = 100.0;   (   )

⑦ String var = "나의 직업은 "개발자"입니다.";   (   )

⑧ boolean var = 0;   (   )

⑨ int v2 = 1e2;   (   )

⑩ float = 1e2f;   (   )

3. 다음 코드를 실행했을 때 콘솔에 출력되는 내용은 무엇입니까?

```
System.out.println("자바는");
System.out.println("\n재미있는 \"프로그래밍\" 언어\n");
System.out.println("입니다.");
```

4. 다음 코드는 컴파일 에러가 발생합니다. 그 이유가 무엇입니까?

```
double value = 2e-350;
```

5. 다음 코드를 실행했을 때 출력되는 내용은 무엇입니까?

```
boolean stop = false;
if(stop) {
   System.out.println("멈춥니다.");
} else {
   System.out.println("출발합니다.");
}
```

타입 변환

자동 타입 변환   강제 타입 변환   문자열 결합 연산
Integer.parseInt( )   Double.parseDouble( )

타입 변환이란 데이터 타입을 다른 데이터 타입으로 변환하는 것을 말합니다. 예를
들어, byte 타입을 int 타입으로 변환하거나, 반대로 int 타입을 byte 타입으로 변
환하는 행위를 말합니다. 이번 절에서는 타입 변환에 대해 자세히 알아보겠습니다.

시작하기 전에

두 변수의 타입이 동일할 경우, 한쪽 변수값을 다른 쪽 변수에 복사해서 저장할 수 있습니다. 만약 두
변수의 타입이 다르다면 어떻게 될까요? 값의 저장이 가능할 수도 있고 그렇지 않을 수도 있습니다.

a 변수에 저장된 값을 b 변수에 복사해서 저장하는 코드는 다음과 같습니다.

```
byte a = 10;    //byte 타입 변수 a에 10을 저장
int b = a;      //byte 타입 변수 a에 저장된 10을 int 타입 변수 b에 복사해서 저장
```

원래 10은 byte 타입의 값이었으나, 복사해서 저장할 때 int 타입의 값으로 변환되었습니다. 자바에
서는 이것을 타입 변환이라고 합니다.

자동 타입 변환

자동 타입 변환promotion은 말 그대로 자동으로 타입 변환이 일어나는 것을 의미합니다. 자동 타입 변환은 값의 허용 범위가 작은 타입이 허용 범위가 큰 타입으로 저장될 때 발생합니다.

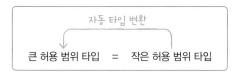

> 자동 타입 변환은 프로그램 실행 도중에 자동으로 타입 변환이 일어나는 것을 말합니다.

큰 허용 범위 타입과 작은 허용 범위 타입의 구분은 〈02-2 기본 타입〉81쪽에서 정수 타입과 실수 타입을 참고하기 바랍니다. 기본 타입을 허용 범위 크기순으로 정리하면 다음과 같습니다.

```
byte < short < int < long < float < double
```

다음 코드는 int 타입이 byte 타입보다 허용 범위가 더 크기 때문에 자동 타입 변환이 일어납니다.

```
byte byteValue = 10;
int intValue = byteValue;    //자동 타입 변환됨
```

정수 타입이 실수 타입으로 저장될 경우에는 무조건 자동 타입 변환이 일어납니다. 실수 타입은 정수 타입보다 허용 범위가 더 크기 때문입니다.

```
long longValue = 5000000000L;
float floatValue = longValue;      //5.0E9f로 저장됨
double doubleValue = longValue;    //5.0E9로 저장됨
```

char 타입의 경우 int 타입으로 자동 타입 변환되면 유니코드 값이 int 타입에 저장됩니다.

```
char charValue = 'A';
int intValue = charValue;     //65가 저장됨
```

➕ 여기서 잠깐 ┃ 자동 타입 변환에서의 예외

char 타입보다 허용 범위가 작은 byte 타입은 char 타입으로 자동 타입 변환될 수 없습니다. 왜냐하면 char 타입의 허용 범위는 음수를 포함하지 않는데, byte 타입은 음수를 포함하기 때문입니다.

```
byte byteValue = 65;
char charValue = byteValue; ←——— 컴파일 에러
```

다음은 자동 타입 변환이 발생하는 다양한 코드들입니다.

자동 타입 변환   소스 코드 PromotionExample.java

```java
01  package sec03.exam01;
02
03  public class PromotionExample {
04    public static void main(String[] args) {
05      //자동 타입 변환
06      byte byteValue = 10;
07      int intValue = byteValue;
08      System.out.println("intValue: " + intValue);
09
10      char charValue = '가';
11      intValue = charValue;
12      System.out.println("가의 유니코드: " + intValue);
13
14      intValue = 50;
15      long longValue = intValue;
16      System.out.println("longValue: " + longValue);
17
18      longValue = 100;
19      float floatValue = longValue;
20      System.out.println("floatValue: " + floatValue);
21
22      floatValue = 100.5F;
23      double doubleValue = floatValue;
24      System.out.println("doubleValue: " + doubleValue);
25    }
26  }
```

실행결과   ✕

```
intValue: 10
가의 유니코드: 44032
longValue: 50
floatValue: 100.0
doubleValue: 100.5
```

강제 타입 변환

큰 허용 범위 타입은 작은 허용 범위 타입으로 자동 타입 변환될 수 없습니다. 마치 큰 그릇에 가득 채운 물을 작은 그릇 안에 모두 넣을 수 없는 것과 동일한 이치입니다. 하지만 큰 그릇의 물을 작은 그릇 크기로 나눠서 한 부분만 작은 그릇에 넣는 것은 가능합니다.

이와 같이 큰 허용 범위 타입을 작은 허용 범위 타입으로 강제로 나눠서 저장하는 것을 강제 타입 변환

캐스팅: casting이라고 합니다. 강제 타입 변환은 캐스팅 연산자 괄호 ()를 사용하는데, 괄호 안에 들어가는 타입은 나누는 단위입니다.

강제 타입 변환

작은 허용 범위 타입 = (작은 허용 범위 타입) 큰 허용 범위 타입

> 강제 타입 변환은 큰 타입을 작은 타입으로 강제로 나눠서 저장하는 것을 말합니다.

int 타입은 byte 타입보다 더 큰 허용 범위를 가집니다. 따라서 int 타입은 byte 타입으로 자동 변환되지 않습니다. 하지만 (byte) 캐스팅 연산자를 사용해서 byte 타입으로 강제 변환할 수 있습니다.

```
int intValue = 10;
byte byteValue = (byte) intValue;    //강제 타입 변환
```

int 타입은 char 타입보다 더 큰 허용 범위를 가집니다. 따라서 int 타입은 char 타입으로 자동 변환되지 않습니다. 하지만 (char) 캐스팅 연산자를 사용해서 char 타입으로 강제 변환할 수 있습니다. char 타입으로 변환하는 이유는 문자를 출력할 수 있기 때문입니다.

```
int intValue = 65;
char charValue = (char) intValue;
System.out.println(charValue);    //"A"가 출력
```

실수 타입(float, double)은 정수 타입(byte, short, int, long)으로 자동 변환되지 않기 때문에 강제 타입 변환을 사용해야 합니다. 이 경우 소수점 이하 부분은 버려지고, 정수 부분만 저장됩니다.

```
double doubleValue = 3.14;
int intValue = (int) doubleValue;    //intValue는 정수 부분인 3만 저장
```

직접 해보는 손코딩

강제 타입 변환   소스 코드 CastingExample.java

```
01    package sec03.exam02;
02
03    public class CastingExample {
04      public static void main(String[] args) {
05        int intValue = 44032;
06        char charValue = (char) intValue;
```

```
07        System.out.println(charValue);
08
09        long longValue = 500;
10        intValue = (int) longValue;
11        System.out.println(intValue);
12
13        double doubleValue = 3.14;
14        intValue = (int) doubleValue;
15        System.out.println(intValue);
16    }
17 }
```

실행결과 ✕
```
가
500
3
```

정수 연산에서의 자동 타입 변환

정수 타입 변수가 산술 연산식에서 피연산자로 사용되면 int 타입보다 작은 byte, short 타입의 변수는 int 타입으로 자동 타입 변환되어 연산을 수행합니다.

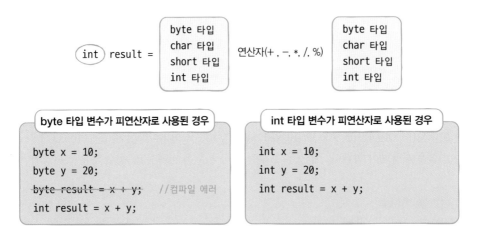

위 그림에서 왼쪽의 예시처럼 byte 변수 x, y가 피연산자로 사용되면 int 타입으로 변환되어 연산되므로 연산 결과를 byte 변수에 저장하면 컴파일 에러(Type mismatch: cannot convert from int to byte)가 발생합니다. 따라서 연산 결과를 int 변수에 저장해야 합니다.

```
                (byte)   (byte)
int result =      x    +   y;
   ↑              ↓        ↓
                (int)    (int)
                   └───┬───┘
                       +
```

앞의 그림에서 오른쪽의 예시는 처음부터 x, y를 int 타입으로 선언한 것입니다. 앞의 두 가지 코드를 컴파일하면 동일한 바이트 코드를 얻기 때문에 특별한 이유가 없는 경우 정수 연산에 사용되는 변수는 오른쪽 예시와 같이 int 타입으로 선언하는 것이 타입 변환을 줄여주는 방법입니다. 타입 변환이 줄면 실행 성능이 향상될 수밖에 없습니다.

➕ 여기서 잠깐   컴파일 단계에서의 정수 연산

자바는 실행 성능을 향상시키기 위해서 컴파일 단계에서 연산을 수행할 수 있습니다.

예를 들어, 다음과 같이 정수 리터럴 10과 20을 덧셈 연산해서 결과를 byte 변수 result에 저장하는 코드가 있다고 가정해보겠습니다.

```
byte result = 10 + 20;
```

자바 컴파일러는 컴파일 단계에서 10 + 20을 미리 연산해서 30을 만들고, result 변수에 30을 저장하도록 바이트 코드를 생성합니다. 이 경우에는 피연산자가 변수가 아니므로 int 타입으로 변환을 하지 않습니다.

👉 직접 해보는 손코딩

정수 타입의 연산   소스 코드 ByteOperationExample.java

```
01    package sec03.exam03;
02
03    public class ByteOperationExample {
04      public static void main(String[] args) {
05        byte result1 = 10 + 20;
06        System.out.println(result1);
07
08        byte x = 10;
09        byte y = 20;
10        int result2 = x + y;
11        System.out.println(result2);
12      }
13    }
```

> **🖥 실행결과**   ✕
>
> 30
> 30

정수 연산식에서 모든 변수가 int 타입으로 변환되는 것은 아닙니다. 두 피연산자 중 허용 범위가 큰 타입으로 변환되어 연산을 수행합니다.

예를 들어, int 타입보다 허용 범위가 더 큰 long 타입이 피연산자로 사용되면 다른 피연산자는 무조건 long 타입으로 변환하고 연산을 수행합니다. 따라서 연산 결과를 long 타입 변수에 저장해야 합니다.

직접 해보는 손코딩

정수 타입의 연산 `LongOperationExample.java`

```
01    package sec03.exam04;
02
03    public class LongOperationExample {
04      public static void main(String[] args) {
05        byte value1 = 10;
06        int value2 = 100;
07        long value3 = 1000L;
08        long result = value1 + value2 + value3;
09        System.out.println(result);
10      }
11    }
```

실행결과 ✕
```
1110
```

실수 연산에서의 자동 타입 변환

실수 타입 변수가 산술 연산식에서 피연산자로 사용될 경우 두 피연산자가 동일한 타입이라면 해당 타입으로 연산되지만, 피연산자 중 하나가 double 타입이라면 다른 피연산자도 double 타입으로 자동 타입 변환되어 연산을 수행합니다. 따라서 연산 결과는 double 타입이 됩니다.

int 타입과 double 타입을 연산해도 동일한 과정을 거칩니다. 먼저 int 타입의 피연산자가 double 타입으로 자동 변환되고 연산을 수행합니다.

```
int intValue = 10;
double doubleValue = 5.5;
double result =  intValue  + doubleValue;    //result에 15.5가 저장됨
                   └─────┘
              double 값으로 변환
```

만약 꼭 int 타입으로 연산을 해야 한다면 double 타입을 int 타입으로 강제 변환하고 덧셈 연산을 수행하면 됩니다.

```
int intValue = 10;
double doubleValue = 5.5;
int result = intValue + (int) doubleValue;    //result에 15가 저장됨
```

+ 여기서 잠깐   실수 리터럴 연산

자바에서는 소문자 f 또는 대문자 F가 없는 실수 리터럴을 double 타입으로 해석합니다. 그렇기 때문에 연산 결과는 double 타입 변수에 저장해야 합니다.

```
double result = 1.5 + 2.3;
```

그렇지 않고 다음과 같이 float 타입 변수에 저장하면 컴파일 에러가 발생합니다.

```
float result = 1.5 + 2.3;  ←──── 컴파일 에러
```

float 타입에 꼭 저장하고 싶다면 실수 리터럴 뒤에 소문자 f나 대문자 F를 붙여 컴파일러가 float 타입임을 알도록 해야 합니다.

```
float result = 1.5f + 2.3f;
```

수학에서 1을 2로 나누면 결과값은 0.5가 됩니다. 이것을 코드로 옮기면 다음과 같습니다. result의 결과값으로 0.5가 출력될까요?

```java
int x = 1;
int y = 2;
double result = x / y;
System.out.println(result);
```

위 코드를 실행하면 0.5가 출력되는 것이 아니라 0.0이 출력됩니다. 그 이유는 자바에서 정수 연산의 결과는 정수가 되기 때문입니다. x / y의 연산 결과는 0.5가 아니라 0이 되고, 0을 double 타입 변수 result에 저장하므로 0.0이 되는 것입니다.

위 코드의 결과가 0.5가 되기 위해서는 x / y를 정수 연산이 아니라 실수 연산으로 변경해야 합니다. 즉 x와 y 둘 중 하나 또는 둘 모두를 double 타입으로 변환하는 것입니다. 정수 타입을 실수 타입으로 변환하는 방법은 다음과 같습니다.

```java
float floatValue = (float) 정수;
double doubleValue = (double) 정수;
```

이것을 적용하기 위해서는 다음과 같은 방법으로 수정해야 합니다.

| 방법 1 | ```java
int x = 1;
int y = 2;
double result = (double) x / y;
System.out.println(result);
``` |
| --- | --- |
| 방법 2 | ```java
int x = 1;
int y = 2;
double result = x / (double) y;
System.out.println(result);
``` |
| 방법 3 | ```java
int x = 1;
int y = 2;
double result = (double) x / (double) y;
System.out.println(result);
``` |

만약 (double) (x / y)로 잘못 수정하면 0.5가 아니라 0.0을 얻는데, 그 이유는 (x / y)가 먼저 연산되어 0이 되고, 여기에 (double) 0을 적용해서 0.0이 되기 때문입니다.
```

연산식에서 자동 타입 변환   소스 코드 OperationsPromotionExample.java

```java
01  package sec03.exam05;
02
03  public class OperationsPromotionExample {
04    public static void main(String[] args) {
05      byte byteValue1 = 10;
06      byte byteValue2 = 20;
07      //byte byteValue3 = byteValue1 + byteValue2; ←——— 컴파일 에러
08      int intValue1 = byteValue1 + byteValue2;
09      System.out.println(intValue1);
10
11      char charValue1 = 'A';
12      char charValue2 = 1;
13      //char charValue3 = charValue1 + charValue2; ←——— 컴파일 에러
14      int intValue2 = charValue1 + charValue2;
15      System.out.println("유니코드=" + intValue2);
16      System.out.println("출력문자=" + (char)intValue2);
17
18      int intValue3 = 10;
19      int intValue4 = intValue3/4;
20      System.out.println(intValue4);
21
22      int intValue5 = 10;
23      //int intValue6 = 10 / 4.0; ←——— 컴파일 에러
24      double doubleValue = intValue5 / 4.0;
25      System.out.println(doubleValue);
26
27      int x = 1;
28      int y = 2;
29      double result = (double) x / y;
30      System.out.println(result);
31    }
32  }
```

```
📄 실행결과          ✕
30
유니코드=66
출력문자=B
2
2.5
0.5
```

+ 연산에서의 문자열 자동 타입 변환

자바에서 + 연산자는 두 가지 기능을 가지고 있습니다. 피연산자가 모두 숫자일 경우에는 덧셈 연산을 수행하지만, 피연산자 중 하나가 문자열일 경우에는 나머지 피연산자도 문자열로 자동 변환되어 문자열 결합 연산을 수행합니다.

```
숫자 + 숫자       ➡ 덧셈 연산          ➡ 숫자
"문자열" + 숫자   ➡ "문자열" + "숫자" ➡ 결합 연산 ➡ "문자열숫자"
숫자 + "문자열"   ➡ "숫자" + "문자열" ➡ 결합 연산 ➡ "숫자문자열"
```

```
int value = 3 + 7;     ➡ int value = 10;
String str = "3" + 7; ➡ String str = "3" + "7"; ➡ String str = "37";
String str = 3 + "7"; ➡ String str = "3" + "7"; ➡ String str = "37";
```

연산식에서 + 연산자가 연이어 나오면 앞에서부터 순차적으로 + 연산을 수행합니다. 먼저 수행된 연산이 덧셈 연산이라면 덧셈 결과를 가지고 그다음 + 연산을 수행합니다. 만약 먼저 수행된 연산이 결합 연산이라면 이후 + 연산은 모두 결합 연산이 됩니다.

```
int value = 1 + 2 + 3;     ➡ int value = 3 + 3;     ➡ int value = 6;
String str = 1 + 2 + "3"; ➡ String str = 3 + "3"; ➡ String str = "33";
String str = 1 + "2" + 3; ➡ String str = "12" + 3; ➡ String str = "123";
String str = "1" + 2 + 3; ➡ String str = "12" + 3; ➡ String str = "123";
```

✚ 여기서 잠깐 특정 부분을 우선 연산하고 싶을 경우

앞에서부터 순차적으로 + 연산을 수행하지 않고 우선 연산하고 싶은 부분이 있다면 해당 부분을 괄호 ()로 감싸줍니다. 괄호는 최우선으로 연산을 수행합니다.

```
String str = "1" + (2 + 3); ➡ String str = "1" + 5; ➡ String str = "15";
```

직접 해보는 손코딩

문자열 결합 연산   소스 코드 StringConcatExample.java

```java
01    package sec03.exam06;
02
03    public class StringConcatExample {
04      public static void main(String[] args) {
05        //숫자 연산
```

```
06        int value = 10 + 2 + 8;
07        System.out.println("value: " + value);
08
09        //문자열 결합 연산
10        String str1 = 10 + 2 + "8";
11        System.out.println("str1: " + str1);
12
13        String str2 = 10 + "2" + 8;
14        System.out.println("str2: " + str2);
15
16        String str3 = "10" + 2 + 8;
17        System.out.println("str3: " + str3);
18
19        String str4 = "10" + (2 + 8);
20        System.out.println("str4: " + str4);
21    }
22 }
```

┌─────────────────────┐
│ 🖥 실행결과   ✕ │
├─────────────────────┤
│ value: 20   │
│ str1: 128   │
│ str2: 1028   │
│ str3: 1028   │
│ str4: 1010   │
└─────────────────────┘

문자열을 기본 타입으로 강제 타입 변환

프로그램에서 문자열을 기본 타입으로 변환하는 경우가 매우 많습니다. 예를 들어, "12"와 "3.5"를 정수 및 실수 타입으로 변환해서 숫자 연산을 하는 경우입니다.

자바에서 문자열을 기본 타입으로 변환하는 방법은 다음과 같습니다.

변환 타입	사용 예
String ➜ byte	String str = "10"; byte value = Byte.parseByte(str);
String ➜ short	String str = "200"; short value = Short.parseShort(str);
String ➜ int	String str = "300000"; int value = Integer.parseInt(str);
String ➜ long	String str = "40000000000"; long value = Long.parseLong(str);
String ➜ float	String str = "12.345"; float value = Float.parseFloat(str);
String ➜ double	String str = "12.345"; double value = Double.parseDouble(str);
String ➜ boolean	String str = "true"; boolean value = Boolean.parseBoolean(str);

문자열이 숫자가 아닌 알파벳이나 특수 문자, 한글 등을 포함하고 있을 경우 숫자 타입으로 변환을 시도하면 숫자 형식 예외(NumberFormatException)가 발생합니다.

```
String str = "1a";
int value = Integer.parseInt(str); ←——————— NumberFormatException 발생
```

반대로 기본 타입(byte, short, char, int, long, float, double, boolean)의 값을 문자열로 변경하는 경우도 있는데, 이 경우는 간단히 String.valueOf() 메소드를 이용하면 됩니다.

```
String str = String.valueOf(기본타입값);
```

예를 들어, String.valueOf(3)을 실행하면 문자열 "3"을 얻을 수 있습니다.

기본 타입과 문자열 간의 변환　소스 코드　PrimitiveAndStringConversionExample.java

```java
01    package sec03.exam07;
02
03    public class PrimitiveAndStringConversionExample {
04      public static void main(String[] args) {
05        int value1 = Integer.parseInt("10");
06        double value2 = Double.parseDouble("3.14");
07        boolean value3 = Boolean.parseBoolean("true");
08
09        System.out.println("value1: " + value1);
10        System.out.println("value2: " + value2);
11        System.out.println("value3: " + value3);
12
13        String str1 = String.valueOf(10);
14        String str2 = String.valueOf(3.14);
15        String str3 = String.valueOf(true);
16
17        System.out.println("str1: " + str1);
18        System.out.println("str2: " + str2);
19        System.out.println("str3: " + str3);
20      }
21    }
```

실행결과　✕

```
value1: 10
value2: 3.14
value3: true
str1: 10
str2: 3.14
str3: true
```

▶ 5가지 키워드로 끝내는 핵심 포인트

- **자동 타입 변환**: 자동으로 타입이 변환되는 것을 말합니다. 값의 허용 범위가 작은 타입이 허용 범위가 큰 타입으로 저장될 때 발생합니다.

- **강제 타입 변환**: 강제로 타입을 변환하는 것을 말합니다. 값의 허용 범위가 큰 타입을 허용 범위가 작은 타입으로 쪼개어서 저장하는 것을 말합니다.

- **문자열 결합 연산**: 문자열과 + 연산을 하면 다른 피연산자도 문자열로 변환되어 문자열 결합이 일어납니다.

- **Integer.parseInt( )**: 문자열을 정수 int 타입으로 변환합니다.

- **Double.parseDouble( )**: 문자열을 실수 double 타입으로 변환합니다.

▶ 확인 문제

1. 자동 타입 변환에 대한 내용입니다. 컴파일 에러가 발생하는 것은 무엇입니까?

```
byte byteValue = 10;
char charValue = 'A';
```

① int intValue = byteValue;

② int intValue = charValue;

③ short shortValue = charValue;

④ double doubleValue = byteValue;

2. 강제 타입 변환에 대한 내용입니다. 컴파일 에러가 발생하는 것은 무엇입니까?

```java
int intValue = 10;
char charValue = 'A';
double doubleValue = 5.7;
String strValue = "A";
```

① double var = (double) intValue;

② byte var = (byte) intValue;

③ int var = (int) doubleValue;

④ char var = (char) strValue;

3. 연산식에서의 타입 변환에 대한 내용입니다. 컴파일 에러가 발생하는 것은 무엇입니까?

```java
byte byteValue = 10;
float floatValue = 2.5F;
double doubleValue = 2.5;
```

① byte result = byteValue + byteValue;

② int result = 5 + byteValue;

③ float result = 5 + floatValue;

④ double result = 5 + doubleValue;

4. 다음 코드에서 컴파일 에러가 발생하는 위치와 이유를 설명해보세요.

```java
01    short s1 = 1;
02    short s2 = 2;
03    int i1 = 3;
04    int i2 = 4;
05    short result = s1 + s2;
06    int result = i1 + i2;
```

5. 알파벳 a의 유니코드는 97이고, b의 유니코드는 98입니다. 따라서 a의 유니코드에 1을 더하면 b의 유니코드가 되므로 다음과 같이 코드를 작성했습니다. 실행결과는 b가 출력되어야 하는데, 컴파일 에러가 발생했습니다. 무엇이 문제이고, 어떻게 수정하면 될까요?

```
char c1 = 'a';
char c2 = c1 + 1;
System.out.println(c2);
```

6. 자바에서 '/'는 나눗셈 연산자입니다. x/y는 x를 y로 나누는 연산을 수행합니다. ▨▨▨▨▨에 들어갈 타입은 무엇이며, 출력되는 결과와 그 이유를 설명해보세요.

```
int x = 5;
int y = 2;
▨▨▨▨▨ result = x / y;
System.out.println(result);
```

7. 6번 문제에서 출력되는 결과로 2.5가 나오게 하고 싶습니다. ❶ ~ ❷ 에 들어갈 코드를 작성해보세요.

```
int x = 5;
int y = 2;
❶ result = ❷ ;
System.out.println(result);
```

8. 두 실수를 덧셈 연산하고 소수점 이하 자리를 버리고 싶습니다. ▨▨▨▨▨에 들어갈 코드를 작성해보세요.

```
double var1 = 3.5;
double var2 = 2.7;
int result = ▨▨▨▨▨▨▨▨▨▨ ;
```

9. var1부터 var4까지 + 연산을 수행해서 int 타입 result 변수에 9가 저장되도록 ▨▨▨▨▨ 에 들어갈 코드를 작성해보세요.

```
long var1 = 2L;
float var2 = 1.8f;
double var3 = 2.5;
String var4 = "3.9";
int result =                          ;
System.out.println(result);
```

10. 다음 코드를 실행했을 때 출력 결과를 적어보세요.

```
String str1 = 2 + 3 + "";
String str2 = 2 + "" + 3;
String str3 = "" + 2 + 3;
System.out.println(str1);
System.out.println(str2);
System.out.println(str3);
```

11. 문자열을 기본 타입으로 변환하려고 합니다. ❶ ～ ❹ 에 알맞은 코드를 작성해보세요.

```
byte value =        ❶        ("10");
int value =         ❷        ("1000");
float value =       ❸        ("20.5");
double value =      ❹        ("3.14159");
```

02-4 변수와 시스템 입출력

핵심 키워드

System.out.println()　　System.out.print()　　System.out.printf()

System.in.read()　　Scanner

프로그래밍 언어에는 시스템 표준 출력 장치와 표준 입력 장치가 있습니다. 일반적으로 표준 출력 장치는 모니터이고, 표준 입력 장치는 키보드입니다.
이번 절에서는 변수에 저장된 값을 모니터로 출력하는 방법과 키보드로부터 데이터를 읽고 변수에 저장하는 방법을 알아보겠습니다.

시작하기 전에

우리는 지금까지 모니터에 출력하기 위해 다음과 같은 코드를 사용해왔습니다.

```
System.out.println("출력 내용");
```

여기서 System.out은 시스템의 표준 출력 장치를 말합니다. out이 표준 출력 장치라면 표준 입력 장치는 다음과 같이 in을 사용합니다.

```
System.in.read();
```

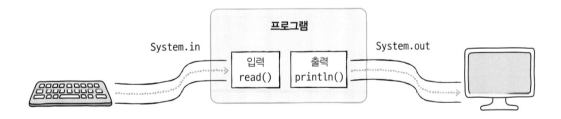

모니터로 변수값 출력하기

우리는 지금까지 표준 출력 장치인 모니터로 출력하기 위해서 System.out의 println() 메소드를 이용했습니다. println() 메소드의 괄호 () 안에 리터럴을 넣으면 리터럴이 그대로 출력되고, 변수를 넣으면 변수에 저장된 값이 출력되었습니다.

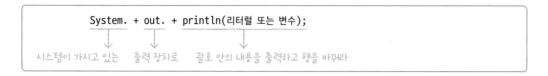

println()에서 ln은 line의 줄임말로 행을 바꾸라는 의미입니다. 출력 장치 out은 다음과 같이 println() 이외에 print(), printf() 메소드도 제공합니다.

메소드	의미
println(내용);	괄호 안의 내용을 출력하고 행을 바꿔라
print(내용);	괄호 안의 내용을 출력만 해라
printf("형식문자열", 값1, 값2, …);	괄호 안의 첫 번째 문자열 형식대로 내용을 출력해라

printf() 메소드는 개발자가 원하는 형식화된 문자열format string을 출력할 수 있습니다. 예를 들어 전체 출력 자릿수와 소수 자릿수를 제한할 수 있습니다.

printf() 메소드의 괄호에는 다음과 같이 출력 형식 문자열과 제공될 값을 쉼표로 나열해주면 됩니다.

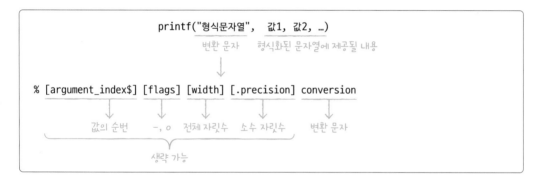

형식 문자열에서 %와 conversion(변환 문자)은 필수로 작성하고 그 외의 항목은 모두 생략할 수 있습니다. %는 형식 문자열의 시작을 뜻하고, conversion에는 제공되는 값의 타입에 따라 d(정수), f(실수), s(문자열)를 입력합니다.

```
System.out.printf("이름: %s", "감자바"); ➜ 이름: 감자바
System.out.printf("나이: %d", 25 );    ➜ 나이: 25
```

형식 문자열에 포함될 값이 2개 이상일 경우에는 값의 순번(argument_index$)을 알려주어야 합니다. 예를 들어 1$는 첫 번째 값을, 2$는 두 번째 값을 뜻합니다.

System.out.printf("이름: %1$s, 나이: %2$d", "김자바", 25); → 이름: 김자바, 나이: 25

flags는 빈자리를 채우는 방법인데 생략되면 왼쪽이 공백으로 채워지고, −가 오면 오른쪽이 공백으로 채워집니다. 0은 공백 대신 0으로 채웁니다. width는 전체 자릿수이며, .precision은 소수 자릿수입니다.

자주 사용되는 형식 문자열은 다음과 같습니다.

형식화된 문자열		설명	출력 형태
정수	%d	정수	123
	%6d	6자리 정수. 왼쪽 빈 자리 공백	___123
	%-6d	6자리 정수. 오른쪽 빈 자리 공백	123___
	%06d	6자리 정수. 왼쪽 빈 자리 0 채움	000123
실수	%10.2f	소수점 이상 7자리, 소수점 이하 2자리. 왼쪽 빈 자리 공백	____123.45
	%-10.2f	소수점 이상 7자리, 소수점 이하 2자리. 오른쪽 빈 자리 공백	123.45____
	%010.2f	소수점 이상 7자리, 소수점 이하 2자리. 왼쪽 빈 자리 0 채움	0000123.45
문자열	%s	문자열	abc
	%6s	6자리 문자열. 왼쪽 빈 자리 공백	___abc
	%-6s	6자리 문자열. 오른쪽 빈 자리 공백	abc___
특수 문자	\t	탭(tab)	
	\n	줄 바꿈	
	%%	%	%

직접 해보는 손코딩

printf( ) 메소드 사용 방법   PrintfExample.java

```
01   package sec04.exam01;
02
03   public class PrintfExample {
04     public static void main(String[] args) {
05       int value = 123;
06       System.out.printf("상품의 가격:%d원\n", value);
07       System.out.printf("상품의 가격:%6d원\n", value);
08       System.out.printf("상품의 가격:%-6d원\n", value);
09       System.out.printf("상품의 가격:%06d원\n", value);
10
```

```
11          double area = 3.14159 * 10 * 10;
12          System.out.printf("반지름이 %d인 원의 넓이:%10.2f\n", 10, area);
13
14          String name = "홍길동";
15          String job = "도적";
16          System.out.printf("%6d ¦ %-10s ¦ %10s\n", 1, name, job);
17      }
18  }
```

실행결과   ✕

상품의 가격:123원
상품의 가격: 123원
상품의 가격:123   원
상품의 가격:000123원
반지름이 10인 원의 넓이: 314.16
        1 ¦ 홍길동   ¦   도적

키보드에서 입력된 내용을 변수에 저장하기

키보드에서 키 하나를 입력하면 프로그램에서는 숫자로 된 키코드를 읽을 수 있습니다. 예를 들어 알파벳 a를 입력하면 97번을, 숫자 1을 입력하면 49번을 읽을 수 있습니다.

키코드를 읽기 위해서는 System.in의 read()를 이용하면 됩니다.

```
                    읽은 키코드를 변수에 저장
               ┌─────────────────────┐
               ↓
int keyCode = System. + in. + read();
               │       │       │
               ↓       ↓       ↓
        시스템이 가지고 있는  입력 장치에서  입력된 키코드를 읽어라
```

보통 System.in.read()로 읽은 키코드를 대입 연산자(=)를 사용해서 int 변수에 저장합니다. 변수에 저장된 값을 조사하면 입력된 키가 무엇인지 알 수 있습니다.

다음은 주요 키에 대한 키코드들입니다.

숫자	알파벳				기능키	방향키
0 = 48	A = 65	N = 78	a = 97	n = 110	BACK SPACE = 8	← = 37
1 = 49	B = 66	O = 79	b = 98	o = 111	TAB = 9	↑ = 38
2 = 50	C = 67	P = 80	c = 99	p = 112	ENTER = [CR=13, LF=10]	→ = 39
3 = 51	D = 68	Q = 81	d = 100	q = 113	SHIFT = 16	↓ = 40
4 = 52	E = 69	R = 82	e = 101	r = 114	CONTROL = 17	
5 = 53	F = 70	S = 83	f = 102	s = 115	ALT = 18	
6 = 54	G = 71	T = 84	g = 103	t = 116	ESC = 27	
7 = 55	H = 72	U = 85	h = 104	u = 117	SPACE = 32	
8 = 56	I = 73	V = 86	i = 105	v = 118	PAGEUP = 33	
9 = 57	J = 74	W = 87	j = 106	w = 119	PAGEDN = 34	
	K = 75	X = 88	k = 107	x = 120		
	L = 76	Y = 89	l = 108	y = 121		
	M = 77	Z = 90	m = 109	z = 122		

다음 예제는 키보드에서 읽은 키코드를 출력합니다. main() 메소드 끝에 throws Exception이 붙어 있는데 이것은 System.in.read()에 대한 예외 처리 코드입니다. 예외 처리란 예외가 발생했을 때 어떻게 처리할 것인지를 말하는데, throws Exception은 단순히 모니터에 예외 내용을 출력만 합니다. 예외 처리에 대해서는 10장에서 자세히 살펴보겠습니다.

직접 해보는 손코딩

입력된 키코드를 변수에 저장   소스 코드 KeyCodeExample.java

```
01    package sec04.exam02;
02
03    public class KeyCodeExample {
04      public static void main(String[] args) throws Exception {
05        int keyCode;
06
07        keyCode = System.in.read();
08        System.out.println("keyCode: " + keyCode);
09
10        keyCode = System.in.read();
11        System.out.println("keyCode: " + keyCode);
12
13        keyCode = System.in.read();
14        System.out.println("keyCode: " + keyCode);
15      }
16    }
```

🖥 실행결과   ✕

```
a
keyCode: 97
keyCode: 13
keyCode: 10
```

System.in.read()가 실행되면 이클립스의 Console 뷰는 Enter 키가 입력될 때까지 대기 상태가 됩니다. Enter 키가 입력되면 System.in.read()는 입력된 키들에 대한 키코드를 하나씩 읽습니다.

예를 들어, 알파벳 A 키를 입력하고 Enter 키를 입력하면 System.in.read()는 A 키에 대한 키코드 (97)를 먼저 읽습니다. 그다음 System.in.read()에서 Enter 키에 대한 키코드를 읽습니다. Enter 키는 다른 키와는 다르게 캐리지 리턴(CR: 13)과 라인 피드(LF: 10)로 구성된 2개의 키코드가 입력 됩니다. 따라서 2번에 걸쳐서 System.in.read()로 읽어야 합니다. 앞 예제는 System.in.read()가 3개 있으므로 하나의 키만 입력하고 Enter 키를 입력해야 합니다.

다음 예제는 입력된 키의 개수와 상관없이 키코드를 모두 읽습니다. 4장에서 학습할 while 반복문 을 이용한 것인데, 8~9라인을 무한히 반복(8 → 9 → 8 → 9 → …) 실행합니다. System. in.read();가 입력된 키코드들을 모두 읽고 나면 System.in.read()는 다음 Enter 키가 입력될 때까지 다시 대기 상태가 됩니다.

직접 해보는 손코딩

입력된 키의 개수와 상관없이 키코드 읽기　　ContinueKeyCodeReadExample.java

```
01    package sec04.exam03;
02
03    public class ContinueKeyCodeReadExample {
04      public static void main(String[] args) throws Exception {
05        int keyCode;
06
07        while(true) {
08          keyCode = System.in.read();
09          System.out.println("keyCode: " + keyCode);
10        }
11      }
12    }
```

←──── 반복 실행

실행결과　　✕

```
a
keyCode: 97
keyCode: 13
keyCode: 10
ab
keyCode: 97
keyCode: 98
keyCode: 13
keyCode: 10
abc
keyCode: 97
keyCode: 98
keyCode: 99
keyCode: 13
keyCode: 10
```

위 예제는 while(true) 때문에 무한 반복을 실행합니다. 반복을 종료하려면 Console 뷰에서 빨간 색 버튼을 클릭해서 강제 종료해야 합니다.

사용자가 q를 입력했을 때 반복이 중지되게 하려면 다음 예제와 같이 System.in.read()로 읽은 키 코드가 113이 될 때 break문을 실행하도록 하면 됩니다.

q를 입력하면 반복 종료   QStopExample.java

```java
01    package sec04.exam04;
02
03    public class QStopExample {
04      public static void main(String[] args) throws Exception {
05        int keyCode;
06
07        while(true) {
08          keyCode = System.in.read();
09          System.out.println("keyCode: " + keyCode);
10          if(keyCode == 113) {
11            break;
12          }
13        }
14
15        System.out.println("종료");
16      }
17    }
```

```
🖥 실행결과              ✕
a
keyCode: 97
keyCode: 13
keyCode: 10
ab
keyCode: 97
keyCode: 98
keyCode: 13
keyCode: 10
q
keyCode: 113
종료
```

> keyCode가 113일 경우 while 반복을 중지함

10라인의 if문은 괄호 안이 true가 되면 중괄호 {} 블록을 실행합니다. keyCode == 113은 keyCode 변수값이 113과 동일한지를 검사하는 코드입니다. 동일하다면 true가 되고 동일하지 않다면 false가 됩니다.

System.in.read()의 단점은 키코드를 하나씩 읽기 때문에 2개 이상의 키가 조합된 한글을 읽을 수 없다는 것입니다. 그리고 키보드로부터 입력된 내용을 통 문자열로 읽지 못합니다. 이러한 단점을 보완하기 위해 자바는 Scanner 클래스를 제공하고 있습니다.

생성된 Scanner를 변수에 저장

```java
Scanner scanner = new Scanner(System.in);
```
Scanner 변수 선언   시스템의 입력 장치로부터 읽는 Scanner 생성

읽은 문자열을 String 변수에 저장

```java
String inputData = scanner.nextLine();
```
String 변수 선언   Enter 키 이전까지 입력된 문자열을 읽음

Scanner scanner는 Scanner 타입의 변수 scanner를 선언합니다. new Scanner(System.in)은 시스템의 입력 장치로부터 읽는 Scanner를 생성하는 코드입니다. 생성된 Scanner는 scanner 변수에 저장했다가 언제든지 키보드에서 읽고 싶을 때 scanner.nextLine() 메소드를 실행하면 됩니다. scanner.nextLine() 메소드는 Enter 키가 입력되기 전까지 대기 상태가 되며, Enter 키가 입력되면 입력된 모든 내용을 문자열로 읽습니다.

다음 예제는 키보드에서 입력된 내용을 문자열로 읽고 출력합니다.

직접 해보는 손코딩

키보드에서 입력된 내용을 문자열로 얻기   소스 코드   ScannerExample.java

```java
01  package sec04.exam05;
02
03  import java.util.Scanner;
04
05  public class ScannerExample {
06    public static void main(String[] args) throws Exception {
07      Scanner scanner = new Scanner(System.in);
08      String inputData;
09
10      while(true) {
11        inputData = scanner.nextLine();
12        System.out.println("입력된 문자열: \"" + inputData + "\"");
13        if(inputData.equals("q")) {
14          break;
15        }
16      }
17
18      System.out.println("종료");
19    }
20  }
```

실행결과 ✕

```
a
입력된 문자열: "a"
abc
입력된 문자열: "abc"
자바는 프로그래밍 언어다.
입력된 문자열: "자바는 프로그래밍 언어다."
q
입력된 문자열: "q"
종료
```

3라인의 import java.util.Scanner는 import문이라고 하는데, Scanner가 java.util 패키지에 있다는 것을 컴파일러에게 알려주는 역할을 합니다. 이 코드가 생략되면 Scanner를 찾을 수 없다는 컴파일 에러(Scanner cannot be resolved to a type)가 발생합니다. import에 대한 자세한 내용은 6장에서 설명하겠습니다.

QStopExample.java의 10라인과 ScannerExample.java의 13라인에서 q가 입력되었는지 검사하는 코드가 다름을 볼 수 있습니다. QStopExample.java에서는 System.in.read()로 읽었기 때문에 int 타입의 키코드를 얻었고, ScannerExample.java에서는 scanner.nextLine()으로 읽었기 때문에 String 타입의 문자열을 얻었습니다.

자바는 기본 타입(byte, short, int, long, float, double, boolean)의 값이 동일한지 비교할 때에는 ==를 사용하고, 문자열(String)이 동일한지 비교할 때에는 equals() 메소드를 사용합니다.

13~15라인의 if(inputData.equals("q")) { break; }에서 inputData에 저장된 문자열이 "q"일 경우 if(true)가 되어 중괄호 {} 내부가 실행되고, break문 때문에 while 반복을 중지하게 됩니다.

▶ 5가지 키워드로 끝내는 핵심 포인트

- System.out.println( ): 괄호에 주어진 매개값을 모니터로 출력하고 개행을 합니다.

- System.out.print( ): 괄호에 주어진 매개값을 모니터로 출력만 하고 개행을 하지 않습니다.

- System.out.printf( ): 괄호에 주어진 형식대로 출력합니다.

- System.in.read( ): 키보드에서 입력된 키코드를 읽습니다.

- Scanner: System.in.read()는 키코드를 하나씩 읽기 때문에 2개 이상의 키가 조합된 한글을 읽을 수 없습니다. 키보드로부터 입력된 내용을 통 문자열로 읽기 위해서 Scanner를 사용할 수 있습니다.

▶ 확인 문제

1. 다음과 같이 출력되도록 ❶ ~ ❸ 에 들어갈 코드를 작성해보세요.

```
이름: 감자바
나이: 25
전화: 010-123-4567
```

```
String name = "감자바";
int age = 25;
String tel1="010", tel2="123", tel3="4567";
System.out.println(                ❶                );
System.out.print(                ❷                );
System.out.printf(                ❸                );
```

2. Scanner를 이용해서 키보드로 입력한 두 수를 덧셈하여 결과를 출력하고자 합니다.
❶~**❹**에 들어갈 코드를 작성해보세요.

```
Scanner scanner = new Scanner(System.in);

System.out.print("첫 번째 수:");
String strNum1 =                ❶                ;

System.out.print("두 번째 수:");
String strNum2 =                ❷                ;

int num1 =                ❸                ;
int num2 =                ❹                ;
int result = num1 + num2;
System.out.println("덧셈 결과:" + result);
```

3. Scanner를 이용해서 이름, 주민번호 앞 6자리, 전화번호를 키보드에서 입력받고 출력하는
코드를 작성해보세요.

```
[필수 정보 입력]
1. 이름: _____ Enter
2. 주민번호 앞 6자리: _____ Enter
3. 전화번호: _____ Enter

[입력된 내용]
1. 이름: 홍길동
2. 주민번호 앞 6자리: 123456
3. 전화번호: 010-123-1234
```

Chapter

03

연산자

03-1 연산자와 연산식

핵심 키워드

(연산자) (피연산자) (연산 방향) (연산 우선순위)

프로그램에서 데이터를 처리하여 결과를 산출하는 것을 연산(operation)이라고 합니다. 이 절에서는 자바의 다양한 연산자를 알아보고, 연산자가 복합적으로 구성된 연산식에서의 우선순위를 알아보겠습니다.

시작하기 전에

연산에 사용되는 표시나 기호를 연산자^{operator}라고 합니다. 연산자와 함께 연산되는 데이터를 피연산자^{operand}라고 하고, 연산자와 피연산자를 이용하여 연산의 과정을 기술한 것을 연산식^{expression}이라고 부릅니다.

예를 들어, 다음 연산식에서 +, −, *, ==은 연산자이고, x, y, z 변수는 피연산자입니다.

```
x + y
    ↑——— 연산자
x − y
  ↑——— 피연산자
x * y + z
x == y
```

연산자의 종류

자바 언어에서는 다양한 연산자를 제공하고 있습니다. 이 연산자들은 피연산자를 연산해서 값을 산출하는데, 산출되는 값의 타입(자료형)은 연산자별로 다릅니다. 예를 들어, 산술 연산자일 경우는 숫자 타입(byte, short, int, long, float, double)으로 결과값이 나오고, 비교 연산자와 논리 연산자는 논리 타입(boolean)으로 결과값이 나옵니다.

다음은 자바에서 제공하는 연산자입니다.

연산자 종류	연산자	피연산자 수	산출값	기능
산술	+, −, *, /, %	이항	숫자	사칙연산 및 나머지 계산
부호	+, −	단항	숫자	음수와 양수의 부호
문자열	+	이항	문자열	두 문자열을 연결
대입	=, +=, −=, *=, /=, %=	이항	다양	우변의 값을 좌변의 변수에 대입
증감	++, −−	단항	숫자	1만큼 증가/감소
비교	==, !=, >, <, >=, <=, instanceof	이항	boolean	값의 비교
논리	!, &, |, &&, ||	단항 이항	boolean	논리 부정, 논리곱, 논리합
조건	(조건식) ? A : B	삼항	다양	조건식에 따라 A 또는 B 중 하나를 선택

연산식은 반드시 하나의 값을 산출합니다. 연산자 수가 아무리 많아도 2개 이상의 값을 산출하는 연산식은 없습니다. 그렇기 때문에 하나의 값이 올 수 있는 곳이면 어디든지 값 대신에 연산식을 사용할 수 있습니다.

> 연산식은 반드시 하나의 값을 산출하며, 값 대신에 연산식을 사용할 수 있습니다.

보통 연산식의 값은 변수에 저장하는데, 다음과 같이 x와 y 변수의 값을 더하고 나서 결과값을 result 변수에 저장합니다.

```
int result = x + y;
```

연산식은 다른 연산식의 피연산자 위치에 올 수도 있습니다. 다음과 같이 비교 연산자인 <의 왼쪽 피연산자로 (x + y)라는 연산식이 사용되었습니다. x와 y 변수의 값을 더하고 나서 5보다 작은지 검사한 후, 결과값(true 또는 false)을 result 변수에 저장합니다.

```
boolean result = (x + y) < 5;
```

연산의 방향과 우선순위

연산식에는 다양한 연산자가 복합적으로 구성된 경우가 많습니다. 산술 연산식에서 덧셈(+), 뺄셈(−) 연산자보다는 곱셈(*), 나눗셈(/) 연산자가 우선 처리된다는 것을 우리는 이미 알고 있습니다. 그러면 다른 연산자들의 경우는 어떨까요?

예를 들어, 다음과 같은 연산식에서 && 연산자가 먼저 처리될까요? 아니면 〉, 〈 연산자가 먼저 처리될까요?

```
x > 0 && y < 0
```

프로그램에는 연산자의 연산 방향과 연산자 간의 우선순위가 정해져 있습니다. &&보다는 〉, 〈의 우선순위가 높기 때문에 x〉0과 y〈0이 먼저 처리되고, &&는 x〉0과 y〈0의 산출값을 가지고 연산합니다.

그러면 우선순위가 같은 연산자들끼리는 어떤 순서로 처리될까요? 이 경우에는 연산의 방향에 따라 다릅니다. 대부분의 연산자는 왼쪽에서 오른쪽(→) 방향으로 연산을 수행합니다.

예를 들어, 다음 연산식을 살펴봅시다.

```
100 * 2 / 3 % 5
```

*, /, %는 같은 우선순위를 갖고 있습니다. 이 연산자들은 왼쪽에서 오른쪽 방향으로 연산됩니다. 즉, 100 * 2가 제일 먼저 연산되어 200이 산출되고, 그다음 200 / 3이 연산되어 66이 산출됩니다. 마지막으로 66 % 5가 연산되어 결과값은 1이 됩니다.

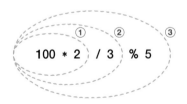

대부분의 연산자는 왼쪽에서 오른쪽 방향이지만, 단항, 부호, 대입 연산자는 오른쪽에서 왼쪽 방향으로 연산을 수행합니다.

하지만 단항 연산자(++, −−, ~, !), 부호 연산자(+, −), 대입 연산자(=, +=, −=, …)는 오른쪽에서 왼쪽(←) 방향으로 연산을 수행합니다.

예를 들어, 다음 연산식을 살펴봅시다.

```
a = b = c = 5;
```

이 연산식은 c = 5, b = c, a = b 순서로 실행됩니다. 실행되고 난 후에는 a, b, c의 값이 모두 5가 됩니다.

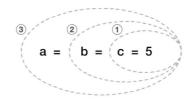

이와 같이 어떤 연산자를 사용하느냐에 따라 연산의 방향과 우선순위가 결정되기 때문에 복잡한 연산식에서는 주의가 필요합니다. 여러 가지 연산자들이 섞여 있다면 어느 연산자가 먼저 처리될지 매우 혼란스러울 것입니다. 그래서 괄호 ()를 사용해서 먼저 처리해야 할 연산식을 묶어주는 것이 좋습니다.

예를 들어, 다음 산술 연산식은 ①이 먼저 연산되고 ②가 나중에 연산됩니다.

```
int var1 = 1;
int var2 = 3;
int var3 = 2;
int result = var1 + var2 * var3;
```

만약 var1 + var2를 먼저 연산하고 싶다면 괄호 ()를 사용하면 됩니다. 괄호 부분의 연산은 최우선순위를 갖기 때문에 다른 연산자보다 우선 연산됩니다.

✚ 여기서 잠깐   연산의 방향과 우선순위

1. 단항, 이항, 삼항 연산자 순으로 우선순위를 가집니다.
2. 산술, 비교, 논리, 대입 연산자 순으로 우선순위를 가집니다.
3. 단항, 부호, 대입 연산자를 제외한 모든 연산의 방향은 왼쪽에서 오른쪽입니다(→).
4. 복잡한 연산식에는 괄호 ()를 사용해서 우선순위를 정합니다.

▶ 4가지 키워드로 끝내는 핵심 포인트

- **연산자**: 연산의 종류를 결정짓는 기호를 말합니다. 연산자의 종류는 산술(+, −, *, /, %), 증감 (++, −−), 비교(==, !=, …), 논리(&&, ¦¦, …), 대입(=, +=, −=, …) 등이 있습니다.

- **피연산자**: 연산식에서 연산되는 데이터(값)를 말합니다. 예를 들어, 연산식 3 + x에서는 3과 변수 x가 피연산자입니다.

- **연산 방향**: 연산식에서 같은 종류의 연산자가 여러 개 사용될 경우 왼쪽에서 오른쪽으로 또는 오른쪽에서 왼쪽으로 연산되는 방향이 있습니다. 대부분의 연산자는 왼쪽에서 오른쪽으로 연산이 되지만, 증감(++, −−)과 대입(=, +=, −=)은 오른쪽에서 왼쪽으로 연산됩니다.

- **연산 우선순위**: 서로 다른 연산자들이 복합적으로 구성되면 우선적으로 연산되는 연산자가 있습니다. 하지만 괄호 ()로 감싼 연산이 최우선순위를 갖기 때문에 복잡한 연산식에서 연산의 순서를 정하고 싶을 때에는 괄호 ()를 활용하세요.

▶ 표로 정리하는 핵심 포인트

다음은 연산자의 연산 방향과 우선순위를 정리한 표입니다.

연산자	연산 방향	우선순위
증감(++, −−), 부호(+, −), 논리(!)	←	높음
산술(*, /, %)	→	
산술(+, −)	→	
비교(〈, 〉, 〈=, 〉=, instanceof)	→	
비교(==, !=)	→	
논리(&)	→	
논리(^)	→	
논리(¦)	→	
논리(&&)	→	
논리(¦¦)	→	
조건(?:)	→	
대입(=, +=, −=, *=, /=, %=)	←	낮음

▶ **확인 문제**

1. 연산자와 연산식에 대한 설명 중 틀린 것은 무엇입니까? (   )

   ① 연산자는 피연산자의 수에 따라 단항, 이항, 삼항 연산자로 구분된다.
   ② 비교 연산자와 논리 연산자의 산출 타입은 boolean(true/false) 타입이다.
   ③ 연산식은 하나 이상의 값을 산출할 수도 있다.
   ④ 하나의 값이 올 수 있는 자리라면 연산식도 올 수 있다.

2. 연산의 방향과 연산 우선순위에 대한 설명 중 틀린 것은 무엇입니까? (   )

   ① 산술 연산(+, −, *, /)은 연산 방향이 왼쪽에서 오른쪽으로 수행된다.
   ② 대입 연산(=, +=)은 연산 방향이 오른쪽에서 왼쪽으로 수행된다.
   ③ 우선순위와 관계없이 먼저 연산을 하고 싶다면 괄호 ()로 묶어준다.
   ④ 논리 연산(&&, ||)은 산술 연산보다 우선 수행된다.

03-2 연산자의 종류

증감 연산자　　비교 연산자　　논리 연산자　　대입 연산자　　삼항 연산자

연산자는 산출 방법에 따라 산술, 부호, 문자열, 대입, 증감, 비교 연산자로 구분하고, 피연산자 수에 따라 단항, 이항, 삼항 연산자로 구분합니다. 이 절에서는 피연산자 수에 따라 구분하는 연산자를 기준으로 각각의 연산 방법을 알아보겠습니다.

시작하기 전에

연산자는 필요로 하는 피연산자의 수에 따라 단항, 이항, 삼항 연산자로 구분됩니다.

부호 연산자와 증감 연산자는 피연산자 하나만을 요구하므로 단항 연산자이고, 조건 연산자는 조건식, A, B와 같이 3개의 피연산자가 필요하므로 삼항 연산자라고 합니다. 그 외의 연산자는 2개의 피연산자를 요구하므로 모두 이항 연산자입니다.

```
단항 연산자: ++x;
              └──── 피연산자의 수

이항 연산자: x + y;
             ┴   ┴

삼항 연산자: (sum > 90)  ?  "A"  :  "B";
             ┴          ┴       ┴
```

단항 연산자

단항 연산자는 피연산자가 단 하나뿐인 연산자를 말하며, 여기에는 부호 연산자(+, −), 증감 연산자
(++, −−), 논리 부정 연산자(!)가 있습니다.

부호 연산자(+, −)

부호 연산자는 양수 및 음수를 표시하는 +, −를 말합니다. boolean 타입과 char 타입을 제외한 나
머지 기본 타입에 사용할 수 있습니다.

연산식		설명
+	피연산자	피연산자의 부호 유지
−	피연산자	피연산자의 부호 변경

+, −는 산술 연산자이기도 하고 부호 연산자이기도 한데, 부호 연산자로 쓰일 때에는 하나의 피연산
자만 필요합니다. 일반적으로 부호 연산자를 다음과 같이 정수 및 실수 리터럴 앞에 붙여 양수 및 음
수를 표현합니다.

```
          ┌──── 부호 연산자
          ↓
 int i1 = +100;
 int i2 = -100;
 double d1 = +3.14;
 double d2 = -10.5;
```

부호 연산자는 정수 및 실수 타입 변수 앞에도 붙일 수 있습니다. 이 경우는 변수값의 부호를 유지하
거나 바꾸기 위해 사용됩니다. + 연산자는 변수값의 부호를 유지하고 − 연산자는 변수값의 부호를
양수는 음수로, 음수는 양수로 바꿉니다.

다음 코드를 보면 result1에는 x 값인 음수 −100이 그대로 저장됩니
다. 그러나 result2에는 부호가 변경된 양수 100이 저장됩니다.

> 부호 연산자는 변수의 부호를
> 유지하거나 변경합니다.

```
 int x = -100;
 int result1 = +x;
 int result2 = -x;
```

주의할 점은 부호 연산자의 결과가 int 타입이라는 것입니다. 예를 들어, byte 타입 변수를 부호 연
산하면 int 타입으로 변환됩니다. 그래서 다음 코드는 컴파일 에러가 발생합니다.

잘못된 코딩 예

```
byte b = 100;
byte result = -b;  ←————— 컴파일 에러 발생
```

부호 연산의 결과는 int 타입이므로 다음과 같이 int 타입 변수에 저장해야 합니다.

올바른 코딩 예

```
byte b = 100;
int result = -b;
```

👉 직접 해보는 손코딩

부호 연산자   소스 코드   SignOperatorExample.java

```
01    package sec02.exam01;
02
03    public class SignOperatorExample {
04      public static void main(String[] args) {
05        int x = -100;
06        int result1 = +x;
07        int result2 = -x;
08        System.out.println("result1=" + result1);
09        System.out.println("result2=" + result2);
10
11        byte b = 100;
12        //byte result3 = -b;  ←————— byte 타입 값을 부호 연산하면
13        int result3 = -b;              int 타입 값으로 바뀌므로
14        System.out.println("result3=" + result3);    컴파일 에러 발생
15
16      }
17    }
```

실행결과   ✕
```
result1=-100
result2=100
result3=-100
```

증감 연산자(++, --)

증감 연산자는 변수의 값을 1 증가(++)시키거나 1 감소(--)시키는 연산자를 말합니다. boolean 타입을 제외한 모든 기본 타입의 피연산자에 사용할 수 있습니다.

연산식		설명
++	피연산자	다른 연산을 수행하기 전에 피연산자의 값을 1 증가시킴
--	피연산자	다른 연산을 수행하기 전에 피연산자의 값을 1 감소시킴
피연산자	++	다른 연산을 수행한 후에 피연산자의 값을 1 증가시킴
피연산자	--	다른 연산을 수행한 후에 피연산자의 값을 1 감소시킴

++ 연산자는 피연산자의 값에 1을 더해서 그 결과를 다시 피연산자에 저장합니다. 예를 들어, num 변수의 값이 5라면 ++num 연산 후 num 변수의 값은 6이 됩니다. 그래서 ++ 연산자를 증가 연산자라고 부릅니다.

num   ++num   num

[5] ⟶ [6]

-- 연산자는 피연산자의 값에서 1을 뺀 후 그 결과를 다시 피연산자에 저장합니다. 예를 들어, num 변수의 값이 5라면 --num 연산 후 num 변수의 값은 4가 됩니다. 그래서 -- 연산자를 감소 연산자라고 부릅니다.

num   --num   num

[5] ⟶ [4]

증가 연산자와 감소 연산자는 변수의 앞뒤 어디에든 올 수 있습니다. 연산식에서 증감 연산자만 사용된다면 증감 연산자의 위치는 상관없습니다.

> 변수의 값을 1 증가시키는 ++ 연산자를 증가 연산자, 1 감소시키는 -- 연산자를 감소 연산자라고 부릅니다.

```
++i;  } 모두 i=i+1;로 동일      --i;  } 모두 i=i-1;로 동일
i++;                          i--;
```

하지만 다른 연산자와 함께 사용된다면 증감 연산자의 위치에 따라 연산식의 결과가 다르게 나오므로 주의해야 합니다. 증감 연산자가 변수 앞에 있으면 우선 변수값을 1 증가 또는 1 감소시킨 후에 다른 연산자를 처리합니다. 반면, 증감 연산자가 변수 뒤에 있으면 다른 연산자를 먼저 처리한 후 변수 값을 1 증가 또는 1 감소시킵니다.

예를 들어, 다음 코드를 살펴봅시다.

```
int x = 1;
int y = 1;
int result1 = ++x + 10;
int result2 = y++ + 10;
```

변수 result1에는 12가 저장됩니다. 그 이유는 x의 값이 1 증가되어 2가 된 후 10과 합해져 12가 되기 때문입니다. 그러나 변수 result2에는 11이 저장됩니다. 그 이유는 y의 값인 1과 10이 합해져 11이 되고, 그 후에 y의 값이 1 증가되어 2가 되기 때문입니다.

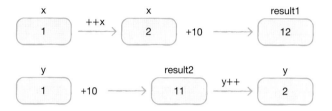

증감 연산자 　소스 코드 IncreaseDecreaseOperatorExample.java

```java
01  package sec02.exam02;
02
03  public class IncreaseDecreaseOperatorExample {
04    public static void main(String[] args) {
05      int x = 10;
06      int y = 10;
07      int z;
08
09      System.out.println("----------------------");
10      x++;
11      ++x;
12      System.out.println("x=" + x);
13
14      System.out.println("----------------------");
15      y--;
16      --y;
17      System.out.println("y=" + y);
18
19      System.out.println("----------------------");
20      z = x++;
21      System.out.println("z=" + z);
22      System.out.println("x=" + x);
23
24      System.out.println("----------------------");
25      z = ++x;
26      System.out.println("z=" + z);
27      System.out.println("x=" + x);
```

실행결과 ✕
```
----------------------
x=12
----------------------
y=8
----------------------
z=12
x=13
----------------------
z=14
x=14
----------------------
z=23
x=15
y=9
```

```
28
29          System.out.println("----------------------");
30          z = ++x + y++;
31          System.out.println("z=" + z);
32          System.out.println("x=" + x);
33          System.out.println("y=" + y);
34      }
35  }
```

+ 여기서 잠깐　**++i와 i = i + 1의 연산 속도**

많은 사람들이 ++i가 i = i + 1보다 연산 속도가 빠르다고 알고 있습니다. 그 이유는 i = i + 1은 = 연산자와 + 연산자가
있기 때문에 두 번의 연산이 필요하지만, ++은 한 번의 연산만 수행하기 때문입니다. 하지만 ++i와 i = i + 1을 컴파일해
서 생성된 바이트 코드(bytecode, 컴파일된 형태)를 비교해보면 다음과 같이 동일한 것을 볼 수 있습니다. 따라서 연산 속
도의 차이는 없습니다.

소스 코드	int i = 0; ++i;	int i = 0; i = i + 1;
바이트 코드	iconst_0 istore_1 [i] iinc 1 1 [i]	iconst_0 istore_1 [i] iinc 1 1 [i]

논리 부정 연산자(!)

논리 부정 연산자는 true를 false로, false를 true로 변경하기 때문에 boolean 타입에만 사용할 수
있습니다.

연산식		설명
!	피연산자	피연산자가 true이면 false 값을 산출 피연산자가 false이면 true 값을 산출

논리 부정 연산자는 소선문과 세어문에서 조건식의 값을 부정하도록 해서 실행 흐름을 제어힐 때 주
로 사용합니다. 또한 두 가지 상태(true/false)를 번갈아가며 변경하는 토글toggle 기능을 구현할 때도
사용합니다.

논리 부정 연산자　소스 코드　`DenyLogicOperatorExample.java`

```java
01    package sec02.exam03;
02
03    public class DenyLogicOperatorExample {
04      public static void main(String[] args) {
05        boolean play = true;
06        System.out.println(play);
07
08        play = !play;
09        System.out.println(play);
10
11        play = !play;
12        System.out.println(play);
13      }
14    }
```

실행결과 ✕
```
true
false
true
```

이항 연산자

이항 연산자는 피연산자가 2개인 연산자를 말하며, 여기에는 산술 연산자(+, −, *, /, %), 문자열 결합 연산자(+), 비교 연산자(<, <=, >, >=, ==, !=), 논리 연산자(&&, ||, &, |, ^, !), 대입 연산자(=, +=, −=, *=, /=, %=) 등이 있습니다.

산술 연산자(+, −, *, /, %)

산술 연산자는 사칙연산인 덧셈(+), 뺄셈(−), 곱셈(*), 나눗셈(/)과 나머지를 구하는 %까지 총 5개입니다. 산술 연산자는 boolean 타입을 제외한 모든 기본 타입에 사용할 수 있습니다.

연산식			설명
피연산자	+	피연산자	덧셈 연산
피연산자	−	피연산자	뺄셈 연산
피연산자	*	피연산자	곱셈 연산
피연산자	/	피연산자	왼쪽 피연산자를 오른쪽 피연산자로 나눗셈 연산
피연산자	%	피연산자	왼쪽 피연산자를 오른쪽 피연산자로 나눈 나머지를 구하는 연산

note 산술 연산자는 곱셈의 경우 ×가 아니라 *를 사용하고, 나눗셈의 경우 ÷가 아니라 /를 사용합니다.

% 연산자는 나눗셈을 수행한 후 몫이 아닌 나머지를 돌려주는 연산자입니다. 예를 들어, 다음과 같은 연산식에서 result에 저장되는 값은 num 값에 따라 0, 1, 2 중 하나의 값이 됩니다. 왜냐하면 어떤 수를 3으로 나누었을 경우 나머지는 세 숫자 중 하나이기 때문입니다.

```
int result = num % 3;
```
0, 1, 2 중의 한 값   num을 3으로 나눈 나머지

산술 연산자의 특징은 피연산자들의 타입이 동일하지 않을 경우 다음과 같은 규칙을 사용해서 피연산자들의 타입을 일치시킨 후 연산을 수행한다는 점입니다.

> long 타입을 제외한 정수 타입 연산은 int 타입으로 산출되고, 피연산자 중 하나라도 실수 타입이면 실수 타입으로 산출됩니다.

① 피연산자들이 byte, short, char 타입일 경우, 모두 int 타입으로 변환된 후에 연산을 수행합니다.

　　예) byte + byte → int + int = int

② 피연산자들이 모두 정수 타입이고 long 타입이 포함되어 있을 경우, 모두 long 타입으로 변환된 후 연산을 수행합니다.

　　예) int + long → long + long = long

③ 피연산자 중 실수 타입(float, double)이 있을 경우, 허용 범위가 큰 실수 타입으로 변환된 후 연산을 수행합니다.

　　예) int + double → double + double = double

위 규칙에 따라 다음 코드는 컴파일 에러가 발생합니다.

잘못된 코딩 예

```
byte byte1 = 1;
byte byte2 = 1;
byte byte3 = byte1 + byte2;
```

상식적으로 생각했을 때 byte1과 byte2를 덧셈하면 2가 나오고, byte 타입 변수인 byte3에 2를 저장할 수 있을 것 같습니다. 하지만 이 경우 모든 피연산자가 int 타입으로 변환되어 연산을 수행하기 때문에 연산의 결과는 int 타입이 됩니다. 따라서 다음과 같이 수정해야 합니다.

올바른 코딩 예

```
int result3 = byte1 + byte2;
```

다른 예를 살펴봅시다. 다음 코드에서 result2와 result3에 저장되는 값은 무엇일까요?

```
int int1 = 10;
int int2 = 4;
int result2 = int1 / int2;
double result3 = int1 / int2;
```

수학에서는 10을 4로 나누면 2.5가 나오지만, int1을 int2로 나눈 연산 결과는 소수점 이하 부분을 버리고 2만 산출됩니다. 따라서 result2에는 2가 저장됩니다. 그렇다면 result3은 double 타입 변수이므로 2.5가 저장될까요? 결론부터 말하면 아닙니다. int1 / int2 연산 후의 결과가 2이므로 2를 실수화해서 2.0이 저장됩니다. 만약 2.5를 산출 결과로 얻고 싶다면 피연산자 int1과 int2 중 최소한 하나는 실수 타입이어야 합니다.

따라서 다음과 같이 1.0을 곱하여 실수 타입으로 만든 후 산술 연산을 하거나, int1과 int2 중 하나를 double 타입으로 강제 타입 변환한 후 산술 연산을 하면 2.5를 얻을 수 있습니다.

```
double result3 = (int1 * 1.0) / int2;
double result3 = (double) int1 / int2;
double result3 = int1 / (double) int2;
```

직접 해보는 손코딩

산술 연산자 소스 코드 **ArithmeticOperatorExample.java**

```
01    package sec02.exam04;
02
03    public class ArithmeticOperatorExample {
04      public static void main(String[] args) {
05        int v1 = 5;
06        int v2 = 2;
07
08        int result1 = v1 + v2;
09        System.out.println("result1=" + result1);
10
11        int result2 = v1 - v2;
12        System.out.println("result2=" + result2);
13
14        int result3 = v1 * v2;
15        System.out.println("result3=" + result3);
16
```

```
17        int result4 = v1 / v2;
18        System.out.println("result4=" + result4);
19
20        int result5 = v1 % v2;
21        System.out.println("result5=" + result5);
22
23        double result6 = (double) v1 / v2;
24        System.out.println("result6=" + result6);
25    }
26 }
```

┌─ 🖥 실행결과 ──── X ─┐
│ result1=7   │
│ result2=3   │
│ result3=10   │
│ result4=2   │
│ result5=1   │
│ result6=2.5   │
└───────────────────┘

char 타입도 정수 타입이므로 산술 연산이 가능합니다. 주의할 점은 int 타입으로 변환되므로 연산 결과는 int 타입이 된다는 것입니다. 따라서 다음 예제는 컴파일 에러가 발생합니다.

직접 해보는 손코딩

char 타입의 산술 연산   소스 코드   CharOperationExample.java

```
01   package sec02.exam05;
02
03   public class CharOperationExample {
04     public static void main(String[] args) {
05       char c1 = 'A' + 1; ←─────────── char c1=66;으로 컴파일됨
06       char c2 = 'A';
07       //char c3 = c2 + 1; ←         char 변수가 산술 연산에 사용되면 int 타입으로
08       System.out.println("c1: " + c1);      변환되므로 연산 결과는 int 타입이 됨
09       System.out.println("c2: " + c2);
10       //System.out.println("c3: " + c3);
11     }
12   }
```

┌─ 🖥 실행결과 ── X ─┐
│ c1: B   │
│ c2: A   │
└─────────────────┘

'A' + 1은 리터럴 문자 'A'에 1을 더한 것인데, 문자 'A'는 65라는 유니코드를 가지므로 'A' + 1은 66이 됩니다. 리터럴 간의 연산은 컴파일 단계에서 수행하기 때문에 타입 변환이 없습니다. 따라서 5라인은 아무런 문제가 없습니다.

그러나 7라인처럼 변수 c2와 1을 더하면 c2는 int 타입으로 변환되고 1과 연산이 되기 때문에 연산 결과는 int 타입이 됩니다. 그런데 char 타입인 c3에 저장하므로 컴파일 에러가 발생합니다. 7라인은 다음과 같이 강제 타입 변환을 해서 char 타입으로 결과를 얻을 수 있습니다.

```
char c3 = (char) (c2 + 1);
```

문자열 결합 연산자(+)

문자열 결합 연산자인 +는 문자열을 서로 결합하는 연산자입니다. + 연산자는 산술 연산자, 부호 연산자인 동시에 문자열 결합 연산자이기도 합니다. 피연산자 중 한쪽이 문자열이면 + 연산자는 문자열 결합 연산자로 사용되어 다른 피연산자를 문자열로 변환하고 서로 결합합니다.

예를 들어, 아래 코드에서 변수 str1에는 문자열 "JDK6.0"이 저장되고, str2는 문자열 "JDK6.0 특징"이 저장됩니다.

```
String str1 = "JDK" + 6.0;
String str2 = str1 + " 특징";
```

간혹 + 연산자가 산술 연산자인지 문자열 결합 연산자인지 판단하기 어려운 경우가 있습니다. 예를 들어 다음 연산의 결과는 무엇일까요?

```
"JDK" + 3 + 3.0;
```

문자열과 숫자가 혼합된 + 연산식은 왼쪽에서부터 오른쪽으로 연산이 진행됩니다. 따라서 "JDK" + 3이 먼저 연산되어 "JDK3"이라는 문자열이 되고, 이것을 다시 3.0과 연산하여 "JDK33.0"이라는 문자열 결과가 나옵니다.

하지만 다음의 경우는 어떨까요?

```
3 + 3.0 + "JDK";
```

3 + 3.0이 먼저 연산되어 6.0이라는 실수값이 되고 이것을 "JDK"와 연산하여 "6.0JDK"라는 결과가 나옵니다. 이처럼 어떤 것이 먼저 연산되느냐에 따라 다른 결과가 나오므로 주의할 필요가 있습니다.

직접 해보는 손코딩

문자열 결합 연산자 소스 코드 StringConcatExample.java

```
01    package sec02.exam06;
02
03    public class StringConcatExample {
04      public static void main(String[] args) {
05        String str1 = "JDK" + 6.0;
06        String str2 = str1 + " 특징";
07        System.out.println(str2);
```

```
08
09        String str3 = "JDK" + 3 + 3.0;
10        String str4 = 3 + 3.0 + "JDK";
11        System.out.println(str3);
12        System.out.println(str4);
13    }
14  }
```

🖥 실행결과   ✕

JDK6.0 특징
JDK33.0
6.0JDK

비교 연산자(〈, 〈=, 〉, 〉=, ==, !=)

비교 연산자는 피연산자의 대소(〈, 〈=, 〉, 〉=) 또는 동등(==, !=)을 비교해서 true/false를 산출합니다. 대소 연산자는 boolean을 제외한 기본 타입에 사용할 수 있고, 동등 연산자는 모든 타입에 사용할 수 있습니다. 비교 연산자는 흐름 제어문인 조건문(if), 반복문(for, while)에서 주로 이용되어 실행 흐름을 제어할 때 사용됩니다.

> 비교 연산자는 대소 (〈, 〈=, 〉, 〉=) 또는 동등(==, !=)을 비교해서 true/false 를 산출합니다.

구분	연산식			설명
동등 비교	피연산자1	==	피연산자2	두 피연산자의 값이 같은지를 검사
	피연산자1	!=	피연산자2	두 피연산자의 값이 다른지를 검사
크기 비교	피연산자1	〉	피연산자2	피연산자1이 큰지를 검사
	피연산자1	〉=	피연산자2	피연산자1이 크거나 같은지를 검사
	피연산자1	〈	피연산자2	피연산자1이 작은지를 검사
	피연산자1	〈=	피연산자2	피연산자1이 작거나 같은지를 검사

만약 피연산자가 char 타입이면 유니코드 값으로 비교 연산을 수행합니다. 예를 들어 'A'의 유니코드는 65이고, 'B'의 유니코드는 66이므로 비교 연산자는 65와 66을 비교하게 됩니다.

```
('A' < 'B')  →  (65 < 66)
```

직접 해보는 손코딩

비교 연산자   소스 코드 CompareOperatorExample1.java

```
01    package sec02.exam07;
02
03    public class CompareOperatorExample1 {
04        public static void main(String[] args) {
```

```
05      int num1 = 10;
06      int num2 = 10;
07      boolean result1 = (num1 == num2);
08      boolean result2 = (num1 != num2);
09      boolean result3 = (num1 <= num2);
10      System.out.println("result1=" + result1);
11      System.out.println("result2=" + result2);
12      System.out.println("result3=" + result3);
13
14      char char1 = 'A';
15      char char2 = 'B';
16      boolean result4 = (char1 < char2);
17      System.out.println("result4=" + result4);
18    }
19  }
```

```
🖥 실행결과                        ✕
result1=true
result2=false
result3=true
result4=true
```

비교 연산자에서도 연산을 수행하기 전에 피연산자의 타입을 일치시킵니다. 예를 들어, 'A' == 65는 'A'가 int 타입으로 변환되어 65 == 65로 비교합니다. 마찬가지로 3 == 3.0에서 3이 double 타입으로 변환되어 3.0 == 3.0으로 비교합니다.

```
'A' == 65 ➜ 65 == 65 ➜ true
 3 == 3.0 ➜ 3.0 == 3.0 ➜ true
```

그러나 한 가지 예외가 있는데, 0.1 == 0.1f와 같은 경우입니다. 정상적이라면 0.1f가 왼쪽 피연산자와 같은 double 타입으로 변환되어 0.1 == 0.1이 되고 true가 산출되어야 하지만, 이 결과값은 false가 산출됩니다.

```
0.1 == 0.1f ➜ false
```

그 이유는 실수의 저장 방식인 부동 소수점 방식이 0.1을 정확히 표현할 수 없기 때문입니다. 0.1f는 0.1의 근사값(0.1000000149011612)으로 표현됩니다. 따라서 0.1보다 큰 값이 되어 버립니다.

해결책은 다음 예제와 같이 피연산자를 모두 float 타입으로 변환해서 비교하거나 정수 타입으로 변환해서 비교하는 것입니다.

비교 연산자　　소스코드　　CompareOperatorExample2.java

```java
01    package sec02.exam08;
02
03    public class CompareOperatorExample2 {
04      public static void main(String[] args) {
05        int v2 = 1;
06        double v3 = 1.0;
07        System.out.println(v2 == v3); //true
08
09        double v4 = 0.1;
10        float v5 = 0.1f;
11        System.out.println(v4 == v5); //false
12        System.out.println((float)v4 == v5); //true
13      }
14    }
```

> **실행결과**　　✕
> true
> false
> true

➕ 여기서 잠깐 　**String 변수 비교**

String 문자열을 비교할 때에는 대소 비교 연산자(<, <=, >, >=)를 사용할 수 없고, 동등 비교 연산자(==, !=)는 사용할 수 있으나 문자열이 같은지, 다른지를 비교하는 용도로는 사용되지 않습니다.

기본 타입(byte, char, short, int, long, float, double, boolean) 변수의 값을 비교할 때에는 == 연산자를 사용하지만 참조 타입인 String 변수를 비교할 때에는 equals() 메소드를 사용합니다. 참조 타입에 대해서는 5장에서 설명합니다.

```java
String strVar1 = "신용권";
String strVar2 = "신용권";
System.out.println(strVar1.equals(strVar2)); //true
System.out.println(!strVar1.equals(strVar2)); //false
```

논리 연산자(&&, ||, &, |, ^, !)

논리 연산자는 논리곱(&&), 논리합(||), 배타적 논리합(^), 논리 부정(!) 연산을 수행합니다. 논리 연산자의 피연산자는 boolean 타입만 사용할 수 있습니다.

다음은 논리 연산자의 종류와 기능을 설명한 표입니다.

구분	연산식			결과	설명
AND (논리곱)	true	&& 또는 &	true	true	피연산자 모두가 true일 경우에만 연산 결과가 true
	true		false	false	
	false		true	false	
	false		false	false	
OR (논리합)	true	‖ 또는 ∣	true	true	피연산자 중 하나만 true이면 연산 결과는 true
	true		false	true	
	false		true	true	
	false		false	false	
XOR (배타적 논리합)	true	^	true	false	피연산자가 하나는 true이고 다른 하나가 false일 경우에만 연산 결과가 true
	true		false	true	
	false		true	true	
	false		false	false	
NOT (논리 부정)		!	true	false	피연산자의 논리값을 바꿈
			false	true	

&&와 &는 산출 결과는 같지만 연산 과정이 조금 다릅니다. &&는 앞의 피연산자가 false라면 뒤의 피연산자를 평가하지 않고 바로 false라는 산출 결과를 냅니다. 왜냐하면 하나라도 false라면 전체 연산식은 false이기 때문입니다. 그러나 &는 두 피연산자 모두를 평가해서 산출 결과를 냅니다. 따라서 &보다는 &&가 더 효율적으로 동작합니다.

‖와 ∣도 마찬가지입니다. ‖는 앞의 피연산자가 true라면 뒤의 피연산자를 평가하지 않고 바로 true라는 산출 결과를 냅니다. 왜냐하면 하나라도 true이면 전체 연산식은 true이기 때문입니다. 그러나 ∣는 두 피연산자 모두를 평가해서 산출 결과를 냅니다. 따라서 ∣보다는 ‖가 더 효율적으로 동작합니다.

논리 연산은 흐름 제어문인 조건문(if), 반복문(for, while) 등에서 주로 이용됩니다. 다음 예제처럼 if문의 조건식으로 비교 연산자와 논리 연산자들이 주로 사용됩니다. if문의 조건식이 true라면 블록을 실행하고 false라면 블록을 실행하지 않습니다.

논리 연산자   소스 코드 LogicalOperatorExample.java

```java
01    package sec02.exam09;
02
03    public class LogicalOperatorExample {
04      public static void main(String[] args) {
05        int charCode = 'A';
06
07        if( (charCode>=65) & (charCode<=90) ) {
08          System.out.println("대문자군요");
09        }
10
11        if( (charCode>=97) && (charCode<=122) ) {
12          System.out.println("소문자군요");
13        }
14
15        if( !(charCode<48) && !(charCode>57) ) {
16          System.out.println("0~9 숫자군요");
17        }
18
19        int value = 6;
20
21        if( (value%2==0) | (value%3==0) ) {
22          System.out.println("2 또는 3의 배수군요");
23        }
24
25        if( (value%2==0) || (value%3==0) ) {
26          System.out.println("2 또는 3의 배수군요");
27        }
28      }
29    }
```

실행결과   ✕
대문자군요
2 또는 3의 배수군요
2 또는 3의 배수군요

대입 연산자(=, +=, -=, *=, /=, %=)

대입 연산자는 오른쪽 피연산자의 값을 왼쪽 피연산자인 변수에 저장합니다. 오른쪽 피연산자에는 리터럴 및 변수, 다른 연산식이 올 수 있습니다. 단순히 오른쪽 피연산자의 값을 변수에 저장하는 단순 대입 연산자가 있고, 정해진 연산을 수행한 후 결과를 변수에 저장하는 복합 대입 연산자도 있습니다.

> 대입 연산자는 오른쪽 피연산자의 값을 왼쪽 피연산자인 변수에 저장합니다.

다음은 대입 연산자의 종류를 설명한 표입니다.

구분	연산식			설명
단순 대입 연산자	변수	=	피연산자	오른쪽의 피연산자의 값을 왼쪽 변수에 저장
복합 대입 연산자	변수	+=	피연산자	변수＝변수＋피연산자와 동일
	변수	-=	피연산자	변수＝변수－피연산자와 동일
	변수	*=	피연산자	변수＝변수＊피연산자와 동일
	변수	/=	피연산자	변수＝변수／피연산자와 동일
	변수	%=	피연산자	변수＝변수％피연산자와 동일
	변수	&=	피연산자	변수＝변수＆피연산자와 동일
	변수	¦=	피연산자	변수＝변수¦피연산자와 동일
	변수	^=	피연산자	변수＝변수^피연산자와 동일

대입 연산자는 모든 연산자들 중에서 가장 낮은 연산 순위를 가지고 있기 때문에 제일 마지막에 수행됩니다. 그리고 연산의 진행 방향이 오른쪽에서 왼쪽이기 때문에 a = b = c = 5는 다음 순서로 연산됩니다.

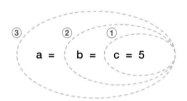

직접 해보는 손코딩

대입 연산자 소스 코드 AssignmentOperatorExample.java

```
01   package sec02.exam10;
02
03   public class AssignmentOperatorExample {
04     public static void main(String[] args) {
05       int result = 0;
06       result += 10;
07       System.out.println("result=" + result);
08       result -= 5;
09       System.out.println("result=" + result);
10       result *= 3;
11       System.out.println("result=" + result);
12       result /= 5;
```

실행결과 ✕

```
result=10
result=5
result=15
result=3
result=0
```

```
13        System.out.println("result=" + result);
14        result %= 3;
15        System.out.println("result=" + result);
16    }
17 }
```

삼항 연산자

삼항 연산자(?:)는 3개의 피연산자를 필요로 하는 연산자를 말합니다. 삼항 연산자는 ? 앞의 조건식
에 따라 콜론(:) 앞뒤의 피연산자가 선택된다고 해서 조건 연산식이라고 부르기도 합니다. 삼항 연산
자를 사용하는 방법은 다음과 같습니다.

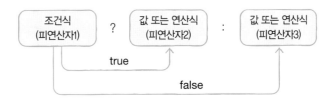

조건식을 연산하여 true가 나오면 삼항 연산자의 결과는 피연산자2가 됩니다. 반면에 조건식을 연산
하여 false가 나오면 삼항 연산자의 결과는 피연산자3이 됩니다. 피연산자2와 피연산자3에는 주로
값이 오지만, 경우에 따라서는 연산식이 올 수도 있습니다.

다음 코드에서 grade 변수에 무엇이 저장될까요?

```
int score = 95;
char grade = (score > 90) ? 'A' : 'B';
```

=

```
int score = 95;
char grade;
if(score > 90) {
  grade = 'A';
} else {
  grade = 'B';
}
```

조건식 (score > 90)을 연산하면 true가 나오므로 연산의 결과는 'A'가 됩니다. 따라서 grade 변수
에는 'A'가 저장됩니다. 삼항 연산자는 if문으로 변경해서 작성할 수도 있지만, 한 줄에 간단하게 작성
하려면 삼항 연산자를 사용하는 것이 더 효율적입니다.

삼항 연산자   소스 코드 ConditionalOperationExample.java

```
01    package sec02.exam11;
02
03    public class ConditionalOperationExample {
04      public static void main(String[] args) {
05        int score = 85;
06        char grade = (score > 90) ? 'A' : ( (score > 80) ? 'B' : 'C' );
07        System.out.println(score + "점은 " + grade + "등급입니다.");
08      }
09    }
```

> **실행결과** ✕
>
> 85점은 B등급입니다.

▶ 5가지 키워드로 끝내는 핵심 포인트

- **증감 연산자**: ++, --를 말하며 변수의 값을 1씩 증가, 1씩 감소시킵니다.

- **비교 연산자**: ==, != 등을 말하며 값이 같은지, 다른지를 비교하고 boolean 값을 산출합니다.

- **논리 연산자**: &&, ¦¦, ! 등을 말하며 논리곱, 논리합, 논리 부정을 수행하고 boolean 값을 산출합니다.

- **대입 연산자**: =, +=, -= 등을 말하며 오른쪽의 값을 왼쪽에 대입하거나 연산 후 대입합니다.

- **삼항 연산자**: (조건식) ? A : B를 말하며 조건이 true이면 A를 산출하고, false이면 B를 산출합니다.

▶ 확인 문제

1. 다음 코드에서 컴파일 에러가 발생하는 위치와 이유를 설명해보세요.

```
byte b = 5;
b = -b;
int result = 10 / b;
System.out.println(result);
```

2. 다음 코드를 실행했을 때 출력 결과는 무엇입니까?

```
int x = 10;
int y = 20;
int z = (++x) + (y--);
System.out.println(z);
```

3. 다음 코드에서 stop이 true일 때 반복을 멈추고 싶습니다. 참고로 while(조건식) {}은 조건식이 true가 될 때 중괄호 {} 안의 실행문을 반복해서 실행합니다. ▨▨▨▨▨▨▨에 들어갈 알맞은 조건식을 작성해보세요.

```
boolean stop = …;
while(                    ) {
  …
}
```

4. 534자루의 연필을 30명의 학생들에게 똑같은 개수로 나누어 줄 때 1인당 몇 개를 가질 수 있고, 몇 개가 남는지를 구하는 코드입니다. ❶ ~ ❷ 에 들어갈 알맞은 코드를 작성하세요.

```
int pencils = 534;
int students = 30;

//학생 1명이 가지는 연필 개수
int pencilsPerStudent = (        ❶        );
System.out.println(pencilsPerStudent);

//남은 연필 개수
int pencilsLeft = (        ❷        );
System.out.println(pencilsLeft);
```

5. 다음 코드를 실행하면 출력 결과로 5를 기대했는데 4가 출력되었습니다. 어디에서 잘못 작성된 것일까요?

```
int var1 = 5;
int var2 = 2;
double var3 = var1 / var2;
int var4 = (int) (var3 * var2);
System.out.println(var4);
```

6. 다음은 십의 자리 이하를 버리는 코드입니다. 변수 value의 값이 356이라면 300이 나올 수 있도록 ░░░░░░░에 알맞은 코드를 작성하세요(산술 연산자만 사용).

```
int value = 356;
System.out.println(          );
```

7. 다음 코드를 실행하면 출력 결과로 "10%입니다."를 기대했는데 "10%가 아닙니다."가 출력되었습니다. 어디에서 잘못 작성된 것일까요?

```
float var1 = 10f;
float var2 = var1 / 100;
if(var2 == 0.1) {
  System.out.println("10%입니다.");
} else {
  System.out.println("10%가 아닙니다.");
}
```

8. 다음 코드는 사다리꼴의 넓이를 구하는 코드입니다. 정확히 소수 자릿수가 나올 수 있도록 ░░░░░░░에 알맞은 코드를 작성하세요.

```
int lengthTop = 5;
int lengthBottom = 10;
int height = 7;
double area = (          );
System.out.println(area);
```

9. 키보드로 두 실수를 다음과 같이 입력받습니다(Scanner 이용). 입력된 첫 번째 수에 두 번째 수를 나눈 결과를 "결과:값"으로 출력하되, 두 번째 수에 0 또는 0.0이 입력되었을 경우 "결과:무한대"가 출력되도록 코드를 작성해보세요(Scanner의 next( ) 사용).

```
첫 번째 수: 7.3 [Enter]
두 번째 수: 2.5 [Enter]
---------------------
결과:2.92 (or 결과:무한대)
```

10. 반지름이 10인 원의 넓이를 구하는데 다음과 같이 var2, ".", var3을 + 연산해서 원주율 (π)을 얻은 다음 계산하려고 합니다. 올바른 결과가 나오도록 코드를 수정해보세요.

```java
int var1 = 10;
int var2 = 3;
int var3 = 14;
double var4 = var1 * var1 * var2 + "." + var3;
System.out.println("원의 넓이:" + var4);
```

11. 키보드로 아이디와 패스워드를 입력받습니다. 입력 조건으로 이름은 문자열이고 패스워드는 정수입니다(패스워드는 int 타입으로 변환). 입력된 내용을 비교해서 아이디가 "java"이고 패스워드가 12345라면 "로그인 성공"을 출력하고 그렇지 않으면 "로그인 실패"를 출력하도록   **①**   ~   **②**   에 알맞은 코드를 작성해보세요.

```java
Scanner scanner = new Scanner(System.in);

System.out.print("아이디:");
String name = scanner.nextLine();

System.out.print("패스워드:");
String strPassword = scanner.nextLine();
int password = Integer.parseInt(strPassword);

if(              ①              ) {
  if(          ②          ) {
    System.out.println("로그인 성공");
  } else {
    System.out.println("로그인 실패:패스워드가 틀림");
  }
} else {
  System.out.println("로그인 실패:아이디 존재하지 않음");
}
```

12. 다음 코드는 비교 연산자와 논리 연산자의 복합 연산식입니다. 연산식의 출력 결과를 괄호 ( ) 속에 넣으세요.

```
int x = 10;
int y = 5;
System.out.println( (x>7) && (y<=5) );            --------------- (        )
System.out.println( (x%3 == 2) || (y%2 != 1) );  --------------- (        )
```

13. 대입 연산자(=)와 산술 연산자(+, −, *, /)로 구성된 실행문을 대입 연산자 하나로 구성된 실행문으로 변경해보세요.

```
int value =0;

value = value + 10;   ------------------------> (              )
value = value - 10;   ------------------------> (              )
value = value * 10;   ------------------------> (              )
value = value / 10;   ------------------------> (              )
```

14. 다음 코드를 실행했을 때 출력 결과는 무엇입니까?

```
int score = 85;
String result = (!(score>90)) ? "가" : "나";
System.out.println(result);
```

- 제어문을 통해 프로그램의 실행 흐름을 제어하는 방법에 대해 알아봅니다.
- 조건문의 종류에 대해 알아보고, 조건문에 따른 형식과 실행 흐름을 살펴봅니다.
- 반복문의 종류에 대해 알아보고, 반복문에 따른 형식과 실행 흐름을 살펴봅니다.

Chapter

04

조건문과 반복문

04-1 조건문: if문, switch문

핵심 키워드   if문   if-else문   if-else if-else문   switch문

자바 프로그램은 main( ) 메소드의 시작 중괄호 {에서 끝 중괄호 }까지 위에서부터 아래로 실행하는 흐름을 가지고 있습니다. 이러한 실행 흐름을 개발자가 원하는 방향으로 바꿀 수 있도록 해주는 것을 흐름 제어문 혹은 제어문이라고 합니다. 제어문의 종류에는 조건문과 반복문이 있는데 이 중 먼저 조건문에 대해 알아보겠습니다.

시작하기 전에

조건문은 조건식에 따라 다른 실행문을 실행하기 위해 사용됩니다. 조건문의 종류로는 if문, switch문이 있습니다. if문은 조건식의 결과가 true, false이냐에 따라, switch문은 변수의 값에 따라 실행문이 결정됩니다.

다음은 조건문의 대표적인 if문, if−else문, switch문의 실행 흐름을 도식화한 것입니다.

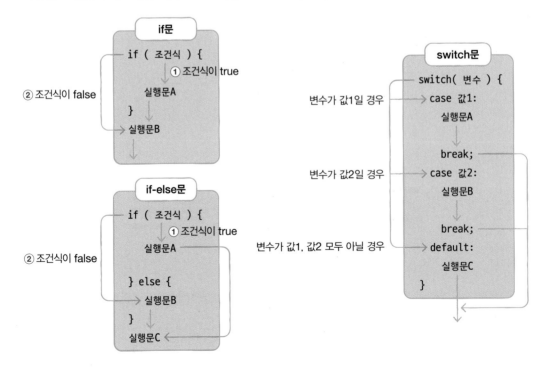

if문

if문은 조건식의 결과에 따라 블록 실행 여부가 결정됩니다. 조건식에는 true 또는 false 값을 산출할 수 있는 연산식이나, boolean 타입 변수가 올 수 있습니다. 조건식이 true이면 블록을 실행하고, false이면 블록을 실행하지 않습니다.

> 조건식이 true이면 블록을 실행하고, false이면 블록을 실행하지 않습니다.

다음은 if문의 형식과 실행 흐름을 보여줍니다.

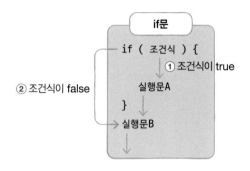

1. 조건식이 true(①)이면 실행문A → 실행문B 실행
2. 조건식이 false(②)이면 실행문B 실행

중괄호 {} 블록은 여러 개의 실행문을 하나로 묶기 위해 작성됩니다. 만약 조건식이 true가 될 때 실행해야 할 문장이 하나밖에 없다면 생략할 수 있습니다.

```
if ( 조건식 ) {
    실행문;
    실행문;
    ...
}
```

```
if ( 조건식 )
    실행문;
```

note 괄호 {} 블록은 생략하지 않고 작성하는 것을 추천합니다. 중괄호 블록을 작성하지 않으면 코드의 가독성이 좋지 않아 코드를 해석하기 어려워지고, 버그 발생의 원인이 될 수 있습니다.

다음 예제 코드를 살펴보겠습니다.

if문 소스 코드 IfExample.java

```java
01   package sec01.exam01;
02
03   public class IfExample {
04     public static void main(String[] args) {
05       int score = 93;
06
07       if(score>=90) {
08         System.out.println("점수가 90보다 큽니다.");
09         System.out.println("등급은 A입니다.");
10       }
11
12       if(score<90)
13         System.out.println("점수가 90보다 작습니다.");
14         System.out.println("등급은 B입니다.");   ← if문과는 상관없는 실행문
15     }
16   }
```

> **실행결과**   ✕
>
> 점수가 90보다 큽니다.
> 등급은 A입니다.
> 등급은 B입니다.

score 변수의 값이 93이므로 7라인 if문의 조건식은 93>=90이 되어 true가 됩니다. 따라서 중괄호 블록의 실행문인 8~9라인이 모두 실행되어 "점수가 90보다 큽니다."와 "등급은 A입니다."가 출력됩니다. 그러나 12라인의 if문의 조건식은 93<90이 되어 false가 되므로 "점수가 90보다 작습니다."는 출력되지 않습니다.

문제는 14라인입니다. 의도한 바로는 점수가 90보다 작을 때만 "등급은 B입니다."를 출력하고 싶었던 것인데, 실행결과를 보면 점수와는 상관없이 14라인은 무조건 실행됩니다. 그 이유는 12라인의 if문에는 중괄호 블록이 없어 13라인까지만 영향을 미치며, 14라인은 들여쓰기만 되었을 뿐 if문과는 아무런 관련이 없기 때문입니다.

if-else문

if문은 else 블록과 함께 사용되어 조건식의 결과에 따라 실행 블록을 선택합니다. if문의 조건식이 true이면 if문의 블록이 실행되고, 조건식이 false이면 else 블록이 실행됩니다. 조건식의 결과에 따라 이 2개의 블록 중 어느

> if문의 조건식이 true이면 if문의 블록이 실행되고, 조건식이 false이면 else 블록이 실행됩니다.

한 블록의 내용만 실행하고 전체 if문을 벗어나게 됩니다.

다음은 if-else문의 형식과 실행 흐름을 보여줍니다.

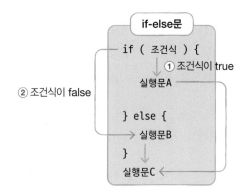

1. 조건식이 true(①)이면 실행문A → 실행문C 실행
2. 조건식이 false(②)이면 실행문B → 실행문C 실행

이전 예제는 2개의 if문을 이용하였는데, 다음과 같이 if-else문을 이용하면 코드가 더욱 간결해집니다.

직접 해보는 손코딩

if-else문 소스 코드 IfElseExample.java

```
01    package sec01.exam02;
02
03    public class IfElseExample {
04      public static void main(String[] args) {
05        int score = 85;
06
07        if(score>=90) {
08          System.out.println("점수가 90보다 큽니다.");
09          System.out.println("등급은 A입니다.");
10        } else {                              score<90일 경우
11          System.out.println("점수가 90보다 작습니다.");
12          System.out.println("등급은 B입니다.");
13        }
14      }
15    }
```

실행결과 ✕

점수가 90보다 작습니다.
등급은 B입니다.

기본편

if-else if-else문

조건문이 여러 개인 if문도 있습니다. 처음 if문의 조건식이 false
일 경우 다른 조건식의 결과에 따라 실행 블록을 선택할 수 있는
데, if 블록의 끝에 else if문을 붙이면 됩니다. else if문의 수
는 제한이 없으며, 여러 개의 조건식 중 true가 되는 블록만 실행하고 전체 if문을 벗어나게 됩니다.
else if 블록의 마지막에는 else 블록을 추가할 수 있는데, 모든 조건식이 false일 경우 else 블록을
실행하고 if문을 벗어나게 됩니다.

> if-else if-else문은 처음 if문의 조건식
> 이 false일 경우 다른 조건식의 결과에
> 따라 실행 블록을 선택할 수 있습니다.

다음은 if-else if-else문의 형식과 실행 흐름을 보여줍니다.

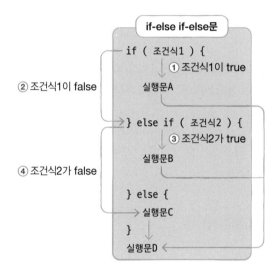

1. 조건식1이 true(①)이면 실행문A → 실행문D 실행
2. 조건식1이 false(②)이면 조건식2로 이동
3. 조건식2가 true(③)이면 실행문B → 실행문D 실행
4. 조건식2가 false(④)이면 실행문C → 실행문D 실행

if-else문 예제는 점수가 90점 이상이거나 미만일 경우에만 실행 흐름을 제어했는데, 이번 if-else
if-else문 예제는 조건식 3개를 이용해서 실행 흐름을 제어합니다.

> 직접 해보는 손코딩

if-else if-else문 소스 코드 IfElseIfElseExample.java

```
01    package sec01.exam03;
02
03    public class IfElseIfElseExample {
04        public static void main(String[] args) {
```

```
05        int score = 75;
06
07        if(score>=90) {
08          System.out.println("점수가 100~90입니다.");
09          System.out.println("등급은 A입니다.");
10        } else if(score>=80) {                              80<=score<90일 경우
11          System.out.println("점수가 80~89입니다.");
12          System.out.println("등급은 B입니다.");
13        } else if(score>=70) {                              70<=score<80일 경우
14          System.out.println("점수가 70~79입니다.");
15          System.out.println("등급은 C입니다.");
16        } else {                                            score<70일 경우
17          System.out.println("점수가 70 미만입니다.");
18          System.out.println("등급은 D입니다.");
19        }
20      }
21    }
```

> 📄 실행결과 ✕
>
> 점수가 70~79입니다.
> 등급은 C입니다.

이번에는 주사위를 굴려서 나올 수 있는 1, 2, 3, 4, 5, 6 중에서 하나의 수를 무작위로 뽑아서 출력하는 프로그램을 작성해보겠습니다. 먼저 정수 난수를 얻는 원리부터 이해해보겠습니다.

① 먼저 임의의 정수를 뽑는 방법을 알아야 합니다. Math.random() 메소드를 활용할 수 있는데, 이 메소드는 0.0과 1.0 사이에 속하는 double 타입의 난수 하나를 리턴합니다. 이때 0.0은 범위에 포함되고 1.0은 포함되지 않습니다. 이것을 비교 연산자로 표현하면 다음과 같습니다.

```
0.0  <=  Math.random()  <  1.0
```

② 1~10 사이의 정수 중에서 하나의 정수를 얻기 위해 각 변에 10을 곱하면 다음과 같은 범위에 속하는 하나의 double 타입의 값을 얻을 수 있습니다.

```
0.0 * 10  <=  Math.random() * 10  <  1.0 * 10
    ↑                                  ↑
  (0.0)                              (10.0)
```

③ 이 상태에서 각 변을 int 타입으로 강제 타입 변환하면 다음과 같은 범위에 속하는 하나의 정수값을 얻을 수 있습니다.

```
(int) 0.0  <=  (int) (Math.random() * 10)  <  (int) 10.0
    ↑                      ↑                        ↑
   (0)             (0, 1, 2, 3, ... 9)            (10)
```

④ 이 상태에서 각 변에 1을 더하면 비로소 1~10 사이의 정수 중에서 하나의 정수를 얻게 됩니다.

$$\underline{0 + 1} \ \mathrel{<}= \ \underline{(int)\ (Math.random()\ *\ 10)\ +\ 1} \ < \ \underline{10 + 1}$$

(1)   (1, 2, 3, ... 10)   (11)

⑤ 이 원리를 이용하면 start부터 시작하는 n개의 정수 중에서 임의의 정수 하나를 얻기 위한 연산식을 다음과 같이 만들 수 있습니다.

```java
int num = (int) (Math.random() * n) + start;
```

예를 들어, 주사위 번호 하나를 뽑기 위해 다음 연산식을 사용할 수 있습니다.

```java
int num = (int) (Math.random() * 6) + 1;
```

✚ 여기서 잠깐   **로또 번호 뽑기**

또 다른 예로 로또 번호 하나를 뽑기 위해서는 다음과 같은 연산식을 사용할 수 있습니다.

```java
int num = (int) (Math.random() * 45) + 1;
```

👉 직접 해보는 손코딩

주사위의 번호 뽑기   소스 코드 IfDiceExample.java

```java
01    package sec01.exam04;
02
03    public class IfDiceExample {
04      public static void main(String[] args) {
05        int num = (int) (Math.random() * 6) + 1;  ←——— 주사위 번호 하나 뽑기
06
07        if(num==1) {
08          System.out.println("1번이 나왔습니다.");
09        } else if(num==2) {
10          System.out.println("2번이 나왔습니다.");
11        } else if(num==3) {
12          System.out.println("3번이 나왔습니다.");
13        } else if(num==4) {
```

```
14              System.out.println("4번이 나왔습니다.");
15          } else if(num==5) {
16              System.out.println("5번이 나왔습니다.");
17          } else {
18              System.out.println("6번이 나왔습니다.");
19          }
20      }
21  }
```

> 🖥 실행결과   ✕
>
> 4번이 나왔습니다.

switch문

switch문은 if문과 마찬가지로 조건 제어문입니다. 하지만 switch문은 if문처럼 조건식이 true일 경우에 블록 내부의 실행문을 실행하는 것이 아니라, 변수가 어떤 값을 갖느냐에 따라 실행문이 결정됩니다.

> switch문은 변수의 값에 따라 실행문이 결정됩니다.

if문은 조건식의 결과가 true, false 두 가지밖에 없기 때문에 경우의 수가 많아질수록 else-if문을 반복적으로 추가해야 하므로 코드가 복잡해집니다. 그러나 switch문은 변수의 값에 따라서 실행문이 결정되기 때문에 같은 기능의 if문보다 코드가 간결합니다.

다음은 switch문의 형식과 실행 흐름을 도식화한 것입니다.

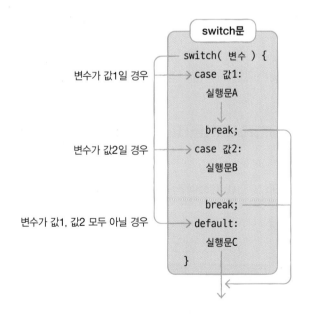

switch문은 괄호 안의 변수 값과 동일한 값을 갖는 case로 가서 실행문을 실행합니다. 만약 괄호 안의 변수 값과 동일한 값을 갖는 case가 없으면 default로 가서 실행문을 실행합니다. default는 생략 가능합니다.

162쪽의 IfDiceExample.java를 switch문으로 변형하면 다음과 같습니다.

switch문 소스 코드 SwitchExample.java

```
01    package sec01.exam05;
02
03    public class SwitchExample {
04      public static void main(String[] args) {
05        int num = (int) (Math.random() * 6) + 1;  ←——————— 주사위 번호 하나 뽑기
06
07        switch(num) {
08          case 1:
09            System.out.println("1번이 나왔습니다.");
10            break;
11          case 2:
12            System.out.println("2번이 나왔습니다.");
13            break;
14          case 3:
15            System.out.println("3번이 나왔습니다.");
16            break;
17          case 4:
18            System.out.println("4번이 나왔습니다.");
19            break;
20          case 5:
21            System.out.println("5번이 나왔습니다.");
22            break;
23          default:
24            System.out.println("6번이 나왔습니다.");
25            break;
26        }
27      }
28    }
```

> 🖥 **실행결과**   ✕
> 5번이 나왔습니다.

case 끝에 break가 붙어 있는 이유는 다음 case를 실행하지 않고 switch문을 빠져나가기 위해서입니다. break가 없다면 다음 case가 연달아 실행되는데, 이때는 case 값과는 상관없이 실행됩니다.

다음 예제를 보면 변수 time의 값이 9이므로 case 8은 건너뛰고 case 9로 이동한 후 break가 없어 다음 case를 차례로 실행합니다.

break문이 없는 case 소스 코드 `SwitchNoBreakCaseExample.java`

```java
01  package sec01.exam06;
02
03  public class SwitchNoBreakCaseExample {
04    public static void main(String[] args) {
05      int time = (int) (Math.random() * 4) + 8;  ←——— 8<= … <=11 사이의 정수 뽑기
06      System.out.println("[현재시간: " + time + " 시]");
07
08      switch(time) {
09        case 8:
10          System.out.println("출근합니다.");
11        case 9:
12          System.out.println("회의를 합니다.");
13        case 10:
14          System.out.println("업무를 봅니다.");
15        default:
16          System.out.println("외근을 나갑니다.");
17      }
18    }
19  }
```

```
실행결과                        ×
[현재시간: 9 시]
회의를 합니다.
업무를 봅니다.
외근을 나갑니다.
```

다음은 char 타입 변수를 이용해서 알파벳 대소문자에 관계없이 동일하게 처리하도록 만든 switch 문입니다.

char 타입의 switch문 소스 코드 `SwitchCharExample.java`

```java
01  package sec01.exam07;
02
03  public class SwitchCharExample {
04    public static void main(String[] args) {
05      char grade = 'B';
06
07      switch(grade) {
08        case 'A':
```

```
09        case 'a':
10          System.out.println("우수 회원입니다.");
11          break;
12        case 'B':
13        case 'b':
14          System.out.println("일반 회원입니다.");
15          break;
16        default:
17          System.out.println("손님입니다.");
18      }
19    }
20  }
```

다음은 String 타입 변수를 이용해서 직급별 월급을 출력하는 예제입니다.

직접 해보는 손코딩

String 타입의 switch문   소스 코드 SwitchStringExample.java

```
01  package sec01.exam08;
02
03  public class SwitchStringExample {
04    public static void main(String[] args) {
05      String position = "과장";
06
07      switch(position) {
08        case "부장":
09          System.out.println("700만원");
10          break;
11        case "과장":
12          System.out.println("500만원");
13          break;
14        default:
15          System.out.println("300만원");
16      }
17    }
18  }
```

▶ 4가지 키워드로 끝내는 핵심 포인트

- **if문**: if(조건식) { ⋯ }을 말하며 조건식이 true가 되면 중괄호 내부를 실행합니다.

- **if-else문**: if(조건식) { ⋯ } else { ⋯ }를 말하며 조건식이 true가 되면 if 중괄호 내부를 실행하고, false가 되면 else 중괄호 내부를 실행합니다.

- **if-else if-else문**: if(조건식1) { ⋯ } else if(조건식2) { ⋯ } else { ⋯ }를 말하며 조건식1이 true가 되면 if 중괄호 내부를 실행하고, 조건식2가 true가 되면 else if 중괄호 내부를 실행합니다. 조건식1과 조건식2가 모두 false가 되면 else 중괄호 내부가 실행됩니다.

- **switch문**: switch(변수) { case 값1: ⋯ case 값2: ⋯ default: ⋯ }를 말하며 변수의 값이 값1이면 첫 번째 case 코드를 실행하고, 값2이면 두 번째 case 코드를 실행합니다. 값1과 값2가 모두 아니면 default 코드를 실행합니다.

▶ 그림으로 정리하는 핵심 포인트

if문은 조건식의 결과에 따라 블록 실행 여부가 결정됩니다.

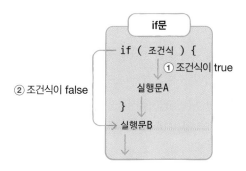

switch문은 변수의 값에 따라 실행문이 결정됩니다.

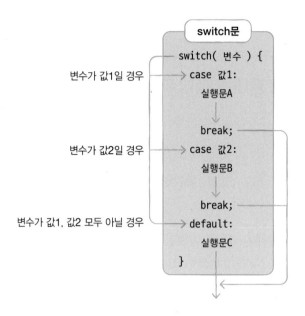

▶ **확인 문제**

1. 조건문의 종류를 빈칸에 넣어보세요.

- 조건문: (　　　), (　　　)

2. 조건문을 설명한 것 중 맞는 것에 O표, 틀린 것에 X표 하세요.

① if문은 조건식의 결과에 따라 실행 흐름을 달리할 수 있다. (　　　)

② if문은 조건식이 true이면 블록을 실행하고 false이면 블록을 실행하지 않는다. (　　　)

③ if문의 블록 내부에는 또 다른 if문을 사용할 수 있다. (　　　)

④ switch문에서 사용할 수 있는 변수의 타입은 int만 가능하다. (　　　)

3. 다음 코드를 실행했을 때 출력되는 내용을 적어보세요.

```java
int score = 85;
System.out.print("등급은 ");
if(score < 70) {
  System.out.print("D");
} else if(score < 80) {
  System.out.print("C");
} else if(score < 90) {
  System.out.print("B");
} else {
  System.out.print("A");
}
System.out.println("입니다.");
```

4. 다음 코드를 실행했을 때 출력되는 내용을 적어보세요.

```java
System.out.println("어떤 혜택을 원하세요?");
char grade = 'C';
switch(grade) {
  case 'A': System.out.println("VVIP 혜택을 받으실 수 있습니다.");
  case 'B': System.out.println("VIP 혜택을 받으실 수 있습니다."); break;
  case 'C': System.out.println("우수 회원 혜택을 받으실 수 있습니다.");
  case 'D': System.out.println("일반 회원 혜택을 받으실 수 있습니다. "); break;
  default: System.out.println("혜택이 없습니다.");
}
System.out.println("감사합니다.");
```

04-2 반복문: for문, while문, do-while문

핵심 키워드

`for문`　`while문`　`do-while문`　`break문`　`continue문`

제어문의 종류에는 조건문과 반복문이 있는데, 조건문에는 앞 절에서 배운 if문, switch 문이 있고 반복문에는 이번 절에서 배울 for문, while문, do-while문이 있습니다. 제어문 블록이 실행 완료되었을 때 조건문일 경우는 정상 흐름으로 돌아오지만, 반복 문일 경우는 제어문 처음으로 다시 되돌아가 반복 실행합니다. 이것을 루핑(looping) 이라고 합니다. 이번 절에서는 반복문에 대해 알아보겠습니다.

시작하기 전에

반복문은 어떤 작업(코드)이 반복적으로 실행되도록 할 때 사용되며, 반복문의 종류로는 for문, while문, do-while문이 있습니다.

for문과 while문은 서로 변환이 가능하기 때문에 반복문을 작성할 때 어느 쪽을 선택해도 좋지만, for문은 반복 횟수를 알고 있을 때 주로 사용하고, while문은 조건에 따라 반복할 때 주로 사용합니다. while문과 do-while문의 차이점은 조건을 먼저 검사하느냐 나중에 검사하느냐일 뿐 동작 방식은 동일합니다. 다음은 for문과 while문의 실행 흐름을 보여줍니다.

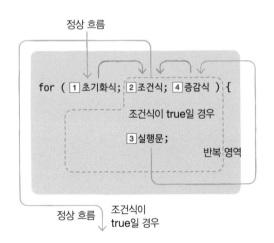

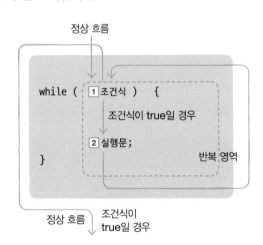

for문

프로그램을 작성하다 보면 똑같은 실행문을 반복적으로 실행해야 할 경우가 많이 발생합니다. 다음 코드를 살펴봅시다. 이 코드는 1부터 5까지의 합을 구하는 것으로 5개의 실행문으로 해결했습니다. 하지만 1부터 100까지의 합을 구하는 코드를 같은 방법으로 작성한다면 100개의 실행문이 필요하기 때문에 코드 양이 엄청 늘어날 것입니다.

```java
int sum = 0;
sum = sum + 1;
sum = sum + 2;
sum = sum + 3;       5개의 실행문
sum = sum + 4;
sum = sum + 5;
System.out.println("1~5의 합:" + sum);
```

이런 경우 for문을 사용하면 코드를 획기적으로 줄일 수 있습니다.

```java
int sum = 0;
for (int i=1; i<=100; i++) {
  sum = sum + i;              100번 반복
}
System.out.println("1~100의 합:" + sum);
```

위 for문은 100개의 실행문을 단 3줄로 압축한 것이라고 볼 수 있는데, 반복문은 한 번 작성된 실행문을 여러 번 반복 실행해주기 때문에 코드를 줄여 간결하게 만들어줍니다. 코드가 간결하면 개발 시간을 줄일 수 있고, 에러가 날 확률도 줄어듭니다.

for문은 주어진 횟수만큼 실행문을 반복 실행할 때 적합한 반복 제어문입니다. 다음은 for문의 형식과 실행 흐름을 도식화한 것입니다.

> for문은 주어진 횟수만큼 실행문을 반복합니다.

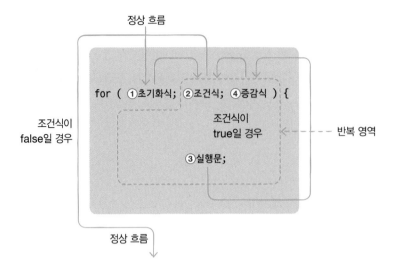

1. for문이 처음 실행될 때 초기화식(①)이 제일 먼저 실행됩니다.
2. 조건식(②)을 평가해서 true이면 for문 블록 내부의 실행문(③)을 실행하고, false이면 for문 블록을 실행하지 않고 종료합니다.
3. 블록 내부의 실행문(③)들이 모두 실행되면 증감식(④)을 실행하고 다시 조건식(②)을 평가합니다.
4. 조건식(②)의 평가 결과가 true이면 실행문(③) → 증감식(④) → 조건식(②)으로 다시 진행하고, false이면 for문이 종료됩니다.

다음은 가장 기본적인 for문의 형태로 1부터 10까지 출력하는 코드입니다. for문에서 반복 횟수를 나타내는 루프 카운터 변수 i를 선언하고 i=1부터 i=10까지 10번 반복합니다.

직접 해보는 손코딩

1부터 10까지 출력   소스코드   ForPrintFrom1To10Example.java

```
01   package sec02.exam01;
02
03   public class ForPrintFrom1To10Example {
04     public static void main(String[] args) {
05       for(int i=1; i<=10; i++) {
06         System.out.println(i);
07       }
08     }
09   }
```

실행결과   ✕

```
1
2
3
4
5
6
7
8
9
10
```

초기화식은 조건식과 실행문, 증감식에서 사용할 변수를 초기화하는 역할을 합니다. 초기화식이 필요 없을 경우에는 다음과 같이 초기화식을 생략할 수 있습니다.

```
int i = 1;
for (; i<=100; i++) { … }
```

어떤 경우에는 초기화식이 둘 이상 있을 수 있고, 증감식 역시 둘 이상 있을 수 있습니다. 이런 경우에는 다음과 같이 쉼표(,)로 구분해서 작성합니다.

```
for (int i=0, j=100; i<=50 && j>=50; i++, j--) { … }
```
              ↑   ↑   ↑
           초기화식   조건식   증감식

초기화식에 선언된 변수는 for문 블록 내부에서 사용되는 로컬 변수입니다. 따라서 for문을 벗어나서는 사용할 수 없습니다.

다음 예제는 1부터 100까지의 합을 구하는 코드입니다. for문이 시작하기 전에 합계 변수 sum을 선언한 이유는 for문을 끝내고 9라인에서 sum을 사용하기 때문입니다.

직접 해보는 손코딩

1부터 100까지 합을 출력   ForSumFrom1To100Example1.java

```
01   package sec02.exam02;
02
03   public class ForSumFrom1To100Example1 {
04     public static void main(String[] args) {
05       int sum = 0; ←——————————  합계 변수
06
07       for(int i=1; i<=100; i++) {
08         sum += i;
09       }
10
11       System.out.println("1~100 합 : " + sum);
12     }
13   }
```

▣ 실행결과   ✕

1~100 합 : 5050

만약 11라인을 다음과 같이 수정한다면 컴파일 에러가 발생합니다. 그 이유는 for문의 초기화식에서 선언한 로컬 변수 i는 for문을 벗어나서 사용할 수 없기 때문입니다.

잘못된 코딩 예

```
System.out.println("1~" + (i-1) + " 합 : " + sum);
```

다음과 같이 변수 i를 for문의 초기화식에서 선언하지 않고 for문 전에 선언하였다면 for문 내부뿐만 아니라 for문을 벗어나서도 사용할 수 있습니다.

직접 해보는 손코딩

1부터 100까지 합을 출력 소스 코드 ForSumFrom1To100Example2.java

```
01    package sec02.exam03;
02
03    public class ForSumFrom1To100Example2 {
04      public static void main(String[] args) {
05        int sum = 0;  ←————————————————— 합계 변수
06
07        int i = 0;  ←————— 루프 카운터 변수
08        for(i=1; i<=100; i++) {
09          sum += i;
10        }
11
12        System.out.println("1~" + (i-1) + " 합 : " + sum);
13      }
14    }
```

> 🖥 **실행결과**   ✕
>
> 1~100 합 : 5050

for문을 작성할 때 주의할 점은 초기화식에서 루프 카운터 변수를 선언할 때 부동 소수점을 쓰는 float 타입을 사용하지 말아야 한다는 것입니다.

다음 예제를 보면, 이론적으로 5라인의 for문은 10번 반복해야 합니다.

직접 해보는 손코딩

float 타입 카운터 변수 소스 코드 ForFloatCounterExample.java

```
01    package sec02.exam04;
02
03    public class ForFloatCounterExample {
04      public static void main(String[] args) {
05        for(float x=0.1f; x<=1.0f; x+=0.1f) {
06          System.out.println(x);
07        }
07      }
09    }
```

> 🖥 **실행결과**   ✕
>
> 0.1
> 0.2
> 0.3
> 0.4
> 0.5
> 0.6
> 0.70000005
> 0.8000001
> 0.9000001

하지만 0.1은 float 타입으로 정확하게 표현할 수 없기 때문에 루프 카운터 변수 x에 더해지는 실제 값은 0.1보다 약간 큽니다. 결국 루프는 9번만 실행됩니다.

중첩 for문

for문은 또 다른 for문을 내포할 수 있는데, 이것을 중첩 for문이라고 합니다. 이 경우 바깥쪽 for문이 한 번 실행할 때마다 중첩된 for문은 지정된 횟수만큼 반복해서 돌다가 다시 바깥쪽 for문으로 돌아갑니다.

다음 예제는 구구단을 출력하는 코드입니다.

구구단 출력하기 ㅅㅅ ㅋㄷ `ForMultiplicationTableExample.java`

```
01    package sec02.exam05;
02
03    public class ForMultiplicationTableExample {
04      public static void main(String[] args) {
05        for (int m=2; m<=9; m++) {            ← 바깥쪽 for문
06          System.out.println("*** " + m + "단 ***");
07          for (int n=1; n<=9; n++) {          ← 중첩 for문
08            System.out.println(m + " x " + n + " = " + (m*n));
09          }
10        }
11      }
12    }
```

```
🖥 실행결과          ✕
*** 2단 ***
2 x 1 = 2
2 x 2 = 4
2 x 3 = 6
2 x 4 = 8
2 x 5 = 10
```

5라인의 바깥쪽 for문은 m이 2에서 9까지 변하면서 8번 반복 실행되는데, 바깥쪽 for문이 한 번 실행할 때마다 7라인의 중첩 for문은 n이 1에서 9까지 변하면서 9번 반복 실행합니다. 즉, m=2일 때 n은 1~9까지 변하면서 2 × n = 2*n을 출력하게 됩니다.

while문

for문이 정해진 횟수만큼 반복한다면, while문은 조건식이 true일 경우에 계속해서 반복합니다. 조건식에는 비교 또는 논리 연산식이 주로 오는데, 조건식이 false가 되면 반복 행위를 멈추고 while문을 종료합니다.

> while문은 조건식이 true일 경우에 계속해서 반복합니다.

다음은 while문을 작성하는 형식과 실행 흐름을 보여줍니다.

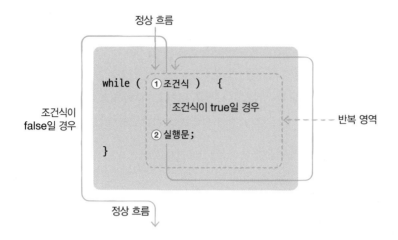

1. while문이 처음 실행될 때 조건식(①)을 평가합니다.
2. 평가 결과가 true이면 실행문(②)을 실행합니다.
3. 실행문(②)이 모두 실행되면 조건식으로 되돌아가서 다시 조건식(①)을 평가합니다.
4. 만약 조건식이 true라면 실행문(②) → 조건식(①)으로 다시 진행합니다.
5. 만약 조건식이 false라면 while문을 종료합니다.

다음 예제는 가장 간단한 형태의 while문으로, 1부터 10까지 출력합니다. while문은 한 번 실행할 때 루프 카운터 변수인 i 값을 출력하고 i를 1 증가시킵니다. 조건문은 i가 10 이하일 때까지 true가 되므로 while문은 총 10번을 반복 실행합니다.

1부터 10까지 출력   WhilePrintFrom1To10Example.java

```
01    package sec02.exam06;
02
03    public class WhilePrintFrom1To10Example {
04      public static void main(String[] args) {
05        int i = 1;
06        while (i<=10) {
07          System.out.println(i);
08          i++;
09        }
10      }
11    }
```

실행결과	×
1	
2	
3	
4	
5	
6	
7	
8	
9	
10	

이번에는 1부터 100까지 합을 구하기 위해 for문 대신 while문을 사용해보겠습니다. while문 내부에서 계속 누적되는 값을 갖는 루프 카운터 변수는 while문의 시작하기 전에 미리 선언해놓아야 합니다.

직접 해보는 손코딩

1부터 100까지 합을 출력   WhileSumFrom1To100Example.java

```
01    package sec02.exam07;
02
03    public class WhileSumFrom1To100Example {
04      public static void main(String[] args) {
05        int sum = 0;  ←──────────────── 합계를 저장할 변수
06
07        int i = 1;  ←──────── 루프 카운터 변수
08
09        while(i<=100) {
10          sum += i;
11          i++;
12        }
13
14        System.out.println("1~" + (i-1) + " 합 : " + sum);
15      }
16    }
```

> **실행결과**   ✕
> 1~100 합 : 5050

조건식에는 boolean 타입 변수나 true/false 값을 산출하는 어떠한 연산식이든 올 수 있습니다. 만약 조건식에 true를 사용하면 while (true) {…}가 되어서 무한 루프를 돌게 됩니다. 무한 루프는 무한히 반복해서 실행하기 때문에 언젠가는 while문을 빠져나가기 위한 코드가 필요합니다.

while문을 종료시키기 위해서는 변수의 값을 false로 만들거나, break문을 이용하는 방법이 있습니다. break문은 조금 후에 살펴보도록 하겠습니다.

do-while문

do-while문은 조건식에 의해 반복 실행한다는 점에서는 while문과 동일합니다. while문은 시작할 때부터 조건식을 검사하여 블록 내부를 실행할지 결정하지만, 경우에 따라서는 블록 내부의 실행문을 우선 실행하고 실행결과에 따라서 반복 실행을 계속할지 결정할 수도 있습니다. 이때 do-while문을 사용할 수 있습니다.

> do-while문은 블록 내부의 실행문을 우선 실행하고 실행결과에 따라서 반복 실행을 계속할지 결정합니다.

다음은 do-while문의 작성 형식과 실행 흐름을 보여줍니다. 작성 시 while() 뒤에 반드시 세미콜론(;)을 붙여야 합니다.

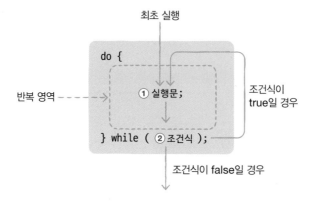

1. do-while문이 처음 실행될 때 실행문(①)을 우선 실행합니다.
2. 실행문(①)이 모두 실행되면 조건식(②)을 평가합니다.
3. 조건식의 결과가 true이면 실행문(①) → 조건식(②)과 같이 반복 실행을 합니다.
4. 조건식의 결과가 false이면 do-while문을 종료합니다.

break문

break문은 반복문인 for문, while문, do-while문의 실행을 중지할 때 사용됩니다. 또한, 이전에 학습한 switch문에서도 break문을 사용하여 switch문을 종료합니다.

> break문은 반복문인 for문, while문, do-while문, switch문을 실행 중지할 때 사용합니다.

다음은 반복문에서 break문을 사용할 때의 실행 흐름을 보여줍니다.

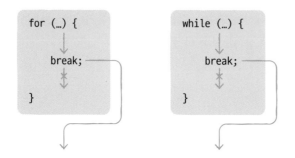

break문은 대개 if문과 같이 사용되어 if문의 조건식에 따라 for문과 while문을 종료할 때 사용합니다. 다음 예제는 while문을 이용해서 주사위 번호 중 하나를 반복적으로 무작위로 뽑되, 6이 나오면 while문을 종료합니다.

break로 while문 종료 소스 코드 BreakExample.java

```
01   package sec02.exam08;
02
03   public class  BreakExample {
04     public static void main(String[] args) {
05       while(true) {
06         int num = (int) (Math.random() * 6) + 1;
07         System.out.println(num);
08         if(num == 6) {
09           break;
10         }
11       }
12       System.out.println("프로그램 종료");
13     }
14   }
```

실행결과 ✕

```
1
5
6
프로그램 종료
```

만약 반복문이 중첩되어 있을 경우 break문은 가장 가까운 반복문만 종료하고 바깥쪽 반복문은 종료하지 않습니다. 중첩된 반복문에서 바깥쪽 반복문까지 종료시키려면 바깥쪽 반복문에 이름(라벨)을 붙이고, 'break 이름;'을 사용하면 됩니다.

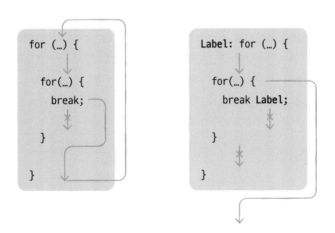

다음 예제를 보면 바깥쪽 for문은 'A'~'Z'까지 반복하고 중첩된 for문은 'a'~'z'까지 반복하는데, 중첩된 for문에서 lower 변수가 'g'를 갖게 되면 바깥쪽 for문까지 빠져나오도록 했습니다.

바깥쪽 반복문 종료　　　　BreakOutterExample.java

```
01   package sec02.exam09;
02
03   public class  BreakOutterExample {
04     public static void main(String[] args) {
05     Outter: for(char upper='A'; upper<='Z'; upper++) {
06             for(char lower='a'; lower<='z'; lower++) {
07                 System.out.println(upper + "-" + lower);
08                 if(lower=='g') {
09                     break Outter;
10                 }
11             }
12         }
13     System.out.println("프로그램 실행 종료");
14     }
15   }
```

🔲 실행결과	✕
A-a	
A-b	
A-c	
A-d	
A-e	
A-f	
A-g	
프로그램 실행 종료	

continue문

continue문은 반복문인 for문, while문, do-while문에서만 사용되는데, 블록 내부에서 continue문이 실행되면 for문의 증감식 또는 while문, do-while문의 조건식으로 이동합니다. 다음은 continue문의 실행 흐름을 보여줍니다.

> continue문은 블록 내부에서 continue문이 실행되면 for문의 증감식 또는 while문, do-while문의 조건식으로 이동합니다.

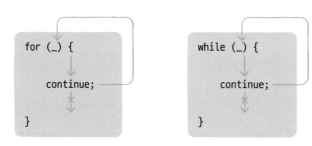

continue문은 반복문을 종료하지 않고 계속 반복을 수행한다는 점이 break문과 다릅니다. break문과 마찬가지로 continue문도 대개 if문과 같이 사용되는데, 특정 조건을 만족하는 경우에 continue문을 실행해서 그 이후의 문장을 실행하지 않고 다음 반복으로 넘어갑니다.

다음 예제는 1에서 10 사이의 수 중에서 짝수만 출력하는 코드입니다.

continue를 사용한 for문　　ContinueExample.java

```
01    package sec02.exam10;
02
03    public class  ContinueExample {
04      public static void main(String[] args) {
05        for(int i=1; i<=10; i++) {
06          if(i%2 != 0) {
07            continue;
08          }
09          System.out.println(i);
10        }
11      }
12    }
```

2로 나눈 나머지가 0이 아닐 경우,
즉 홀수인 경우

홀수는 실행되지 않음

🖥 실행결과　　　✕
2
4
6
8
10

▶ 5가지 키워드로 끝내는 핵심 포인트

- **for문:** for(초기화식; 조건식; 증감식) { ⋯ }을 말하며 조건식이 true가 될 때까지만 중괄호 내부를 반복합니다. 반복할 때마다 증감식이 실행됩니다. 초기화식은 조건식과 증감식에서 사용할 루프 카운터 변수를 초기화합니다. 주로 지정된 횟수만큼 반복할 때 사용합니다.

- **while문:** while(조건식) { ⋯ }을 말하며 조건식이 true가 될 때까지만 중괄호 내부를 반복 실행합니다.

- **do-while문:** do { ⋯ } while(조건식);을 말하며 먼저 do 중괄호 내부를 실행하고 그다음 조건식이 true가 되면 다시 중괄호 내부를 반복 실행합니다.

- **break문:** for문, while문, do-while문 내부에서 실행되면 반복을 취소합니다.

- **continue문:** for문, while문, do-while문 내부에서 실행되면 증감식 또는 조건식으로 돌아갑니다.

▶ 확인 문제

1. 반복문의 종류를 빈칸에 적어보세요.

- 반복문: (   ), (   ), (   )

2. for문을 이용해서 1부터 100까지의 정수 중에서 3의 배수의 총합을 구하는 코드를 작성해 보세요.

3. while문과 Math.random( ) 메소드를 이용해서 2개의 주사위를 던졌을 때 나오는 눈을 (눈1, 눈2) 형태로 출력하고, 눈의 합이 5가 아니면 계속 주사위를 던지고, 눈의 합이 5이면 실행을 멈추는 코드를 작성해보세요. 눈의 합이 5가 되는 조합은 (1, 4), (4, 1), (2, 3), (3, 2)입니다.

4. 중첩 for문을 이용하여 방정식 $4x + 5y = 60$의 모든 해를 구해서 (x, y) 형태로 출력해보세요. 단, x와 y는 10 이하의 자연수입니다.

5. for문을 이용해서 다음과 같이 *를 출력하는 코드를 작성해보세요.

```
*
**
***
****
```

6. for문을 이용해서 다음과 같이 *를 출력하는 코드를 작성해보세요.

```
   *
  **
 ***
****
```

7. while문과 Scanner를 이용해서 키보드로 입력된 데이터로 예금, 출금, 조회, 종료 기능을 제공하는 코드를 ▨▨▨▨▨▨에 작성해보세요. 프로그램을 실행하면 다음과 같은 실행결과 가 나와야 합니다(Scanner의 nextLine( ) 사용).

```
boolean run = true;
int balance = 0;
Scanner scanner = new Scanner(System.in);

while(run) {
  System.out.println("---------------------------------");
  System.out.println("1.예금 | 2.출금 | 3.잔고 | 4.종료");
```

```
System.out.println("--------------------------------------");
System.out.print("선택> ");
```

```
        }
```

```
System.out.println("프로그램 종료");
```

- 자바의 참조 타입을 이해합니다.
- 메모리 영역의 세부 영역과 기능을 알아봅니다.
- 참조 변수의 '==, !=' 연산과 NullPointerException에 대해 알아봅니다.
- String 타입, 배열 타입, 열거 타입 선언을 학습합니다.

Chapter

05

참조 타입

기본 타입   참조 타입   메모리 사용 영역   번지 비교

null   NullPointerException

자바는 객체 지향 언어입니다. 6장에서 본격적으로 객체를 학습하기 전에 먼저 참조 타입의 종류와 참조 변수의 역할이 무엇인지 정확히 이해하는 것이 중요합니다.

시작하기 전에

자바의 타입은 크게 기본 타입$^{primitive\ type}$과 참조 타입$^{reference\ type}$으로 분류됩니다. 기본 타입은 2장에서 배운 것처럼, 정수, 실수, 문자, 논리 리터럴을 저장하는 타입을 말합니다. 지금까지 우리는 기본 타입으로 변수를 선언하고 데이터를 저장하는 연습을 했습니다. 이번 장부터는 참조 타입에 중점을 두려고 합니다. 참조 타입이란 객체^{object}의 번지를 참조하는 타입으로 배열, 열거, 클래스, 인터페이스를 말합니다.

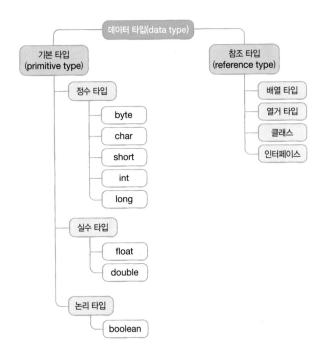

기본 타입과 참조 타입

기본 타입으로 선언된 변수와 참조 타입으로 선언된 변수의 차이점은 저장되는 값입니다. 기본 타입인 byte, char, short, int, long, float, double, boolean 변수는 실제 값을 변수 안에 저장하지만, 참조 타입인 배열, 열거, 클래스, 인터페이스 변수는 메모리의 번지를 변수 안에 저장합니다. 번지를 통해 객체를 참조한다는 뜻에서 참조 타입이라고 부릅니다.

> 기본 타입 변수와 참조 타입 변수의 차이점은 저장되는 값이 무엇인지에 따라 결정됩니다.

예를 들어 int 타입과 double 타입으로 선언된 변수 age와 price가 있고, String 클래스로 선언된 name과 hobby가 있다고 가정해보겠습니다.

기본 타입 변수

```
int age = 25;
double price = 100.5;
```

참조 타입 변수

```
String name = "신용권";
String hobby = "독서";
```

메모리에서 이 변수들이 갖는 값을 그림으로 표현하면 다음과 같습니다.

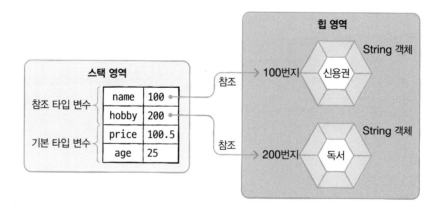

int 타입 변수인 age와 double 타입 변수인 price는 직접 값을 저장하고 있지만, String 클래스 변수인 name과 hobby는 힙 영역의 String 객체 번지 값을 가지고 있습니다. 이처럼 번지를 통해 객체를 참조하기 때문에 String 클래스 변수를 참조 타입 변수라고 합니다.

메모리 사용 영역

본격적으로 참조 타입을 알아보기 전에 우선 JVM이 사용하는 메모리 영역에 대해서 알아보겠습니다. JVM은 운영체제에서 할당받은 메모리 영역Runtime Data Area을 다음과 같이 세부 영역으로 구분해서 사용합니다.

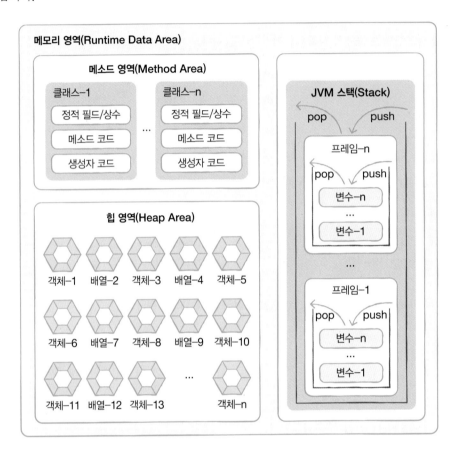

메소드 영역

메소드 영역Method Area은 JVM이 시작할 때 생성되고, 모든 스레드가 공유하는 영역입니다. 메소드 영역에는 코드에서 사용되는 클래스~.class들을 클래스 로더로 읽어 클래스별로 정적 필드static field와 상수constant, 메소드 코드, 생성자constructor 코드 등을 분류해서 저장합니다.

힙 영역

힙 영역Heap Area은 객체와 배열이 생성되는 영역입니다. 여기에 생성된 객체와 배열은 JVM 스택 영역의 변수나 다른 객체의 필드에서 참조합니다. 만일 참조하는 변수나 필드가 없다면 의미 없는 객체가 되기 때문에 JVM이 이것을 쓰레기로 취급하고 쓰레기 수집기^{Garbage Collector}를 실행시켜 자동으로 제거합니다. 따라서 개발자는 객체를 제거하기 위해 별도의 코드를 작성할 필요가 없습니다. 사실 자바는 코드로 객체를 직접 제거하는 방법을 제공하지 않습니다.

JVM 스택 영역

JVM 스택은 메소드를 호출할 때마다 프레임^{Frame}을 추가^{push}하고 메소드가 종료되면 해당 프레임을 제거^{pop}하는 동작을 수행합니다.

프레임 내부에는 로컬 변수 스택이 있는데, 기본 타입 변수와 참조 타입 변수가 추가^{push}되거나 제거^{pop}됩니다. 스택 영역에 변수가 생성되는 시점은 초기화가 될 때, 즉 최초로 변수에 값이 저장될 때입니다. 변수는 선언된 블록 안에서만 스택에 존재하고 블록을 벗어나면 스택에서 제거됩니다.

다음 코드를 보겠습니다.

```
char v1 = 'A';          ─────── ①

if (v1 == 'A') {
    int v2 = 100;
    double v3 = 3.14;        ②
}

boolean v4 = true;      ─────── ③
```

선언된 변수는 실행 순서에 따라서 다음과 같이 스택에 생성되고 소멸됩니다. v2와 v3은 if 블록 내부가 실행되고 있을 때만 스택 영역에 존재하고 if 블록을 빠져나가면 소멸됩니다.

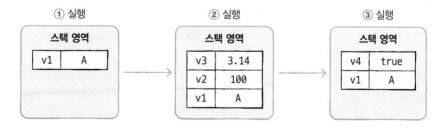

기본 타입 변수는 스택 영역에 직접 값을 가지고 있지만, 참조 타입 변수는 스택 영역에 힙 영역의 객체 주소를 가집니다. 다음과 같이 배열 변수인 scores는 스택 영역에 생성되지만 실제 10, 20, 30을 갖는 배열은 힙 영역에 생성됩니다. 배열 변수 scores에는 배열의 힙 영역의 주소가 저장됩니다. 참고로 자바에서는 배열을 객체로 취급합니다.

```
int[] scores = {10, 20, 30};
```

참조 변수의 ==, != 연산

기본 타입 변수의 ==, != 연산은 변수의 값이 같은지, 아닌지를 조사하 지만 참조 타입 변수들 간의 ==, != 연산은 동일한 객체를 참조하는지, 다른 객체를 참조하는지 알아볼 때 사용됩니다. 참조 타입 변수의 값은 힙 영역의 객체 주소이므로 ==, != 연산은 결국 번지 값을 비교하는 것이 됩니다. 동일한 번지 값을 갖고 있다는 것은 동일한 객체를 참조한다는 의미입니다. 따라서 동일한 객체를 참조하고 있을 경우 == 연산의 결과는 true이고 != 연산의 결과는 false입니다.

> 동일한 번지 값을 갖고 있다면 동일한 객체를 참조하는 것!

다음 그림을 살펴보겠습니다.

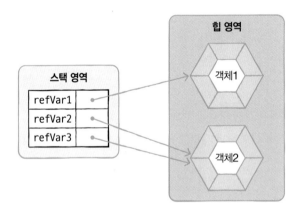

위 그림에서 refVar1과 refVar2는 서로 다른 객체를 참조하고 있으므로 == 및 != 연산의 결과는 다음과 같습니다.

```
refVar1 == refVar2 ⟵───── 결과: false
refVar1 != refVar2 ⟵───── 결과: true
```

refVar2와 refVar3는 동일한 객체2를 참조하고 있으므로 == 및 != 연산의 결과는 다음과 같습니다.

```
refVar2 == refVar3 ←————— 결과: true
refVar2 != refVar3 ←————— 결과: false
```

➕ 여기서 잠깐　**if문에서 ==와 != 연산자의 활용**

==와 != 연산자로 객체를 비교하는 코드는 일반적으로 if문에서 많이 사용됩니다. 다음은 변수 refVar2와 refVar3이 같은
객체를 참조할 경우 if 블록을 실행하도록 코딩한 것입니다.

```
if( refVar2 == refVar3 ) { … }
```

null과 NullPointerException

참조 타입 변수는 힙 영역의 객체를 참조하지 않는다는 뜻으로 null(널) 값을 가질 수 있습니다. null
값도 초기값으로 사용할 수 있기 때문에 null로 초기화된 참조 변수는 스택 영역에 생성됩니다.

다음 그림을 살펴보겠습니다.

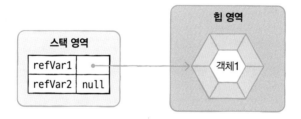

참조 타입 변수가 null 값을 가지는지 확인하려면 다음과 같이 ==, != 연산을 수행하면 됩니다. 위
그림에서 refVar1은 힙 영역의 객체를 참조하므로 연산의 결과는 다음과 같습니다.

```
refVar1 == null ←————— 결과: false
refVar1 != null ←————— 결과: true
```

refVar2는 null 값을 가지므로 연산의 결과는 다음과 같습니다.

```
refVar2 == null ←————— 결과: true
refVar2 != null ←————— 결과: false
```

자바는 프로그램 실행 도중에 발생하는 오류를 예외Exception라고 부릅니다. 예외는 사용자의 잘못된 입력으로 발생할 수도 있고, 프로그래머가 코드를 잘못 작성해서 발생할 수도 있습니다. 참조 변수를 사용하면서 가장 많이 발생하는 예외 중 하나로 NullPointerException이 있습니다. 이 예외는 참조 타입 변수를 잘못 사용하면 발생합니다.

> 예외란, 자바를 실행하는 도중에 발생하는 오류!

참조 변수가 null을 가지고 있을 경우에는, 참조 객체가 없으므로 변수를 통해 객체를 사용할 수 없습니다. 만약 null 상태에서 있지도 않은 객체의 데이터(필드)나 메소드를 사용하는 코드를 실행하면 NullPointerException이 발생합니다.

다음 코드를 보겠습니다.

```
int[] intArray = null;
intArray[0] = 10; ←——— NullPointerException
```

위 코드에서 intArray는 배열 변수이므로 참조 변수입니다. 그래서 null로 초기화가 가능합니다. 이 상태에서 intArray[0]에 10을 저장하려고 하면 NullPointerException이 발생합니다. intArray 변수가 참조하는 배열 객체가 없기 때문입니다.

다른 코드를 살펴보겠습니다.

```
String str = null;
System.out.println("총 문자수: " + str.length()); ←——— NullPointerException
```

String은 클래스이므로 참조 타입입니다. 따라서 str 변수도 null로 초기화할 수 있습니다. 이 상태에서 String 객체의 length()라는 메소드를 호출하면 NullPointerException이 발생합니다. 이유는 str 변수가 참조하는 String 객체가 없기 때문입니다. NullPointerException이 발생했을 때 해결 방법은 참조 변수를 추적해서 객체를 참조하도록 수정하는 것입니다.

note NullPointerException은 아마 여러분이 앞으로 가장 많이 볼 수 있는 예외 중 하나일 것입니다.

String 타입

자바는 문자열을 String 변수에 저장하기 때문에 다음과 같이 String 변수를 우선 선언해야 합니다.

```
String 변수;
```

String 변수에 문자열을 저장하려면 큰따옴표로 감싼 문자열 리터럴을 대입합니다.

```
변수 = "문자열";
```

변수 선언과 동시에 문자열을 저장할 수도 있습니다.

```
String 변수 = "문자열";
```

다음은 2개의 String 변수를 선언하고 문자열을 저장하는 것입니다.

```
String name;
name = "신용권";
String hobby = "자바";
```

사실 문자열을 String 변수에 저장한다는 말은 엄밀히 말해 틀린 표현입니다. 문자열이 직접 변수에 저장되는 것이 아니라, 문자열은 String 객체로 생성되고 변수는 String 객체를 참조하기 때문입니다. 하지만 일반적으로 String 변수에 저장한다고 표현합니다. 아래 그림을 보면 name 변수와 hobby 변수는 스택 영역에 생성되고, 문자열 리터럴인 "신용권"과 "자바"는 힙 영역에 String 객체로 생성됩니다. 그리고 name 변수와 hobby 변수에는 String 객체의 번지 값이 저장됩니다.

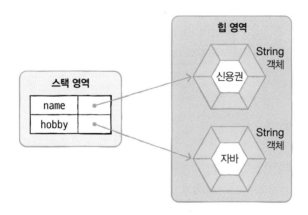

자바는 문자열 리터럴이 동일하다면 String 객체를 공유하도록 되어 있습니다. 다음과 같이 name1과 name2 변수가 동일한 문자열 리터럴인 "신용권"을 참조할 경우 name1과 name2는 동일한 String 객체를 참조하게 됩니다.

```
String name1 = "신용권";
String name2 = "신용권";
```

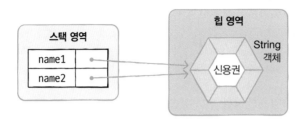

일반적으로 변수에 문자열을 저장할 경우에는 문자열 리터럴을 사용하지만, new 연산자를 사용해서 직접 String 객체를 생성시킬 수도 있습니다. new 연산자는 힙 영역에 새로운 객체를 만들 때 사용하는 연산자로 객체 생성 연산자라고 합니다.

new 연산자는 힙 영역에 새로운 객체를 만들 때 사용합니다.

```
String name1 = new String("신용권");
String name2 = new String("신용권");
```

이 경우 name1과 name2는 서로 다른 String 객체를 참조하고 있습니다.

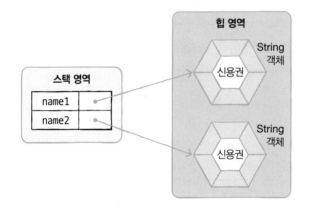

문자열 리터럴로 생성하느냐 new 연산자로 생성하느냐에 따라 비교 연산자의 결과는 달라질 수 있습니다. 동일한 문자열 리터럴로 String 객체를 생성했을 경우 == 연산의 결과는 true가 나오지만, new 연산자로 String 객체를 생성했을 경우 == 연산의 결과는 false가 나옵니다. == 연산자는 변수에 저장된 객체의 번지가 동일한지를 검사하기 때문입니다.

```
String name1 = "신용권";
String name2 = "신용권";
String name3 = new String("신용권");
```

name1과 name2는 동일한 문자열 리터럴로 생성된 객체를 참조하기 때문에 name1 == name2의 결과는 true가 나옵니다. 그러나 name3은 new 연산자로 String 객체를 별도로 생성했기 때문에 name1 == name3은 false가 나옵니다.

동일한 String 객체이건 다른 String 객체이건 상관없이 내부 문자열을 비교하고 싶을 때에는 String 객체의 equals() 메소드를 사용해야 합니다. equals() 메소드는 원본 문자열과 매개값으로 주어진 비교 문자열이 동일한지 비교한 후 true 또는 false를 리턴합니다.

```
boolean result = str1.equals(str2);
                      ↑          ↑
                  원본 문자열   비교 문자열
```

직접 해보는 손코딩

문자열 비교   소스코드 StringEqualsExample.java

```java
01  package sec01.exam01;
02
03  public class StringEqualsExample {
04    public static void main(String[] args) {
05      String strVar1 = "신민철";
06      String strVar2 = "신민철";
07
08      if(strVar1 == strVar2) {
09        System.out.println("strVar1과 strVar2는 참조가 같음");
10      } else {
11        System.out.println("strVar1과 strVar2는 참조가 다름");
12      }
13
14      if(strVar1.equals(strVar2)) {
15        System.out.println("strVar1과 strVar2는 문자열이 같음");
16      }
17
18      String strVar3 = new String("신민철");
19      String strVar4 = new String("신민철");
20
21      if(strVar3 == strVar4) {
22        System.out.println("strVar3과 strVar4는 참조가 같음");
23      } else {
24        System.out.println("strVar3과 strVar4는 참조가 다름");
```

```
25        }
26
27        if(strVar3.equals(strVar4)) {
28          System.out.println("strVar3과 strVar4는 문자열이 같음");
29        }
30      }
31    }
```

String 변수는 참조 타입이므로 초기값으로 null을 대입할 수 있는데, 이때 null은 String 변수가 참조하는 String 객체가 없다는 뜻입니다.

```
String hobby = null;
```

다음 코드처럼 hobby 변수가 String 객체를 참조하였으나, null을 대입함으로써 더 이상 String 객체를 참조하지 않도록 할 수도 있습니다.

```
String hobby = "여행";
hobby = null;
```

그렇다면 참조를 잃은 String 객체는 어떻게 될까요? JVM은 참조되지 않은 객체를 쓰레기 객체로 취급하고 쓰레기 수집기Gabage Collector를 구동시켜 메모리에서 자동 제거합니다.

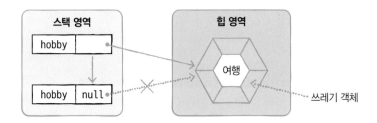

마무리

▶ 6가지 키워드로 끝내는 핵심 포인트

- **기본 타입**: byte, short, char, int, long, float, double, boolean 타입을 말하며 이들 타입의 변수에는 값 자체가 저장됩니다.

- **참조 타입**: 기본 타입을 제외한 배열, 열거, 클래스, 인터페이스 등을 말합니다. 참조 타입의 변수에는 객체의 번지가 저장됩니다. 번지로 객체를 참조한다는 의미에서 참조 타입이라고 합니다.

- **메모리 사용 영역**: JVM은 운영체제에서 할당받은 메모리 영역을 메소드 영역, 힙 영역, 스택 영역으로 구분해서 사용합니다. 메소드 영역에는 정적 필드, 상수, 메소드 코드, 생성자 코드가 위치하며, 힙 영역에는 객체가 생성됩니다. 그리고 스택 영역에는 변수가 생성됩니다.

- **번지 비교**: 비교 연산자(==, !=)가 기본 타입에서 사용되면 값을 비교하지만, 참조 타입에서 사용되면 번지를 비교합니다. ==이 true가 나오면 같은 객체를 참조한다는 뜻이고 false가 나오면 다른 객체를 참조한다는 뜻입니다.

- **null**: 참조 타입 변수는 객체를 참조하지 않는다는 뜻으로 null 값을 가질 수 있습니다. null 값도 초기값으로 사용할 수 있기 때문에 null로 초기화된 참조 변수는 스택 영역에 생성됩니다.

- **NullPointerException**: 참조 변수가 null을 가지고 있을 경우에는, 참조 객체가 없으므로 참조 변수를 통해 객체를 사용할 수 없습니다. 만약 null인 참조 변수를 통해 있지도 않은 객체의 필드나 메소드를 사용하면 NullPointerException이 발생합니다.

▶ 확인 문제

1. 참소 타입에 대한 설명입니다. 맞는 것에 O표, 틀린 것에 X표 하세요.

① 참조 타입에는 배열, 열거, 클래스, 인터페이스가 있다. (   )
② 참조 변수의 메모리 생성 위치는 스택이다. (   )
③ 참조 타입에서 ==, != 연산자는 객체 번지를 비교한다. (   )
④ 참조 변수는 null 값으로 초기화할 수 없다. (   )

2. 자바에서 메모리 사용에 대한 설명 중 맞는 것에 O표, 틀린 것에 X표 하세요.

① 로컬 변수는 스택 영역에 생성되며 실행 블록이 끝나면 소멸된다. (   )

② 상수, 메소드 코드, 생성자 코드는 메소드 영역에 생성된다. (   )

③ 참조되지 않는 객체는 프로그램에서 직접 소멸 코드를 작성하는 것이 좋다. (   )

④ 배열 및 객체는 힙 영역에 생성된다. (   )

3. String 타입에 대한 설명 중 맞는 것에 O표, 틀린 것에 X표 하세요.

① String은 클래스이므로 참조 타입이다. (   )

② String의 문자열 비교는 ==를 사용해야 한다. (   )

③ 동일한 문자열 리터럴을 저장하는 변수는 동일한 String 객체를 참조한다. (   )

④ new String("문자열")은 무조건 새로운 String 객체를 생성한다. (   )

4. 참조 변수에 대한 설명입니다. 맞는 것에 O표, 틀린 것에 X표 하세요.

① 참조 변수에 저장되는 것은 객체의 번지이다. (   )

② 참조 변수에 null을 저장해서 변수를 초기화시킬 수 있다. (   )

③ 참조 변수에 null이 저장된 상태에서는 객체를 사용할 수 없다. (   )

④ NullPointerException은 초기화되지 않은 참조 변수에서 발생한다. (   )

5. 다음 코드를 보고 비교 연산식과 메소드의 실행결과를 빈칸에 기술하세요.

```java
int var1 = 10;
int var2 = 10;
String var3 = "AB";
String var4 = "AB";
String var5 = new String("AB");
```

① var1 == var2   (   )

② var1 != var2   (   )

③ var3 == var4   (   )

④ var3 != var5   (   )

⑤ var4.equals(var5) (   )

05-2 배열

배열   인덱스   배열 길이   배열 선언   배열 생성

다차원 배열   향상된 for문

변수는 1개의 데이터만 저장할 수 있습니다. 그렇기 때문에 저장해야 할 데이터의
수가 많아지면 그만큼 많은 변수가 필요하고 코드도 매우 길어집니다. 이번에는
많은 양의 데이터를 적은 코드로 손쉽게 처리할 수 있는 배열에 대해 알아보겠습
니다.

시작하기 전에

학생 30명의 성적을 저장하고, 평균값을 구한다고 가정해보겠습니다. 먼저 학생 30명의 성적을 저장
하기 위해 변수 30개를 선언해야 합니다.

```
int score1 = 83;
int score2 = 90;
int score3 = 87;
...
int score30= 75;
```

그리고 평균값을 구하기 위해 변수들을 모두 더해야 합니다.

```
int sum = score1;
sum += score2;
sum += score3;
...
sum += score30;
int avg = sum / 30;
```

위와 같은 방법은 매우 비효율적이고 지루한 코딩이 됩니다. 만약 전교 학생들의 성적을 처리할 경우
수백 개의 변수 선언으로 인해 코드는 끔찍해지겠죠. 많은 양의 데이터를 다루는 프로그램에서는 좀
더 효율적인 방법이 필요한데 이때 배열을 사용할 수 있습니다.

배열이란?

배열은 같은 타입의 데이터를 연속된 공간에 나열하고, 각 데이터에 인덱스^{index}를 부여해놓은 자료구조입니다. 예를 들어 〈시작하기 전에〉에서 언급했던 학생들의 성적은 다음과 같이 score 배열로 생성할 수 있습니다.

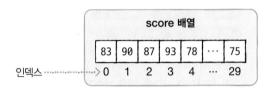

score 배열의 각 인덱스는 각 항목의 데이터를 읽거나 저장하는 데 사용되며 다음과 같이 배열 이름 옆에 대괄호 [ ]에 기입됩니다. 인덱스는 0부터 시작합니다.

```
score[인덱스]
```

예를 들어 score[0]은 83, score[1]은 90, score[2]는 87 값을 가집니다. 이렇게 성적을 배열로 만들면 성적의 평균값은 배열의 인덱스를 이용해서 for문으로 쉽게 구할 수 있습니다.

```
int sum = 0;
for(int i=0; i<30; i++) {
    sum += score[i];
}
int avg = sum / 30;
```

for문이 30번 반복 실행하면서 i가 0~29까지 변하고 있습니다. 따라서 sum 변수에는 score[0]~score[29]까지 더해지고, 마지막으로 얻은 sum을 30으로 나누어 평균 avg를 얻습니다. 학생 수가 30명이 아니라 수백 명이 되어도 for문의 조건식 i<30만 변경하면 되므로 많은 양의 데이터를 적은 코드로 손쉽게 처리할 수 있습니다.

배열은 다음과 같은 특징을 가집니다.

① 배열은 같은 타입의 데이터만 저장할 수 있습니다.

    int 배열은 int 값만 저장 가능하고, String 배열은 문자열만 저장합니다. 또한 선언과 동시에 저장할 수 있는 타입이 결정됩니다. 만약 다른 타입의 값을 저장하려고 하면 타입 불일치^{Type mismatch} 컴파일 에러가 발생합니다.

② 한 번 생성된 배열은 길이를 늘리거나 줄일 수 없습니다.

3개의 값을 저장하는 배열을 생성했다고 가정해봅시다. 프로그램 실행 도중에 5개의 값을 저장하는 배열로 수정할 수 없고, 반대로 2개의 값만 저장하는 배열로 수정할 수도 없습니다. 만약 5개의 값을 저장해야 하는 경우가 발생한다면 길이 5의 새로운 배열을 생성하고, 기존 배열 항목을 새 배열로 복사해야 합니다.

배열 선언

배열을 사용하기 위해서는 우선 배열 변수를 선언해야 합니다. 배열 변수 선언은 다음과 같이 두 가지 형식으로 작성할 수 있습니다.

형식 1

```
타입[] 변수;
```

형식 2

```
타입 변수[];
```

대괄호 []는 배열 변수를 선언하는 기호로 사용되는데, 타입 뒤에 붙을 수도 있고 변수 뒤에 붙을 수도 있습니다. 타입은 배열에 저장될 데이터의 타입을 말합니다.

> 타입은 배열에 저장될 데이터의 타입!

다음은 각 타입별로 배열을 선언하는 예입니다.

형식 1의 예

```
int[] intArray;
double[] doubleArray;
String[] strArray;
```

형식 2의 예

```
int intArray[];
double doubleArray[];
String strArray[];
```

배열 변수는 참조 변수에 속합니다. 배열도 객체이므로 힙 영역에 생성되고 배열 변수는 힙 영역의 배열 객체를 참조하게 됩니다. 만일 참조할 배열 객체가 없다면 배열 변수는 null 값으로 초기화될 수 있습니다.

```
타입[] 변수 = null;
```

만약 배열 변수가 null 값을 가진 상태에서 변수[인덱스]로 값을 읽거나 저장하게 되면 NullPointer Exception이 발생합니다. 배열을 생성하고 배열 변수가 참조하는 상태에서 값을 저장하거나 읽어야 합니다.

배열 생성

배열 객체를 생성하려면 값 목록을 이용하거나 new 연산자를 이용하는 방법이 있습니다.

값 목록으로 배열 생성

값의 목록이 있다면 다음과 같이 간단하게 배열 객체를 생성할 수 있습니다.

```
타입[] 변수 = { 값0, 값1, 값2, 값3, … };
```

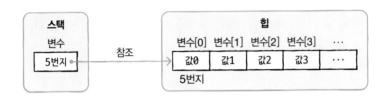

중괄호 {}는 주어진 값들을 항목으로 가지는 배열 객체를 힙에 생성하고, 배열 객체의 번지를 리턴합니다. 배열 변수는 리턴된 번지를 저장함으로써 참조가 이루어집니다. 예를 들어 "신용권", "홍길동", "감자바" 문자열을 갖는 배열은 다음과 같이 생성할 수 있습니다.

```
String[] names = { "신용권", "홍길동", "감자바" };
```

이렇게 생성된 배열에서 "신용권"은 names[0], "홍길동"은 names[1], "감자바"는 names[2]로 읽을 수 있습니다. names[1]의 "홍길동"을 "홍삼원"으로 바꾸고 싶다면 다음과 같이 대입 연산자를 사용하면 됩니다.

```
names[1] = "홍삼원";
```

직접 해보는 손코딩

값 목록으로 배열 생성 소스코드 ArrayCreateByValueListExample1.java

```
01    package sec02.exam01;
02
03    public class ArrayCreateByValueListExample1 {
04      public static void main(String[] args) {
05        int[] scores = { 83, 90, 87 };
06
07        System.out.println("scores[0] : " + scores[0]);
08        System.out.println("scores[1] : " + scores[1]);
```

```
09              System.out.println("scores[2] : " + scores[2]);
10
11              int sum = 0;
12              for(int i=0; i<3; i++) {
13                sum += scores[i];
14              }
15              System.out.println("총합 : " + sum);
16              double avg = (double) sum / 3;
17              System.out.println("평균 : " + avg);
18            }
19          }
```

🖥 실행결과   ✕

scores[0] : 83
scores[1] : 90
scores[2] : 87
총합 : 260
평균 : 86.66666666666667

값의 목록으로 배열 객체를 생성할 때는 배열 변수를 이미 선언한 후에는 다른 실행문에서 중괄호를 사용한 배열 생성이 허용되지 않는다는 점을 주의해야 합니다.

```
타입[] 변수;
변수 = { 값0, 값1, 값2, 값3, … };  ←———— 컴파일 에러
```

배열 변수를 미리 선언한 후 값 목록들이 나중에 결정되는 상황이라면 다음과 같이 new 연산자를 사용해서 값 목록을 지정해주면 됩니다. new 연산자 바로 뒤에는 배열 변수 선언에서 사용한 "타입[]"를 붙여주고 중괄호 {}에는 값들을 나열해줍니다.

```
변수 = new 타입[] { 값0, 값1, 값2, 값3, … };
```

예를 들어 배열 names를 다음과 같이 생성할 수 있습니다.

```
String[] names = null;
names = new String[] { "신용권", "홍길동", "감자바" };
```

메소드의 매개값이 배열일 경우에도 마찬가지입니다. 아래와 같이 매개 변수로 int[] 배열이 선언된 add() 메소드가 있을 경우, 값 목록으로 배열을 생성함과 동시에 add() 메소드의 매개값으로 사용하고자 할 때는 반드시 new 연산자를 사용해야 합니다.

```
int add(int[] scores) { … }

int result = add( {95, 85, 90} );  ←———— 컴파일 에러
int result = add( new int[] {95, 85, 90} );
```

값 목록으로 배열 생성 소스코드 `ArrayCreateByValueListExample2.java`

```java
01    package sec02.exam02;
02
03    public class ArrayCreateByValueListExample2 {
04      public static void main(String[] args) {
05        int[] scores;
06        scores = new int[] { 83, 90, 87 };
07        int sum1 = 0;
08        for(int i=0; i<3; i++) {
09          sum1 += scores[i];
10        }
11        System.out.println("총합 : " + sum1);
12
13
14        int sum2 = add( new int[] { 83, 90, 87 } );
15        System.out.println("총합 : " + sum2);
16        System.out.println();
17      }
18
19      public static int add(int[] scores) {
20        int sum = 0;
21        for(int i=0; i<3; i++) {
22          sum += scores[i];
23        }
24        return sum;
25      }
26    }
```

총합을 계산해서
리턴하는 메소드

실행결과 ✕

총합 : 260
총합 : 260

new 연산자로 배열 생성

값의 목록을 가지고 있지 않지만, 향후 값들을 저장할 배열을 미리 만들고 싶다면 new 연산자로 다음과 같이 배열 객체를 생성할 수 있습니다.

```
타입[] 변수 = new 타입[길이];
```

길이는 배열이 저장할 수 있는 값의 개수를 말합니다. 이미 배열 변수가 선언된 경우에도 new 연산자로 배열을 생성할 수 있습니다.

```
타입[] 변수 = null;
변수 = new 타입[길이];
```

다음은 길이가 5인 int[] 배열을 생성합니다.

```
int[] intArray = new int[5];
```

new 연산자로 배열을 처음 생성할 경우 배열은 자동적으로 기본값으로 초기화됩니다. 학생 30명의
점수를 저장할 배열을 다음과 같이 생성한다고 가정해봅시다.

scores 배열은 int 배열이므로 다음과 같이 scores[0] ~ scores[29]까지 모두 기본값 0으로 초기
화됩니다.

```
int[] scores = new int[30];
```

만약 String 배열을 생성했다면 names 배열의 경우 names[0] ~ names[29]까지 모두 null 값으
로 초기화됩니다.

```
String[] names = new String[30];
```

다음은 타입별로 배열의 초기값을 보여줍니다.

분류	타입	초기값
기본 타입(정수)	byte[]	0
	char[]	'\u0000'
	short[]	0
	int[]	0
	long[]	0L
기본 타입(실수)	float[]	0.0F
	double[]	0.0
기본 타입(논리)	boolean[]	false
참조 타입	클래스[]	null
	인터페이스[]	null

배열이 생성되고 나서 특정 인덱스 위치에 새로운 값을 저장하려면 다음과 같이 대입 연산자를 사용하면 됩니다.

```
변수[인덱스] = 값;
```

예를 들어 배열 scores의 0, 1, 2 인덱스에 각각 83, 90, 75를 저장하는 코드는 다음과 같습니다.

```
int[] scores = new int[3];
scores[0] = 83;
scores[1] = 90;
scores[2] = 75;
```

직접 해보는 손코딩

new 연산자로 배열 생성　　소스코드　**ArrayCreateByNewExample.java**

```
01    package sec02.exam03;
02
03    public class ArrayCreateByNewExample {
04      public static void main(String[] args) {
05        int[] arr1 = new int[3];
06        for(int i=0; i<3; i++) {
07          System.out.println("arr1[" + i + "] : " + arr1[i]);
08        }
09        arr1[0] = 10;
10        arr1[1] = 20;
11        arr1[2] = 30;
12        for(int i=0; i<3; i++) {
13          System.out.println("arr1[" + i + "] : " + arr1[i]);
14        }
15
16        double[] arr2 = new double[3];
17        for(int i=0; i<3; i++) {
18          System.out.println("arr2[" + i + "] : " + arr2[i]);
19        }
20        arr2[0] = 0.1;
21        arr2[1] = 0.2;
22        arr2[2] = 0.3;
23        for(int i=0; i<3; i++) {
24          System.out.println("arr2[" + i + "] : " + arr2[i]);
```

실행결과　✕

```
arr1[0] : 0
arr1[1] : 0
arr1[2] : 0
arr1[0] : 10
arr1[1] : 20
arr1[2] : 30
arr2[0] : 0.0
arr2[1] : 0.0
arr2[2] : 0.0
arr2[0] : 0.1
arr2[1] : 0.2
arr2[2] : 0.3
arr3[0] : null
arr3[1] : null
arr3[2] : null
arr1[0] : 1월
arr1[1] : 2월
arr1[2] : 3월
```

```
25          }
26
27          String[] arr3 = new String[3];
28          for(int i=0; i<3; i++) {
29            System.out.println("arr3[" + i + "] : " + arr3[i]);
30          }
31          arr3[0] = "1월";
32          arr3[1] = "2월";
33          arr3[2] = "3월";
34          for(int i=0; i<3; i++) {
35            System.out.println("arr3[" + i + "] : " + arr3[i]);
36          }
37        }
38      }
```

배열 길이

배열의 길이란 배열에 저장할 수 있는 전체 항목의 개수를 말합니다. 코드에서 배열의 길이를 얻으려면 다음과 같이 배열 객체의 length 필드를 읽습니다. 참고로 필드는 객체 내부의 데이터를 말합니다. 배열의 length 필드를 읽기 위해서는 배열 변수에 도트(.) 연산자를 붙이고 length를 적어주면 됩니다.

```
배열 변수.length;
```

다음은 배열 intArray의 길이를 알아보는 코드입니다. 배열 intArray가 3개의 값을 가지고 있기 때문에 변수 num에는 3이 저장됩니다.

```
int[] intArray = { 10, 20, 30 };
int num = intArray.length;
```

length 필드는 읽기 전용 필드이기 때문에 값을 바꿀 수가 없습니다. 따라서 다음과 같이 작성하면 안 됩니다.

```
intArray.length = 10; ←———— 잘못된 코드
```

배열의 length 필드는 for문을 사용해서 배열 전체를 루핑할 때 매우 유용하게 사용할 수 있습니다.

배열의 length 필드　　소스 코드　ArrayLengthExample.java

```
01    package sec02.exam04;
02
03    public class ArrayLengthExample {
04      public static void main(String[] args) {
05        int[] scores = { 83, 90, 87 };
06
07        int sum = 0;
08        for(int i=0; i<scores.length; i++) {
09          sum += scores[i];
10        }
11        System.out.println("총합 : " + sum);
12
13        double avg = (double) sum / scores.length;
14        System.out.println("평균 : " + avg);
15      }
16    }
```

3

실행결과　　　　　　　×
총합 : 260
평균 : 86.66666666666667

8라인 for문의 조건식에서 < 연산자를 사용한 이유는 배열의 마지막 인덱스는 배열 길이보다 1이 적기 때문입니다. 배열의 인덱스 범위는 0~(길이-1)인데, 만약 인덱스를 초과해서 사용하면 ArrayIndexOutOfBoundsException이 발생합니다.

명령 라인 입력

우리는 이제 프로그램 실행을 위해 main() 메소드가 필요하다는 것을 알고 있습니다. 하지만 main() 메소드의 매개값인 String[] args가 왜 필요한 것인지 궁금했을 것입니다. 이제 이 궁금증을 풀어보 겠습니다.

```
public static void main(String[] args) { … }
```

명령 라인(명령 프롬프트)에서 위 코드를 java 명령어로 실행하면 JVM은 길이가 0인 String 배열을 먼저 생성하고 main() 메소드를 호출할 때 매개값으로 전달합니다.

```
String[] args = { };
```

main() 메소드 호출 시 전달

```
public static void main(String[] args) {
    ...
}
```

만약 다음과 같이 공백으로 구분된 문자열 목록을 주고 실행하면, 문자열 목록으로 구성된 String[] 배열이 생성되고 main() 메소드를 호출할 때 매개값으로 전달됩니다.

```
[JDK 11 이후 버전] java -p . -m 모듈명/패키지.클래스 문자열0 문자열1 문자열2 … 문자열n-1
[JDK 8 이전 버전]  java 패키지.클래스 문자열0 문자열1 문자열2 … 문자열n-1
```

```
String[] args = { 문자열0, 문자열1, … , 문자열n-1 };
```

main() 메소드 호출 시 전달

```
public static void main(String[] args) {
    ...
}
```

main() 메소드는 String[] args 매개 변수를 통해서 명령 라인에서 입력된 데이터의 수(배열의 길이)와 입력된 데이터(배열의 항목 값)를 알 수 있게 됩니다.

다음 예제는 실행할 때 2개의 문자열을 주지 않으면 "값의 수가 부족합니다."를 출력하고 강제 종료하게 되어 있습니다. 만약 2개의 문자열이 정확히 입력되었다면 2개의 문자열을 정수로 변환하고 덧셈 연산을 수행합니다.

직접 해보는 손코딩

main() 메소드의 매개 변수 MainStringArrayArgument.java

```
01    package sec02.exam05;
02
03    public class MainStringArrayArgument {
04      public static void main(String[] args) {
05        if(args.length != 2) {  ─────────── 입력된 데이터 개수가 2개가 아닐 경우
06          System.out.println("값의 수가 부족합니다.");
07
```

```
08        System.exit(0); ←─────────────── 프로그램 강제 종료
09      }
10
11      String strNum1 = args[0]; ←─────────── 첫 번째 데이터 얻기
12      String strNum2 = args[1]; ←─────────── 두 번째 데이터 얻기
13
14      int num1 = Integer.parseInt(strNum1); ←─── 문자열을 정수로 변환
15      int num2 = Integer.parseInt(strNum2); ←─── 문자열을 정수로 변환
16
17      int result = num1 + num2;
18      System.out.println(num1 + " + " + num2 + " = " + result);
19    }
20  }
```

⟨/⟩ 실행결과 ✕	⟨/⟩ 실행결과 ✕
값의 수가 부족합니다.	10 + 20 = 30

위 예제를 그냥 실행하면 왼쪽과 같은 결과를 얻습니다. 실행할 때 매개값을 주지 않으면 길이 0인
String 배열이 매개값으로 전달되기 때문입니다. 따라서 args.length는 0이므로 5라인의 if 조건식
이 true가 되어 if문의 블록이 실행된 것입니다.

01 이클립스에서 프로그램을 실행할 때 매개값을 주고 실행하려면 위 예제 코드를 입력하고
[Run] – [Run Configurations] 메뉴를 선택합니다.

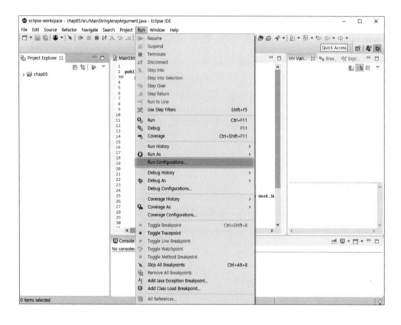

02 [Run Configurations] 대화상자의 [Main] 탭에서 [Project]와 [Main Class]를 확인합니다.

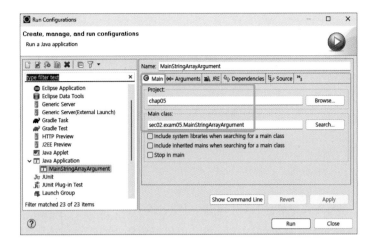

03 [Arguments] 탭을 클릭하고 [Program arguments] 입력란에 10을 입력한 후 한 칸을 띄우고 다시 20을 입력합니다. [Apply] 버튼을 클릭합니다.

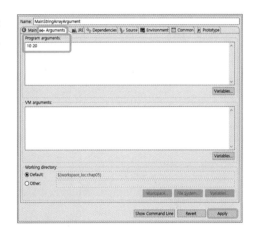

04 [Run] 아이콘을 클릭합니다.

이것은 명령 프롬프트에서 다음과 같이 실행하는 것과 동일합니다. 실행 위치는 C:\SelfStudyJava\chap05\bin입니다.

```
[JDK 11 이후 버전] java -p . -m chap05/sec02.exam05.MainStringArrayArgument 10 20
[JDK 8 이전 버전] java sec02.exam05.MainStringArrayArgument 10 20
```

이렇게 실행하면 args는 { "10", "20" } 배열을 참조하게 되고 args[0]은 "10", args[1]은 "20"을 얻을 수 있습니다. 문자열은 산술 연산을 할 수 없기 때문에 이 문자열들을 Integer.parseInt( ) 메소드를 이용해서 정수로 변환합니다.

```
int 변수 = Integer.parseInt("정수로 변환 가능한 문자열");
```
정수로 변환 후 저장

만약 정수로 변환할 수 없는 문자열이 주어졌을 경우에는 NumberFormatException이 발생합니다.

다차원 배열

지금까지 살펴본 배열은 값 목록으로 구성된 1차원 배열입니다. 이와 달리 값들이 행과 열로서 구성된 배열을 2차원 배열이라고 합니다. 2차원 배열은 수학의 행렬을 떠올리면 되는데, 가로 인덱스와 세로 인덱스를 사용합니다. 자바는 2차원 배열을 중첩 배열 방식으로 구현합니다. 예를 들어 2(행) × 3(열) 행렬을 만들기 위해 다음과 같은 코드를 사용합니다.

> 2차원 배열은 수학의 행렬 같은 모양으로, 가로 세로 인덱스를 사용합니다.

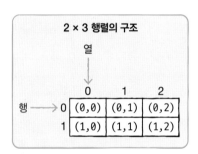

```
int[][] scores = new int[2][3];
```

이 코드는 메모리에 다음과 같이 3개의 배열 객체를 생성합니다.

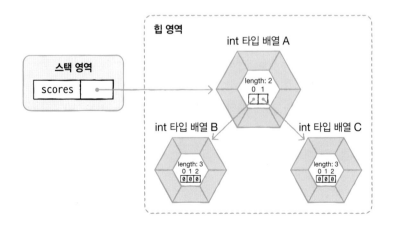

배열 변수인 scores는 길이가 2인 배열 A를 참조합니다. 배열 A의 scores[0]은 다시 길이가 3인 배열 B를 참조합니다. 그리고 scores[1]은 길이가 3인 배열 C를 참조합니다. scores[0]과 scores[1]은 모두 배열을 참조하는 변수 역할을 합니다. 따라서 각 배열의 길이는 다음과 같이 얻을 수 있습니다.

```
scores.length       ←————— 2(배열 A의 길이)
scores[0].length    ←————— 3(배열 B의 길이)
scores[1].length    ←————— 3(배열 C의 길이)
```

배열의 생성 원리는 수학 행렬과 근본적으로 다르지만 사용 방식은 행렬과 동일합니다. scores[0][1]은 배열 B의 인덱스 1 값을 뜻하는데 수학 행렬에서는 (0, 1) 값이라고 볼 수 있습니다. 마찬가지로 scores[1][0]은 배열 C의 인덱스 0 값을 뜻하며 이는 수학 행렬의 (1, 0) 값입니다. 이처럼 자바는 1차원 배열이 서로 연결된 구조로 다차원 배열을 구현하기 때문에 수학 행렬 구조가 아닌 계단식 구조를 가질 수 있습니다.

다음 코드를 보겠습니다.

```
int[][] scores = new int[2][];
scores[0] = new int[2];    0 1
scores[1] = new int[3];    0 1 2
```

위 코드는 메모리에 다음과 같이 배열 객체를 생성합니다.

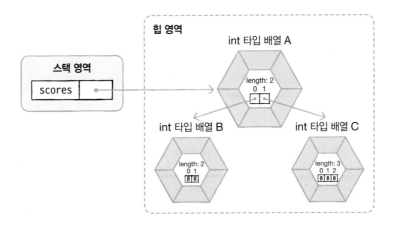

이 경우 배열 항목의 수를 조사해보면 다음과 같습니다.

```
scores.length       ←————— 2(배열 A의 길이)
scores[0].length    ←————— 2(배열 B의 길이)
scores[1].length    ←————— 3(배열 C의 길이)
```

이런 형태의 배열에서 주의할 점은 배열의 정확한 길이를 알고 인덱스를 사용해야 한다는 것입니다. scores[0][2]는 ArrayIndexOutOfBoundsException을 발생시킵니다. 이유는 배열 B 객체의 마지막 인덱스는 1이기 때문입니다. 만약 그룹화된 값 목록을 가지고 있다면 다음과 같이 중괄호 안에 다시 중괄호를 사용해서 값 목록을 나열합니다.

```
타입[ ][ ] 변수 = { {값1, 값2, …}, {값1, 값2, …}, … };
                        ↑                ↑
                   그룹 0 값 목록      그룹 1 값 목록
```

예를 들어 그룹화된 성적 점수를 이용해서 다음과 같은 배열을 만들 수 있습니다. scores[0]에는 {95, 80} 배열을 참조하고, scores[1]에는 {92, 96} 배열을 참조합니다.

```
int[ ][ ] scores = { {95, 80}, {92, 96} };
```

위 코드로 생성된 scores 배열에서 항목 값은 다음과 같이 읽을 수 있습니다.

```
int score = scores[0][0]; ←——— 95
int score = scores[1][1]; ←——— 96
```

직접 해보는 손코딩

배열 속의 배열   소스코드 `ArrayInArrayExample.java`

```java
01   package sec02.exam06;
02
03   public class ArrayInArrayExample {
04     public static void main(String[] args) {
05
06       int[][] mathScores = new int[2][3];
07       for(int i=0; i<mathScores.length; i++) {
08         for(int k=0; k<mathScores[i].length; k++) {
09           System.out.println("mathScores["+i+"]["+k+"]="
10                           +mathScores[i][k]);
11         }
12       }
13       System.out.println();
14
15       int[][] englishScores = new int[2][];
16       englishScores[0] = new int[2];
```

```
17        englishScores[1] = new int[3];
18        for(int i=0; i<englishScores.length; i++) {
19          for(int k=0; k<englishScores[i].length; k++) {
20            System.out.println("englishScores["+i+"]["+k+"]="
21                        +englishScores[i][k]);
22          }
23        }
24      System.out.println();
25
26      int[][] javaScores = { {95, 80}, {92, 96, 80} };
27      for(int i=0; i<javaScores.length; i++) {
28        for(int k=0; k<javaScores[i].length; k++) {
29          System.out.println("javaScores["+i+"]["+k+"]="
30                      +javaScores[i][k]);
31        }
32      }
33    }
34  }
```

실행결과   ✕

```
mathScores[0][0]= 0
mathScores[0][1]= 0
mathScores[0][2]= 0
mathScores[1][0]= 0
mathScores[1][1]= 0
mathScores[1][2]= 0

englishScores[0][0]= 0
englishScores[0][1]= 0
englishScores[1][0]= 0
englishScores[1][1]= 0
englishScores[1][2]= 0

javaScores[0][0]= 95
javaScores[0][1]= 80
javaScores[1][0]= 92
javaScores[1][1]= 96
javaScores[1][2]= 80
```

객체를 참조하는 배열

기본 타입(byte, char, short, int, long, float, double, boolean) 배열은 각 항목에 직접 값을 갖고 있지만, 참조 타입(클래스, 인터페이스) 배열은 각 항목에 객체의 번지를 가지고 있습니다. 예를 들어 String은 클래스이므로 String[] 배열은 각 항목에 문자열이 아니라, String 객체의 번지를 가지고 있습니다. 즉, String[] 배열은 String 객체를 참조하게 됩니다.

```
String[] strArray = new String[3];
strArray[0] = "Java";
strArray[1] = "C++";
strArray[2] = "C#";
```

위 코드는 배열 변수 strArray를 선언하고 3개의 문자열을 참조하는 배열을 생성합니다. 그림으로 표현하면 다음과 같습니다.

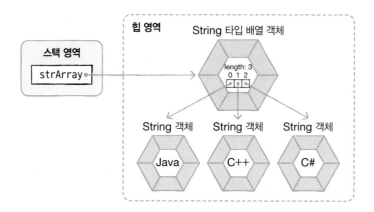

따라서 String[] 배열의 항목도 결국 String 변수와 동일하게 취급되어야 합니다. 예를 들어 String[] 배열 항목 간에 문자열을 비교하기 위해서는 == 연산자 대신 equals() 메소드를 사용해야 합니다. ==는 객체의 번지를 비교하기 때문에 문자열을 비교하는 데는 사용할 수 없습니다.

```java
String[] strArray = new String[3];
strArray[0] = "Java";
strArray[1] = "Java";
strArray[2] = new String("Java");

System.out.println( strArray[0] == strArray[1] );         //true (같은 객체를 참조)
System.out.println( strArray[0] == strArray[2] );         //false (다른 객체를 참조)
System.out.println( strArray[0].equals(strArray[2]) );    //true (문자열이 동일)
```

위 코드를 실행하면 메모리에 다음과 같이 배열 객체가 생성됩니다.

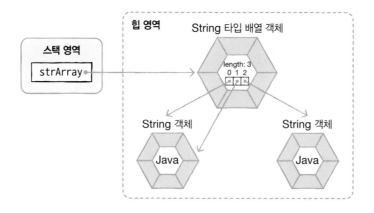

strArray[0]과 strArray[1] 배열 항목을 == 연산하면 결과는 true가 나옵니다. 이유는 두 배열 객체가 동일한 String 객체를 참조하기 때문입니다. 반면에 String 객체를 new 연산자로 생성하면 무조건 새로운 String 객체가 생성되기 때문에 strArray[0]과 strArray[2] 배열 항목을 == 연산하면 결과는 false가 나옵니다. strArray[0]과 strArray[2]는 서로 다른 객체를 참조하기 때문입니다. 하지만 문자열을 비교하는 strArray[0].equals(strArray[2])는 true 값이 리턴됩니다.

객체를 참조하는 배열   소스 코드 ArrayReferenceObjectExample.java

```
01    package sec02.exam07;
02
03    public class ArrayReferenceObjectExample {
04      public static void main(String[] args) {
05        String[] strArray = new String[3];
06        strArray[0] = "Java";
07        strArray[1] = "Java";
08        strArray[2] = new String("Java");
09
10        System.out.println( strArray[0] == strArray[1] );
11        System.out.println( strArray[0] == strArray[2] );
12        System.out.println( strArray[0].equals(strArray[2]) );
13      }
14    }
```

실행결과 ✕
```
true
false
true
```

배열 복사

배열은 한 번 생성하면 크기를 변경할 수 없기 때문에 더 많은 저장 공간이 필요하다면 더 큰 배열을 새로 만들고 이전 배열로부터 항목 값들을 복사해야 합니다. 배열 간의 항목 값들을 복사하려면 for문을 사용하거나 System.arraycopy() 메소드를 사용합니다. for문으로 배열을 복사하는 코드는 다음과 같습니다.

for문으로 배열 복사   소스 코드 ArrayCopyByForExample.java

```
01    package sec02.exam08;
02
03    public class ArrayCopyByForExample {
04      public static void main(String[] args) {
05        int[] oldIntArray = { 1, 2, 3 };
```

```
06        int[] newIntArray = new int[5];
07
08        for(int i=0; i<oldIntArray.length; i++) {
09          newIntArray[i] = oldIntArray[i];
10        }
11
12        for(int i=0; i<newIntArray.length; i++) {
13          System.out.print(newIntArray[i] + ", ");
14        }
15      }
16    }
```

위 코드는 다음과 같이 배열을 복사시킵니다. 복사되지 않은 항목은 int[] 배열의 기본 초기값 0이 그대로 유지됩니다.

이번에는 System.arraycopy() 메소드를 이용해서 배열을 복사해봅시다. System.arraycopy()를 호출하는 방법은 다음과 같습니다.

```
System.arraycopy(Object src, int srcPos, Object dest, int destPos, int length);
```

src 매개값은 원본 배열이고, srcPos는 원본 배열에서 복사할 항목의 시작 인덱스입니다. dest 매개값은 새 배열이고, destPos는 새 배열에서 붙여넣을 시작 인덱스입니다. 마지막으로 length는 복사할 개수입니다. 예를 들어 원본 배열이 arr1이고 새 배열이 arr2일 경우 arr1의 모든 항목을 arr2에 복사하려면 다음과 같이 System.arraycopy() 메소드를 호출하면 됩니다.

```
System.arraycopy(arr1, 0, arr2, 0, arr1.length);
```

System.arraycopy()로 배열 복사   `ArrayCopyExample.java`

```
01    package sec02.exam09;
02
03    public class ArrayCopyExample {
04      public static void main(String[] args) {
05        String[] oldStrArray = { "java", "array", "copy" };
```

```
06        String[] newStrArray = new String[5];
07
08        System.arraycopy( oldStrArray, 0, newStrArray, 0, oldStrArray.length );
09
10        for(int i=0; i<newStrArray.length; i++) {
11          System.out.print(newStrArray[i] + ", ");
12        }
13      }
14    }
```

> **실행결과**   ✕
> java, array, copy, null, null,

위 코드는 다음과 같이 배열을 복사시킵니다. 복사되지 않은 항목은 String[] 배열의 초기값 null이 그대로 유지됩니다.

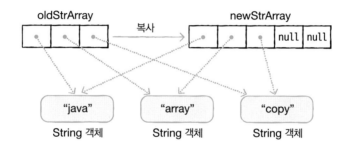

참조 타입 배열이 복사되면 복사되는 값이 객체의 번지이므로 새 배열의 항목은 이전 배열의 항목이 참조하는 객체와 동일합니다.

향상된 for문

자바는 배열이나 컬렉션을 좀 더 쉽게 처리하기 위해 향상된 for문을 제공합니다. 향상된 for문은 반복 실행을 하기 위해 루프 카운터 변수와 증감식을 사용하지 않습니다. for문의 괄호 ()에는 배열에서 꺼낸 항목을 저장할 변수 선언과 콜론(:) 그리고 배열을 나란히 작성합니다. 배열 및 컬렉션 항목의 개수만큼 반복하고, 자동직으로 for문을 빠져나갑니다.

다음 그림은 향상된 for문을 작성하는 형식과 실행 흐름을 보여줍니다.

가져올 항목이 없을 경우

가져올 항목이 존재할 경우

```
for ( ② 타입 변수 : ① 배열 ) {


        ③ 실행문;


}
```

1. for문이 처음 실행될 때 배열(①)에서 가져올 첫 번째 값이 존재하는지 평가합니다.

2. 가져올 값이 존재하면 해당 값을 변수(②)에 저장합니다.

3. 실행문(③)을 실행합니다.

4. 블록 내부의 실행문(③)이 모두 실행되면 다시 루프를 돌아 배열(①)에서 가져올 다음 값이 존재하는지 평가합니다.

5. 만약 다음 항목이 존재하면 ② → ③ → ① 순서로 루프를 다시 진행하고, 가져올 다음 항목이 없으면 for문이 종료됩니다.

따라서 for문의 반복 횟수는 배열의 항목 수가 됩니다.

> for문의 반복 횟수는 배열의 항목 수!

직접 해보는 손코딩

향상된 for문　　소스 코드 `AdvancedForExample.java`

```
01    package sec02.exam10;
02
03    public class AdvancedForExample {
04      public static void main(String[] args) {
05        int[] scores = { 95, 71, 84, 93, 87 };
06
07        int sum = 0;
08        for (int score : scores) {
09          sum = sum + score;
10        }
11        System.out.println("점수 총합 = " + sum);
12
13        double avg = (double) sum / scores.length;
14        System.out.println("점수 평균 = " + avg);
15
16      }
17    }
```

실행결과　　✕

점수 총합 = 430
점수 평균 = 86.0

▶ 7가지 키워드로 끝내는 핵심 포인트

- **배열**: 같은 타입의 데이터를 연속된 공간에 나열하고, 각 데이터에 인덱스^{index}를 부여해놓은 자료구조입니다.

- **인덱스**: 배열 항목에 붙인 번호를 말합니다. 0번부터 시작하며 0~(배열 길이 − 1)까지 범위를 갖습니다.

- **배열 선언**: 변수 선언과 비슷한데, 대괄호가 추가되어 타입[ ] 변수; 형태로 선언됩니다. int[ ] scores는 int 배열을 선언합니다. 여기서 scores는 배열 변수라고 부릅니다.

- **배열 생성**: 배열을 생성하는 방법은 두 가지입니다. 하나는 { 값1, 값2, 값3, … }처럼 값 목록으로 생성하는 방법이고, 다른 하나는 new 타입[길이];로 생성하는 방법입니다.

- **배열 길이**: 배열에 저장될 수 있는 항목(값)의 수를 말합니다. 배열의 length 필드에 저장되어 있기 때문에 변수.length로 배열 길이를 읽을 수 있습니다.

- **다차원 배열**: 배열 항목(값)이 또 다른 배열을 참조할 때 이것을 다차원 배열이라고 합니다. 다차원 배열의 선언과 생성 방법은 타입[ ][ ] 변수 = new 타입[길이1][길이2];입니다. 변수.length는 1차원 배열의 길이1이 되고, 변수[인덱스].length는 해당 항목이 참조하는 2차원 배열의 길이2를 말합니다.

- **향상된 for문**: for(타입 변수 : 배열) { … }을 말합니다. 향상된 for문은 반복 실행을 하기 위해 루프 카운터 변수와 증감식을 사용하지 않습니다. 배열의 항목 개수만큼 반복하고, 자동적으로 for문을 빠져나갑니다. 반복할 때마다 변수에는 배열에서 가져온 항목이 저장됩니다.

▶ 확인 문제

1. 배열을 생성하는 방법으로 틀린 것은 무엇입니까?

① int[] array = { 1, 2, 3 };

② int[] array; array = { 1, 2, 3 };

③ int[] array = new int[3];

④ int[][] array = new int[3][2];

2 배열의 기본 초기값에 대한 설명으로 틀린 것은 무엇입니까?

① 정수 타입 배열 항목의 기본 초기값은 0이다.

② 실수 타입 배열 항목의 기본 초기값은 0.0F 또는 0.0이다.

③ boolean 타입 배열 항목의 기본 초기값은 true이다.

④ 참조 타입 배열 항목의 기본 초기값은 null이다.

3. 배열의 길이에 대한 문제입니다. array.length의 값과 array[2].length의 값은 얼마입니까?

```
int[][] array = {
    {95, 86},
    {83, 92, 96},        array.length → (   ), array[2].length → (   )
    {78, 83, 93, 87, 88}
};
```

4. for문을 이용해서 주어진 배열의 항목에서 최대값을 구해보세요.

소스코드 Exercise04.java

```
01    package sec02.verify.exam04;
02
03    public class Exam04 {
04      public static void main(String[] args) {
05        int max = 0;
06        int[] array = { 1, 5, 3, 8, 2 };
07
08        //작성 위치
```

```
09
10          System.out.println("max: " + max);
11      }
12  }
```

실행결과 ✕

```
max: 8
```

5. 중첩 for문을 이용해서 주어진 배열의 전체 항목의 합과 평균값을 구해보세요.

소스 코드 Exercise05.java

```
01    package sec02.verify.exam05;
02
03    public class Exam05 {
04      public static void main(String[] args) {
05        int[][] array = {
06            {95, 86},
07            {83, 92, 96},
08            {78, 83, 93, 87, 88}
09        };
10
11        int sum = 0;
12        double avg = 0.0;
13
14        //작성 위치
15
16        System.out.println("sum: " + sum);
17        System.out.println("avg: " + avg);
18      }
19    }
```

실행결과 ✕

```
sum: 881
avg: 88.1
```

6. 다음은 키보드로부터 학생 수와 각 학생들의 점수를 입력받아서, 최고 점수 및 평균 점수를 구하는 프로그램입니다. 실행결과를 보고 알맞게 작성해보세요.

소스 코드 Exercise06.java

```
01    package sec02.verify.exam06;
02
03    import java.util.Scanner;
04
05    public class Exam06 {
```

```
06      public static void main(String[] args) {
07          boolean run = true;
08          int studentNum = 0;
09          int[] scores = null;
10          Scanner scanner = new Scanner(System.in);
11
12          while(run) {
13              System.out.println("-------------------------------------------------
                          -------------");
14              System.out.println("1.학생수 ┆ 2.점수입력 ┆ 3.점수리스트 ┆ 4.분석 ┆ 5.종료");
15              System.out.println("-------------------------------------------------
                          -------------");
16              System.out.print("선택> ");
17
18              int selectNo = Integer.parseInt(scanner.nextLine());
19
20              if(selectNo == 1) {
21                  //작성 위치
22              } else if(selectNo == 2) {
23                  //작성 위치
24              } else if(selectNo == 3) {
25                  //작성 위치
26              } else if(selectNo == 4) {
27                  //작성 위치
28              } else if(selectNo == 5) {
29                  run = false;
30              }
31          }
32
33          System.out.println("프로그램
                  종료");
34      }
35  }
```

실행결과 ✕

```
-------------------------------------------------
1.학생수 ┆ 2.점수입력 ┆ 3.점수리스트 ┆ 4.분석 ┆ 5.종료
-------------------------------------------------
선택> 1
학생수> 3
-------------------------------------------------
1.학생수 ┆ 2.점수입력 ┆ 3.점수리스트 ┆ 4.분석 ┆ 5.종료
-------------------------------------------------
선택> 2
scores[0]> 88
scores[1]> 95
scores[2]> 79
-------------------------------------------------
1.학생수 ┆ 2.점수입력 ┆ 3.점수리스트 ┆ 4.분석 ┆ 5.종료
-------------------------------------------------
선택> 3
scores[0]> 88
scores[1]> 95
scores[2]> 79
-------------------------------------------------
1.학생수 ┆ 2.점수입력 ┆ 3.점수리스트 ┆ 4.분석 ┆ 5.종료
-------------------------------------------------
선택> 4
최고 점수: 95
평균 점수: 87.33333333333333
-------------------------------------------------
1.학생수 ┆ 2.점수입력 ┆ 3.점수리스트 ┆ 4.분석 ┆ 5.종료
-------------------------------------------------
선택> 5
프로그램 종료
```

열거 타입

열거 타입　열거 타입 선언　열거 상수　열거 타입 변수

데이터 중에는 몇 가지로 한정된 값만을 갖는 경우가 흔히 있습니다. 예를 들어 요일에 대한 데이터는 월, 화, 수, 목, 금, 토, 일이라는 7개의 값만을 갖고, 계절에 대한 데이터는 봄, 여름, 가을, 겨울이라는 4개의 값만을 가집니다. 이와 같이 한정된 값만을 갖는 타입을 열거 타입(enumeration type)이라 합니다.

시작하기 전에

열거 타입은 한정된 값인 열거 상수^{enumeration constant} 중에서 하나의 상수를 저장하는 타입입니다. 다음은 월, 화, 수, 목, 금, 토, 일이라는 7개의 값을 갖는 요일 데이터의 열거 타입 Week를 선언한 것입니다.

Week.java

```
public enum Week {
        MONDAY,
        TUESDAY,              열거 타입 이름
        WEDNESDAY,
        THURSDAY,             열거 상수
        FRIDAY,
        SATURDAY,
        SUNDAY
}
```

여기서 Week가 열거 타입입니다. Week로 다음과 같이 변수를 선언할 수 있습니다.

```
Week today;
```

today 변수에 저장할 수 있는 것은 Week에 선언된 7개의 열거 상수 중 하나입니다.

```
today = Week.FRIDAY;
```

열거 타입 선언

열거 타입을 선언하기 위해서는 먼저 열거 타입의 이름을 정하고 해당 이름으로 소스 파일(.java)을
생성해야 합니다. 열거 타입 이름은 관례적으로 첫 글자를 대문자로 하고 나머지는 소문자로 구성합
니다. 만약 여러 단어로 구성된 이름이라면 각 단어의 첫 글자는 대문자로 하는 것이 관례입니다.

아래는 잘 만들어진 열거 타입 소스 파일들의 이름입니다.

```
Week.java
MemberGrade.java
ProductKind.java
```

소스 파일의 내용으로는 다음과 같이 열거 타입 선언이 옵니다. public enum 키워드는 열거 타입
을 선언하기 위한 키워드이며, 반드시 소문자로 작성해야 합니다. 이때 열거 타입 이름은 소스 파일
이름과 대소문자가 모두 일치해야 합니다.

```
public enum 열거타입이름 { … }
```

열거 타입을 선언했다면 이제는 열거 상수를 선언합니다. 열거 상수는 열거 타입의 값으로 사용되는
데, 관례적으로 열거 상수는 모두 대문자로 작성합니다.

```
public enum Week { MONDAY, TUESDAY, WEDNESDAY, THURSDAY, FRIDAY, SATURDAY, SUNDAY }
                   ↑                            ↑
              열거 타입 이름                    열거 상수
```

만약 열거 상수가 여러 단어로 구성될 경우에는 단어 사이를 밑줄(_)로 연결하는 것이 관례입니다.

```
public enum LoginResult { LOGIN_SUCCESS, LOGIN_FAILED }
```

열거 타입을 이클립스에서 생성해보겠습니다.

01 Package Explorer 뷰에서 프로젝트를 선택한 다음 [File] - [New] - [Enum] 메뉴를 선택합니다.

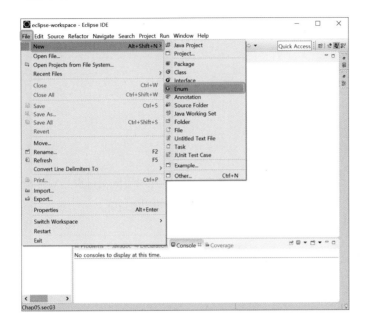

02 다음 그림과 같이 [New Enum Type] 대화상자의 [Package] 입력란에는 열거 타입이 속할 패키지 이름을 입력하고, [Name] 입력란에는 열거 타입 이름인 Week를 입력한 후 [Finish] 버튼을 클릭합니다. 그리고 다음과 같이 열거 상수를 작성합니다.

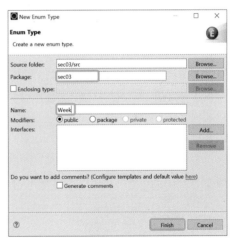

직접 해보는 손코딩

열거 타입 선언   소스 코드   Week.java

```
01    package sec03.exam01;
02
03    public enum Week {
04        MONDAY,
05        TUESDAY,
```

```
06        WEDNESDAY,
07        THURSDAY,
08        FRIDAY,
09        SATURDAY,
10        SUNDAY
11    }
```

열거 타입 변수

열거 타입을 선언했다면 이제 열거 타입을 사용할 수 있습니다. 열거 타입도 하나의 타입이므로 변수를 선언하고 사용해야 합니다. 다음은 열거 타입 변수를 선언하는 방법입니다.

> 열거타입 변수;

예를 들어 열거 타입 Week로 변수를 선언하면 다음과 같습니다.

```
Week today;
Week reservationDay;
```

열거 타입 변수를 선언했다면 다음과 같이 열거 상수를 저장할 수 있습니다. 열거 상수는 단독으로 사용할 수 없고 반드시 '열거 타입.열거 상수' 형태로 사용됩니다.

> 열거타입 변수 = 열거타입.열거상수;

예를 들어 today 열거 타입 변수에 열거 상수인 SUNDAY를 저장하면 다음과 같습니다.

```
Week today = Week.SUNDAY;
```

열거 타입 변수는 null 값을 저장할 수 있는데 열거 타입도 참조 타입이기 때문입니다.

```
Week birthday = null;
```

참조 타입 변수는 객체를 참조하는 변수라고 알고 있는데, 그렇다면 열거 상수는 객체일까요? 맞습니다. 열거 상수는 열거 객체로 생성됩니다. 열거 타입 변수 Week의 경우 MONDAY부터 SUNDAY까지의 열거 상수는 다음과 같이 총 7개의 Week 객체로 생성됩니다. 그리고 메소드 영역에 생성된 열거 상수가 해당 Week 객체를 각각 참조하게 됩니다.

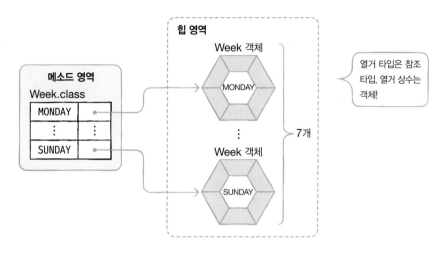

그렇다면 다음 코드를 어떻게 이해하면 좋을까요?

```
Week today = Week.SUNDAY;
```

열거 타입 변수 today는 스택 영역에 생성됩니다. today에 저장되는 값은 Week.SUNDAY 열거 상수가 참조하는 객체의 번지입니다. 따라서 열거 상수 Week.SUNDAY와 today 변수는 서로 같은 Week 객체를 참조하게 됩니다.

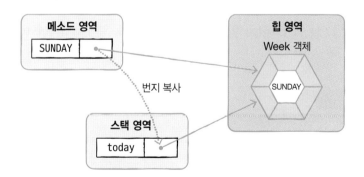

그렇기 때문에 today 변수와 Week.SUNDAY 상수의 == 연산 결과는 true가 됩니다.

```
today == Week.SUNDAY;  //true
```

그렇다면 이제 여러분은 다음 코드에서 변수 week1과 week2의 == 연산의 결과가 왜 true가 나오게 되는지 이해할 수 있을 것입니다. week1과 week2는 모두 Week.SATURDAY 상수라는 동일한 Week 객체를 참조하기 때문입니다.

```
Week week1 = Week.SATURDAY;
Week week2 = Week.SATURDAY;
System.out.println( week1 == week2 );  //true
```

열거 타입 Week를 이용하려면 날짜 정보가 필요합니다. 자바는 컴퓨터의 날짜 및 요일, 시간을 얻기 위해 Calendar 클래스를 제공합니다. 다음과 같이 Calendar 변수를 선언하고 Calendar.getInstance() 메소드로 Calendar 객체를 얻습니다.

```
Calendar now = Calendar.getInstance();
```

Calendar 객체를 얻었다면 get() 메소드를 이용해서 연, 월, 일, 요일, 시간, 분, 초를 다음과 같이 얻을 수 있습니다.

```
int year = now.get(Calendar.YEAR);          //연
int month = now.get(Calendar.MONTH) + 1;    //월(1~12)
int day = now.get(Calendar.DAY_OF_MONTH);   //일
int week = now.get(Calendar.DAY_OF_WEEK);   //요일(1~7)
int hour =  now.get(Calendar.HOUR);         //시간
int minute =  now.get(Calendar.MINUTE);     //분
int second =  now.get(Calendar.SECOND);     //초
```

다음은 Calendar를 이용해서 오늘의 요일을 얻고 나서 Week 열거 타입 변수 today에 해당 열거 상수를 대입하는 예제입니다.

직접 해보는 손코딩

열거 타입과 열거 상수 소스코드 EnumWeekExample.java

```
01    package sec03.exam02;
02
03    import java.util.Calendar;          Calendar 클래스는 java.util 패키지에
                                           있으므로 import가 필요
04
05    public class EnumWeekExample {
06      public static void main(String[] args) {
```

```
07        Week today = null;  ←─────────────────────── 열거 타입 변수 선언
08
09        Calendar cal = Calendar.getInstance();
10        int week = cal.get(Calendar.DAY_OF_WEEK);  ←──── 일(1) ~ 토(7)까지의 숫자를 리턴
11
12        switch(week) {
                                     ┌──────────── 열거 상수 대입
13          case 1:              ↓
14            today = Week.SUNDAY;  break;
15          case 2:
16            today = Week.MONDAY; break;
17          case 3:
18            today = Week.TUESDAY; break;
19          case 4:
20            today = Week.WEDNESDAY; break;
21          case 5:
22            today = Week.THURSDAY; break;
23          case 6:
24            today = Week.FRIDAY; break;
25          case 7:
26            today = Week.SATURDAY; break;
27        }
28
29        System.out.println("오늘 요일: "+ today);
30
31        if(today == Week.SUNDAY) {
32          System.out.println("일요일에는 축구를 합니다.");
33        } else {
34          System.out.println("열심히 자바 공부합니다.");
35        }
36      }
37    }
```

> **▣ 실행결과** ✕
>
> 오늘 요일: WEDNESDAY
> 열심히 자바 공부합니다.

Calendar를 사용하기 위해서는 3라인의 import문이 필요합니다. import문은 6장에서 설명합니다. 9라인에서 Calendar를 얻고, 10라인에서 요일별 숫자를 얻습니다. 12~27라인의 switch문을 이용해서 열거 타입 변수 today에 열거 상수를 대입합니다. 31~35라인의 if문을 이용해서 일요일인지 확인하고 출력할 내용을 결정합니다.

▶ 4가지 키워드로 끝내는 핵심 포인트

- **열거 타입:** 열거 타입은 몇 가지로 제한된 상수를 가지는 타입을 말합니다.

- **열거 타입 선언:** enum 타입 { 상수, 상수, … } 형태로 열거 타입을 선언합니다. 예를 들어 enum Week {MONDAY, …, SUNDAY } 형태를 가집니다.

- **열거 상수:** 열거 타입 선언 때 주어진 상수를 말하며 타입.상수 형태로 사용합니다. 예를 들어 Week 열거 타입의 상수 MONDAY는 Week.MONDAY로 사용합니다.

- **열거 타입 변수:** 열거 타입으로 선언된 변수를 말합니다. 열거 타입 변수에는 열거 상수 중 하나가 대입됩니다. 예를 들어 Week today = Week.FRIDAY;에서 today가 열거 타입 변수입니다.

▶ 확인 문제

1. 열거 타입에 대한 설명입니다. 맞는 것에 O표, 틀린 것에 X표 하세요.

   ① 열거 타입은 한정된 값을 갖는 타입이다. (   )
   ② 열거 타입 변수에는 열거 타입에 정의된 상수를 대입할 수 있다. (   )
   ③ 열거 타입 변수에 null을 대입할 수 없다. (   )
   ④ 열거 상수는 관례적으로 대문자로 작성한다. (   )

2. 다음과 같이 사용될 수 있도록 LoginResult 열거 타입을 선언해보세요.

```
LoginResult result = LoginResult.FAIL_PASSWORD;
if(result == LoginResult.SUCCESS) {
   …
} else if(result == LoginResult.FAIL_ID) {
   …
} else if(result == LoginResult.FAIL_PASSWORD) {
   …
}
```

- 객체 생성을 위한 클래스의 선언을 배웁니다.
- 필드를 선언하고 생성한 후 이를 읽어들이거나 변경하는 방법을 알아봅니다.
- 생성자를 선언하고 생성자에서 필드를 초기화할 수 있습니다.
- 메소드의 다양한 기능을 이해합니다.
- 패키지를 선언하는 방법을 알아봅니다.
- 접근 제한자의 종류와 사용 방법을 학습합니다.

Chapter

06

클래스

핵심 키워드 〉 클래스 　 객체 　 new 연산자 　 클래스 변수 　 인스턴스 　 클래스 멤버

현실 세계에서 어떤 제품을 만들 때 부품을 먼저 개발하고 이 부품들을 하나씩 조립해서 제품을 완성하듯이 소프트웨어를 개발할 때에도 부품에 해당하는 객체를 먼저 만듭니다. 그리고 객체를 하나씩 조립해서 완성된 프로그램을 만드는 기법을 객체 지향 프로그래밍(OOP: Object-Oriented Programming)이라고 합니다. 객체 지향 프로그래밍을 이해하기 위해서는 우선 객체의 개념과 객체의 상호작용에 대해서 알아두어야 합니다.

시작하기 전에

객체object란 물리적으로 존재하거나 추상적으로 생각할 수 있는 것 중에서 자신의 속성을 가지고 있으면서 식별 가능한 것을 말합니다. 예를 들어, 물리적으로 존재하는 자동차, 자전거, 책, 사람과 추상적인 학과, 강의, 주문 등이 모두 객체가 될 수 있습니다. 객체는 속성과 동작으로 구성되어 있습니다. 예를 들어 사람은 이름, 나이 등의 속성과 웃다, 먹다 등의 동작이 있고, 자동차는 색깔, 속도 등의 속성과 달린다, 멈춘다 등의 동작이 있습니다. 자바는 이 속성과 동작을 각각 필드field와 메소드method라고 부릅니다.

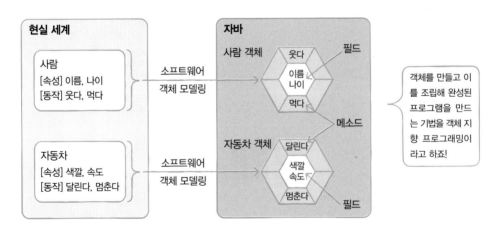

현실 세계의 객체를 소프트웨어 객체로 설계하는 것을 객체 모델링object modeling이라고 합니다. 객체 모델링은 현실 세계 객체의 속성과 동작을 추려내어 소프트웨어 객체의 필드와 메소드로 정의하는 과정이라고 볼 수 있습니다.

객체의 상호작용

현실 세계에서 일어나는 모든 현상은 객체와 객체 간의 상호작용으로 이루어져 있습니다. 예를 들어 사람은 전자계산기의 기능을 이용하고, 전자계산기는 계산 결과를 사람에게 알려주는 상호작용을 합니다.

소프트웨어에서도 마찬가지입니다. 객체들은 각각 독립적으로 존재하고, 다른 객체와 서로 상호작용하면서 동작합니다. 객체들 사이의 상호작용 수단은 메소드입니다. 이때 객체가 다른 객체의 기능을 이용하는 것이 바로 메소드 호출입니다.

메소드 호출은 다음과 같은 형태를 가지고 있습니다.

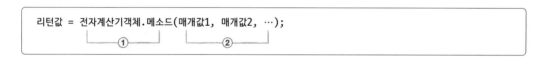

① 객체에 도트(.) 연산자를 붙이고 메소드 이름을 기술하면 됩니다. 도트 연산자는 객체의 필드와 메소드에 접근할 때 사용합니다.

② 매개값은 메소드를 실행하기 위해 필요한 데이터입니다. 예를 들어 10과 20을 주고 더하기 기능을 이용한다고 할 때 10과 20이 더하기 기능의 매개값입니다. 리턴값은 메소드가 실행되고 난 후 호출한 곳으로 돌려주는(리턴하는) 값입니다.

다음은 자바 코드로 본 메소드 호출입니다.

기본편

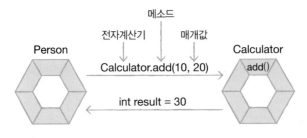

```
int result = Calculator.add(10, 20);
                ↑_____|
            리턴한 값을 int 변수에 저장
```

객체의 상호작용은 객체 간의 메소드 호출을 의미하며 매개값과 리턴값을 통해서 데이터를 주고받습니다.

객체 간의 관계

객체는 개별적으로 사용될 수 있지만, 대부분 다른 객체와 관계를 맺고 있습니다. 이 관계의 종류에는 집합 관계, 사용 관계, 상속 관계가 있습니다.

> 기계와 자동차는 상속 관계,
> 사람과 자동차는 사용 관계,
> 부품과 자동차는 집합 관계

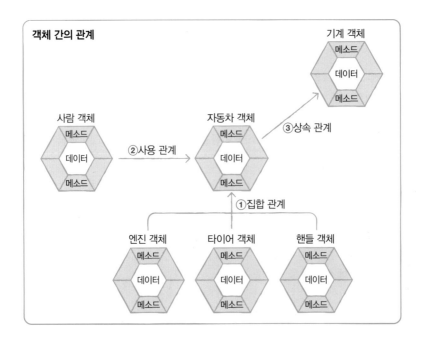

① **집합 관계**에 있는 객체는 하나는 부품이고 하나는 완성품에 해당합니다.

예를 들어 자동차는 엔진, 타이어, 핸들 등으로 구성되므로 자동차와 이 부품들은 집합 관계라고 볼 수 있습니다.

② **사용 관계**는 객체 간의 상호작용을 말합니다.

객체는 다른 객체의 메소드를 호출하여 원하는 결과를 얻어냅니다. 예를 들어 사람은 자동차를 사용하므로 사람과 자동차는 사용 관계라고 볼 수 있습니다. 사람은 자동차를 사용할 때 달린다, 멈춘다 등의 메소드를 호출하는 것입니다.

③ **상속 관계**는 상위(부모) 객체를 기반으로 하위(자식) 객체를 생성하는 관계를 말합니다.

일반적으로 상위 객체는 종류를 의미하고, 하위 객체는 구체적인 사물에 해당합니다. 예를 들어 "자동차는 기계의 한 종류이다."에서 기계(상위)와 자동차(하위)는 상속 관계에 있다고 볼 수 있습니다.

객체 지향 프로그래밍은 만들고자 하는 완성품인 객체를 모델링하고, 집합 관계에 있는 부품 객체와 사용 관계에 있는 객체를 하나씩 설계한 후 조립하는 방식으로 프로그램을 개발하는 기법입니다.

객체와 클래스

현실에서 객체는 갑자기 하늘에서 떨어지는 것이 아니라, 설계도를 바탕으로 만들어집니다. 예를 들어 사람들이 자동차를 이용하기 위해서는 우선 공장에서 설계도를 보고 자동차를 만들어야 합니다. 객체 지향 프로그래밍에서도 마찬가지입니다. 메모리에서 사용하고 싶은 객체가 있다면 우선 설계도로 해당 객체를 만드는 작업이 필요합니다.

자바에서는 설계도가 바로 **클래스**ᶜˡᵃˢˢ입니다. 클래스에는 객체를 생성하기 위한 필드와 메소드가 정의되어 있습니다. 클래스로부터 만들어진 객체를 해당 클래스의 **인스턴스**ⁱⁿˢᵗᵃⁿᶜᵉ라고 합니다. 자동차 객체는 자동차 클래스의 인스턴스인 셈입니다. 그리고 클래스로부터 객체를 만드는 과정을 인스턴스화라고 합니다. 하나의 클래스로부터 여러 개의 인스턴스를 만들 수 있는데, 이것은 동일한 설계도로부터 여러 대의 자동차를 만드는 것과 동일합니다.

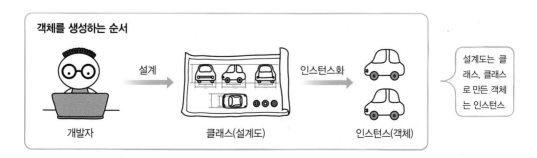

설계도는 클래스, 클래스로 만든 객체는 인스턴스

객체 지향 프로그래밍 개발은 세 가지 단계가 있습니다.

- 1단계는 클래스를 설계합니다.
- 2단계는 설계된 클래스를 가지고 사용할 객체를 생성합니다.
- 3단계는 생성된 객체를 이용합니다.

우리는 지금까지 많은 클래스를 만들어보았습니다. 클래스는 객체를 만들기 위한 설계도이지만 아직 객체로 만들어보지는 않고 단순히 main() 메소드만 작성해서 실행할 목적으로 클래스를 이용했습니다. 하지만 main() 메소드가 없는 클래스는 객체 생성 과정을 거쳐 사용해야 합니다.

클래스 선언

이제부터 클래스를 선언하는 방법에 대해 알아보겠습니다. 사용하고자 하는 객체를 구상했다면 그 객체의 대표 이름을 하나 결정하고 이것을 클래스 이름으로 정합니다.

예를 들어 사람 객체의 클래스는 Person으로, 자동차 객체의 클래스는 Car라는 이름으로 줄 수 있습니다. 클래스 이름은 다른 클래스와 식별할 목적으로 사용되므로 자바의 식별자 작성 규칙에 따라서 만들어야 합니다.

식별자 작성 규칙은 다음과 같습니다.

- 하나 이상의 문자로 이루어져야 합니다. 예: Car, SportsCar
- 첫 글자에는 숫자가 올 수 없습니다. 예: Car, 3Car(×)
- '$', '_' 외의 특수 문자는 사용할 수 없습니다. 예: $Car, _Car, @Car(×), #Car(×)
- 자바 키워드는 사용할 수 없습니다. 예: int(×), for(×)

클래스 이름은 한글이든 영어든 상관없지만, 한글로 클래스 이름을 만드는 경우는 거의 없습니다. 자바 언어는 영어 대소문자를 다른 문자로 취급하기 때문에 클래스 이름도 영어 대소문자를 구분합니다. 통상적으로 클래스 이름이 단일 단어라면 첫 글자를 대문자로 하고 나머지는 소문자로 작성합니다. 만약 서로 다른 단어가 혼합된 이름을 사용한다면 각 단어의 첫 글자는 대문자로 작성하는 것이 일반적입니다.

```
Calculator, Car, Member, ChatClient, ChatServer, Web_Browser
```

클래스 이름을 정했다면 '클래스 이름.java'로 소스 파일을 생성해야 합니다. 소스 파일 이름 역시 대소문자를 구분하므로 반드시 클래스 이름과 대소문자가 같도록 해야 합니다. 소스 파일을 생성하면 소스 파일을 열고 다음과 같이 클래스를 선언해줍니다.

```
public class 클래스이름 {

}
```

여기서 public class 키워드는 클래스를 선언할 때 사용하며 반드시 소문자로 작성해야 합니다. 클래스 이름 뒤에는 반드시 중괄호 {}를 붙여주는데, 시작 중괄호 {는 클래스 선언의 시작을 알려주고 끝 중괄호 }는 클래스 선언의 끝을 알려줍니다. 다음은 Car 클래스를 선언한 것입니다.

```
public class Car {
}
```

일반적으로 소스 파일당 하나의 클래스를 선언합니다. 하지만 2개 이상의 클래스 선언도 가능합니다.

```
public class Car {
}

class Tire {
}
```

2개 이상의 클래스가 선언된 소스 파일을 컴파일하면 바이트 코드 파일(.class)은 클래스를 선언한 개수만큼 생깁니다. 결국 소스 파일은 클래스 선언을 담고 있는 저장 단위일 뿐, 클래스 자체가 아닙니다.

상기 코드를 컴파일하면 Car.class와 Tire.class가 각각 생성됩니다.

➕ 여기서 잠깐   public 접근 제한자

public 접근 제한자는 파일 이름과 동일한 이름의 클래스 선언에만 붙일 수 있습니다. 아직 public 접근 제한자의 의미는 모르더라도 소스 파일을 생성할 때 꼭 기억해야 할 내용입니다. 만약 파일 이름과 일치하지 않는 클래스 선언에 public 접근 제한자를 붙이면 컴파일 에러가 발생합니다. 가급적이면 소스 파일 하나당 동일한 이름의 클래스 하나를 선언하는 것이 좋습니다.

객체 생성과 클래스 변수

클래스를 선언한 다음, 컴파일을 했다면(이클립스에서는 저장) 객체를 생성할 설계도가 만들어진 셈입니다. 클래스로부터 객체를 생성하려면 다음과 같이 new 연산자를 사용하면 됩니다.

```
new 클래스();
```

new는 클래스로부터 객체를 생성시키는 연산자입니다. new 연산자 뒤에는 생성자가 오는데, 생성자는 클래스() 형태를 가지고 있습니다. new 연산자로 생성된 객체는 메모리 힙heap 영역에 생성됩니다.

현실 세계에서 물건의 위치를 모르면 물건을 사용할 수 없듯이, 객체 지향 프로그램에서도 메모리 내에서 생성된 객체의 위치를 모르면 객체를 사용할 수 없습니다. 그래서 new 연산자는 힙 영역에 객체를 생성시킨 후 객체의 번지를 리턴하도록 되어 있습니다. 이 주소를 참조 타입인 클래스 변수에 저장해두면 변수를 통해 객체를 사용할 수 있습니다. 다음은 클래스로 선언된 변수에 new 연산자가 리턴한 객체의 번지를 저장하는 코드입니다.

```
클래스 변수;
변수 = new 클래스();
```

클래스 변수 선언과 객체 생성을 1개의 실행문으로 작성할 수도 있습니다.

```
클래스 변수 = new 클래스();
```

이렇게 new 연산자로 객체를 생성하고 리턴된 객체의 번지를 변수에 저장하면 다음 그림과 같이 변수가 객체를 참조하게 됩니다.

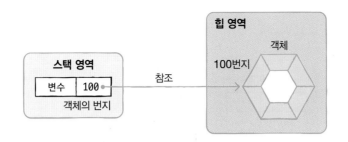

클래스 선언부터 생성까지 예제를 통해 익혀봅시다. 다음 예제는 Student 클래스를 선언하고 StudentExample 클래스의 main() 메소드에서 Student 객체를 생성합니다.

직접 해보는 손코딩

클래스 선언　소스 코드 Student.java

```
01    package sec01.exam01;
02
03    public class Student {
04    }
```

클래스로부터 객체 생성　소스 코드 StudentExample.java

```
01    package sec01.exam01;
02
03    public class StudentExample {
04      public static void main(String[] args) {
05        Student s1 = new Student();
06        System.out.println("s1 변수가 Student 객체를 참조합니다.");
07
08        Student s2 = new Student();
09        System.out.println("s2 변수가 또 다른 Student 객체를 참조합니다.");
10      }
11    }
```

실행결과　✕

s1 변수가 Student 객체를 참조합니다.
s2 변수가 또 다른 Student 객체를 참조합니다.

StudentExample을 실행하면 다음 그림과 같이 메모리에 클래스 변수와 객체가 생성됩니다. Student 클래스는 하나지만 new 연산자를 사용한 만큼 객체가 메모리에 생성됩니다. 이러한 객체들은 Student 클래스의 인스턴스입니다. 비록 같은 클래스로부터 생성되었지만 각각의 Student 객체는 자신만의 고유 데이터를 가지면서 메모리에서 활동하게 됩니다. s1과 s2가 참조하는 Student 객체는 완전히 독립된 서로 다른 객체입니다.

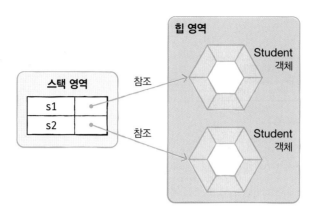

Student와 StudentExample 클래스의 용도

클래스는 두 가지 용도가 있습니다. 하나는 라이브러리^{API: Application Program Interface}용이고 다른 하나는 실행용입니다. 라이브러리 클래스는 다른 클래스에서 이용할 목적으로 설계됩니다. 프로그램 전체에서 사용되는 클래스가 100개라면 99개는 라이브러리 클래스이고 단 하나가 실행 클래스입니다. 실행 클래스는 프로그램의 실행 진입점인 main() 메소드를 제공하는 역할을 합니다.

Student는 라이브러리 클래스이고 StudentExample은 실행 클래스입니다. 다음과 같이 Student에 main() 메소드를 작성해서 라이브러리인 동시에 실행 클래스로 만들 수도 있습니다.

```java
public class Student {
//라이브러리로서의 코드(필드, 생성자, 메소드)
  ...
  //실행하기 위한 코드
  public static void main(String[] args) {
  Student s1 = new Student();
    System.out.println("s1 변수가 Student 객체를 참조합니다.");

    Student s2 = new Student();
    System.out.println("s2 변수가 또 다른 Student 객체를 참조합니다.");
  }
}
```

프로그램이 단 하나의 클래스로 구성된다면 위와 같이 작성하는 것이 좋은 방법이 될 수 있지만, 대부분의 객체 지향 프로그램은 라이브러리(부품 객체 및 완성 객체)와 실행 클래스가 분리되어 있습니다. 그래서 이 책에서는 가급적이면 각 예제에서 두 클래스를 분리해서 작성할 것입니다.

클래스의 구성 멤버

클래스에는 객체가 가져야 할 구성 멤버가 선언됩니다. 구성 멤버에는 필드Field, 생성자Constructor, 메소드Method가 있습니다. 이 구성 멤버들은 생략되거나 복수의 개수로 작성될 수 있습니다.

- **필드(Field)**
  객체의 데이터가 저장되는 곳

- **생성자(Constructor)**
  객체 생성 시 초기화 역할 담당

- **메소드(Method)**
  객체의 동작에 해당하는 실행 블록

```
public class ClassName {

    //필드
    int fieldname;

    //생성자
    ClassName() { … }

    //메소드
    void methodName() { … }

}
```

필드

필드는 객체의 고유 데이터, 부품 객체, 상태 정보를 저장하는 곳입니다. 선언 형태는 변수variable와 비슷하지만, 필드를 변수라고 부르지는 않습니다. 변수는 생성자와 메소드 내에서만 사용되고 생성자와 메소드가 실행 종료되면 자동 소멸됩니다. 하지만 필드는 생성자와 메소드 전체에서 사용되며 객체가 소멸되지 않는 한 객체와 함께 존재합니다.

생성자

생성자는 new 연산자로 호출되는 특별한 중괄호 {} 블록입니다. 생성자의 역할은 객체 생성 시 초기화를 담당합니다. 필드를 초기화하거나 메소드를 호출해서 객체를 사용할 준비를 합니다. 생성자는 메소드와 비슷하게 생겼지만, 클래스 이름으로 되어 있고 리턴 타입이 없습니다.

메소드

메소드는 객체의 동작에 해당하는 중괄호 {} 블록을 말합니다. 중괄호 블록은 이름을 가지고 있는데, 이것이 메소드 이름입니다. 메소드를 호출하게 되면 중괄호 블록에 있는 모든 코드들이 일괄적으로 실행됩니다. 이때 메소드는 필드를 읽고 수정하는 역할도 하지만, 다른 객체를 생성해서 다양한 기능을 수행하기도 합니다. 메소드는 객체 간의 데이터를 전달하는 수단입니다. 외부(호출한 곳)로부터 매개 값을 받아 실행에 이용하고, 실행 후 결과 값을 외부(호출한 곳)로 리턴할(돌려 줄) 수도 있습니다.

마무리

▶ 6가지 키워드로 끝내는 핵심 포인트

- **클래스**: 객체를 만들기 위한 설계도입니다.

- **객체**: 클래스로부터 생성되며 'new 클래스()'로 생성합니다.

- **new 연산자**: 객체 생성 연산자이며, 생성자를 호출하고 객체 생성 번지를 리턴합니다.

- **클래스 변수**: 클래스로 선언한 변수를 말하며 해당 클래스의 객체 번지가 저장됩니다.

- **인스턴스**: 객체는 클래스의 인스턴스입니다.

- **클래스 멤버**: 클래스에 선언되는 멤버는 필드, 생성자, 메소드가 있습니다.

▶ 확인 문제

1. 객체와 클래스에 대한 설명으로 맞는 것은 O표, 틀린 것은 X표 하세요.

   ① 클래스는 객체를 생성하기 위한 설계도와 같은 것이다. (   )
   ② new 연산자로 클래스의 생성자를 호출함으로써 객체가 생성된다. (   )
   ③ 하나의 클래스로 하나의 객체만 생성할 수 있다. (   )
   ④ 객체는 클래스의 인스턴스이다. (   )

2. 다음은 클래스의 구성 멤버인 필드, 생성자, 메소드에 대한 설명입니다. 일치하는 것끼리 선으로 이어보세요.

   ① 메소드 •   • 객체의 데이터를 저장한다.
   ② 필드   •   • 객체의 초기화를 담당한다.
   ③ 생성자 •   • 객체의 동작 부분으로, 실행 코드를 가지고 있는 블록이다.

3. 다음 클래스에서 해당 멤버가 필드, 생성자, 메소드 중 어떤 것인지 빈칸을 채워보세요.

```
public class Member {
  String name; ←─────────────────  [        ]

  Member(String name) { ⋯ } ←─────  [        ]

  void setName(String name) { ⋯ } ←─  [        ]
}
```

06-2 필드

핵심 키워드

필드 선언   필드 사용

필드는 객체의 고유 데이터, 부품 객체, 상태 정보를 저장하는 곳입니다. 이 절에서는 필드를 선언하고 생성한 뒤 이를 읽고 변경하는 방법을 알아보겠습니다.

시작하기 전에

필드Field는 객체의 고유 데이터, 객체가 가져야 할 부품, 객체의 현재 상태 데이터를 저장하는 곳입니다. 자동차 객체를 예로 들어보겠습니다. 제작회사, 모델, 색깔, 최고 속도는 고유 데이터에 해당하고, 현재 속도, 엔진 회전 수는 상태 데이터에 해당합니다. 그리고 차체, 엔진, 타이어는 부품에 해당합니다. 따라서 자동차 클래스를 설계할 때 이 정보들은 필드로 선언되어야 합니다.

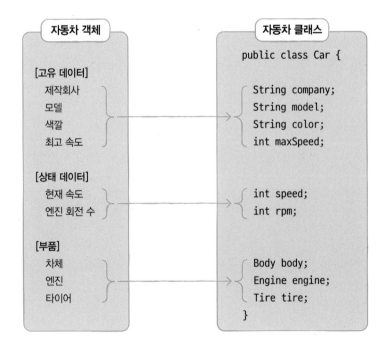

필드 선언

필드 선언은 클래스 중괄호 {} 블록 어디서든 존재할 수 있습니다. 생성자 선언과 메소드 선언의 앞과 뒤 어떤 곳에서도 필드 선언이 가능합니다. 하지만 생성자와 메소드 중괄호 {} 블록 내부에는 선언될 수 없습니다. 생성자와 메소드 중괄호 블록 내부에 선언된 것은 모두 로컬 변수가 됩니다. 필드 선언은 변수의 선언 형태와 비슷합니다. 그래서 일부 사람들은 클래스 멤버 변수라고 부르기도 하는데, 될 수 있으면 필드라는 용어를 그대로 사용하는 것이 좋습니다.

```
타입 필드 [ = 초기값] ;
```

선언 형태는 변수와 비슷하지만, 필드를 변수라고 부르지는 않아요!

타입은 필드에 저장할 데이터의 종류를 결정합니다. 타입에는 기본 타입(byte, short, int, long, float, double, boolean)과 참조 타입(배열, 열거, 인터페이스)이 모두 올 수 있습니다. 필드의 초기값은 필드 선언 시 주어질 수도 있고 생략될 수도 있습니다.

다음은 올바르게 필드를 선언한 예시입니다.

```
String company = "현대자동차";
String model = "그랜저";
int maxSpeed = 300;
int productionYear;
int currentSpeed;
boolean engineStart;
```

초기값이 지정되지 않은 필드는 객체 생성 시 자동으로 기본 초기값으로 설정됩니다. 필드의 타입에 따라 기본 초기값이 다른데, 다음 표는 필드 타입별 기본 초기값을 보여줍니다.

분류		타입	초기값
기본 타입	정수 타입	byte	0
		char	\u0000 (빈 공백)
		short	0
		int	0
		long	0L
	실수 타입	float	0.0F
		double	0.0
	논리 타입	boolean	false
참조 타입		배열	null
		클래스(String 포함)	null
		인터페이스	null

정수 타입 필드는 0, 실수 타입 필드는 0.0, boolean 필드는 false로 초기화되는 것을 볼 수 있습니다. 참조 타입은 객체를 참조하고 있지 않은 상태인 null로 초기화됩니다.

필드 사용

필드를 사용한다는 것은 필드값을 읽고 변경하는 작업을 말합니다. 클래스 내부의 생성자나 메소드에서 사용할 경우 단순히 필드 이름으로 읽고 변경하면 되지만, 클래스 외부에서 사용할 경우 우선적으로 클래스로부터 객체를 생성한 뒤 필드를 사용해야 합니다. 그 이유는 필드는 객체에 소속된 데이터이므로 객체가 존재하지 않으면 필드도 존재하지 않기 때문입니다.

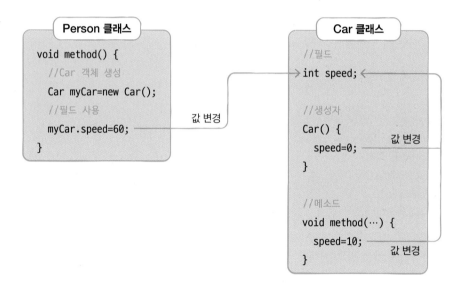

위 그림을 보면 Car 클래스의 speed 필드는 생성자와 메소드에서 변경이 가능합니다. 사용 방법은 변수와 동일한데, 차이점으로는 변수는 자신이 선언된 생성자 또는 메소드 블록 내부에서만 사용할 수 있는 반면 필드는 생성자와 모든 메소드에서 사용이 가능하다는 점이 있습니다.

하지만 외부 Person 클래스에서 Car 클래스의 speed 필드값을 사용하려면 다음과 같이 Car 객체를 우선 생성해야 합니다.

```
Car myCar = new Car();
```

myCar 변수가 Car 객체를 참조하게 되면 도트(.) 연산자를 사용해서 speed 필드에 접근할 수 있습니다. 도트(.) 연산자는 객체 접근 연산자로 객체가 가지고 있는 필드나 메소드를 사용하고자 할 때 사용됩니다.

다음 코드는 Car 객체의 speed 필드값을 60으로 변경하고 있습니다.

```
myCar.speed = 60;
```

도트(.) 연산자는 객체
접근 연산자

 직접 해보는 손코딩

Car 클래스 필드 선언　　소스 코드　Car.java

```
01    package sec02.exam01;
02
03    public class Car {
04      //필드
05      String company = "현대자동차";
06      String model = "그랜저";
07      String color = "검정";
08      int maxSpeed = 350;
09      int speed;
10    }
```

외부 클래스에서 Car 필드값 읽기와 변경　　소스 코드　CarExample.java

```
01    package sec02.exam01;
02
03    public class CarExample {
04      public static void main(String[] args) {
05        //객체 생성
06        Car myCar = new Car();
07
08        //필드값 읽기
09        System.out.println("제작회사: " + myCar.company);
10        System.out.println("모델명: " + myCar.model);
11        System.out.println("색깔: " + myCar.color);
12        System.out.println("최고속도: " + myCar.maxSpeed);
13        System.out.println("현재속도: " + myCar.speed);
14
15        //필드값 변경
16        myCar.speed = 60;
17        System.out.println("수정된 속도: " + myCar.speed);
18      }
19    }
```

> 🖥 **실행결과**　　　　　　　×
> 제작회사: 현대자동차
> 모델명: 그랜저
> 색깔: 검정
> 최고속도: 350
> 현재속도: 0
> 수정된 속도: 60

Car 클래스에서 speed 필드 선언 시 초기값을 주지 않았습니다. 그러나 출력해보면 기본값인 0이 저장되어 있는 것을 볼 수 있습니다.

다음 예제는 여러 가지 타입의 필드가 어떤 값으로 자동 초기화되는지 확인해줍니다.

필드 자동 초기화 소스코드 FieldInitValue.java

```java
01  package sec02.exam02;
02
03  public class FieldInitValue {
04    //필드
05    byte byteField;
06    short shortField;
07    int intField;
08    long longField;
09
10    boolean booleanField;
11    char charField;
12
13    float floatField;
14    double doubleField;
15
16    int[]  arrField;
17    String referenceField;
18  }
```

필드값 출력 소스코드 FieldInitValueExample.java

```java
01  package sec02.exam02;
02
03  public class FieldInitValueExample {
04    public static void main(String[] args) {
05      FieldInitValue fiv = new FieldInitValue();
06
07      System.out.println("byteField: " + fiv.byteField);
08      System.out.println("shortField: " + fiv.shortField);
09      System.out.println("intField: " + fiv.intField);
10      System.out.println("longField: " + fiv.longField);
11      System.out.println("booleanField: " + fiv.booleanField);
12      System.out.println("charField: " + fiv.charField);
```

```
13        System.out.println("floatField: " + fiv.floatField);
14        System.out.println("doubleField: " + fiv.doubleField);
15        System.out.println("arrField: " + fiv.arrField);
16        System.out.println("referenceField: " + fiv.referenceField);
17    }
18 }
```

📄 실행결과 ✕

```
byteField: 0
shortField: 0
intField: 0
longField: 0
booleanField: false
charField:
floatField: 0.0
doubleField: 0.0
arrField: null
referenceField: null
```

▶ 2가지 키워드로 끝내는 핵심 포인트

- **필드 선언**: 클래스 중괄호 {} 블록 어디서든 선언하나, 생성자와 메소드 내부에서는 선언할 수 없습니다.

- **필드 사용**: 클래스 내부의 생성자와 메소드에서 바로 사용이 가능하나, 클래스 외부에서 사용할 경우에는 반드시 객체를 생성하고 참조 변수를 통해 사용해야 합니다.

▶ 확인 문제

1. 필드에 대한 설명으로 맞는 것에 O표, 틀린 것에 X표 하세요.

   ① 필드는 메소드에서 사용할 수 있다. (   )
   ② 필드는 클래스 블록 어디서든 선언할 수 있다(생성자, 메소드 내부 제외). (   )
   ③ 필드는 객체 외부에서 접근할 수 없다. (   )
   ④ 필드는 초기값을 주지 않더라도 기본값으로 자동 초기화된다. (   )

2. 현실 세계의 회원을 Member 클래스로 모델링하려고 합니다. 회원의 데이터로는 이름, 아이디, 패스워드, 나이가 있습니다. 이들 데이터를 가지는 Member 클래스를 선언해보세요.

데이터 이름	필드 이름	타입
이름	name	문자열
아이디	id	문자열
패스워드	password	문자열
나이	age	정수

3. 위에서 작성한 Member 클래스의 필드를 MemberExample 클래스의 main() 메소드에서 사용하려고 합니다. ❶ ~ ❸ 에 알맞은 코드를 작성해보세요.

```java
public class MemberExample {
  public static void main(String[] args) {
    Member member = ❶                    ;
    ❷              = "최하얀";   //name 필드값 변경
    ❸              = 23;        //age 필드값 변경
  }
}
```

06-3 생성자

핵심 키워드

기본 생성자   생성자 선언   매개 변수   객체 초기화

this()   오버로딩

생성자는 new 연산자로 호출되는 중괄호 { } 블록입니다. 객체 생성 시 초기화를 담당하며, 모든 클래스에 반드시 하나 이상 존재합니다. 그렇기 때문에 클래스 내부에 선언을 생략하면 기본 생성자가 자동으로 추가됩니다. 이번 절에서는 생성자에 대해서 자세히 알아보겠습니다.

시작하기 전에

생성자Constructor는 new 연산자로 클래스로부터 객체를 생성할 때 호출되어 객체의 초기화를 담당합니다.

객체 초기화란 필드를 초기화하거나 메소드를 호출해서 객체를 사용할 준비를 하는 것을 말합니다. 생성자를 실행하지 않고는 클래스로부터 객체를 만들 수 없습니다. new 연산자에 의해 생성자가 성공적으로 실행되면 힙heap 영역에 객체가 생성되고 객체의 번지가 리턴됩니다. 리턴된 객체의 번지는 클래스 변수에 저장됩니다.

> 생성자가 성공적으로 실행되지 않고 예외(에러)가 발생했다면 객체는 생성되지 않습니다.

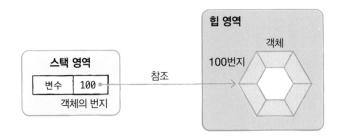

기본 생성자

모든 클래스는 생성자가 반드시 존재하며, 생성자를 하나 이상 가질 수 있습니다. 우리가 클래스 내부에 생성자 선언을 생략했다면 컴파일러는 다음과 같이 중괄호 {} 블록 내용이 비어 있는 기본 생성자Default Constructor를 바이트 코드에 자동 추가합니다.

> [public] 클래스() { }

클래스가 public class로 선언되면 기본 생성자에서도 public이 붙지만, 클래스가 public 없이 class로만 선언되면 기본 생성자에도 public이 붙지 않습니다.

note public에 대한 의미는 308쪽의 〈06-6 패키지와 접근 제한자〉에서 알아보기로 하고 지금은 그냥 넘어갑니다.

예를 들어 Car 클래스를 설계할 때 생성자를 생략하면 기본 생성자가 다음과 같이 생성됩니다.

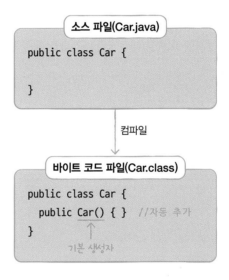

그렇기 때문에 클래스에 생성자를 선언하지 않아도 다음과 같이 new 연산자 뒤에 기본 생성자를 호출해서 객체를 생성할 수 있습니다.

```
Car myCar = new Car();
                    ↑
                기본 생성자
```

그러나 클래스에 명시적으로 선언한 생성자가 1개라도 있으면 컴파일러는 기본 생성자를 추가하지 않습니다. 명시적으로 생성자를 선언하는 이유는 객체를 다양한 값으로 초기화하기 위해서입니다. 그럼 생성자를 명시적으로 선언하는 방법에 대해 알아보겠습니다.

생성자 선언

기본 생성자 대신 우리가 생성자를 명시적으로 선언하려면 다음과 같은 형태로 작성하면 됩니다.

```
클래스( 매개변수선언, … ) {
    //객체의 초기화 코드        생성자 블록
}
```

생성자는 메소드와 비슷한 모양을 가지고 있으나, 리턴 타입이 없고 클래스 이름과 동일합니다. 생성자 블록 내부에는 객체 초기화 코드가 작성되는데, 일반적으로 필드에 초기값을 저장하거나 메소드를 호출하여 객체 사용 전에 필요한 준비를 합니다. 자세한 내용은 뒤에서 다루기로 하고, 여기서는 선언부만 살펴보겠습니다.

매개 변수 선언은 생략할 수도 있고 여러 개를 선언해도 좋습니다. 매개 변수는 new 연산자로 생성자를 호출할 때 외부의 값을 생성자 블록 내부로 전달하는 역할을 합니다.

예를 들어 다음과 같이 Car 생성자를 호출할 때 3개의 매개값을 제공한다고 가정해보겠습니다.

```
Car myCar = new Car("그랜저", "검정", 300);
```

2개의 매개값은 String 타입이고 마지막 매개값은 int 타입인 것을 볼 수 있습니다. 3개의 매개값을 생성자가 받기 위해서는 다음과 같이 매개 변수를 선언해야 합니다.

```
public class Car {
    //생성자
    Car(String model, String color, int maxSpeed) { … }
}
```

클래스에 생성자가 명시적으로 선언되어 있을 경우에는 반드시 선언된 생성자를 호출해서 객체를 생성해야만 합니다.

다음 예제를 보면 Car 클래스에 생성자 선언이 있기 때문에 기본 생성자(Car())를 호출해서 객체를 생성할 수 없고 Car(String color, int cc)를 호출해서 객체를 생성해야 합니다.

생성자 선언   소스 코드 Car.java

```
01    package sec03.exam01;
02
```

```
03    public class Car {
04        //생성자
05        Car(String color, int cc) {
06        }                  "검정"    3000
07    }
```

생성자를 호출해서 객체 생성   CarExample.java

```
01    package sec03.exam01;
02
03    public class CarExample {
04        public static void main(String[] args) {
05            Car myCar = new Car("검정", 3000);
06            //Car myCar = new Car();  (x) ←──────────── 기본 생성자를 호출할 수 없음
07        }
08    }
```

필드 초기화

클래스로부터 객체가 생성될 때 필드는 기본 초기값으로 자동 설정됩니다. 만약 다른 값으로 초기화하고 싶다면 두 가지 방법이 있습니다. 하나는 필드를 선언할 때 초기값을 주는 방법이고, 또 다른 하나는 생성자에서 초기값을 주는 방법입니다. 필드를 선언할 때 초기값을 주게 되면 동일한 클래스로부터 생성되는 객체들은 모두 같은 값을 갖게 됩니다. 물론 객체 생성 후 초기값을 변경할 수 있지만, 객체 생성 시점에는 필드의 값이 모두 같습니다.

예를 들어 다음과 같이 Korean 클래스에 nation 필드를 선언하면서 "대한민국"으로 초기값을 준 경우, Korean 클래스로부터 k1과 k2 객체를 생성하면 k1과 k2 객체의 nation 필드에는 모두 "대한민국"이 저장되어 있습니다.

```
public class Korean {
String nation = "대한민국";
String name;
String ssn;
}
```

```
Korean k1 = new Korean();
Korean k2 = new Korean();
```

하지만 객체 생성 시점에 외부에서 제공되는 다양한 값들로 초기화되어야 한다면 생성자에서 초기화해야 합니다. 위 코드에서 name(이름)과 ssn(주민번호) 필드값은 클래스를 작성할 때 초기값을 줄 수 없고 객체 생성 시점에 다양한 값을 가져야 합니다. 따라서 생성자의 매개값으로 이 값들을 받아

초기화하는 것이 맞습니다.

```java
public class Korean {
  //필드
  String nation = "대한민국";
  String name;
  String ssn;

  //생성자
  public Korean(String n, String s) {
    name = n;
    ssn = s;
  }
}
```

아래 코드에서 "박자바", "김자바"는 매개 변수 n을 통해 전달되고 "011225-1234567", "930525-0654321"은 매개 변수 s를 통해 전달됩니다. 이 값들은 각각 name 필드와 ssn 필드의 초기값으로 사용됩니다.

```java
Korean k1 = new Korean("박자바", "011225-1234567");
Korean k2 = new Korean("김자바", "930525-0654321");
```

직접 해보는 손코딩

생성자에서 필드 초기화 소스 코드 Korean.java

```java
01    package sec03.exam02;
02
03    public class Korean {
04      //필드
03      String nation = "대한민국";
04      String name;
05      String ssn;
06
07      //생성자
08      public Korean(String n, String s) {
09        name = n;
10        ssn = s;
11      }
12    }
```

```
01    package sec03.exam02;
02
03    public class KoreanExample {
04      public static void main(String[] args) {
05        Korean k1 = new Korean("박자바", "011225-1234567");
06        System.out.println("k1.name : " + k1.name);
07        System.out.println("k1.ssn : " + k1.ssn);
08
09        Korean k2 = new Korean("김자바", "930525-0654321");
10        System.out.println("k2.name : " + k2.name);
11        System.out.println("k2.ssn : " + k2.ssn);
12      }
13    }
```

> **실행결과**　　　✕
> k1.name : 박자바
> k1.ssn : 011225-1234567
> k2.name : 김자바
> k2.ssn : 930525-0654321

Korean 생성자의 매개 변수 이름은 각각 n과 s를 사용했습니다. 매개 변수의 이름이 너무 짧으면 코드의 가독성이 좋지 않기 때문에 가능하면 초기화시킬 필드 이름과 비슷하거나 동일한 이름을 사용하는 것이 좋습니다. 일반적으로는 필드와 동일한 이름을 갖는 매개 변수를 사용합니다.

그러나 이 경우 필드와 매개 변수 이름이 동일하기 때문에 생성자 내부에서 해당 필드에 접근할 수 없습니다. 왜냐하면 동일한 이름의 매개 변수가 사용 우선순위가 높기 때문입니다. 해결 방법은 필드 앞에 'this.'를 붙이면 됩니다. this는 객체 자신의 참조인데, 우리가 우리 자신을 '나'라고 하듯이 객체가 객체 자신을 this라고 합니다. 'this.필드'는 this라는 참조 변수로 필드를 사용하는 것과 동일합니다.

this를 이용하여 Korean 생성자를 수정하면 다음과 같습니다.

```
public Korean(String name, String ssn) {
  this.name = name;
        ↑       ↑
       필드   매개 변수

  this.ssn = ssn;
       ↑     ↑
      필드  매개 변수
}
```

객체의 필드는 하나가 아니라 여러 개가 있고, 이 필드들을 모두 생성자에서 초기화한다면 생성자의 매개 변수 수는 객체의 필드 수만큼 선언되어야 합니다. 그러나 실제로는 중요한 몇 개의 필드만 매개 변수를 통해 초기화되고 나머지 필드들은 필드 선언 시에 초기화하거나 생성자 내부에서 임의의 값 또는 계산된 값으로 초기화합니다. 아니면 객체 생성 후에 필드값을 별도로 저장하기도 합니다.

생성자 오버로딩

외부에서 제공되는 다양한 데이터들을 이용해서 객체를 초기화하려면 생성자도 다양화될 필요가 있습니다. Car 객체를 생성할 때 외부에서 제공되는 데이터가 없다면 기본 생성자로 Car 객체를 생성해야 하고, 외부에서 model 데이터가 제공되거나 model과 color가 제공될 경우에도 Car 객체를 생성할 수 있어야 합니다. 생성자가 하나뿐이라면 이러한 요구 조건을 수용할 수 없습니다. 그래서 자바는 다양한 방법으로 객체를 생성할 수 있도록 생성자 오버로딩overloading을 제공합니다. 생성자 오버로딩이란 매개 변수를 달리하는 생성자를 여러 개 선언하는 것을 말합니다.

```
public class 클래스 {
   클래스 ( [타입 매개변수, …] ) {
      …
   }                                           [생성자의 오버로딩]
                                               매개 변수의 타입, 개수, 순서가 다르게 선언
   클래스 ( [타입 매개변수, …] ) {
      …
   }
}
```

다음은 Car 클래스에서 생성자를 오버로딩한 예를 보여줍니다.

```
public class Car {
   Car() { … }
   Car(String model) { … }
   Car(String model, String color) { … }
   Car(String model, String color, int maxSpeed) { … }
}
```

생성자 오버로딩 시 주의할 점은 매개 변수의 타입과 개수 그리고 선언된 순서가 똑같을 경우 매개 변수 이름만 바꾸는 것은 생성자 오버로딩이 아니라는 점입니다.

다음과 같은 경우에 해당됩니다.

```
Car(String model, String color) { … }
Car(String color, String model) { … }   //오버로딩이 아님
```

생성자가 오버로딩되어 있을 경우, new 연산자로 생성자를 호출할 때 제공되는 매개값의 타입과 수에 의해 호출될 생성자가 결정됩니다.

다음은 다양한 방법으로 Car 객체를 생성합니다.

```
Car car1 = new Car();
Car car2 = new Car("그랜저");
Car car3 = new Car("그랜저", "흰색");
Car car4 = new Car("그랜저", "흰색", 300);
```

new Car()는 기본 생성자로 객체를 생성하고, new Car("그랜저")는 Car(String model) 생성자로 객체를 생성합니다. new Car("그랜저", "흰색")은 Car(String model, String color) 생성자로 객체를 생성하고 new Car("그랜저" "흰색", 300)은 Car(String model, String color, int maxSpeed) 생성자로 객체를 생성합니다.

다음 예제는 Car 생성자를 오버로딩해서 CarExample 클래스에서 다양한 방법으로 Car 객체를 생성하도록 했습니다.

직접 해보는 손코딩

생성자의 오버로딩 소스코드 **Car.java**

```
01    package sec03.exam03;
02
03    public class Car {
04        //필드
05        String company = "현대자동차";
06        String model;
07        String color;
08        int maxSpeed;
09
10        //생성자
11        Car() {                          ◀──── ① 생성자
12        }
13
14        Car(String model) {
15            this.model = model;          ◀──── ② 생성자
16        }
```

```
17
18      Car(String model, String color) {
19        this.model = model;                           ←——— ③ 생성자
20        this.color = color;
21      }
22
23      Car(String model, String color, int maxSpeed) {
24        this.model = model;
25        this.color = color;                           ←——— ④ 생성자
26        this.maxSpeed = maxSpeed;
27      }
28    }
```

객체 생성 시 생성자 선택 `소스 코드 CarExample.java`

```
01    package sec03.exam03;
02
03    public class CarExample {
04      public static void main(String[] args) {
05        Car car1 = new Car();←——————————— ① 생성자 선택
06        System.out.println("car1.company : " + car1.company);
07        System.out.println();
08
09        Car car2 = new Car("자가용");←——————— ② 생성자 선택
10        System.out.println("car2.company : " + car2.company);
11        System.out.println("car2.model : " + car2.model);
12        System.out.println();
13
14        Car car3 = new Car("자가용", "빨강");←—— ③ 생성자 선택
15        System.out.println("car3.company : " + car3.company);
16        System.out.println("car3.model : " + car3.model);
17        System.out.println("car3.color : " + car3.color);
18        System.out.println();
19
20        Car car4 = new Car("택시", "검정", 200);←— ④ 생성자 선택
21        System.out.println("car4.company : " + car4.company);
22        System.out.println("car4.model : " + car4.model);
23        System.out.println("car4.color : " + car4.color);
24        System.out.println("car4.maxSpeed : " + car4.maxSpeed);
25      }
26    }
```

```
🖥 실행결과                          ✕
car1.company : 현대자동차

car2.company : 현대자동차
car2.model : 자가용

car3.company : 현대자동차
car3.model : 자가용
car3.color : 빨강

car4.company : 현대자동차
car4.model : 택시
car4.color : 검정
car4.maxSpeed : 200
```

다른 생성자 호출: this()

생성자 오버로딩이 많아질 경우 생성자 간의 중복된 코드가 발생할 수 있습니다. 매개 변수의 수만 달리하고 필드 초기화 내용이 비슷한 생성자에서 이러한 현상을 많이 볼 수 있습니다. 이 경우에는 필드 초기화 내용은 한 생성자에만 집중적으로 작성하고 나머지 생성자는 초기화 내용을 가지고 있는 생성자를 호출하는 방법으로 개선할 수 있습니다.

생성자에서 다른 생성자를 호출할 때에는 다음과 같이 this() 코드를 사용합니다.

```
클래스( [매개변수, …] ) {
  this( 매개변수, …, 값, … );  ←——— 클래스의 다른 생성자 호출
  실행문;
}
```

this()는 자신의 다른 생성자를 호출하는 코드로 반드시 생성자의 첫 줄에서만 허용됩니다. this()의 매개값은 호출되는 생성자의 매개 변수에 맞게 제공해야 합니다. this() 다음에는 추가적인 실행문들이 올 수 있습니다. 이 말은 호출되는 생성자의 실행이 끝나면 원래 생성자로 돌아와서 다음 실행문을 진행한다는 뜻입니다.

자, 그렇다면 다음 코드를 보면서 생성자 오버로딩에서 생기는 중복 코드를 제거해보겠습니다.

```
Car(String model) {
  this.model = model;
  this.color = "은색";       ⎫ 중복 코드
  this.maxSpeed = 250;      ⎭
}

Car(String model, String color) {
  this.model = model;
  this.color = color;        ⎫ 중복 코드
  this.maxSpeed = 250;      ⎭
}

Car(String model, String color, int maxSpeed) {
  this.model = model;
  this.color = color;        ⎫ 중복 코드
  this.maxSpeed = maxSpeed;  ⎭
}
```

앞의 코드를 보면 3개의 생성자 내용이 비슷하므로 앞에 2개의 생성자에서 this()를 사용해서 마지막 생성자인 Car(String model, String color, int maxSpeed)를 호출하도록 수정하면 중복 코드를 최소화할 수 있습니다.

직접 해보는 손코딩

다른 생성자를 호출해서 중복 코드 줄이기   소스 코드 Car.java

```java
01    package sec03.exam04;
02
03    public class Car {
04        //필드
05        String company = "현대자동차";
06        String model;
07        String color;
08        int maxSpeed;
09
10        //생성자
11        Car() {
12        }
13
14        Car(String model) {
15            this(model, "은색", 250);          호출
16        }
17
18        Car(String model, String color) {
19            this(model, color, 250);          호출
20        }
21
22        Car(String model, String color, int maxSpeed) {
23            this.model = model;
24            this.color = color;       공통 실행 코드
25            this.maxSpeed = maxSpeed;
26        }
27    }
```

객체 생성 시 생성자 선택   소스 코드 CarExample.java

```java
01    package sec03.exam04;
02
03    public class CarExample {
04        public static void main(String[] args) {
```

```
05          Car car1 = new Car();
06          System.out.println("car1.company : " + car1.company);
07          System.out.println();
08
09          Car car2 = new Car("자가용");
10          System.out.println("car2.company : " + car2.company);
11          System.out.println("car2.model : " + car2.model);
12          System.out.println();
13
14          Car car3 = new Car("자가용", "빨강");
15          System.out.println("car3.company : " + car3.company);
16          System.out.println("car3.model : " + car3.model);
17          System.out.println("car3.color : " + car3.color);
18          System.out.println();
19
20          Car car4 = new Car("택시", "검정", 200);
21          System.out.println("car4.company : " + car4.company);
22          System.out.println("car4.model : " + car4.model);
23          System.out.println("car4.color : " + car4.color);
24          System.out.println("car4.maxSpeed : " + car4.maxSpeed);
25      }
26  }
```

> 🖥 실행결과   ✕
>
> car1.company : 현대자동차
>
> car2.company : 현대자동차
> car2.model : 자가용
>
> car3.company : 현대자동차
> car3.model : 자가용
> car3.color : 빨강
>
> car4.company : 현대자동차
> car4.model : 택시
> car4.color : 검정
> car4.maxSpeed : 200

▶ 6가지 키워드로 끝내는 핵심 포인트

• **기본 생성자**: 클래스 선언 시 컴파일러에 의해 자동으로 추가되는 생성자입니다.

• **생성자 선언**: 클래스로부터 객체를 생성할 때 호출되는 생성자를 명시적으로 선언할 수 있습니다. 생성자를 선언하면 기본 생성자는 생성되지 않습니다.

• **매개 변수**: 생성자 호출 시 값을 전달받기 위해 선언되는 변수를 말합니다.

• **객체 초기화**: 객체를 사용하기 전에 준비하는 과정으로 필드를 선언할 때 초기화하거나 생성자 내부에서 필드값을 초기화할 수 있으며, 메소드를 호출하는 내용으로 구성됩니다.

• **오버로딩**: 매개 변수를 달리하는 생성자를 여러 개 선언하는 것을 말합니다.

• **this( )**: 객체 자신의 또 다른 생성자를 호출할 때 사용합니다.

▶ 확인 문제

1. 생성자에 대한 설명으로 맞는 것에 O표, 틀린 것에 X표 하세요.

　① 객체를 생성하려면 생성자 호출이 반드시 필요한 것은 아니다. (　　　)
　② 생성자는 다른 생성자를 호출하기 위해 this()를 사용할 수 있다. (　　　)
　③ 생성자가 선언되지 않으면 컴파일러가 기본 생성자를 추가한다. (　　　)
　④ 매개 변수의 수, 타입, 순서가 다른 생성자를 여러 개 선언할 수 있다. (　　　)

2. 다음과 같이 Member 객체를 생성하고 싶습니다. 생성자에서 name 필드와 id 필드를 외부에서 받은 값으로 초기화할 수 있도록 Member 클래스를 작성해보세요.

```
Member user1 = new Member("홍길동", "hong");
```

3. Board 클래스의 생성자가 다음과 같이 오버로딩되어 있습니다. 생성자마다 중복 코딩된 부분이 있습니다. this()를 활용해서 중복 코드를 제거해보세요.

```java
public class Board {
  String title;
  String content;
  String writer;
  String date;
  int hitcount;

  Board(String title, String content) {
    this.title = title;
    this.content = content;
    this.writer = "로그인한 회원아이디";
    this.date = "현재 컴퓨터 날짜";
    this.hitcount = 0;
  }

  Board(String title, String content, String writer) {
    this.title = title;
    this.content = content;
    this.writer = writer;
    this.date = "현재 컴퓨터 날짜";
    this.hitcount = 0;
  }

  Board(String title, String content, String writer, String date) {
    this.title = title;
    this.content = content;
    this.writer = writer;
    this.date = date;
    this.hitcount = 0;
  }

  Board(String title, String content, String writer, String date, int hitcount) {
    this.title = title;
    this.content = content;
    this.writer = writer;
    this.date = date;
    this.hitcount = hitcount;
  }
}
```

4. Board 클래스가 위와 같이 선언되어 있을 경우 Board 객체를 생성하는 네 가지 방법을 모두 기술해보세요.

① Board board1 = new _____;

② Board board2 = new _____;

③ Board board3 = new _____;

④ Board board4 = new _____;

06-4 메소드

핵심 키워드

선언부 · void · 매개 변수 · return문 · 호출 · 오버로딩

메소드는 객체의 동작에 해당하는 중괄호 {} 블록을 말합니다. 중괄호 블록 이름이 메소드 이름이며, 메소드를 호출하면 중괄호 블록에 있는 모든 코드들이 일괄적으로 실행됩니다. 이번 절에서는 메소드를 선언하고 호출하는 방법에 대해서 알아보겠습니다.

시작하기 전에

메소드 선언은 선언부와 실행 블록으로 구성됩니다. 메소드 선언부를 메소드 시그너처^{signature}라고 하며, 선언부와 실행 블록에는 다음 요소를 포함합니다.

- **리턴 타입:** 메소드가 리턴하는 결과의 타입을 표시합니다.
- **메소드 이름:** 메소드의 기능이 드러나도록 식별자 규칙에 맞게 이름을 지어줍니다.
- **매개 변수 선언:** 메소드를 실행할 때 필요한 데이터를 받기 위한 변수를 선언합니다.
- **메소드 실행 블록:** 실행할 코드를 작성합니다.

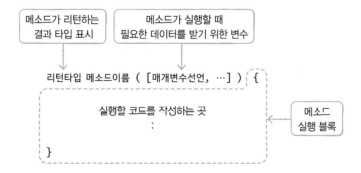

메소드 선언

메소드 선언은 선언부(리턴 타입, 메소드 이름, 매개 변수 선언)와 실행 블록으로 구성됩니다.

리턴 타입

리턴 타입은 리턴값의 타입을 말합니다. 리턴값이란 메소드를 실행한 후의 결과값을 말합니다. 메소드는 리턴값이 있을 수도 있고 없을 수도 있으나 리턴값이 있을 경우 리턴 타입이 선언부에 명시되어야 합니다.

예를 들어 전자계산기 객체에서 전원을 켜는 powerOn() 메소드와 두 수를 나누는 기능인 divide() 메소드가 있다고 가정해봅시다.

powerOn() 메소드는 전원만 켜면 그만입니다. 따라서 powerOn() 메소드는 리턴값이 없습니다. 반대로 divide() 메소드는 나눗셈의 결과를 리턴해야 합니다. 리턴값이 없는 메소드는 리턴 타입에 void로 기술하며, 리턴값이 있는 메소드는 리턴값의 타입을 기술합니다. divide() 메소드의 결과가 double 값이라면 리턴 타입으로 double을 기술해야 합니다.

```
void powerOn() { … }
double divide( int x, int y ) { … }
```

리턴값이 있느냐 없느냐에 따라 메소드를 호출하는 방법이 다릅니다. 위의 두 메소드는 다음과 같이 호출할 수 있습니다.

```
powerOn();
double result = divide( 10, 20 );
```

powerOn() 메소드는 리턴값이 없기 때문에 변수에 저장할 내용이 없습니다. 단순히 메소드만 호출하면 됩니다. 그러나 divide() 메소드는 10을 20으로 나눈 후 0.5를 리턴하므로 이것을 저장할 변수가 있어야 합니다. 리턴값을 받기 위해 변수는 divide() 메소드의 리턴 타입인 double 타입으로 선언되어야 합니다. 만약 result 변수를 int 타입으로 선언하게 되면 double 값을 저장할 수 없기 때문에 컴파일 에러가 발생합니다.

```
int result = divide( 10, 20 );   //컴파일 에러
```

리턴 타입이 있다고 해서 반드시 리턴값을 변수에 저장할 필요는 없습니다. 리턴값이 중요하지 않고, 메소드 실행이 중요할 경우에는 다음과 같이 변수를 선언하지 않고 메소드를 호출할 수도 있습니다.

```
divide( 10, 20 );
```

메소드 이름

메소드 이름은 자바 식별자 규칙에 맞게 작성하면 되는데, 다음 사항에 주의해야 합니다.

- 숫자로 시작하면 안 되고, $와 _를 제외한 특수 문자를 사용하지 말아야 합니다.
- 관례적으로 메소드 이름은 소문자로 작성합니다.
- 서로 다른 단어가 혼합된 이름이라면 뒤이어 오는 단어의 첫 글자는 대문자로 작성합니다.

아래에 잘 작성된 메소드 이름을 보겠습니다. 메소드 이름은 이 메소드가 어떤 기능을 수행하는지 쉽게 알 수 있도록 기능 이름으로 지어주는 것이 좋습니다. 메소드 이름의 길이는 프로그램 실행과는 무관하니, 너무 짧게 주지 않도록 합니다.

```
void run()  { … }
void startEngine() { … }
String getName() { … }
int[] getScores() { … }
```

매개 변수 선언

매개 변수는 메소드가 실행할 때 필요한 데이터를 외부로부터 받기 위해 사용됩니다. 메소드에서 매개 변수가 필요한 경우가 있고 필요 없는 경우가 있습니다.

예를 들어 powerOn() 메소드는 그냥 전원만 켜면 그만이지만, divide() 메소드는 나눗셈할 두 수가 필요합니다. 따라서 powerOn() 메소드는 매개 변수가 필요 없고 divide() 메소드는 매개 변수가 2개 필요합니다.

다음은 매개 변수가 있는 divide() 메소드의 선언 예를 보여줍니다.

```
double divide( int x, int y ) { … }
```

이렇게 선언된 divide() 메소드를 호출할 때에는 반드시 2개의 int 값을 주어야 합니다.

```
double result = divide( 10, 20 );
```

호출 시 넘겨준 매개값인 10과 20은 해당 위치의 매개 변수인 x와 y에 각각 저장되고, 이 매개 변수들을 이용해서 메소드 블록을 실행하게 됩니다. 이때 매개값은 반드시 매개 변수의 타입에 부합되는 값이어야 합니다. divide() 메소드가 int 타입 매개 변수를 가지고 있다면 호출 시 매개값으로 int 값이나 int 타입으로 변환될 수 있는 값을 넘겨주어야 합니다.

다음은 잘못된 매개값을 사용해서 컴파일 에러가 발생하는 경우입니다.

```
double result = divide( 10.5, 20.0 );
```

10.5와 20.0은 double 값이므로 int 타입으로 변환될 수 없기 때문입니다. 하지만 다음 코드는 컴파일 에러가 생기지 않고 정상적으로 실행됩니다. 매개값의 타입과 매개 변수의 타입이 달라도 byte는 int로 자동 타입 변환되기 때문에 컴파일 에러가 생기지 않습니다.

```
byte b1 = 10;
byte b2 = 20;
double result = divide( b1, b2 );
```

다음은 Calculator 클래스에서 powerOn(), plus(), divide(), powerOff() 메소드를 선언한 예제입니다. plus()와 divide() 메소드에서 사용된 return문은 다음 절에서 설명합니다.

직접 해보는 손코딩

메소드 선언　　소스 코드　Calculator.java

```
01    package sec04.exam01;
02
03    public class Calculator {
04
05        //메소드
06        void powerOn() {
```

```
07        System.out.println("전원을 켭니다.");
08      }
09
10      int plus(int x, int y) {
11        int result = x + y;
12        return result;
13      }
14
15      double divide(int x, int y) {
16        double result = (double)x / (double)y;
17        return result;
18      }
19
20      void powerOff() {
21        System.out.println("전원을 끕니다");
22      }
23    }
```

외부 클래스에서 Calculator 클래스의 메소드를 호출하기 위해서는 다음 예제와 같이 5라인에서 Calculator 객체를 생성하고 참조 변수인 myCalc를 이용해야 합니다. myCalc 변수에 도트(.)와 함께 '메소드이름(매개값, …)' 형태로 호출하면 메소드 블록이 실행됩니다.

직접 해보는 손코딩

메소드 호출   소스 코드   CalculatorExample.java

```
01    package sec04.exam01;
02
03    public class CalculatorExample {
04      public static void main(String[] args) {
05        Calculator myCalc = new Calculator();
06        myCalc.powerOn();
07
08        int result1 = myCalc.plus(5, 6);
09        System.out.println("result1: " + result1);
10
11        byte x = 10;
12        byte y = 4;
13        double result2 = myCalc.divide(x, y);
14        System.out.println("result2: " + result2);
15
```

┌─────────────────────┐
│ 〈/〉 실행결과   ✕ │
├─────────────────────┤
│ 전원을 켭니다.   │
│ result1: 11   │
│ result2: 2.5   │
│ 전원을 끕니다   │
└─────────────────────┘

```
16          myCalc.powerOff();
17      }
18  }
```

매개 변수의 개수를 모를 경우

메소드의 매개 변수는 개수가 이미 정해져 있는 것이 일반적이지만, 어떤 상황에서는 메소드를 선언할 때 매개 변수의 개수를 알 수 없는 경우도 있습니다. 예를 들어 여러 개의 수를 모두 합산하는 메소드를 선언해야 한다면 몇 개의 매개 변수가 입력될지 알 수 없기 때문에 매개 변수의 개수를 결정할 수 없을 것입니다.

해결책은 다음과 같이 매개 변수를 배열 타입으로 선언하는 것입니다.

```
int sum1(int[] values) {  }
```

sum1() 메소드를 호출할 때 배열을 넘겨줌으로써 배열의 항목 값들을 모두 전달할 수 있습니다. 배열의 항목 수는 호출할 때 결정됩니다.

```
int[] values = { 1, 2, 3 };
int result = sum1(values);
int result = sum1(new int[] { 1, 2, 3, 4, 5 });
```

매개 변수를 배열 타입으로 선언하면 메소드를 호출하기 전에 배열을 생성해야 하는 불편한 점이 있습니다. 그래서 배열을 생성하지 않고 값의 목록만 넘겨주는 방법도 있습니다. 다음과 같이 sum2() 메소드의 매개 변수를 …를 사용해서 선언하게 되면 메소드 호출 시 넘겨준 값의 수에 따라 자동으로 배열이 생성되고 매개값으로 사용됩니다.

```
int sum2(int … values) {  }
```

…로 선언된 매개 변수의 값은 다음과 같이 메소드 호출 시 쉼표로 나열해주면 됩니다.

```
int result = sum2(1, 2, 3);
int result = sum2(1, 2, 3, 4, 5);
```

…로 선언된 매개 변수는 배열 타입이므로 다음과 같이 배열을 직접 매개값으로 사용해도 좋습니다.

```
int[] values = { 1, 2, 3 };
int result = sum2(values);
int result = sum2(new int[] { 1, 2, 3, 4, 5 });
```

다음 예제는 매개 변수를 배열로 선언한 sum1()과 매개 변수를 …로 선언한 sum2()의 작성 방법을 보여줍니다. 둘 다 항목의 값을 모두 더해서 리턴합니다.

매개 변수의 개수를 모를 경우   소스 코드 Computer.java

```
01    package sec04.exam02;
02
03    public class Computer {
04      int sum1(int[] values) {
05        int sum = 0;
06        for(int i=0; i<values.length; i++) {
07          sum += values[i];
08        }
09        return sum;
10      }
11
12      int sum2(int … values) {
13        int sum = 0;
14        for(int i=0; i<values.length; i++) {
15          sum += values[i];
16        }
17        return sum;
18      }
19    }
```

note sum1()과 sum2() 메소드의 실행문이 완전 일치하는 것을 볼 수 있습니다. 매개 변수의 선언 방법만 다를 뿐이지 매개 변수의 타입이 배열이므로 처리 내용이 같을 수밖에 없습니다.

직접 해보는 손코딩

매개 변수의 개수를 모를 경우   소스 코드 ComputerExample.java

```
01    package sec04.exam02;
02
03    public class ComputerExample {
```

```
04      public static void main(String[] args) {
05          Computer myCom = new Computer();
06
07          int[] values1 = {1, 2, 3};
08          int result1 = myCom.sum1(values1);
09          System.out.println("result1: " + result1);
10
11          int result2 = myCom.sum1(new int[] {1, 2, 3, 4, 5});
12          System.out.println("result2: " + result2);
13
14          int result3 = myCom.sum2(1, 2, 3);
15          System.out.println("result3: " + result3);
16
17          int result4 = myCom.sum2(1, 2, 3, 4, 5);
18          System.out.println("result4: " + result4);
19      }
20  }
```

> 🖥 **실행결과**　✕
>
> result1: 6
> result2: 15
> result3: 6
> result4: 15

return문

리턴값이 있는 메소드

메소드 선언에 리턴 타입이 있는 메소드는 반드시 리턴return문을 사용해서 리턴값을 지정해야 합니다. 만약 return문이 없다면 컴파일 에러가 발생하고, return문이 실행되면 메소드는 즉시 종료됩니다.

```
return 리턴값;
```

return문의 리턴값은 리턴 타입이거나 리턴 타입으로 변환될 수 있어야 합니다. 예를 들어 리턴 타입이 int인 plus() 메소드에서는 byte, short, int의 값이 리턴되어도 상관없습니다. byte와 short는 int로 자동 타입 변환되어 리턴되기 때문입니다.

```
int plus(int x, int y) {
  int result = x + y;
  return result;
}
```

```
int plus(int x, int y) {
  byte result = (byte) (x + y);
  return result;
}
```

return문 이후의 실행문은 결코 실행되지 않습니다. 그렇기 때문에 return 이후에 실행문이 오면 "Unreachable code" 라는 컴파일 에러가 발생합니다. 따라서 다음은 잘못된 코딩입니다.

```java
int plus(int x, int y) {
  int result = x + y;
  return result;
  System.out.println(result);  //Unreachable code
}
```

하지만 다음과 같은 경우에는 컴파일 에러가 발생하지 않습니다. ②는 return false; 다음에 있지만, if문의 조건식이 false 가 될 경우 정상적으로 ②가 실행되기 때문에 ②는 "Unreachable code" 에러를 발생시키지 않습니다. if문의 조건식이 true가 되면 ①이 실행되고 return false;가 실행되어 메소드는 즉시 종료합니다. 이 경우 당연히 ②는 실행되지 않습니다.

```java
boolean isLeftGas() {
  if(gas==0) {
    System.out.println("gas가 없습니다.");  ←——— ①
    return false;
  }
  System.out.println("gas가 있습니다.");  ←——— ②
  return true;
}
```

리턴값이 없는 메소드: void

리턴값이 없는 메소드는 리턴 타입으로 void를 사용합니다. 그런데 void로 선언된 메소드에서도 return문을 사용할 수 있습니다. 이것은 리턴값을 지정하는 것이 아니라 메소드 실행을 강제 종료시키는 역할을 합니다.

```java
return;
```

다음은 gas 값이 0보다 클 경우 계속해서 while문을 실행하고, 0일 경우 return문을 실행해서 run() 메소드를 즉시 종료합니다. while문이 한 번 루핑할 때마다 gas를 1씩 감소하기 때문에 언젠 가는 0이 되어 run() 메소드를 종료합니다. 이 예제에서는 return문 대신 break문을 사용할 수 있 습니다. 만약 while문 뒤에 실행문이 추가적으로 더 있을 경우, break문을 반드시 사용해야 합니다. return문은 즉시 메소드를 종료시키기 때문입니다.

```
void run() {
  while(true) {
    if(gas > 0) {
      System.out.println("달립니다.(gas잔량:" + gas + ")");
      gas -= 1;
    } else {
      System.out.println("멈춥니다.(gas잔량:" + gas + ")");
      return;
    }              ┌──────── run() 메소드 실행 종료
  }
}
```

직접 해보는 손코딩

return문 소스코드 Car.java

```
01    package sec04.exam03;
02
03    public class Car {
04      //필드
05      int gas;
06
07      //생성자
08
09      //메소드
10      void setGas(int gas) {
11        this.gas = gas;
12      }
13
14      boolean isLeftGas() {
15        if(gas == 0) {
16          System.out.println("gas가 없습니다.");
17          return false;   //false를 리턴
18        }
19        System.out.println("gas가 있습니다.");
20        return true;   //true를 리턴
21      }
22
23      void run() {
24        while(true) {
25          if(gas > 0) {
```

리턴값이 없는 메소드로
매개값을 받아서
gas 필드값을 변경

리턴값이 boolean인
메소드로 gas 필드값이
0이면 false를, 0이
아니면 true를 리턴

리턴값이 없는 메소드로
gas 필드값이 0이면
return문으로 메소드를
강제 종료

```
26              System.out.println("달립니다.(gas잔량:" + gas + ")");
27              gas -= 1;
28          } else {
29              System.out.println("멈춥니다.(gas잔량:" + gas + ")");
30              return;  //메소드 실행 종료
31          }
32        }
33      }
34    }
```

return문   소스코드 CarExample.java

```
01    package sec04.exam03;
02
03    public class CarExample {
04      public static void main(String[] args) {
05        Car myCar = new Car();
06
07        myCar.setGas(5);  //Car의 setGas() 메소드 호출
08
09        boolean gasState = myCar.isLeftGas();  //Car의 isLeftGas() 메소드 호출
10        if(gasState) {
11          System.out.println("출발합니다.");
12          myCar.run();  //Car의 run() 메소드 호출
13        }
14
15        if(myCar.isLeftGas()) {  //Car의 isLeftGas() 메소드 호출
16          System.out.println("gas를 주입할 필요가 없습니다.");
17        } else {
18          System.out.println("gas를 주입하세요.");
19        }
20      }
21    }
```

> **실행결과**   ✕
>
> gas가 있습니다.
> 출발합니다.
> 달립니다.(gas잔량:5)
> 달립니다.(gas잔량:4)
> 달립니다.(gas잔량:3)
> 달립니다.(gas잔량:2)
> 달립니다.(gas잔량:1)
> 멈춥니다.(gas잔량:0)
> gas가 없습니다.
> gas를 주입하세요.

CarExample 클래스는 다음과 같이 실행됩니다.

- 7라인에서 Car 객체의 setGas(5) 메소드를 호출해서 Car 객체의 gas 필드값을 5로 변경했습니다.
- 9라인에서는 isLeftGas() 메소드를 호출해서 리턴값을 gasState 변수에 저장합니다.
- 10라인에서 gasState 변수값이 true일 경우 12라인에서 run() 메소드를 호출합니다.

- 15라인을 보면 if문의 조건식으로 isLeftGas() 메소드 호출이 들어가 있는데, 이것이 가능한 이 유는 isLeftGas() 메소드가 boolean 값을 리턴하기 때문입니다. 리턴값이 true일 경우 if 블록 을 실행하고, false일 경우 else 블록을 실행합니다.

메소드 호출

메소드는 클래스 내·외부의 호출에 의해 실행됩니다. 클래스 내부의 다른 메소드에서 호출할 경우 에는 단순한 메소드 이름으로 호출하면 되지만, 클래스 외부에서 호출할 경우에는 우선 클래스로부 터 객체를 생성한 뒤 참조 변수를 이용해서 메소드를 호출해야 합니다. 객체가 존재해야 메소드도 존 재하기 때문입니다.

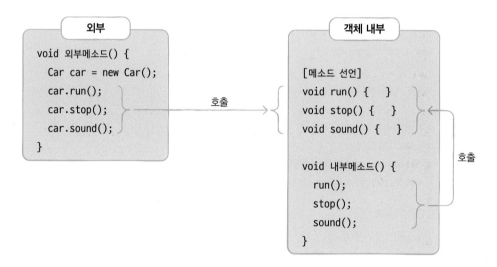

객체 내부에서 호출

클래스 내부에서 다른 메소드를 호출할 경우에는 다음과 같은 형태로 작성하면 됩니다. 메소드가 매 개 변수를 가지고 있을 때에는 매개 변수의 타입과 수에 맞게 매개값을 제공합니다.

```
메소드( 매개값, … );
```

예를 들어 method2() 메소드에서 method1() 메소드를 호출하려면 다음과 같이 작성합니다. ①호 출에서 method1("홍길동", 100)이 호출되면 매개값인 "홍길동"은 p1 매개 변수에 대입되고 100은 p2 매개 변수에 대입됩니다. 그리고 ②실행에서 p1과 p2 변수를 이용합니다.

```
public class ClassName {
  void method1( String p1,  int p2 ) {
                       ↑            ↑
         ② 실행     "홍길동"      100


  }

  void method2() {
    method1( "홍길동", 100 );
  }
}
```

① 호출

메소드가 리턴값이 없거나, 있어도 받고 싶지 않을 경우 위와 같이 모두 호출이 가능합니다. 리턴값이 있는 메소드를 호출하고 리턴값을 받고 싶다면 다음과 같이 변수를 선언하고 리턴값을 대입합니다.

```
타입 변수 = 메소드(매개값, … );
            ↑
          리턴값
```

이때 변수 타입은 메소드 리턴 타입과 동일하거나, 자동 타입 변환이 될 수 있어야 한다는 점에 주의해야 합니다. 예를 들어 int는 double 타입으로 자동 변환되기 때문에 int 리턴값은 double 타입 변수에 대입할 수 있습니다.

```
public class ClassName {
  int method1(int x, int y) {
    int result = x + y;
    return result;
  }

  void method2() {
    int result1 = method1(10, 20);      //result1에는 30이 저장
    double result2 = method1(10, 20);   //result2에는 30.0이 저장
  }
}
```

클래스 내부에서 메소드 호출 소스 코드 `Calculator.java`

```java
01    package sec04.exam04;
02
03    public class Calculator {
04      int plus(int x, int y) {
05        int result = x + y;
06        return result;
07      }
08
09      double avg(int x, int y) {
10        double sum = plus(x, y);
11        double result = sum / 2;
12        return result;
13      }
14
15      void execute() {
16        double result = avg(7, 10);
17        println("실행결과: " + result);
18      }
19
20      void println(String message) {
21        System.out.println(message);
22      }
23    }
```

② 호출
① 호출
③ 호출

Calculator의 execute() 실행 소스 코드 `CalculatorExample.java`

```java
01    package sec04.exam04;
02
03    public class CalculatorExample {
04      public static void main(String[] args) {
05        Calculator myCalc = new Calculator();
06        myCalc.execute();
07      }
08    }
```

Calculator의 execute() 메소드 호출

💻 실행결과 ✕
실행결과: 8.5

CalculatorExample 클래스의 6라인에서 Calculator 객체의 execute() 메소드를 호출하면 어떤 과정으로 실행되는지 살펴보겠습니다.

```
myCalc.execute();
```

Calculator는 다음과 같이 실행됩니다.

- 16라인에서 호출이 제일 먼저 일어나서 avg() 메소드가 실행됩니다(①).
- avg() 메소드의 10라인에서 호출이 일어나서 plus() 메소드가 실행됩니다(②).
- plus() 메소드가 리턴값을 주면 avg() 메소드는 10라인에서 리턴값을 sum 변수에 저장하고 11라인을 실행한 후 12라인에서 execute() 메소드로 리턴값을 줍니다.
- execute() 메소드는 16라인에서 avg() 메소드의 리턴값을 받아 17라인에서 println() 메소드를 호출할 때 매개값으로 넘겨줍니다(③).
- println() 메소드는 매개값으로 받은 문자열을 21라인에서 콘솔로 출력합니다.
- 마지막으로 execute() 메소드는 18라인을 만나게 되고 종료됩니다.

객체 외부에서 호출

외부 클래스에서 메소드를 호출하려면 우선 다음과 같이 클래스로부터 객체를 생성해야 합니다. 메소드는 객체에 소속된 멤버이므로 객체가 존재하지 않으면 메소드도 존재하지 않기 때문입니다.

```
클래스 참조변수 = new 클래스( 매개값, … );
```

객체가 생성되었다면 참조 변수와 함께 도트(.) 연산자를 사용해서 메소드를 호출할 수 있습니다. 도트(.) 연산자는 객체 접근 연산자로 객체가 가지고 있는 필드나 메소드에 접근할 때 사용됩니다.

```
참조변수.메소드( 매개값, … );            //리턴값이 없거나, 있어도 리턴값을 받지 않을 경우
타입 변수 = 참조변수.메소드( 매개값, … );   //리턴값이 있고, 리턴값을 받고 싶을 경우
```

다음은 Car 객체의 keyTurnOn() 메소드와 run() 메소드를 호출하는 코드입니다. keyTurnOn()과 run() 메소드는 리턴값이 없기 때문에 단순 호출만 했고, getSpeed() 메소드는 리턴값이 있으므로 리턴값을 받아 변수 speed에 저장했습니다.

```
Car myCar = new Car();
myCar.keyTurnOn();
myCar.run();
int speed = myCar.getSpeed();
```

클래스 외부에서 메소드 호출 소스 코드 Car.java

```java
01    package sec04.exam05;
02
03    public class Car {
04      //필드
05      int speed;
06
07      //생성자
08
09      //메소드
10      int getSpeed() {
11        return speed;
12      }
13
14      void keyTurnOn() {
15        System.out.println("키를 돌립니다.");
16      }
17
18      void run() {
19        for(int i=10; i<=50; i+=10) {
20          speed = i;
21          System.out.println("달립니다.(시속:" + speed + "km/h)");
22        }
23      }
24    }
```

클래스 외부에서 메소드 호출 소스 코드 CarExample.java

```java
01    package sec04.exam05;
02
03    public class CarExample {
04      public static void main(String[] args) {
05        Car myCar = new Car();
06        myCar.keyTurnOn();
07        myCar.run();
08        int speed = myCar.getSpeed();
09        System.out.println("현재 속도: " + speed + "km/h");
10      }
11    }
```

실행결과 ✕

키를 돌립니다.
달립니다.(시속:10km/h)
달립니다.(시속:20km/h)
달립니다.(시속:30km/h)
달립니다.(시속:40km/h)
달립니다.(시속:50km/h)
현재 속도: 50km/h

메소드 오버로딩

클래스 내에 같은 이름의 메소드를 여러 개 선언하는 것을 메소드 오버로딩overloading이라고 합니다. 오버로딩의 사전적 의미는 많이 싣는 것을 뜻합니다. 하나의 메소드 이름으로 여러 기능을 담는다 하여 붙여진 이름이라 생각하면 됩니다. 메소드 오버로딩의 조건은 매개 변수의 타입, 개수, 순서 중 하나가 달라야 한다는 점입니다.

```
class 클래스 {
    리턴 타입    메소드이름 ( 타입 변수, … )  { … }
              ↑           ↑            ↑
           상관없음       동일    매개 변수의 타입, 개수, 순서가 달라야 함
              ↓           ↓            ↓
    리턴 타입    메소드이름 ( 타입 변수, … )  { … }
}
```

메소드 오버로딩이 필요한 이유는 매개값을 다양하게 받아 처리할 수 있도록 하기 위해서입니다. 예를 들어 다음과 같이 plus() 메소드가 있다고 가정해봅시다.

```
int plus(int x, int y) {
  int result = x + y;
  return result;
}
```

plus() 메소드를 호출하기 위해서는 2개의 int 매개값이 필요합니다. 하지만 int 타입이 아니라 double 타입의 값을 덧셈하기 위해서는 plus() 메소드를 호출할 수 없습니다. 해결 방법은 매개 변수가 double 타입으로 선언된 plus() 메소드를 하나 더 선언하는 것입니다.

```
double plus(double x, double y) {
  double result = x + y;
  return result;
}
```

오버로딩된 메소드를 호출할 경우 JVM은 매개값의 타입을 보고 메소드를 선택합니다.

예를 들어 다음과 같이 plus() 메소드를 호출하면 매개값이 정수이므로 plus(int x, int y)가 실행됩니다.

```
plus(10, 20);
```

그리고 다음과 같이 plus() 메소드를 호출하면 매개값이 실수이므로 plus(double x, double y)가 실행됩니다.

```
plus(10.5, 20.3);
```

그렇다면 다음 코드는 어떻게 될까요? 컴파일 에러가 날까요? 만일 실행이 된다면 어떤 메소드가 실행될까요?

```
int x = 10;
double y = 20.3;
plus(x, y);
```

첫 번째 매개 변수가 int 타입이고 두 번째 매개 변수가 double 타입인 plus() 메소드가 없기 때문에 컴파일 에러가 날 것 같지만, plus(double x, double y) 메소드가 실행됩니다. JVM은 일차적으로 매개 변수의 타입을 보지만, 매개 변수의 타입이 일치하지 않을 경우 자동 타입 변환이 가능한지를 검사합니다. 첫 번째 매개 변수인 int는 double 타입으로 변환이 가능하므로 최종적으로 plus(double x, double y) 메소드가 선택됩니다.

메소드를 오버로딩할 때 주의할 점은 매개 변수의 타입과 개수, 순서가 똑같을 경우 매개 변수 이름이 다르다고 해서 이것을 메소드 오버로딩이라고 하지 않는다는 것입니다. 또한 리턴 타입만 다르고 매개 변수가 동일하다면 이것도 오버로딩이 아닙니다. 왜냐하면 리턴 타입은 JVM이 메소드를 선택할 때 아무런 도움을 주지 못하기 때문입니다. 만약 아래와 같이 선언했다면 오버로딩이 아니기 때문에 컴파일 에러가 발생합니다.

```
int divide(int x, int y) { … }
double divide(int boonja, int boonmo) { … }
```

메소드 오버로딩의 가장 대표적인 예는 System.out.println() 메소드입니다. println() 메소드는 호출할 때 주어진 매개값의 타입에 따라서 다음과 같이 오버로딩된 println() 메소드 중 하나를 호출합니다.

```
void println() { … }
void println(boolean x) { … }
void println(char x) { … }
void println(char[] x) { … }
void println(double x) { … }
```

```
void println(float x) { … }
void println(int x) { … }
void println(long x) { … }
void println(Object x) { … }
void println(String x) { … }
```

다음 예제를 보면 Calculator 클래스에 areaRectangle() 메소드를 오버로딩해서 매개값이 1개이면 정사각형의 넓이를, 2개이면 직사각형의 넓이를 계산하여 리턴하도록 했습니다. 어떤 메소드가 호출될 것인지는 매개값의 개수에 달려 있습니다.

메소드 오버로딩 Calculator.java

```
01    package sec04.exam06;
02
03    public class Calculator {
04      //정사각형의 넓이
05      double areaRectangle(double width) {
06        return width * width;
07      }
08
09      //직사각형의 넓이
10      double areaRectangle(double width, double height) {
11        return width * height;
12      }
13    }
```

메소드 오버로딩 CalculatorExample.java

```
01    package sec04.exam06;
02
03    public class CalculatorExample {
04      public static void main(String[] args) {
05        Calculator myCalcu = new Calculator();
06
07        //정사각형의 넓이 구하기
08        double result1 = myCalcu.areaRectangle(10);
09
10        //직사각형의 넓이 구하기
11        double result2 = myCalcu.areaRectangle(10, 20);
```

```
12
13        //결과 출력
14        System.out.println("정사각형 넓이=" + result1);
15        System.out.println("직사각형 넓이=" + result2);
16    }
17 }
```

실행결과 ✕

정사각형 넓이=100.0
직사각형 넓이=200.0

▶ 6가지 키워드로 끝내는 핵심 포인트

- **선언부**: 메소드 선언부는 리턴 타입, 메소드 이름, 매개 변수 선언 부분을 말합니다.

- **void**: 리턴값이 없는 메소드는 리턴 타입으로 void를 기술해야 합니다.

- **매개 변수**: 메소드 호출 시 제공되는 매개값은 메소드 선언부의 매개 변수에 차례대로 대입되어, 메소드 블록 실행 시 이용됩니다.

- **return문**: 메소드 선언부에 리턴 타입이 있다면 리턴값을 지정하기 위해 return문이 반드시 있어야 합니다. 리턴 타입이 void라면 return문은 필요없지만, 메소드 실행 종료를 위해 사용할 수도 있습니다.

- **호출**: 메소드를 실행하려면 '메소드 이름(매개값, ...)' 형태로 호출해야 합니다.

- **오버로딩**: 클래스 내에 같은 이름의 메소드를 여러 개 선언하는 것을 메소드 오버로딩overloading 이라고 합니다. 메소드 오버로딩의 조건은 매개 변수의 타입, 개수, 순서 중 하나가 달라야 한다는 점입니다.

▶ 확인 문제

1. 메소드에 대한 설명입니다. 빈칸에 알맞은 단어를 쓰세요.

   ① 리턴값이 없는 메소드는 리턴 타입을 (   )로 해야 한다.
   ② 리턴 타입이 있는 메소드는 리턴값을 지정하기 위해 반드시 (   )문이 있어야 한다.
   ③ 매개값의 개수를 모를 경우 (   )를 이용해서 매개 변수를 선언할 수 있다.
   ④ 같은 이름의 메소드를 여러 개 선언하는 것을 메소드 (   )이라고 한다.

2. 메소드 오버로딩에 대한 설명으로 맞는 것에 O표, 틀린 것에 X표 하세요.

① 동일한 이름의 메소드를 여러 개 선언하는 것을 말한다. (　　)

② 반드시 리턴 타입이 달라야 한다. (　　)

③ 매개 변수의 타입, 개수, 순서를 다르게 선언해야 한다. (　　)

④ 매개값의 타입 및 개수에 따라 호출될 메소드가 선택된다. (　　)

3. MemberService 클래스에 login() 메소드와 logout() 메소드를 선언하려고 합니다. login() 메소드를 호출할 때에는 매개값으로 id와 password를 제공하고, logout() 메소드는 id만 매개값으로 제공합니다. ▨▨▨▨▨▨▨에서 MemberService 클래스와 login(), logout() 메소드를 선언해보세요.

① login() 메소드는 매개값 id가 "hong", 매개값 password가 "12345"일 경우에만 true 로 리턴하고 그 이외의 값일 경우에는 false를 리턴하도록 하세요.

② logout() 메소드의 내용은 "로그아웃 되었습니다."가 출력되도록 하세요.

리턴 타입	메소드 이름	매개 변수(타입)
boolean	login	id(String), password(String)
void	logout	id(String)

소스 코드 MemberService.java

```
01    package sec04.verify.exam03;
02
03    public class MemberService {
04
```

```
05    }
```

소스 코드 MemberServiceExample.java

```
01    package sec04.verify.exam03;
02
03    public class MemberServiceExample {
```

```
04      public static void main(String[] args) {
05        MemberService memberService = new MemberService();
06        boolean result = memberService.login("hong", "12345");
07        if(result) {
08          System.out.println("로그인 되었습니다.");
09          memberService.logout("hong");
10        } else {
11          System.out.println("id 또는 password가 올바르지 않습니다.");
12        }
13      }
14    }
```

> **실행결과** ✕
> 로그인 되었습니다.
> 로그아웃 되었습니다.

4. PrinterExample 클래스에서 Printer 객체를 생성하고 println() 메소드를 호출해서 매개 값을 콘솔에 출력하려고 합니다. println() 메소드의 매개값으로는 int, boolean, double, String 값을 줄 수 있습니다. Printer 클래스에서 println() 메소드를 선언해보세요.

소스코드 **Printer.java**

```
01    package sec04.verify.exam04;
02
03      public class Printer {
04    //작성 위치
05      }
```

소스코드 **PrinterExample.java**

```
01    package sec04.verify.exam04;
02
03    public class PrinterExample {
04      public static void main(String[] args) {
05        Printer printer = new Printer();
06        printer.println(10);
07        printer.println(true);
08        printer.println(5.7);
09        printer.println("홍길동");
10      }
11    }
```

> **실행결과** ✕
> 10
> true
> 5.7
> 홍길동

06-5 인스턴스 멤버와 정적 멤버

핵심 키워드

인스턴스 멤버   this   정적 멤버   static   싱글톤   final 필드   상수

클래스에 선언된 필드와 메소드가 모두 객체 내부에 포함되는 것은 아닙니다. 일부는 포함되겠지만, 포함이 되지 않고 클래스에 그대로 남아 있는 것도 있습니다. 이번 절에서는 이 내용을 살펴보도록 하겠습니다.

시작하기 전에

클래스는 객체의 설계도입니다. 클래스 멤버(필드, 메소드)는 당연히 객체에도 포함되어 있어야 합니다. 하지만 이것이 과연 효율적인지 생각해볼 필요가 있습니다.

클래스로부터 객체(인스턴스)는 하나가 아니라 여러 개가 만들어질 수 있습니다. 이 경우 클래스 멤버들을 객체마다 모두 가지고 있을 필요가 있을까요?

예를 들어보겠습니다. 객체마다 필드값이 달라야 한다면 해당 필드는 객체마다 가지고 있는 것이 맞습니다. 하지만 객체의 필드값이 모두 같아야 한다면 이 필드를 객체마다 가지고 있을 필요가 있을까요? 만약 객체마다 가지고 있다면 메모리 낭비가 되며, 모든 객체의 필드값을 같게 맞추는 추가적인 작업이 필요할 수도 있습니다. 오히려 이런 필드는 한 곳에 위치시키고 객체들이 공유하는 것이 좋을 수 있습니다.

자바는 이런 경우를 위해 클래스 멤버를 인스턴스 멤버와 정적 멤버로 구분해서 선언할 수 있도록 하고 있습니다. 인스턴스 멤버는 객체마다 가지고 있는 멤버를 말하고, 정적 멤버는 클래스에 위치시키고 객체들이 공유하는 멤버를 말합니다.

인스턴스 멤버와 this

인스턴스^{instance} 멤버란 객체(인스턴스)를 생성한 후 사용할 수 있는 필드와 메소드를 말하는데, 이들을 각각 인스턴스 필드, 인스턴스 메소드라고 부릅니다. 우리가 지금까지 작성한 모든 필드와 메소드는 인스턴스 멤버였습니다. 인스턴스 필드와 메소드는 객체에 소속된 멤버이기 때문에 객체 없이는 사용할 수 없습니다.

인스턴스 멤버 선언

인스턴스 필드와 메소드를 선언하는 방법은 지금까지 학습했던 내용과 다르지 않습니다. 다음은 Car 클래스에 인스턴스 필드 gas와 인스턴스 메소드 setSpeed()를 선언하였습니다.

```java
public class Car {
  //필드
  int gas;

  //메소드
  void setSpeed(int speed) { … }
}
```

gas 필드와 setSpeed() 메소드는 인스턴스 멤버이기 때문에 외부 클래스에서 사용하기 위해서는 우선 Car 객체(인스턴스)를 생성하고 참조 변수 myCar 또는 yourCar로 접근해야 합니다.

```java
Car myCar = new Car();
myCar.gas = 10;
myCar.setSpeed(60);

Car yourCar = new Car();
yourCar.gas = 20;
yourCar.setSpeed(80);
```

위 코드가 실행된 후 메모리 상태를 그림으로 표현하면 다음과 같습니다. 인스턴스 필드 gas는 객체마다 따로 존재하고, 인스턴스 메소드 setSpeed()는 메소드 영역에 저장되고 공유됩니다.

그런데 좀 이상합니다. 인스턴스 메소드는 객체에 소속된 멤버인데, 왜 객체 내부에 존재하지 않고 메소드 영역에 저장되고 공유된다고 했을까요? 메소드는 코드 블록이므로 객체마다 동일한 코드 블록을 가지고 있을 필요가 없기 때문입니다. 그렇다면 인스턴스라는 용어는 왜 붙였을까요? 그 이유는 메모리 블록 내부에 인스턴스 필드 등이 사용되는 경우가 있기 때문입니다. 인스턴스 필드가 사용되면 메소드 역시 객체 없이는 실행할 수 없습니다.

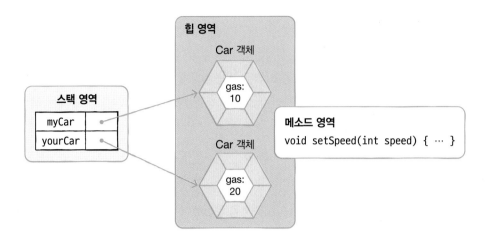

this

객체 외부에서 인스턴스 멤버에 접근하기 위해 참조 변수를 사용하는 것과 마찬가지로 객체 내부에서도 인스턴스 멤버에 접근하기 위해 this를 사용할 수 있습니다. 우리가 자신을 '나'라고 가리키듯이 객체는 자신을 this라고 합니다. 따라서 this.model은 자신이 가지고 있는 model 필드라는 뜻입니다. this는 주로 생성자와 메소드의 매개 변수 이름이 필드와 동일한 경우, 인스턴스 멤버인 필드임을 명시하고자 할 때 사용됩니다.

다음은 매개 변수 model의 값을 필드 model에 저장합니다.

```java
Car(String model) {
  this.model = model;
}
void setModel(String model) {
  this.model = model;
}
```

직접 해보는 손코딩

인스턴스 멤버와 this 소스 코드 Car.java

```java
01  package sec05.exam01;
02
03  public class Car {
04    //필드
05    String model;
06    int speed;
```

```
07
08        //생성자
09        Car(String model) {
10            this.model = model;
11        }
12
13        //메소드
14        void setSpeed(int speed) {
15            this.speed = speed;
16        }
17
18        void run() {
19            for(int i=10; i<=50; i+=10) {
20                this.setSpeed(i);
21                System.out.println(this.model + "가 달립니다.(시속:" + this.speed + "km/h)");
22            }
23        }
24    }
```

인스턴스 멤버와 this 소스 코드 CarExample.java

```
01    package sec05.exam01;
02
03    public class CarExample {
04        public static void main(String[] args) {
05            Car myCar = new Car("포르쉐");
06            Car yourCar = new Car("벤츠");
07
08            myCar.run();
09            yourCar.run();
10        }
11    }
```

```
💻 실행결과                              ✕
포르쉐가 달립니다.(시속:10km/h)
포르쉐가 달립니다.(시속:20km/h)
포르쉐가 달립니다.(시속:30km/h)
포르쉐가 달립니다.(시속:40km/h)
포르쉐가 달립니다.(시속:50km/h)
벤츠가 달립니다.(시속:10km/h)
벤츠가 달립니다.(시속:20km/h)
벤츠가 달립니다.(시속:30km/h)
벤츠가 달립니다.(시속:40km/h)
벤츠가 달립니다.(시속:50km/h)
```

정적 멤버와 static

정적static은 '고정된'이란 의미입니다. 정적 멤버는 클래스에 고정된 멤버로서 객체를 생성하지 않고 사용할 수 있는 필드와 메소드를 말합니다. 이들을 각각 정적 필드, 정적 메소드라고 부릅니다.

정적 멤버 선언

정적 필드와 정적 메소드를 선언하려면 필드와 메소드 선언 시 static 키워드를 추가적으로 붙이면 됩니다. 다음은 정적 필드와 정적 메소드를 선언하는 방법을 보여줍니다.

```
public class 클래스 {
  //정적 필드
  static 타입 필드 [= 초기값];

  //정적 메소드
  static 리턴 타입 메소드( 매개변수선언, … ) { … }
}
```

정적 필드와 정적 메소드는 클래스에 고정된 멤버이므로 클래스 로더가 클래스(바이트 코드)를 로딩해서 메소드 메모리 영역에 적재할 때 클래스별로 관리됩니다. 따라서 클래스의 로딩이 끝나면 바로 사용할 수 있습니다.

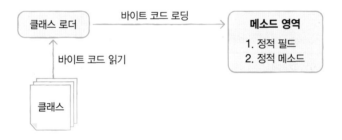

필드를 선언할 때는 인스턴스 필드로 선언할 것인가 아니면 정적 필드로 선언할 것인가의 판단 기준이 필요합니다. 객체마다 가지고 있어야 할 데이터라면 인스턴스 필드로 선언하고, 객체마다 가지고 있을 필요가 없는 공용 데이터라면 정적 필드로 선언하는 것이 좋습니다.

예를 들어 Calculator 클래스에서 원의 넓이나 둘레를 구할 때 필요한 파이(π)는 Calculator 객체마다 가지고 있을 필요가 없는 변하지 않는 공용 데이터이므로 정적 필드로 선언하는 것이 좋습니다. 그러나 Calculator별로 색깔이 다르다면 color는 인스턴스 필드로 선언해야 합니다.

```
public class Calculator {
  String color;               //계산기별로 색깔이 다를 수 있습니다.
  static double pi = 3.14159;  //계산기에서 사용하는 파이(π) 값은 동일합니다.
}
```

메소드 역시 인스턴스 메소드로 선언할 것인가, 아니면 정적 메소드로 선언할 것인가의 판단 기준이 필요합니다. 인스턴스 필드를 포함하고 있다면 인스턴스 메소드로 선언하고, 인스턴스 필드를 포함하고 있지 않다면 정적 메소드로 선언합니다.

예를 들어 Calculator 클래스의 덧셈, 뺄셈 기능은 인스턴스 필드를 이용하기보다는 외부에서 주어진 매개값들을 가지고 덧셈과 뺄셈을 수행하므로 정적 메소드로 선언하는 것이 좋습니다. 그러나 인스턴스 필드인 색깔을 변경하는 메소드는 인스턴스 메소드로 선언해야 합니다.

```
public class Calculator {
  String color;                                      //인스턴스 필드
  void setColor(String color) { this.color = color; } //인스턴스 메소드
  static int plus(int x, int y) { return x + y; }    //정적 메소드
  static int minus(int x, int y) { return x - y; }   //정적 메소드
}
```

정적 멤버 사용

클래스가 메모리로 로딩되면 정적 멤버를 바로 사용할 수 있는데, 클래스 이름과 함께 도트(.) 연산자로 접근합니다.

```
클래스.필드;
클래스.메소드( 매개값, … );
```

예를 들어 Calculator 클래스가 다음과 같이 작성되었다면

```
public class Calculator {
  static double pi = 3.14159;
  static int plus(int x, int y) { … }
  static int minus(int x, int y) { … }
}
```

정적 필드 pi와 정적 메소드 plus(), minus()는 다음과 같이 사용할 수 있습니다.

```
double result1 = 10 * 10 * Calculator.pi;
int result2 = Calculator.plus(10, 5);
int result3 = Calculator.minus(10, 5);
```

정적 필드와 정적 메소드는 원칙적으로는 클래스 이름으로 접근해야 하지만 다음과 같이 객체 참조 변수로도 접근이 가능합니다.

```
Calculator myCalcu = new Calculator();
double result1 = 10 * 10 * myCalcu.pi;
int result2 = myCalcu.plus(10, 5);
int result3 = myCalcu.minus(10, 5);
```

하지만 정적 요소는 클래스 이름으로 접근하는 것이 좋습니다.

note 이클립스에서는 정적 멤버를 클래스 이름으로 접근하지 않고 객체 참조 변수로 접근했을 경우 경고 표시(⚠)가 나타납니다.

정적 멤버 사용 소스 코드 Calculator.java

```
01   package sec05.exam02;
02
03   public class Calculator {
04     static double pi = 3.14159;
05
06     static int plus(int x, int y) {
07       return x + y;
08     }
09
10     static int minus(int x, int y) {
11       return x - y;
12     }
13   }
```

정적 멤버 사용 소스 코드 CalculatorExample.java

```
01   package sec05.exam02;
02
03   public class CalculatorExample {
04     public static void main(String[] args) {
05       double result1 = 10 * 10 * Calculator.pi;
06       int result2 = Calculator.plus(10, 5);
07       int result3 = Calculator.minus(10, 5);
08
09       System.out.println("result1 : " + result1);
```

```
실행결과                    ✕
result1 : 314.159
result2 : 15
result3 : 5
```

```
10          System.out.println("result2 : " + result2);
11          System.out.println("result3 : " + result3);
12      }
13  }
```

정적 메소드 선언 시 주의할 점

객체가 없어도 실행된다는 특징 때문에 정적 메소드를 선언할 때는 이들 내부에 인스턴스 필드나 인스턴스 메소드를 사용할 수 없습니다. 또한 객체 자신의 참조인 this 키워드도 사용이 불가능합니다.

그래서 다음 코드는 컴파일 에러가 발생합니다.

```java
public class ClassName {
    //인스턴스 필드와 메소드
    int field1;
    void method1() { … }
    //정적 필드와 메소드
    static int field2;
    static void method2() { … }

    //정적 메소드
    static void method3() {
        this.field1 = 10;   //(x)
        this.method1();     //(x)     ←——— 컴파일 에러
        field2 = 10;        //(o)
        method2();          //(o)
    }
}
```

정적 메소드에서 인스턴스 멤버를 사용하고 싶다면 다음과 같이 객체를 먼저 생성하고 참조 변수로 접근해야 합니다.

```java
static void method3() {
    ClassName obj = new ClassName();
    obj.field1 = 10;
    obj.method1();
}
```

main() 메소드도 동일한 규칙이 적용됩니다. main() 메소드도 정적 메소드이므로 객체 생성 없이

인스턴스 필드와 인스턴스 메소드를 main() 메소드에서 바로 사용할 수 없습니다. 따라서 다음은 잘못된 코딩입니다.

```java
public class Car {
  int speed;

  void run() { … }

  public static void main(String[] args) {
    speed = 60;   //(x)
    run();        //(x)        ← 컴파일 에러
  }
}
```

main() 메소드를 올바르게 수정하면 다음과 같습니다.

```java
public static void main(String[] args) {
  Car myCar = new Car();
  myCar.speed = 60;
  myCar.run();
}
```

직접 해보는 손코딩

정적 메소드 선언 시 주의할 점   소스 코드 Car.java

```java
01    package sec05.exam03;
02
03    public class Car {
04      int speed;
05
06      void run() {
07        System.out.println(speed + "으로 달립니다.");
08      }
09
10      public static void main(String[] args) {
11        Car myCar = new Car();
12        myCar.speed = 60;
13        myCar.run();
14      }
15    }
```

🖥 실행결과   ✕

60으로 달립니다.

싱글톤

가끔 전체 프로그램에서 단 하나의 객체만 만들도록 보장해야 하는 경우가 있습니다. 단 하나만 생성된다고 해서 이 객체를 싱글톤Singleton이라고 합니다.

싱글톤을 만들려면 클래스 외부에서 new 연산자로 생성자를 호출할 수 없도록 막아야 합니다. 생성자를 호출한 만큼 객체가 생성되기 때문입니다. 생성자를 외부에서 호출할 수 없도록 하려면 생성자 앞에 private 접근 제한자를 붙여주면 됩니다. 접근 제한자는 나중에 자세히 설명하기로 하고, 여기서는 외부에서 생성자 호출을 막기 위해 private를 붙여준다는 것만 알아두세요.

그리고 자신의 타입인 정적 필드를 하나 선언하고 자신의 객체를 생성해 초기화합니다. 참고로 클래스 내부에서는 new 연산자로 생성자 호출이 가능합니다. 정적 필드도 private 접근 제한자를 붙여 외부에서 필드값을 변경하지 못하도록 막습니다. 대신 외부에서 호출할 수 있는 정적 메소드인 getInstance()를 선언하고 정적 필드에서 참조하고 있는 자신의 객체를 리턴해줍니다.

다음은 싱글톤을 만드는 코드입니다.

```java
public class 클래스 {
  //정적 필드
  private static 클래스 singleton = new 클래스();

  //생성자
  private 클래스() {}

  //정적 메소드
  static 클래스 getInstance() {
    return singleton;
  }
}
```

외부에서 객체를 얻는 유일한 방법은 getInstance() 메소드를 호출하는 방법입니다. getInstance() 메소드는 단 하나의 객체만 리턴하기 때문에 아래 코드에서 변수1과 변수2는 동일한 객체를 참조합니다.

```java
클래스 변수1 = 클래스.getInstance();
클래스 변수2 = 클래스.getInstance();
```

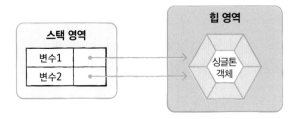

직접 해보는 손코딩

싱글톤 소스 코드 Singleton.java

```java
01   package sec05.exam04;
02
03   public class Singleton {
04     private static Singleton singleton = new Singleton();
05
06     private Singleton() {}
07
08     static Singleton getInstance() {
09       return singleton;
10     }
11   }
```

싱글톤 객체 소스 코드 SingletonExample.java

```java
01   package sec05.exam04;
02
03   public class SingletonExample {
04     public static void main(String[] args) {
05       /*
06       Singleton obj1 = new Singleton();      ← 컴파일 에러
07       Singleton obj2 = new Singleton();
08       */
09
10       Singleton obj1 = Singleton.getInstance();
11       Singleton obj2 = Singleton.getInstance();
12
13       if(obj1 == obj2) {
14         System.out.println("같은 Singleton 객체입니다.");
15       } else {
16         System.out.println("다른 Singleton 객체입니다.");
17       }
```

🖥 **실행결과** ✕

같은 Singleton 객체입니다.

```
18        }
19    }
```

final 필드와 상수

final 필드

final은 '최종적'이란 뜻을 가지고 있습니다. 그렇다면 final 필드는 최종적인 필드란 뜻인데, 무슨 말일까요? final 필드는 초기값이 저장되면 이것이 최종적인 값이 되어서 프로그램 실행 도중에 수정할수 없다는 것입니다.

final 필드는 다음과 같이 선언합니다.

> ```
> final 타입 필드 [= 초기값];
> ```

final 필드는 저장된 초기값이 최종 값이므로, 수정할 수 없습니다!

final 필드의 초기값을 줄 수 있는 방법은 딱 두 가지밖에 없습니다. 첫 번째는 필드 선언 시에 주는방법이고, 두 번째는 생성자에서 주는 방법입니다. 단순 값이라면 필드 선언 시에 주는 것이 제일 간단하지만 복잡한 초기화 코드가 필요하거나 객체 생성 시에 외부 데이터로 초기화해야 한다면 생성자에서 초기값을 지정해야 합니다. 생성자는 final 필드의 최종 초기화를 마쳐야 하는데, 만약 초기화되지 않은 final 필드를 그대로 남겨두면 컴파일 에러가 발생합니다.

다음 예제를 살펴보겠습니다. ssn 필드는 한 번 값이 저장되면 변경할 수 없도록 final 필드로 선언했습니다. 하지만 ssn은 Person 객체가 생성될 때 부여되므로 Person 클래스 설계 시 초기값을미리 줄 수 없습니다. 그래서 생성자 매개값으로 ssn을 받아서 초기값으로 지정해주었습니다. 반면nation은 항상 고정된 값을 갖기 때문에 필드 선언 시 초기값으로 "Korea"를 주었습니다.

직접 해보는 손코딩

final 필드 선언과 초기화   소스코드   Person.java

```
01    package sec05.exam05;
02
03    public class Person {
04        final String nation = "Korea";
05        final String ssn;
06        String name;
07
```

```
08      public Person(String ssn, String name) {
09        this.ssn = ssn;
10        this.name = name;
11      }
12    }
```

final 필드 테스트　　　　소스코드 PersonExample.java

```
01    package sec05.exam05;
02
03    public class PersonExample {
04      public static void main(String[] args) {
05        Person p1 = new Person("123456-1234567", "홍길동");
06
07        System.out.println(p1.nation);
08        System.out.println(p1.ssn);
09        System.out.println(p1.name);
10
11        //p1.nation = "usa";
12        //p1.ssn = "654321-7654321";
13        p1.name = "홍삼원";
14      }
15    }
```

> **실행결과**　　✕
> Korea
> 123456-1234567
> 홍길동

상수

일반적으로 불변의 값을 상수(static final)라고 부릅니다. 불변의 값은 수학에서 사용되는 원주율 파이(π)나 지구의 무게 및 둘레 등이 해당됩니다. 이런 불변의 값을 저장하는 필드를 자바에서는 상수 constant라고 합니다.

final 필드는 한 번 초기화되면 수정할 수 없는 필드라고 했습니다. 그렇다면 final 필드를 상수라고 불러도 되지 않을까요? 하지만 final 필드를 상수라고 부르진 않습니다. 왜냐하면 불변의 값은 객체마다 저장할 필요가 없는 공용성을 띠고 있으며, 여러 가지 값으로 초기화될 수 없기 때문입니다. final 필드는 객체마다 저장되고, 생성자의 매개값을 통해서 여러 가지 값을 가질 수 있기 때문에 상수가 될 수 없습니다.

객체마다 저장할 필요가 없는 공용성을 띤다는 말에 힌트를 얻으셨나요? 상수는 static이면서 final이어야 합니다. static final 필드는 객체마다 존재하지 않고 클래스에만 존재합니다. 그리고 한 번 초기값이 저장되면 변경할 수 없습니다.

```
static final 타입 상수 = 초기값;
```

상수 이름은 모두 대문자로 작성하는 것이 관례입니다. 만약 서로 다른 단어가 혼합된 이름이라면 언더바(_)로 단어들을 연결해줍니다.

다음은 상수 필드를 올바르게 선언한 예입니다.

```
static final double PI = 3.14159;
static final double EARTH_RADIUS = 6400;
static final double EARTH_AREA = 4 * Math.PI * EARTH_RADIUS * EARTH_RADIUS;
```

직접 해보는 손코딩

상수 선언   소스 코드   Earth.java

```
01    package sec05.exam06;
02
03    public class Earth {
04        static final double EARTH_RADIUS = 6400;
05        static final double EARTH_AREA = 4 * Math.PI * EARTH_RADIUS * EARTH_RADIUS;
06        }
07    }
```

상수 사용   소스 코드   EarthExample.java

```
01    package sec05.exam06;
02
03    public class EarthExample {
04        public static void main(String[] args) {
05            System.out.println("지구의 반지름: " + Earth.EARTH_RADIUS + " km");
06            System.out.println("지구의 표면적: " + Earth.EARTH_AREA + "  km^2");
07        }
08    }
```

🖥 실행결과   ✕

지구의 반지름: 6400.0 km
지구의 표면적: 5.147185403641517E8 km^2

▶ 7가지 키워드로 끝내는 핵심 포인트

- **인스턴스 멤버:** 인스턴스instance 멤버란 객체(인스턴스)를 생성한 후 사용할 수 있는 필드와 메소드를 말하는데, 이들을 각각 인스턴스 필드, 인스턴스 메소드라고 부릅니다.

- **this:** 객체 내부에서도 인스턴스 멤버에 접근하기 위해 this를 사용할 수 있습니다. 예를 들어 this.model은 자신이 가지고 있는 model 필드라는 뜻입니다. this는 주로 생성자와 메소드의 매개 변수 이름이 필드와 동일한 경우, 인스턴스 멤버인 필드임을 명시하고자 할 때 사용됩니다.

- **정적 멤버:** 클래스에 고정된 멤버로서 객체를 생성하지 않고 사용할 수 있는 필드와 메소드를 말합니다. 이들을 각각 정적 필드, 정적 메소드라고 부릅니다.

- **static:** 정적 멤버를 선언할 때 사용하는 키워드입니다.

- **싱글톤:** 전체 프로그램에서 단 하나의 객체만 만들도록 보장해야 하는 경우가 있습니다. 단 하나만 생성된다고 해서 이 객체를 싱글톤Singleton이라고 합니다.

- **final 필드:** 초기값이 저장되면 이것이 최종적인 값이 되어서 프로그램 실행 도중에 수정할 수 없는 필드를 말합니다. final 필드는 final 키워드로 선언합니다.

- **상수:** 수학에서 사용되는 원주율 파이(π)나 지구의 무게 및 둘레 같은 불변의 값을 저장하는 필드를 자바에서는 상수constant라고 합니다. 상수는 final static 키워드로 선언합니다.

▶ 확인 문제

1. 인스턴스 멤버와 정적 멤버에 대한 설명 중 맞는 것에 O표, 틀린 것에 X표 하세요.

① 정적 멤버는 static으로 선언된 필드와 메소드를 말한다. (　　　)
② 인스턴스 필드는 생성자에서 초기화될 수 없다. (　　　)
③ 정적 필드와 메소드는 객체 생성 없이 클래스를 통해 접근할 수 있다. (　　　)
④ 인스턴스 필드와 메소드는 객체를 생성하고 사용해야 한다. (　　　)

2. final 필드와 상수(static final)에 대한 설명으로 틀린 것은 무엇입니까?

① final 필드와 상수는 초기값이 저장되면 값을 변경할 수 없다.

② final 필드와 상수는 생성자에서 초기화될 수 있다.

③ 상수의 이름은 대문자로 작성하는 것이 관례이다.

④ 상수는 객체 생성 없이 클래스를 통해 사용할 수 있다.

3. ShopService 객체를 싱글톤으로 만들고 싶습니다. ShopServiceExample 클래스에서 ShopService의 getInstance() 메소드로 싱글톤을 얻을 수 있도록 ShopService 클래스를 작성해보세요.

소스 코드 ShopService.java

```
01    package sec05.verify.exam03;
02
03    public class ShopService {
04



05    }
```

소스 코드 ShopServiceExample.java

```
01    package sec05.verify.exam03;
02
03    public class ShopServiceExample {
04      public static void main(String[] args) {
05        ShopService obj1 = ShopService.getInstance();
06        ShopService obj2 = ShopService.getInstance();
07
08        if(obj1 == obj2) {
09          System.out.println("같은 ShopService 객체입니다.");
10        } else {
11          System.out.println("다른 ShopService 객체입니다.");
12        }
13      }
14    }
```

실행결과 ✕

같은 ShopService 객체입니다.

06-6 패키지와 접근 제한자

핵심 키워드

패키지 선언   import문   접근 제한자   Getter/Setter

프로젝트를 개발하다 보면 적게는 수십 개, 많게는 수백 개의 클래스를 작성해야 합니다. 클래스를 체계적으로 관리하지 않으면 클래스 간의 관계가 뒤엉켜서 복잡하고 난해한 프로그램이 되어 결국 유지 보수가 어렵습니다. 자바에서는 클래스를 체계적으로 관리하기 위해 패키지(package)를 사용합니다. 이번 절에서는 패키지를 선언하는 방법과 패키지 간의 접근을 위한 접근 제한자에 대해 알아보겠습니다.

시작하기 전에

패키지의 물리적인 형태는 파일 시스템의 폴더입니다. 패키지는 단순히 파일 시스템의 폴더 기능만 하는 것이 아니라 클래스의 일부분으로, 클래스를 유일하게 만들어주는 식별자 역할을 합니다. 클래스 이름이 동일하더라도 패키지가 다르면 다른 클래스로 인식합니다. 클래스의 전체 이름은 '패키지 이름+클래스 이름'인데 패키지가 상·하위로 구분되어 있다면 도트(.)를 사용해서 다음과 같이 표현합니다.

상위패키지.하위패키지.클래스

예를 들어 다음과 같이 패키지가 구성되어 있다고 가정해보겠습니다. A 클래스의 전체 이름은 com.mycompany.A이고 B 클래스의 전체 이름은 com.yourcompany.B입니다.

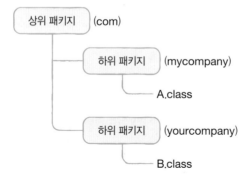

패키지 선언

클래스를 작성할 때 해당 클래스가 어떤 패키지에 속할 것인지를 선언하는 것을 패키지 선언이라고 합니다. 다음은 클래스를 작성할 때 패키지를 선언하는 방법을 보여줍니다.

```
package 상위패키지.하위패키지;

public class ClassName { … }
```

예를 들어 Car 클래스가 com.mycompany 패키지에 속해야 한다면 다음과 같이 Car 클래스를 작성해야 합니다.

```
package com.mycompany;

public class Car { … }
```

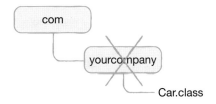

패키지는 클래스의 일부입니다. 그 이유는 클래스만 따로 복사해서 다른 곳으로 이동하면 클래스를 사용할 수 없기 때문입니다. 예를 들어 Car 클래스가 com.mycompany 패키지에 소속되어 있기 때문에 com/yourcampany 폴더에 Car.class를 저장하면 Car 클래스를 사용할 수 없습니다. 만약 클래스를 이동해야 한다면 패키지 전체를 이동시켜야 합니다.

패키지 이름은 개발자가 임의대로 지어주면 되지만, 여기에도 지켜야 할 몇 가지 규칙이 있습니다.

- 숫자로 시작해서는 안 되고 _, $를 제외한 특수 문자를 사용해서는 안 됩니다.
- java로 시작하는 패키지는 자바 표준 API에서만 사용하므로 사용해서는 안 됩니다.
- 모두 소문자로 작성하는 것이 관례입니다.

이클립스에서 패키지 생성과 클래스 생성

패키지는 이클립스에서 따로 생성하거나 혹은 클래스를 생성할 때 동시에 생성할 수 있습니다. 패키지를 먼저 생성하고 해당 패키지에서 클래스를 생성하는 방법을 가장 많이 사용합니다.

01 이클립스에서 패키지를 생성하려면 프로젝트의 src 폴더를 선택하고 마우스 오른쪽 버튼을 클릭한 후 [File] – [New] – [Package]를 선택합니다.

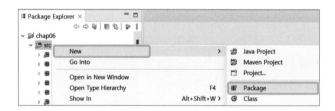

note 프로젝트의 src 폴더를 선택하고 [File] – [New] – [Package] 메뉴를 선택해도 좋습니다.

02 [New Java Package] 대화상자의 [Name] 입력란에 상위 패키지와 하위 패키지 이름을 도트(.)로 구분해서 입력하고 [Finish] 버튼을 클릭하면 됩니다. 여기서는 패키지 이름으로 sec06.exam01을 입력합니다.

03 이클립스는 기본적으로 패키지를 Flat 방식으로 표시합니다. 만약 상하위 패키지를 계층적으로 보고 싶다면 Package Explorer 뷰의 오른쪽 상단에서 역삼각형 버튼을 클릭하고 [Package Presentation] – [Hierarchical]을 선택합니다.

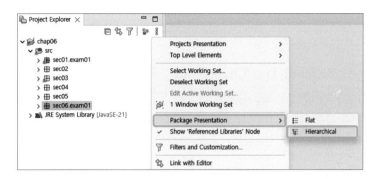

04 패키지가 생성되었다면 패키지에 소속된 클래스를 생성할 차례입니다. 해당 패키지를 선택하고 마우스 오른쪽 버튼을 클릭한 후 [File] – [New] – [Class]를 선택합니다.

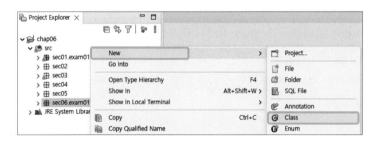

note 해당 패키지를 선택하고 [File] – [New] – [Class] 메뉴를 선택해도 좋습니다.

05 [New Java Class] 대화상자의 [Package] 입력란을 보면 선택한 패키지 이름이 이미 입력되어 있습니다. [Name] 입력란에 클래스 이름을 입력하고 [Finish] 버튼을 클릭하면 해당 패키지에 클래스가 생성됩니다. 여기서는 클래스 이름으로 Car를 입력합니다.

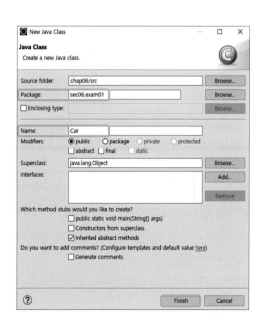

06 Package Explorer 뷰를 보면 sec06.
exam01에 Car.java가 생성되는 것을 볼
수 있습니다.

07 또한 파일 탐색기로 C:/SelfStudyJava/Chap06/bin
폴더를 보면 패키지 폴더와 바이트 코드 파일이 저장되
어 있는 것을 확인할 수 있습니다.

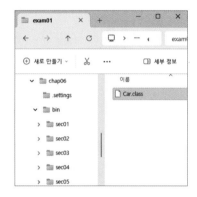

이클립스는 패키지 선언이 없는 클래스를 default 패키지에 포함시킵니다. default 패키지는 사실상 패키지가 없다는 뜻입니다. 어떤 프로젝트든 패키지 없이 클래스만 만드는 경우는 드물기 때문에 default 패키지에 클래스를 두는 것보다는 도메인과 기능 이름으로 구성된 패키지를 생성해서 클래스를 관리하는 것이 좋습니다.

import문

사용하고자 하는 클래스 또는 인터페이스가 다른 패키지에 소속되어 있다면, import문으로 해당 패키지의 클래스 또는 인터페이스를 가져와 사용할 것임을 컴파일러에게 알려줘야 합니다.

import문을 작성하는 방법은 다음과 같습니다.

```
import 상위패키지.하위패키지.클래스이름;
import 상위패키지.하위패키지.*;
```

import문은 패키지 선언과 클래스 선언 사이에 작성합니다. 만약 사용하고자 하는 클래스들이 동일한 패키지 소속이라면 개별 import문을 작성하는 것보다는 *를 이용해서 해당 패키지에 소속된 클래스들을 사용할 것임을 알려주는 것도 좋은 방법입니다. import문은 개수에 제한이 없고 얼마든지 추가할 수 있습니다.

다음은 com.mycompany 패키지에 소속된 Car 클래스에서 com.hankook 패키지에 소속된 Tire 클래스를 사용하기 위해 import문을 작성한 것입니다.

```
package com.mycompany;

import com.hankook.Tire;
[ 또는 import com.hankook.*; ]

public class Car {
 Tire tire = new Tire();
}
```

주의할 점은 상위 패키지를 import했다고 해서 하위 패키지까지 import되는 것은 아니라는 점입니다. 자바는 패키지 전체 이름으로 패키지를 식별하기 때문에 com.hankook과 com.hankook.project를 서로 다른 패키지로 인식합니다. 따라서 이 두 패키지에 소속된 클래스를 사용하려면 다음과 같이 2개의 import문이 필요합니다.

```
import com.hankook.*;
import com.hankook.project.*;
```

경우에 따라서는 import문과 상관없이 패키지가 포함된 클래스 전체 이름을 코드에 기술해야 할 때가 있습니다. 서로 다른 패키지에 동일한 클래스 이름이 존재하고, 두 패키지가 모두 import되었다면, 컴파일러는 어떤 패키지의 클래스를 사용해야 할지 모호해지므로 컴파일 에러를 발생시킵니다. 이 경우에는 정확하게 패키지가 포함된 클래스 전체 이름을 기술해야 합니다.

예를 들어보겠습니다. 다음 세 패키지 중에서 Tire 클래스는 sec06.exam02.hankook 패키지와 sec06.exam02.kumho 패키지에 모두 존재하고 있습니다.

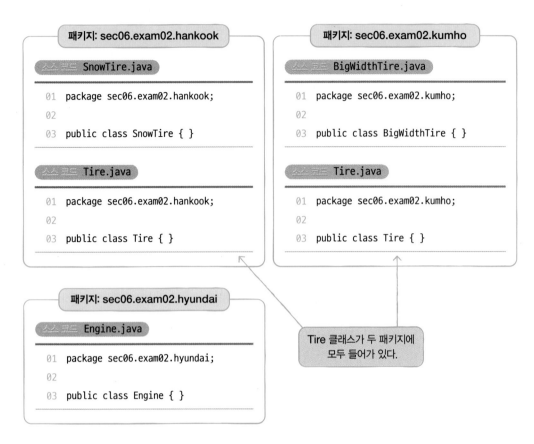

세 패키지를 모두 사용하는 Car.java 소스를 보겠습니다.

import문 　소스 코드 Car.java

```
01    package sec06.exam02.mycompany;
02
03    import sec06.exam02.hankook.*;
04    import sec06.exam02.kumho.*;
05    import sec06.exam02.hyundai.Engine;
06
07    public class Car {
08        //필드
09        Engine engine = new Engine();
10        SnowTire tire1 = new SnowTire();
11        BigWidthTire tire2 = new BigWidthTire();
12        sec06.exam02.hankook.Tire tire3 = new sec06.exam02.hankook.Tire();
13        sec06.exam02.kumho.Tire tire4 = new sec06.exam02.kumho.Tire();
14    }
```

Tire 클래스는 import된 두 패키지(hankook, kumho)에 모두 있기 때문에 12~13라인처럼 패키지 이름과 함께 전체 이름이 기술되어야 합니다. 9라인의 Engine 클래스는 hyundai 패키지에만 존재하기 때문에 아무런 문제가 없고, 10~11라인의 SnowTire와 BigWidthTire 클래스도 각각 hankook, kumho 패키지에만 존재하기 때문에 아무런 문제가 없습니다.

✚ 여기서 잠깐 **import문 자동 추가 기능**

이클립스에는 개발자가 import문을 작성하지 않아도 사용된 클래스를 조사해서 필요한 import문을 자동으로 추가하는 기능이 있습니다. 현재 작성 중인 클래스에서 [Source] - [Organize imports] 메뉴를 선택하거나 단축키 Ctrl+Shift +O를 누릅니다.

기본적으로 'import 패키지.클래스;'로 추가되지만 'import 패키지.*;'로 추가되길 원한다면 다음과 같이 이클립스 설정을 변경합니다.

1. [Window] - [Preferences] 메뉴를 선택한 후 [Preferences] 대화상자에서 [Java] - [Code Style] - [Organize imports]를 선택합니다.
2. Number of imports needed for .*의 99를 1로 변경하고 [OK] 버튼을 클릭합니다.
3. 다시 한번 Ctrl+Shift+O를 누릅니다.

접근 제한자

접근 제한자^Access Modifier는 말 그대로 접근을 제한하기 위해 사용됩니다. 여기서 접근이란 클래스 및 인터페이스 그리고 이들이 가지고 있는 멤버의 접근을 말합니다.

어떤 경우에는 클래스와 인터페이스를 다른 패키지에서 사용하지 못하도록 막을 필요가 있습니다. 그리고 객체 생성을 막기 위해 생성자를 호출하지 못하게 하거나 필드나 메소드를 사용하지 못하도록 막아야 되는 경우도 있습니다. 이때 접근 제한자를 사용할 수 있습니다.

접근 제한자는 public, protected, private와 같이 세 가지 종류가 있습니다.

- **public 접근 제한자:** 단어 뜻 그대로 외부 클래스가 자유롭게 사용할 수 있도록 합니다.
- **protected 접근 제한자:** 같은 패키지 또는 자식 클래스에서 사용할 수 있도록 합니다.
- **private 접근 제한자:** 단어 뜻 그대로 개인적인 것이라 외부에서 사용될 수 없도록 합니다.

위 세 가지 접근 제한자가 적용되지 않으면 default 접근 제한을 가집니다.

- **default 접근 제한:** 같은 패키지에 소속된 클래스에서만 사용할 수 있도록 합니다.

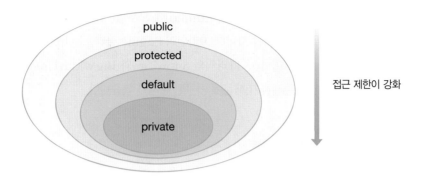

클래스의 접근 제한

클래스를 선언할 때 해당 클래스를 같은 패키지 내에서만 사용할 것인지, 아니면 다른 패키지에서도 사용할 수 있도록 할 것인지 결정해야 합니다. 클래스는 다음과 같이 public, default 접근 제한을 가집니다.

```
//default 접근 제한
class 클래스 { … }

//public 접근 제한
public class 클래스 { … }
```

default 접근 제한

클래스를 선언할 때 public을 생략했다면 클래스는 default 접근 제한을 가집니다. 클래스가 default 접근 제한을 가지면 같은 패키지에서는 아무런 제한 없이 사용할 수 있지만 다른 패키지에서는 사용할 수 없도록 제한됩니다.

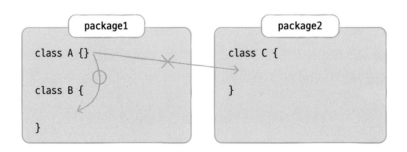

public 접근 제한

클래스를 선언할 때 public 접근 제한자를 붙였다면 클래스는 public 접근 제한을 가집니다. 클래스가 public 접근 제한을 가지면, 같은 패키지뿐만 아니라 다른 패키지에서도 아무런 제한 없이 사용할 수 있습니다. 클래스를 다른 개발자가 사용할 수 있도록 라이브러리 클래스로 개발한다면 반드시 public 접근 제한을 갖도록 해야 합니다. 인터넷으로 배포되는 라이브러리 클래스도 모두 public 접근 제한을 가지고 있습니다.

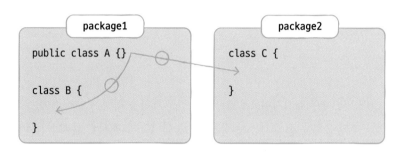

다음 세 클래스를 이클립스에서 작성해보면서 이클립스가 어떤 컴파일 에러를 발생시키는지 살펴보겠습니다.

직접 해보는 손코딩

클래스의 접근 제한(1) 　소스 코드 A.java

```
01    package sec06.exam03.package1;
02
03
04    class A {}  ←————— default 접근 제한
```

클래스의 접근 제한(2) 　소스 코드 B.java

```
01    package sec06.exam03.package1;
02
03
04    public class B {
05      A a;  //(0) ←————— A 클래스 접근 가능(필드로 선언할 수 있음)
06    }
```

B 클래스는 A 클래스와 같은 패키지이므로 A 클래스에 접근이 가능합니다. 그래서 B 클래스에서 A 클래스를 이용하여 필드 선언 및 생성자/메소드 내부에서 변수 선언이 가능합니다.

클래스의 접근 제한(3) C.java

```
01  package sec06.exam03.package2; ←——— 패키지가 다름
02
03  import sec06.exam03.package1.*;
04
05  public class C {
06    A a;  //(x) ←——— A 클래스 접근 불가(컴파일 에러)
07    B b;  //(o)
08  }
```

C 클래스는 A 클래스와 다른 패키지이므로 default 접근 제한을 갖는 A 클래스에는 접근이 되지 않지만, public 접근 제한을 갖는 B 클래스는 접근이 가능합니다. 그래서 C 클래스에서 B 클래스를 이용하여 필드 선언 및 생성자/메소드 내부에서 변수 선언이 가능합니다.

생성자의 접근 제한

객체를 생성하기 위해서는 new 연산자로 생성자를 호출합니다. 하지만 생성자를 어디에서나 호출할 수 있는 것은 아닙니다. 생성자가 어떤 접근 제한을 갖느냐에 따라 호출 가능 여부가 결정됩니다.

생성자는 다음과 같이 public, protected, default, private 접근 제한을 가집니다.

```
public class ClassName {
  //public 접근 제한
  public ClassName(…) { … }

  //protected 접근 제한
  protected ClassName(…) { … }

  //default 접근 제한
  ClassName(…) { … }

  //private 접근 제한
  private ClassName(…) { … }
}
```

클래스에 생성자를 선언하지 않으면 컴파일러에 의해 자동으로 기본 생성자가 추가됩니다. 자동으로 생성되는 기본 생성자의 접근 제한은 클래스의 접근 제한과 동일합니다. 클래스가 default 접근 제한을 가지면 기본 생성자도 default 접근 제한을 가지고, 클래스가 public 접근 제한을 가지면 기본 생성자도 public 접근 제한을 가집니다.

- **public 접근 제한**

  public 접근 제한은 모든 패키지에서 아무런 제한 없이 생성자를 호출할 수 있도록 합니다.

- **default 접근 제한**

  default 접근 제한은 같은 패키지에서는 아무런 제한 없이 생성자를 호출할 수 있으나, 다른 패키지에서는 생성자를 호출할 수 없도록 합니다.

- **protected 접근 제한**

  protected 접근 제한은 default 접근 제한과 마찬가지로 같은 패키지에 속하는 클래스에서 생성자를 호출할 수 있도록 합니다. 차이점으로 다른 패키지에 속한 클래스가 해당 클래스의 자식child 클래스라면 생성자를 호출할 수 있습니다.

- **private 접근 제한**

  private 접근 제한은 동일한 패키지이건 다른 패키지이건 상관없이 생성자를 호출하지 못하도록 제한합니다. 오로지 클래스 내부에서만 생성자를 호출할 수 있고 객체를 만들 수 있습니다.

직접 해보는 손코딩

생성자의 접근 제한(1)   소스 코드   A.java

```
01    package sec06.exam04.package1;
02
03    public class A {
04      //필드
05      A a1 = new A(true);     //(o)
06      A a2 = new A(1);        //(o)
07      A a3 = new A("문자열");  //(o)
08
09      //생성자
10      public A(boolean b) {}  ←——————— public 접근 제한
11      A(int b) {}  ←——————— default 접근 제한
12      private A(String s) {}  ←——————— private 접근 제한
13    }
```

5~7라인을 보면 A 클래스 내부에서는 A의 모든 생성자를 호출할 수 있음을 알 수 있습니다.

 직접 해보는 손코딩

생성자의 접근 제한(2) 소스 코드 B.java

```
01    package sec06.exam04.package1; ←———— 패키지가 동일
02
03    public class B {
04        //필드
05        A a1 = new A(true);      //(o)
06        A a2 = new A(1);         //(o)
07        A a3 = new A("문자열");   //(x) ←———— private 생성자 접근 불가(컴파일 에러)
08    }
```

패키지가 동일한 B 클래스에서는 A 클래스의 private 생성자를 제외하고 다른 생성자를 호출할 수
있습니다.

그러나 다음과 같이 패키지가 다른 C 클래스에서는 A 클래스의 public 생성자를 제외하고 다른 생
성자를 호출할 수 없습니다.

직접 해보는 손코딩

생성자의 접근 제한(3) 소스 코드 C.java

```
01    package sec06.exam04.package2; ←———— 패키지가 다름
02
03    import sec06.exam04.package1.A;
04
05    public class C {
06        //필드
07        A a1 = new A(true);      //(o)
08        A a2 = new A(1);         //(x) ←———— default 생성자 접근 불가(컴파일 에러)
09        A a3 = new A("문자열");   //(x) ←———— private 생성자 접근 불가(컴파일 에러)
10    }
```

가끔 전체 프로그램에서 단 하나의 객체만 만들도록 보장해야 하는 경우가 있습니다. 이럴 경우 여러
개의 객체를 만들지 못하도록 설계해야 하는데 이것을 싱글톤Singleton 패턴이라고 합니다. 싱글톤 패
턴은 〈06-5 싱글톤〉301쪽에서 살펴본 바 있습니다. 싱글톤 패턴은 생성자를 private 접근 제한으로
선언하고, 자신의 유일한 객체를 리턴하는 getInstance() 정적 메소드를 선언하는 것을 말합니다.

필드와 메소드의 접근 제한

필드와 메소드를 선언할 때 해당 필드와 메소드를 클래스 내부에서만 사용할 것인지, 패키지 내에서만 사용할 것인지, 아니면 다른 패키지에서도 사용할 수 있도록 할 것인지를 결정해야 합니다. 이것은 필드와 메소드가 어떤 접근 제한을 갖느냐에 따라 결정됩니다.

필드와 메소드는 다음과 같이 public, default, protected, private 접근 제한을 가질 수 있습니다.

```
//필드 선언
[ public ¦ protected ¦ private ] [static] 타입 필드;

//메소드 선언
[ public ¦ protected ¦ private ] [static] 리턴 타입 메소드(…) { … }
```

- **public 접근 제한**

  public 접근 제한은 모든 패키지에서 아무런 제한 없이 필드와 메소드를 사용할 수 있도록 해줍니다.

- **default 접근 제한**

  필드와 메소드를 선언할 때 접근 제한자를 생략하면 default 접근 제한을 가집니다. default 접근 제한은 같은 패키지에서는 아무런 제한 없이 필드와 메소드를 사용할 수 있으나 다른 패키지에서는 필드와 메소드를 사용할 수 없도록 합니다.

- **protected 접근 제한**

  protected 접근 제한은 default 접근 제한과 마찬가지로 같은 패키지에 속하는 클래스에서 필드와 메소드를 사용할 수 있도록 합니다. 차이점으로 다른 패키지에 속한 클래스가 해당 클래스의 자식 클래스라면 필드와 메소드를 사용할 수 있습니다.

- **private 접근 제한**

  private 접근 제한은 동일한 패키지이건 다른 패키지이건 상관없이 필드와 메소드를 사용하지 못하도록 제한합니다. 오로지 클래스 내부에서만 사용할 수 있습니다.

다음 A, B, C 클래스를 이클립스에서 작성해보면서 이클립스가 어떤 컴파일 에러를 발생시키는지 살펴보겠습니다.

필드와 메소드의 접근 제한(1)   소스 코드   A.java

```
01    package sec06.exam05.package1;
02
03    public class A {
04        //필드
05        public int field1;  ←———— public 접근 제한
06        int field2;  ←———————— default 접근 제한
07        private int field3;  ←———— private 접근 제한
08
09        //생성자
10        public A() {
11            field1 = 1;        //(o)
12            field2 = 1;        //(o)
13            field3 = 1;        //(o)
14                                            클래스 내부일 경우 접근 제한자의
15            method1();      //(o)            영향을 받지 않음
16            method2();      //(o)
17            method3();      //(o)
18        }
19
20        //메소드
21        public void method1() {}  ←———— public 접근 제한
22        void method2() {}  ←———————— default 접근 제한
23        private void method3() {}  ←———— private 접근 제한
24    }
```

A 클래스 내부에서는 접근 제한과는 상관없이 필드와 메소드를 모두 사용할 수 있습니다.

필드와 메소드의 접근 제한(2)   소스 코드   B.java

```
01    package sec06.exam05.package1;  ←———— 패키지가 동일
02
03    public class B {
04        public B() {
05            A a = new A();
06            a.field1 = 1;   //(o)
07            a.field2 = 1;   //(o)
08            a.field3 = 1;   //(x) ←———— private 필드 접근 불가(컴파일 에러)
```

```
09
10      a.method1();      //(o)
11      a.method2();      //(o)
12      a.method3();      //(x) ←——————— private 메소드 접근 불가(컴파일 에러)
13    }
14  }
```

패키지가 동일한 B 클래스에서는 A 클래스의 private 필드와 메소드를 제외한 다른 필드와 메소드
는 사용할 수 있습니다. 그러나 다음과 같이 패키지가 다른 C 클래스에서는 A 클래스의 public 필
드와 메소드를 제외한 다른 필드와 메소드를 사용할 수 없습니다.

필드와 메소드의 접근 제한(3) 소스 코드 **C.java**

```
01    package sec06.exam05.package2; ←——————— 패키지가 다름
02
03    import sec06.exam05.package1.A;
04
05    public class C {
06      public C() {
07        A a = new A();
08        a.field1 = 1;    //(o)
09        a.field2 = 1;    //(x) ←——————— default 필드 접근 불가(컴파일 에러)
10        a.field3 = 1;    //(x) ←——————— private 필드 접근 불가(컴파일 에러)
11
12        a.method1();     //(o)
13        a.method2();     //(x) ←——————— default 메소드 접근 불가(컴파일 에러)
14        a.method3();     //(x) ←——————— private 메소드 접근 불가(컴파일 에러)
15      }
16  }
```

Getter와 Setter 메소드

일반적으로 객체 지향 프로그래밍에서는 객체의 필드를 객체 외부에서 직접적으로 접근하는 것을 막
습니다. 그 이유는 외부에서 마음대로 변경할 경우 객체의 무결성(결점이 없는 성질)이 깨질 수 있기
때문입니다. 예를 들어 자동차의 속력은 음수가 될 수 없는데, 외부에서 음수로 변경하면 객체의 무
결성이 깨집니다.

실제로 다음 코드는 Car 객체의 speed 필드값을 −100으로 변경합니다.

```
myCar.speed = -100;
```

이러한 문제점을 해결하기 위해 객체 지향 프로그래밍에서는 메소드를 통해서 필드를 변경하는 방법을 선호합니다. 필드는 외부에서 접근할 수 없도록 막고 메소드는 공개해서 외부에서 메소드를 통해 필드에 접근하도록 유도합니다. 그 이유는 메소드는 매개값을 검증해서 유효한 값만 객체의 필드로 저장할 수 있기 때문입니다. 이러한 역할을 하는 메소드가 Setter입니다.

예를 들어 자동차의 속도를 setSpeed() 메소드로 변경할 경우 다음과 같이 검증 코드를 작성할 수 있습니다.

```
void setSpeed(double speed) {
  if(speed < 0) {
    this.speed = 0;         매개값이 음수일 경우 speed 필드에
    return;                 0으로 저장하고, 메소드 실행 종료
  } else {
    this.speed = speed;
  }
}
```

외부에서 객체의 데이터를 읽을 때도 메소드를 사용하는 것이 좋습니다. 왜냐하면 필드값을 직접 사용하면 부적절한 경우도 있기 때문입니다. 이런 경우에는 메소드로 필드값을 가공한 후 외부로 전달하면 됩니다. 이런 메소드가 바로 Getter입니다.

예를 들어 자동차의 속도를 마일에서 km 단위로 환산해서 외부로 리턴해주는 getSpeed() 메소드를 다음과 같이 작성할 수 있습니다.

```
double getSpeed() {
  double km = speed*1.6;      필드값인 마일을 km 단위로
  return km;                  환산 후 외부로 리턴
}
```

클래스를 선언할 때 가능하다면 필드를 private로 선언해서 외부로부터 보호하고, 필드에 대한 Setter와 Getter 메소드를 작성해서 필드값을 안전하게 변경/사용하는 것이 좋습니다.

다음은 Setter와 Getter 메소드를 선언하는 방법을 보여줍니다. 검증 코드나 변환 코드는 필요에 따라 추가해야 합니다.

```
private 타입 fieldName;  ←——————— 필드 접근 제한자: private

//Getter                              접근 제한자: public
public 리턴 타입 getFieldName() {  ←   리턴 타입: 필드 타입
  return fieldName;                   메소드 이름: get + 필드 이름(첫 글자는 대문자)
}                                     리턴값: 필드값


//Setter                              접근 제한자: public
public void setFieldName(타입 fieldName) {  ←  리턴 타입: void
  this.fieldName = fieldName;         메소드 이름: set + 필드 이름(첫 글자는 대문자)
}                                     매개 변수 타입: 필드 타입
```

필드 타입이 boolean일 경우에는 Getter는 get으로 시작하지 않고 is로 시작하는 것이 관례입니다.
예를 들어 stop 필드의 Getter와 Setter는 다음과 같이 작성할 수 있습니다.

```
private boolean stop; ←——————— 필드 접근 제한자: private

//Getter                          접근 제한자: public
public boolean isStop() {  ←      리턴 타입: 필드 타입
  return stop;                    메소드 이름: is + 필드 이름(첫 글자는 대문자)
}                                 리턴값: 필드값


//Setter                          접근 제한자: public
public void setStop(boolean stop) {  ←  리턴 타입: void
  this.stop = stop;               메소드 이름: set + 필드 이름(첫 글자는 대문자)
}                                 매개 변수 타입: 필드 타입
```

만약 외부에서 필드값을 읽을 수만 있고 변경하지 못하도록 하려면(읽기 전용) Getter 메소드만 선
언해도 좋고, 아니면 Setter 메소드가 private 접근 제한을 갖도록 선언해도 좋습니다.

➕ 여기서 잠깐   Getter/Setter 메소드 자동 생성

이클립스는 클래스에 선언된 필드에 대해 자동으로 Getter와 Setter 메소드를 생성시키는 기능이 있습니다. 필드를 선언
한 후 [Source] – [Generate Getters and Setters] 메뉴를 선택하면 선언된 필드에 대한 Getter와 Setter를 자동 생
성시킬 수 있는 대화상자가 실행됩니다.

다음 예제는 Car 클래스의 speed와 stop 필드에 대한 Getter와 Setter를 작성한 것입니다.

Getter와 Setter 메소드 선언   Car.java

```
01    package sec06.exam06;
02
03    public class Car {
04      //필드
05      private int speed;
06      private boolean stop;
07
08      //생성자
09
10      //메소드
11      public int getSpeed() {
12        return speed;
13      }
14      public void setSpeed(int speed) {
15        if(speed < 0) {
16          this.speed = 0;
17          return;
18        } else {
19          this.speed = speed;
20        }
21      }
22
23      public boolean isStop() {
24        return stop;
25      }
26      public void setStop(boolean stop) {
27        this.stop = stop;
28        this.speed = 0;
29      }
30    }
```

Getter와 Setter 메소드 사용   CarExample.java

```
01    package sec06.exam06;
02
03    public class CarExample {
```

```java
04      public static void main(String[] args) {
05        Car myCar = new Car();
06
07        //잘못된 속도 변경
08        myCar.setSpeed(-50);
09
10        System.out.println("현재 속도: " + myCar.getSpeed());
11
12        //올바른 속도 변경
13        myCar.setSpeed(60);
14
15        //멈춤
16        if(!myCar.isStop()) {
17          myCar.setStop(true);
18        }
19
20        System.out.println("현재 속도: " + myCar.getSpeed());
21      }
22    }
```

CarExample 클래스의 8라인에서 비정상적인 속도값으로 변경을 시도하지만, speed 필드의 Setter (setSpeed())에서 매개값을 검사한 후 0으로 변경하기 때문에 10라인의 Getter(getSpeed())의 리턴값은 0으로 나옵니다. 16라인에서는 stop 필드의 Getter(isStop()) 리턴값이 false일 경우, 자동차를 멈추기 위해 Setter(setStop(true))를 호출해서 stop 필드를 true로, speed 필드를 0으로 변경합니다.

마무리

▶ 4가지 키워드로 끝내는 핵심 포인트

- 패키지 선언: 해당 클래스 또는 인터페이스가 어떤 패키지에 속할 것인지를 선언하는 것을 패키지 선언이라고 합니다. 소스 파일의 최상단에 위치하며 다음과 같이 작성합니다.

```
package 상위패키지.하위패키지;
```

- import문: 사용하고자 하는 클래스 또는 인터페이스가 다른 패키지에 소속되어 있다면, import문으로 해당 패키지의 클래스 또는 인터페이스를 가져와 사용할 것임을 컴파일러에게 알려줘야 합니다.

```
import 상위패키지.하위패키지.클래스이름;
import 상위패키지.하위패키지.*;
```

- 접근 제한자: 클래스와 인터페이스를 다른 패키지에서 사용하지 못하도록 막을 필요가 있습니다. 그리고 객체 생성을 막기 위해 생성자를 호출하지 못하게 하거나 필드나 메소드를 사용하지 못하도록 막아야 되는 경우도 있습니다. 이때 접근 제한자를 사용할 수 있습니다.

[접근 제한의 종류와 적용할 대상]

접근 제한	적용 대상	접근할 수 없는 클래스
public	클래스, 필드, 생성자, 메소드	없음
protected	필드, 생성자, 메소드	자식 클래스가 아닌 다른 패키지에 소속된 클래스
default	클래스, 필드, 생성자, 메소드	다른 패키지에 소속된 클래스
private	필드, 생성자, 메소드	모든 외부 클래스

- Getter/Setter: 필드는 외부에서 접근할 수 없도록 막고 메소드는 공개해서 외부에서 메소드를 통해 필드에 접근하도록 유도합니다. 필드의 값을 외부로 리턴해주는 메소드를 Getter라고 하고 외부에서 값을 받아 필드를 변경하는 메소드를 Setter라고 합니다.

▶ 확인 문제

1. 접근 제한에 대한 설명으로 틀린 것은 무엇입니까?

   ① 접근 제한자는 클래스, 필드, 생성자, 메소드의 사용을 제한한다.

   ② public 접근 제한은 아무런 제한 없이 해당 요소를 사용할 수 있게 한다.

   ③ default 접근 제한은 해당 클래스 내부에서만 사용을 허가한다.

   ④ 외부에서 접근하지 못하도록 하려면 private 접근 제한을 해야 한다.

Chapter

07

상속

07-1 상속

핵심 키워드

상속　메소드 재정의　final 클래스　final 메소드

현실에서 상속(inheritance)은 부모가 자식에게 물려주는 행위를 말합니다. 자식은 상속을 통해서 부모가 물려준 것을 자연스럽게 이용할 수 있습니다.
객체 지향 프로그래밍에서도 부모 클래스의 멤버를 자식 클래스에게 물려줄 수 있습니다. 프로그램에서는 부모 클래스를 상위 클래스라고 부르고, 자식 클래스를 하위 클래스 또는 파생 클래스라고 부릅니다.

시작하기 전에

상속은 이미 잘 개발된 클래스를 재사용해서 새로운 클래스를 만들기 때문에 중복되는 코드를 줄여줍니다.

예를 들어 field1, field2, method1(), method2()를 가지는 클래스를 작성한다고 가정해보겠습니다. field1과 method1()을 가지고 있는 클래스가 있다면, 4개를 모두 처음부터 작성하는 것보다는 클래스를 상속하고, field2와 method2()만 추가 작성하는 것이 보다 효율적이고 개발 시간을 절약해줍니다.

상속을 이용하면 부모 클래스의 수정으로 모든 자식 클래스들도 수정되는 효과를 가져오기 때문에 유지 보수 시간을 최소화할 수도 있습니다.

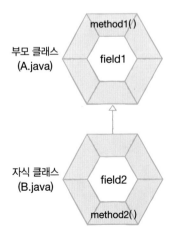

부모 클래스
(A.java)

method1()

field1

자식 클래스
(B.java)

field2

method2()

```java
public class A {
  int field1;
  void method1() { … }
}
```

```java
A를 상속
public class B extends A {
  String field2;
  void method2() { … }
}
```

클래스 상속

현실에서 상속은 부모가 자식을 선택해서 물려주지만, 프로그램에서는 자식이 부모를 선택합니다. 자식 클래스를 선언할 때 어떤 부모 클래스를 상속받을 것인지 결정하고, 선택된 부모 클래스는 다음과 같이 extends 뒤에 기술합니다.

```
class 자식클래스 extends 부모클래스 {
  //필드
  //생성자
  //메소드
}
```

예를 들어, Car 클래스를 상속해서 SportsCar 클래스를 설계하려면 다음과 같이 작성하면 됩니다.

```
class SportsCar extends Car {
}
```

자바에서 상속은 다음과 같은 특징을 가지고 있습니다.

① 여러 개의 부모 클래스를 상속할 수 없습니다. 그러므로 다음과 같이 extends 뒤에는 단 하나의 부모 클래스만 와야 합니다.

```
class 자식클래스 extends 부모클래스1, 부모클래스2 {
}
```

> 자바는 다중 상속을 허용하지 않아 여러 개의 부모 클래스를 상속할 수 없습니다.

② 부모 클래스에서 private 접근 제한을 갖는 필드와 메소드는 상속 대상에서 제외됩니다. 그리고 부모 클래스와 자식 클래스가 다른 패키지에 존재한다면 default 접근 제한을 갖는 필드와 메소드도 상속 대상에서 제외됩니다.

다음 예제는 핸드폰(CellPhone) 클래스를 상속해서 DMB폰(DmbCellPhone) 클래스를 작성한 것으로, 핸드폰이 부모 글래스가 되고 DMB폰이 자식 클래스가 됩니다.

 직접 해보는 손코딩

부모 클래스 CellPhone.java

```
01    package sec01.exam01;
02
03    public class CellPhone {
04        //필드
```

```
05     String model;
06     String color;
07
08     //생성자
09
10     //메소드
11     void powerOn() { System.out.println("전원을 켭니다."); }
12     void powerOff() { System.out.println("전원을 끕니다."); }
13     void bell() { System.out.println("벨이 울립니다."); }
14     void sendVoice(String message) { System.out.println("자기: " + message); }
15     void receiveVoice(String message) { System.out.println("상대방: " + message); }
16     void hangUp() { System.out.println("전화를 끊습니다."); }
17   }
```

자식 클래스 `소스 코드` `DmbCellPhone.java`

```
01   package sec01.exam01;
02
03   public class DmbCellPhone extends CellPhone {
04     //필드
05     int channel;
06
07     //생성자
08     DmbCellPhone(String model, String color, int channel) {
09       this.model = model;          ←────── CellPhone 클래스로부터 상속받은 필드
10       this.color = color;
11       this.channel = channel;
12     }
13
14     //메소드
15     void turnOnDmb() {
16       System.out.println("채널 " + channel + "번 DMB 방송 수신을 시작합니다.");
17     }
18     void changeChannelDmb(int channel) {
19       this.channel = channel;
20       System.out.println("채널 " + channel + "번으로 바꿉니다.");
21     }
22     void turnOffDmb() {
23       System.out.println("DMB 방송 수신을 멈춥니다.");
24     }
25   }
```

```java
01    package sec01.exam01;
02
03    public class DmbCellPhoneExample {
04      public static void main(String[] args) {
05        //DmbCellPhone 객체 생성
06        DmbCellPhone dmbCellPhone = new DmbCellPhone("자바폰", "검정", 10);
07
08        //CellPhone 클래스로부터 상속받은 필드
09        System.out.println("모델: " + dmbCellPhone.model);
10        System.out.println("색상: " + dmbCellPhone.color);
11
12        //DmbCellPhone 클래스의 필드
13        System.out.println("채널: " + dmbCellPhone.channel);
14
15        //CellPhone 클래스로부터 상속받은 메소드 호출
16        dmbCellPhone.powerOn();
17        dmbCellPhone.bell();
18        dmbCellPhone.sendVoice("여보세요.");
19        dmbCellPhone.receiveVoice("안녕하세요! 저는 홍길동인데요.");
20        dmbCellPhone.sendVoice("아~ 예 반갑습니다.");
21        dmbCellPhone.hangUp();
22
23        //DmbCellPhone 클래스의 메소드 호출
24        dmbCellPhone.turnOnDmb();
25        dmbCellPhone.changeChannelDmb(12);
26        dmbCellPhone.turnOffDmb();
27      }
28    }
```

> 🖥 **실행결과**   ✕
>
> 모델: 자바폰
> 색상: 검정
> 채널: 10
> 전원을 켭니다.
> 벨이 울립니다.
> 자기: 여보세요.
> 상대방: 안녕하세요! 저는 홍길동인데요.
> 자기: 아~ 예 반갑습니다.
> 전화를 끊습니다.
> 채널 10번 DMB 방송 수신을 시작합니다.
> 채널 12번으로 바꿉니다.
> DMB 방송 수신을 멈춥니다.

부모 생성자 호출

현실에서 부모 없는 자식이 있을 수 없듯이 자바에서도 자식 객체를 생성하면, 부모 객체가 먼저 생성되고 그다음에 자식 객체가 생성됩니다. 다음 코드는 DmbCellPhone 객체만 생성하는 것처럼

보이지만, 사실은 내부적으로 부모인 CellPhone 객체가 먼저 생성되고 자식인 DmbCellPhone 객체가 생성됩니다.

```
DmbCellPhone dmbCellPhone = new DmbCellPhone();
```

이것을 메모리로 표현하면 다음과 같습니다.

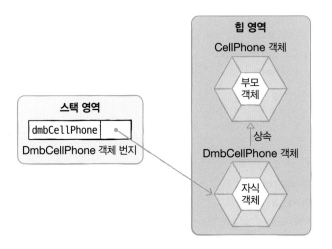

모든 객체는 클래스의 생성자를 호출해야만 생성됩니다. 부모 객체도 예외는 아닙니다. 그렇다면 부모 객체를 생성하기 위해 부모 생성자를 어디서 호출한 것일까요? 그 비밀은 자식 생성자에 숨어 있습니다. 부모 생성자는 자식 생성자의 맨 첫 줄에서 호출됩니다.

> 모든 객체는 클래스의 생성자를 호출해야만 생성되며, 부모 생성자는 자식 생성자의 맨 첫 줄에서 호출됩니다.

예를 들어, DmbCellPhone의 생성자가 명시적으로 선언되지 않았다면 컴파일러는 다음과 같은 기본 생성자를 생성합니다.

```
public DmbCellPhone() {
  super();
}
```

첫 줄에 super();가 추가된 것을 볼 수 있는데, super()는 부모의 기본 생성자를 호출합니다. 즉, CellPhone 클래스의 다음 생성자를 호출합니다. CellPhone.java 소스 코드에서도 CellPhone의 생성자가 선언되지 않았지만 컴파일러에 의해 기본 생성자가 만들어지므로 문제없이 실행됩니다.

```
public CellPhone() {
}
```

만약 여러분이 직접 자식 생성자를 선언하고 명시적으로 부모 생성자를 호출하고 싶다면 다음과 같이 작성하면 됩니다.

```
자식클래스( 매개변수선언, … ) {
   super( 매개값, … );
   …
}
```

super(매개값, …)는 매개값의 타입과 일치하는 부모 생성자를 호출합니다. 만약 매개값의 타입과 일치하는 부모 생성자가 없을 경우 컴파일 에러가 발생합니다.

super(매개값, …)가 생략되면 컴파일러에 의해 super()가 자동적으로 추가되기 때문에 부모의 기본 생성자가 존재해야 합니다. 부모 클래스에 기본 생성자가 없고 매개 변수가 있는 생성자만 있다면 자식 생성자에서 반드시 부모 생성자 호출을 위해 super(매개값, …)를 명시적으로 호출해야 합니다. super(매개값, …)는 반드시 자식 생성자 첫 줄에 위치해야 하며, 그렇지 않으면 컴파일 에러가 발생합니다.

다음 예제를 살펴봅시다.

직접 해보는 손코딩

부모 클래스 소스 코드 People.java

```
01    package sec01.exam02;
02
03    public class People {
04       public String name;
05       public String ssn;
06
07       public People(String name, String ssn) {
08          this.name = name;
09          this.ssn = ssn;
10       }
11    }
```

People 클래스는 기본 생성자가 없고 name과 ssn을 매개값으로 받아 객체를 생성시키는 생성자만 있습니다. 그렇기 때문에 People을 상속하는 Student 클래스는 생성자에서 super(name, ssn)으로 People 클래스의 생성자를 호출해야 합니다.

자식 클래스 소스 코드 Student.java

```
01    package sec01.exam02;
02
03    public class Student extends People {
04      public int studentNo;
05
06      public Student(String name, String ssn, int studentNo) {
07        super(name, ssn);  ←——— 부모 생성자 호출
08        this.studentNo = studentNo;
09      }
10    }
```

Student 클래스의 생성자는 name, ssn, studentNo를 매개값으로 받아서 name과 ssn은 다시 부모 생성자를 호출하기 위해 매개값으로 넘겨줍니다.

7라인의 super(name, ssn)은 People 생성자인 People(String name, String ssn)을 호출합니다. 7라인을 주석 처리하면 "Implicit super constructor People( ) is undefined. Must explicitly invoke another constructor"라는 컴파일 에러가 발생합니다. 이것은 부모의 기본 생성자가 없으니 다른 생성자를 명시적으로 호출하라는 의미입니다.

자식 객체 이용 소스 코드 StudentExample.java

```
01    package sec01.exam02;
02
03    public class StudentExample {
04      public static void main(String[] args) {
05        Student student = new Student("홍길동", "123456-1234567", 1);
06        System.out.println("name : " + student.name);
07        System.out.println("ssn : " + student.ssn);    ←——— 부모에게 상속받은 필드 출력
08        System.out.println("studentNo : " + student.studentNo);
09
10      }
11    }
```

실행결과 ✕

```
name : 홍길동
ssn : 123456-1234567
studentNo : 1
```

메소드 재정의

부모 클래스의 모든 메소드가 자식 클래스에 맞게 설계되어 있다면 가장 이상적인 상속이지만, 어떤 메소드는 자식 클래스가 사용하기에 적합하지 않을 수도 있습니다. 이 경우 상속된 일부 메소드는 자식 클래스에서 다시 수정해서 사용해야 합니다. 자바는 이런 경우를 위해 메소드 재정의오버라이딩: Overriding 기능을 제공합니다.

메소드 재정의 방법

메소드 재정의는 자식 클래스에서 부모 클래스의 메소드를 다시 정의하는 것을 말합니다. 메소드를 재정의할 때는 다음과 같은 규칙에 주의해서 작성해야 합니다.

- 부모의 메소드와 동일한 시그너처(리턴 타입, 메소드 이름, 매개 변수 목록)를 가져야 합니다.
- 접근 제한을 더 강하게 재정의할 수 없습니다.
- 새로운 예외(Exception)를 throws할 수 없습니다(예외는 10장에서 학습합니다).

> **+ 여기서 잠깐** **접근 제한을 더 강하게 재정의할 수 없다**
>
> 접근 제한을 더 강하게 재정의할 수 없다는 것은 부모 메소드가 public 접근 제한을 가지고 있을 경우 재정의하는 자식 메소드는 default나 private 접근 제한으로 수정할 수 없다는 뜻입니다.
>
> 단, 반대는 가능합니다. 부모 메소드가 default 접근 제한을 가지면 재정의하는 자식 메소드는 default 또는 public 접근 제한을 가질 수 있습니다.

메소드가 재정의되었다면 부모 객체의 메소드는 숨겨지기 때문에, 자식 객체에서 메소드를 호출하면 재정의된 자식 메소드가 호출됩니다.

```
class Parent {
   void method1() { … }
   void method2() { … }
}
```

↑ 상속

```
class Child extends Parent {
   void method2() { … }   //재정의
   void method3() { … }
}
```

```
class ChildExample {
   public static void main(String[] args) {

      Child child = new Child();

      child.method1();

      child.method2();   //재정의된 메소드 호출

      child.method3();

   }
}
```

다음 예제는 Calculator의 자식 클래스인 Computer에서 원의 넓이를 구하는 Calculator의 areaCircle() 메소드를 사용하지 않고, 좀 더 정확한 원의 넓이를 구하도록 재정의했습니다.

 직접 해보는 손코딩

부모 클래스 소스 코드 `Calculator.java`

```
01    package sec01.exam03;
02
03    public class Calculator {
04      double areaCircle(double r) {
05        System.out.println("Calculator 객체의 areaCircle() 실행");
06        return 3.14159 * r * r;
07      }                    ┌──── 정밀한 계산을 위해 수정
08    }
```

자식 클래스 소스 코드 `Computer.java`

```
01    package sec01.exam03;
02
03    public class Computer extends Calculator {
04      @Override
05      double areaCircle(double r) {
06        System.out.println("Computer 객체의 areaCircle() 실행");   ←── 재정의
07        return Math.PI * r * r;
08      }
09    }
```

Calculator의 areaCircle() 메소드는 파이의 값을 3.14159로 계산하였지만, 좀 더 정밀한 계산을 위해 Computer의 areaCircle() 메소드는 Math.PI 상수를 이용합니다. Math는 수학 계산과 관련된 필드와 메소드들을 가지고 있는 클래스로, 자바 표준 API입니다.

Computer에서 4라인의 @Override 어노테이션은 생략해도 좋으나, 이것을 붙여주면 areaCircle() 메소드가 정확히 재정의된 것인지 컴파일러가 확인하기 때문에 개발자의 실수를 줄여줍니다. 예를 들어, 개발자가 areaCircl()처럼 끝에 e를 빼먹으면 컴파일 에러가 발생합니다.

메소드 재정의 테스트 　소스 코드 ComputerExample.java

```
01    package sec01.exam03;
02
03    public class ComputerExample {
04      public static void main(String[] args) {
05        int r = 10;
06
07        Calculator calculator = new Calculator();
08        System.out.println("원면적 : " + calculator.areaCircle(r));
09        System.out.println();
10
11        Computer computer = new Computer();
12        System.out.println("원면적 : " + computer.areaCircle(r));
13      }
14    }
```

재정의된 메소드 호출

> **실행결과**　　　　　　　　　　✕
>
> Calculator 객체의 areaCircle() 실행
> 원면적 : 314.159
>
> Computer 객체의 areaCircle() 실행
> 원면적 : 314.1592653589793

➕ 여기서 잠깐　　이클립스의 재정의 메소드 자동 생성

이클립스는 부모 메소드 중 하나를 선택해서 재정의 메소드를 자동 생성해주는 기능이 있습니다. 이 기능은 부모 메소드의 시그너처를 정확히 모를 경우 매우 유용하게 사용할 수 있습니다.

1. 자식 클래스에서 재정의 메소드를 작성할 위치로 입력 커서를 옮깁니다.

2. [Source] – [Override/Implement Methods] 메뉴를 선택합니다.

3. 부모 클래스에서 재정의될 메소드를 선택하고 [OK] 버튼을 클릭합니다.

부모 메소드 호출

자식 클래스에서 부모 클래스의 메소드를 재정의하게 되면, 부모 클래스의 메소드는 숨겨지고 재정의된 자식 메소드만 사용됩니다. 그러나 자식 클래스 내부에서 재정의된 부모 클래스의 메소드를 호출해야 하는 상황이 발생한다면 명시적으로 super 키워드를 붙여서 부모 메소드를 호출할 수 있습니다.

```
super.부모메소드();
```

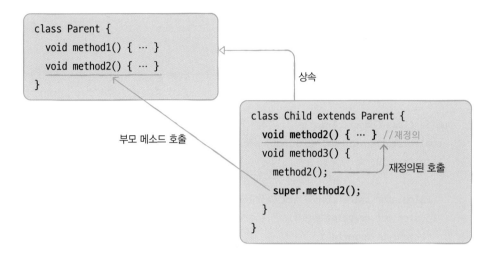

> **note** super는 부모 객체를 참조하고 있기 때문에 부모 메소드에 직접 접근할 수 있습니다.

Airplane 클래스를 상속해서 SupersonicAirplane 클래스를 만들어보겠습니다. Airplane의 fly() 메소드는 일반 비행이지만 SupersonicAirplane의 fly() 메소드는 초음속 비행 모드와 일반 비행 모드 두 가지로 동작합니다.

직접 해보는 손코딩

super 변수 소스 코드 Airplane.java

```java
01    package sec01.exam04;
02
03    public class Airplane {
04      public void land() {
05        System.out.println("착륙합니다.");
06      }
07      public void fly() {
08        System.out.println("일반비행합니다.");
09      }
10      public void takeOff() {
11        System.out.println("이륙합니다.");
12      }
13    }
```

super 변수 소스 코드 SupersonicAirplane.java

```java
01    package sec01.exam04;
02
03    public class SupersonicAirplane extends Airplane {
```

```
04        public static final int NORMAL = 1;
05        public static final int SUPERSONIC = 2;
06
07        public int flyMode = NORMAL;
08
09        @Override
10        public void fly() {
11          if(flyMode == SUPERSONIC) {
12            System.out.println("초음속비행합니다.");
13          } else {
14            super.fly();  ←─────── Airplane 객체의 fly() 메소드 호출
15          }
16        }
17      }
```

SupersonicAirplane의 4~5라인은 상수를 선언했습니다. 자주 사용되는 고정값들은 상수를 사용함으로써 가독성을 높여줍니다.

10라인에서 fly() 메소드가 재정의되었습니다. flyMode가 SUPERSONIC 상수값을 가질 경우에는 "초음속비행합니다."를 출력하지만, 그렇지 않을 경우에는 부모인 Airplane의 fly() 메소드를 호출하기 위해 super.fly()를 사용하였습니다.

직접 해보는 손코딩

super 변수   소스코드   SupersonicAirplaneExample.java

```
01    package sec01.exam04;
02
03    public class SupersonicAirplaneExample {
04      public static void main(String[] args) {
05        SupersonicAirplane sa = new SupersonicAirplane();
06        sa.takeOff();
07        sa.fly();
08        sa.flyMode = SupersonicAirplane.SUPERSONIC;
09        sa.fly();
10        sa.flyMode = SupersonicAirplane.NORMAL;
11        sa.fly();
12        sa.land();
13      }
14    }
```

실행결과   ✕

이륙합니다.
일반비행합니다.
초음속비행합니다.
일반비행합니다.
착륙합니다.

final 클래스와 final 메소드

final 키워드는 클래스, 필드, 메소드를 선언할 때 사용할 수 있는데, 해당 선언이 최종 상태이고 결코 수정될 수 없음을 뜻합니다. final 키워드는 클래스, 필드, 메소드 선언에 사용될 경우 해석이 조금씩 달라지는데, 6장에서 이미 살펴보았던 것처럼 필드를 선언할 때 final이 지정되면 초기값 설정 후 더 이상 값을 변경할 수 없습니다.

클래스와 메소드를 선언할 때 final 키워드가 지정되면 상속과 관련이 있다는 의미입니다. 그렇다면 클래스와 메소드에 final이 지정되면 어떤 효과가 날까요?

상속할 수 없는 final 클래스

클래스를 선언할 때 final 키워드를 class 앞에 붙이면 이 클래스는 최종적인 클래스이므로 상속할 수 없는 클래스가 됩니다. 즉, final 클래스는 부모 클래스가 될 수 없어 자식 클래스를 만들 수 없다는 것입니다.

```
public final class 클래스 { … }
```

final 클래스의 대표적인 예는 자바 표준 API에서 제공하는 String 클래스입니다. String 클래스는 다음과 같이 선언되어 있습니다.

```
public final class String { … }
```

그래서 다음과 같이 자식 클래스를 만들 수 없습니다.

> 클래스 선언 시 final 키워드를 class 앞에 붙이면 최종적인 클래스가 되어 자식 클래스를 만들 수 없습니다.

```
public class NewString extends String { … }
```

다음 예제는 Member 클래스를 선언할 때 final을 지정함으로써 Member를 상속해서 Very ImportantPerson을 선언할 수 없음을 보여줍니다.

직접 해보는 손코딩

상속할 수 없는 final 클래스 소스 코드 Member.java

```
01    package sec01.exam05;
02
03    public final class Member {
04    }
```

상속할 수 없는 final 클래스　　VeryImportantPerson.java

```
01   package sec01.exam05;
02
03   //Member를 상속할 수 없음
04   public class VeryImportantPerson extends Member {
05   }
```

재정의할 수 없는 final 메소드

메소드를 선언할 때 final 키워드를 붙이면 이 메소드는 최종적인 메소드이므로 재정의할 수 없는 메소드가 됩니다. 즉, 부모 클래스를 상속해서 자식 클래스를 선언할 때 부모 클래스에 선언된 final 메소드는 자식 클래스에서 재정의할 수 없다는 것입니다.

```
public final 리턴타입 메소드( [매개변수, …] ) { … }
```

> 메소드 선언 시 final 키워드를 붙이면 최종적인 메소드가 되어 재정의할 수 없습니다.

다음 예제는 Car 클래스의 stop() 메소드를 final로 선언했기 때문에 Car를 상속한 SportsCar 클래스에서 stop() 메소드를 재정의할 수 없음을 보여줍니다.

> 직접 해보는 손코딩

재정의할 수 없는 final 메소드　　Car.java

```
01   package sec01.exam06;
02
03   public class Car {
04     //필드
05     public int speed;
06
07     //메소드
08     public void speedUp() { speed += 1; }
09
10     //final 메소드
11     public final void stop() {
12       System.out.println("차를 멈춤");
13       speed = 0;
14     }
15   }
```

재정의할 수 없는 final 메소드 `SportsCar.java`

```
01    package sec01.exam06;
02
03    public class SportsCar extends Car {
04        @Override
05        public void speedUp() { speed += 10; }
06
07        @Override
08        public void stop() {
09            System.out.println("스포츠카를 멈춤");         ←——— 재정의할 수 없음
10            speed = 0;
11        }
12    }
```

protected 접근 제한자

접근 제한자는 public, protected, default, private와 같이 네 가지 종류가 있습니다. 이와 관련해서는 6장에서 이미 설명했고, 여기서는 상속과 관련이 있는 protected가 어떤 역할을 하는지 알아보겠습니다.

protected는 public과 default 접근 제한의 중간쯤에 해당합니다. 같은 패키지에서는 default와 같이 접근 제한이 없지만 다른 패키지에서는 자식 클래스만 접근을 허용합니다.

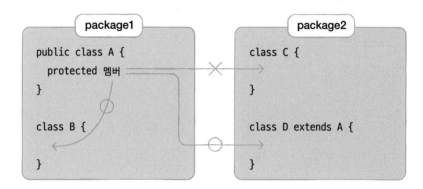

protected는 필드와 생성자, 메소드 선언에 사용될 수 있습니다. 다음 A 클래스를 보면 protected로 선언된 필드, 생성자, 메소드가 있습니다.

직접 해보는 손코딩

protected 접근 제한자 소스 코드 **A.java**

```
01    package sec01.exam07.pack1;
02
03    public class A {
04      protected String field;
05
06      protected A() {
07      }
08
09      protected void method() {
10      }
11    }
```

다음 B 클래스는 A 클래스와 동일한 패키지에 있습니다. default 접근 제한과 마찬가지로 B 클래스의 생성자와 메소드에서는 A 클래스의 protected 필드, 생성자, 메소드에 얼마든지 접근이 가능합니다.

직접 해보는 손코딩

protected 접근 제한자 테스트 소스 코드 B.java

```
01    package sec01.exam07.pack1;
02
03    public class B {
04      public void method() {
05        A a = new A();
06        a.field = "value";      ←——— 접근 가능
07        a.method();
08      }
09    }
```

다음 C 클래스는 A 클래스와 다른 패키지에 있습니다. default 접근 제한과 마찬가지로 C 클래스의 생성자와 메소드에서는 A 클래스의 protected 필드, 생성자, 메소드에 접근할 수 없습니다.

직접 해보는 손코딩

protected 접근 제한자 테스트 소스 코드 C.java

```
01    package sec01.exam07.pack2;
02    import sec01.exam07.pack1.A;
03
04    public class C {
05      public void method() {
06        A a = new A();
07        a.field = "value";      ←——— 접근 불가능
08        a.method();
09      }
10    }
```

다음 D 클래스는 A 클래스와 다른 패키지에 있습니다. 하지만 C 클래스와는 달리 D는 A의 자식 클래스입니다. 그렇기 때문에 A 클래스의 protected 필드, 생성자, 메소드에 접근이 가능합니다. 단 new 연산자를 사용해서 생성자를 직접 호출할 수는 없고, 자식 생성자에서 super()로 A 생성자를 호출할 수 있습니다.

protected 접근 제한자 D.java

```
01    package sec01.exam07.pack2;
02    import sec01.exam07.pack1.A;
03
04    public class D extends A {
05      public D() {
06        super();
07        this.field = "value";          ←——————— 접근 가능
08        this.method();
09      }
10    }
```

▶ 4가지 키워드로 끝내는 핵심 포인트

- **상속**: 부모 클래스의 필드와 메소드를 자식 클래스에서 사용할 수 있도록 합니다.

- **메소드 재정의**: 부모 메소드를 자식 클래스에서 다시 정의하는 것을 말합니다.

- **final 클래스**: final 키워드로 선언된 클래스는 부모 클래스로 사용할 수 없는 final 클래스입니다.

- **final 메소드**: final 키워드로 선언된 메소드는 자식 클래스에서 재정의할 수 없는 final 메소드입니다.

▶ 확인 문제

1. 자바의 상속에 대한 설명입니다. 맞는 것에 O표, 틀린 것에 X표 하세요.

   ① 자바는 다중 상속을 허용한다. (　　)
   ② 부모의 메소드를 자식 클래스에서 재정의(오버라이딩)할 수 있다. (　　)
   ③ 부모의 private 접근 제한을 갖는 필드와 메소드는 상속의 대상이 아니다. (　　)
   ④ protected 멤버는 같은 패키지의 모든 클래스와 다른 패키지의 자식 클래스만 접근할 수 있다. (　　)

2. 메소드 재정의(오버라이딩)에 대한 설명입니다. 맞는 것에 O표, 틀린 것에 X표 하세요.

   ① 부모의 메소드는 숨김 효과가 나타난다. (　　)
   ② 재정의 시 접근 제한을 더 강하게 할 수 있다. (　　)
   ③ @Override를 붙이면 컴파일러가 재정의를 확인한다. (　　)
   ④ 부모 메소드를 호출하고 싶다면 super 키워드를 사용할 수 있다. (　　)

3. final 클래스, final 필드, final 메소드에 대한 설명입니다. 맞는 것에 O표, 틀린 것에 X표 하세요.

① 모두 상속과 관련이 있다. (   )

② final 메소드를 가진 클래스는 부모 클래스가 될 수 없다. (   )

③ final 메소드는 재정의를 할 수 없다. (   )

④ final 클래스는 final 필드가 반드시 있어야 한다. (   )

4. Parent 클래스를 상속해서 Child 클래스를 다음과 같이 작성했는데, Child 클래스의 생성자에서 컴파일 에러가 발생했습니다. 그 이유를 설명해보세요.

Parent.java

```
01    package sec01.verify.exam04;
02
03    public class Parent {
04      public String name;
05
06      public Parent(String name) {
07        this.name = name;
08      }
09    }
```

Child.java

```
01    package sec01.verify.exam04;
02
03    public class Child extends Parent {
04      private int studentNo;
05
06      public Child(String name, int studentNo) {
07        this.name = name;
08        this.studentNo = studentNo;
09      }
10    }
```

5. Parent 클래스를 상속받아 Child 클래스를 다음과 같이 작성했습니다. ChildExample 클래스를 실행했을 때 호출되는 각 클래스의 생성자의 순서를 생각하면서 출력 결과를 작성해 보세요.

소스 코드 **Parent.java**

```
01    package sec01.verify.exam05;
02
03    public class Parent {
04      public String nation;
05
06      public Parent() {
07        this("대한민국");
08        System.out.println("Parent() call");
09      }
10
11      public Parent(String nation) {
12        this.nation = nation;
13        System.out.println("Parent(String nation) call");
14      }
15    }
```

소스 코드 **Child.java**

```
01    package sec01.verify.exam05;
02
03    public class Child extends Parent {
04      private String name;
05
06      public Child() {
07        this("홍길동");
08        System.out.println("Child() call");
09      }
10
11      public Child(String name) {
12        this.name = name;
13        System.out.println("Child(String name) call");
14      }
15    }
```

```java
01   package sec01.verify.exam05;
02
03   public class ChildExample {
04     public static void main(String[] args) {
05       Child child = new Child();
06     }
07   }
```

다형성   클래스 타입 변환   자동 타입 변환   강제 타입 변환   instanceof

2장에서 우리는 기본 타입 변환에 대해서 살펴보았습니다. 자동 타입 변환이 있고, 강제 타입 변환이 있었습니다. 클래스에서도 이러한 타입 변환이 있습니다. 앞에서 배운 재정의와 이번 절의 타입 변환을 이용하면 객체 지향 프로그래밍의 매우 중요한 특징인 다형성을 구현할 수 있습니다.

시작하기 전에

다형성(多形性)은 사용 방법은 동일하지만 다양한 객체를 이용해서 다양한 실행결과가 나오도록 하는 성질입니다. 예를 들어 자동차가 타이어를 사용하는 방법은 동일하지만 어떤 타이어를 사용(장착)하느냐에 따라 주행 성능이 달라질 수 있습니다.

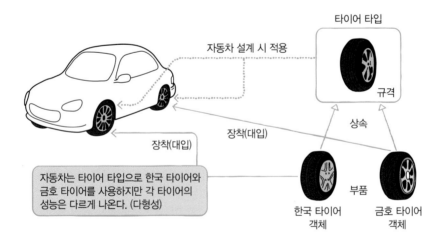

자동차는 타이어 타입으로 한국 타이어와 금호 타이어를 사용하지만 각 타이어의 성능은 다르게 나온다. (다형성)

다형성을 구현하려면 메소드 재정의와 타입 변환이 필요합니다.

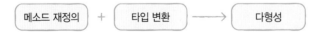

자동 타입 변환

타입 변환이란 타입을 다른 타입으로 변환하는 행위를 말합니다. 기본 타입의 변환에 대해서는 이미 2장에서 학습한 바 있습니다. 클래스도 마찬가지로 타입 변환이 있는데, 클래스의 변환은 상속 관계에 있는 클래스 사이에서 발생합니다. 자식은 부모 타입으로 자동 타입 변환이 가능합니다.

자동 타입 변환promotion은 프로그램 실행 도중에 자동적으로 타입 변환이 일어나는 것을 말합니다. 자동 타입 변환은 다음과 같은 조건에서 일어납니다.

```
                      자동 타입 변환
                          ↓
              부모타입 변수 = 자식타입;
```

자동 타입 변환의 개념은 자식은 부모의 특징과 기능을 상속받기 때문에 부모와 동일하게 취급될 수 있다는 것입니다. 예를 들어, 고양이가 동물의 특징과 기능을 상속받았다면 '고양이는 동물이다.'가 성립합니다.

Animal과 Cat 클래스가 다음과 같이 상속 관계에 있다고 가정해보겠습니다.

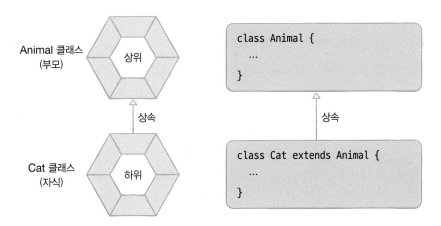

Cat 클래스로부터 Cat 객체를 생성하고 이것을 Animal 변수에 대입하면 자동 타입 변환이 일어납니다.

```
Cat cat = new Cat();
Animal animal = cat;        ←── Animal animal = new Cat(); 도 가능
```

위 코드로 생성되는 메모리 상태를 그림으로 묘사하면 다음과 같습니다. cat과 animal 변수는 타입만 다를 뿐, 동일한 Cat 객체를 참조합니다.

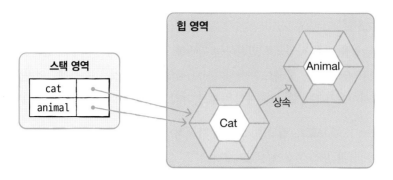

위 그림에서 animal 변수가 Animal 타입이므로 당연히 부모인 Animal 객체를 참조하는 것이 맞지 않느냐라고 생각할 수도 있지만, 사실은 그렇지 않습니다. 다음과 같이 cat과 animal 변수를 ==연산해보면 true가 나오는데, 참조 변수의 == 연산은 참조 번지가 같을 경우 true를 산출하므로 두변수가 동일한 객체를 참조하고 있다는 뜻입니다.

```
cat == animal    //true
```

바로 위의 부모가 아니더라도 상속 계층에서 상위 타입이라면 자동 타입 변환이 일어날 수 있습니다. 다음 그림을 보면서 이해해보겠습니다.

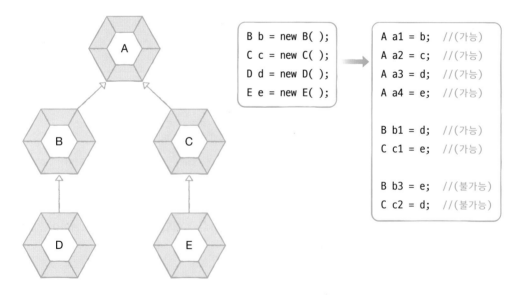

D 객체는 B와 A 타입으로 자동 타입 변환이 될 수 있고, E 객체는 C와 A 타입으로 자동 타입 변환이 될 수 있습니다. 그러나 D 객체는 C 타입으로 변환될 수 없고, 마찬가지로 E 객체는 B 타입으로 변환될 수 없습니다. 이유는 상속 관계가 아니기 때문입니다.

자동 타입 변환 소스 코드 PromotionExample.java

```java
01   package sec02.exam01;
02
03   class A {}
04
05   class B extends A {}
06   class C extends A {}
07
08   class D extends B {}
09   class E extends C {}
10
11   public class PromotionExample {
12     public static void main(String[] args) {
13       B b = new B();
14       C c = new C();
15       D d = new D();
16       E e = new E();
17
18       A a1 = b;
19       A a2 = c;
20       A a3 = d;
21       A a4 = e;
22
23       B b1 = d;
24       C c1 = e;
25
26       //B b3 = e;          ◀──── 상속 관계에 있지 않기 때문에 컴파일 에러 발생
27       //C c2 = d;
28     }
29   }
```

부모 타입으로 자동 타입 변환된 이후에는 부모 클래스에 선언된 필드와 메소드만 접근이 가능합니다. 비록 변수는 자식 객체를 참조하지만 변수로 접근 가능한 멤버는 부모 클래스 멤버로만 한정됩니다. 그러나 예외가 있는데, 메소드가 자식 클래스에서 재정의되었다면 자식 클래스의 메소드가 대신 호출됩니다. 이것은 다형성과 관련이 있기 때문에 매우 중요한 성질이므로 잘 알아두어야 합니다.

다음 그림을 보고 이해해봅시다.

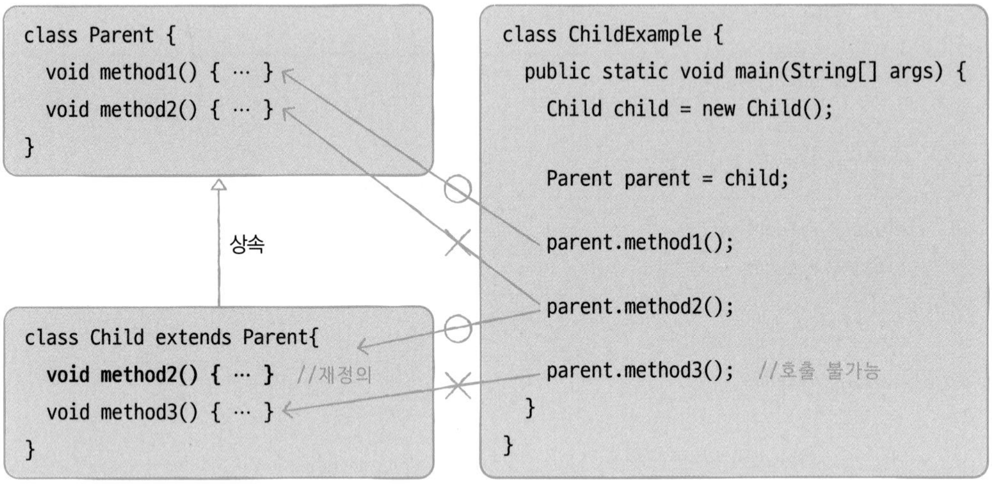

```
class Parent {
  void method1() { … }
  void method2() { … }
}
```

상속

```
class Child extends Parent{
  void method2() { … }  //재정의
  void method3() { … }
}
```

```
class ChildExample {
  public static void main(String[] args) {
    Child child = new Child();

    Parent parent = child;

    parent.method1();

    parent.method2();

    parent.method3();  //호출 불가능
  }
}
```

Child 객체는 method3() 메소드를 가지고 있지만, Parent 타입으로 변환된 이후에는 method3() 을 호출할 수 없습니다. 그러나 method2() 메소드는 부모와 자식 모두에게 있습니다. 이렇게 재정의된 메소드는 타입 변환 이후에도 자식 메소드가 호출됩니다.

직접 해보는 손코딩

자동 타입 변환 후의 멤버 접근 소스 코드 Parent.java

```
01    package sec02.exam02;
02
03    public class Parent {
04      public void method1() {
05        System.out.println("Parent-method1()");
06      }
07
08      public void method2() {
09        System.out.println("Parent-method2()");
10      }
11    }
```

자동 타입 변환 후의 멤버 접근 소스 코드 Child.java

```
01    package sec02.exam02;
02
03    public class Child extends Parent {
```

```
04    @Override
05    public void method2() {
06      System.out.println("Child-method2()");        ←──────── 재정의
07    }
08
09    public void method3() {
10      System.out.println("Child-method3()");
11    }
12  }
```

자동 타입 변환 후의 멤버 접근 `소스코드` ChildExample.java

```
01    package sec02.exam02;
02
03    public class ChildExample {
04      public static void main(String[] args) {
05        Child child = new Child();
06
07        Parent parent = child;        ←──────── 자동 타입 변환
08        parent.method1();
09        parent.method2();        ←──────── 재정의된 메소드가 호출됨
10        //parent.method3();        ←──────── 호출 불가능
11      }
12    }
```

┌─ 🖥 실행결과 ───────── ✕ ┐
│ Parent-method1()   │
│ Child-method2()   │
└────────────────────────────┘

필드의 다형성

그렇다면 왜 자동 타입 변환이 필요할까요? 그냥 자식 타입으로 사용하면 될 것을 부모 타입으로 변환해서 사용하는 이유가 무엇일까요? 그것은 다형성을 구현하기 위해서입니다. 필드의 타입을 부모 타입으로 선언하면 다양한 자식 객체들이 저장될 수 있기 때문에 필드 사용 결과가 달라질 수 있습니다. 이것이 필드의 다형싱입니다.

예를 들어보겠습니다. 자동차를 구성하는 부품은 언제든지 교체할 수 있습니다. 부품은 고장이 날 수도 있고, 성능이 더 좋은 부품으로 교체되기도 합니다. 객체 지향 프로그래밍에서도 마찬가지입니다. 프로그램은 수많은 객체들이 서로 연결되고 각자의 역할을 하게 되는데, 이 객체들은 다른 객체로 교체될 수 있어야 합니다.

자동차 클래스에 포함된 타이어 클래스를 생각해보겠습니다. 자동차 클래스를 처음 설계할 때 사용한 타이어 객체는 언제든지 성능이 좋은 다른 타이어 객체로 교체할 수 있어야 합니다. 새로 교체되는 타이어 객체는 기존 타이어와 사용 방법은 동일하지만 실행결과는 더 우수하게 나와야 할 것입니다. 이것을 프로그램으로 구현하기 위해서 상속과 재정의, 타입 변환을 이용합니다.

부모 클래스를 상속하는 자식 클래스는 부모가 가지고 있는 필드와 메소드를 가지고 있으니 사용 방법이 동일할 것입니다. 자식 클래스는 부모의 메소드를 재정의해서 메소드의 실행 내용을 변경함으로써 더 우수한 실행결과가 나오게 할 수도 있습니다. 그리고 자식 타입을 부모 타입으로 변환할 수 있습니다. 이 세 가지가 다형성을 구현할 수 있는 기술적 조건이 됩니다.

필드의 다형성을 코드로 살펴보겠습니다.

```java
class Car {
  //필드
  Tire frontLeftTire = new Tire();
  Tire frontRightTire = new Tire();
  Tire backLeftTire = new Tire();
  Tire backRightTire = new Tire();
  //메소드
  void run() { … }
}
```

Car 클래스는 4개의 Tire 필드를 가지고 있습니다. Car 클래스로부터 Car 객체를 생성하면 4개의 Tire 필드에 각각 하나씩 Tire 객체가 들어가게 됩니다. 그런데 frontRightTire와 backLeftTire를 HankookTire와 KumhoTire로 교체할 이유가 생겼습니다. 이러한 경우 다음과 같은 코드를 사용해서 교체할 수 있습니다.

```java
Car myCar = new Car();
myCar.frontRightTire = new HankookTire();
myCar.backLeftTire = new KumhoTire();
myCar.run();
```

Tire 클래스 타입인 frontRightTire와 backLeftTire는 원래 Tire 객체가 저장되어야 하지만, Tire의 자식 객체가 저장되어도 문제가 없습니다. 왜냐하면 자식 타입은 부모 타입으로 자동 타입 변환이 되기 때문입니다. frontRightTire와 backLeftTire에 Tire 자식 객체가 저장되어도 Car 객체는 Tire 클래스에 선언된 필드와 메소드만 사용하므로 전혀 문제가 되지 않습니다. HankookTire와 KumhoTire는 부모인 Tire의 필드와 메소드를 가지고 있기 때문입니다.

Car 객체에 run() 메소드가 있고, run() 메소드는 각 Tire 객체의 roll() 메소드를 다음과 같이 호출한다고 가정해보겠습니다.

```
void run() {
  frontLeftTire.roll();
  frontRightTire.roll();
  backLeftTire.roll();
  backRightTire.roll();
}
```

frontRightTire와 backLeftTire를 교체하기 전에는 Tire 객체의 roll() 메소드가 호출되지만, HankookTire와 KumhoTire로 교체되면 HankookTire와 KumhoTire가 roll() 메소드를 재정의하고 있으므로 교체 이후에는 HankookTire와 KumhoTire의 roll() 메소드가 호출되어 실행 결과가 달라집니다. 이 성질은 이미 〈07-1 메소드 재정의〉339쪽에서 살펴보았습니다.

이와 같이 자동 타입 변환을 이용해서 Tire 필드값을 교체함으로써 Car의 run() 메소드를 수정하지 않아도 다양한 roll() 메소드의 실행결과를 얻게 됩니다. 이것이 바로 필드의 다형성입니다.

예제를 작성해보면서 지금까지 설명했던 내용을 눈으로 확인해보겠습니다.

Tire 클래스

먼저 Tire 클래스를 살펴보겠습니다. Tire 클래스의 필드에는 최대 회전수(maxRotation), 누적 회전수(accumulatedRotation), 타이어의 위치(location)가 있습니다. 최대 회전수는 타이어의 수명으로, 최대 회전수에 도달하면 타이어에 펑크가 난다고 가정했습니다. 누적 회전수는 타이어가 1번 회전할 때마다 1씩 증가되는 필드로, 누적 회전수가 최대 회전수가 되면 타이어에 펑크가 납니다. 타이어의 위치는 앞왼쪽, 앞오른쪽, 뒤왼쪽, 뒤오른쪽을 구분하는 필드입니다.

Tire 클래스의 생성자는 타이어의 위치와 최대 회전수를 매개값으로 받아 각각의 필드에 저장합니다. roll() 메소드는 타이어를 1회전시키는 메소드로, 1번 실행할 때마다 누적 회전수를 1씩 증가시킵니다. 그런 다음 누적 회전수가 최대 회전수보다 작을 때에는 남은 회전수를 출력하고, 최대 회전수가 되면 펑크를 출력합니다. roll() 메소드의 리턴 타입은 boolean인데, 정상 회전하면 true를, 펑크가 나면 false를 리턴합니다.

Tire 클래스 소스 코드 Tire.java

```
01    package sec02.exam03;
02
03    public class Tire {
04      //필드
05      public int maxRotation;           //최대 회전수(타이어 수명)
06      public int accumulatedRotation;   //누적 회전수
07      public String location;           //타이어의 위치
08
09      //생성자
10      public Tire(String location, int maxRotation) {
11        this.location = location;
12        this.maxRotation = maxRotation;
13      }
14
15      //메소드
16      public boolean roll() {
17        ++accumulatedRotation;            //누적 회전수 1 증가
18        if(accumulatedRotation<maxRotation) {
19          System.out.println(location + " Tire 수명: " +
20            (maxRotation-accumulatedRotation) + "회");
21          return true;
22        } else {
23          System.out.println("*** " + location + " Tire 펑크 ***");
24          return false;
25        }
26      }
27    }
```

초기화

초기화

정상 회전(누적<최대)일 경우 실행

펑크(누적=최대)일 경우 실행

Car 클래스

이번에는 Car 클래스를 살펴보겠습니다. Car 클래스의 필드에는 4개의 타이어가 있습니다. Tire 객체를 생성할 때 타이어의 위치와 최대 회전수를 생성자의 매개값으로 지정했습니다. frontLeftTire 필드일 경우, 최대 회전수를 6으로 주었기 때문에 6회전 시 타이어에 펑크가 나도록 했습니다.

run() 메소드는 4개의 타이어를 한 번씩 1회전시키는 메소드입니다. 각각의 Tire 객체의 roll() 메소드를 호출해서 리턴값이 false가 되면(펑크가 나면) stop() 메소드를 호출하고 해당 위치의 타이어 번호를 리턴합니다. 타이어 번호는 타이어를 교체할 때 어떤 위치의 타이어인지 알 수 있도록 하기 위해 사용됩니다. stop() 메소드는 타이어에 펑크가 날 때 자동차를 멈추는 메소드입니다.

직접 해보는 손코딩

Tire를 부품으로 가지는 클래스   Car.java

```
01   package sec02.exam03;
02
03   public class Car {
04       //필드
05       Tire frontLeftTire = new Tire("앞왼쪽", 6);
06       Tire frontRightTire = new Tire("앞오른쪽", 2);
07       Tire backLeftTire = new Tire("뒤왼쪽", 3);
08       Tire backRightTire = new Tire("뒤오른쪽", 4);
09       //생성자
10       //메소드
11       int run() {
12         System.out.println("[자동차가 달립니다.]");
13         if(frontLeftTire.roll()==false) { stop(); return 1; }
14         if(frontRightTire.roll()==false) { stop(); return 2; }
15         if(backLeftTire.roll()==false) { stop(); return 3; }
16         if(backRightTire.roll()==false) { stop(); return 4; }
17         return 0;
18       }
19
20       void stop() {
21         System.out.println("[자동차가 멈춥니다.]");
22       }
23   }
```

자동차는 4개의 타이어를 가짐

모든 타이어를 1회 회전시키기 위해 각 Tire 객체의 roll() 메소드를 호출. false를 리턴하는 roll()이 있을 경우 stop() 메소드를 호출하고 해당 타이어 번호를 리턴

펑크 났을 때 실행

HankookTire, KumhoTire 클래스

이번에는 HankookTire와 KumhoTire 클래스를 살펴보겠습니다. 이 두 클래스는 Tire 클래스를 상속받습니다. 생성자는 타이어의 위치, 최대 회전수를 매개값으로 받아서 부모인 Tire 클래스의 생성자를 호출할 때 넘겨주었습니다. roll() 메소드는 재정의되어 정상 회전과 펑크가 났을 때 출력하는 내용이 Tire 클래스의 roll() 메소드와 다릅니다.

Tire의 자식 클래스 소스 코드 HankookTire.java

```
01    package sec02.exam03;
02
03    public class HankookTire extends Tire {
04      //필드
05      //생성자
06      public HankookTire(String location, int maxRotation) {
07        super(location, maxRotation);
08      }
09      //메소드
10      @Override
11      public boolean roll() {
12        ++accumulatedRotation;
13        if(accumulatedRotation<maxRotation) {
14          System.out.println(location + " HankookTire 수명: " +
15            (maxRotation-accumulatedRotation) + "회");
16          return true;
17        } else {
18          System.out.println("*** " + location + " HankookTire 펑크 ***");
19          return false;
20        }
21      }
22    }
```

← 다른 내용을
출력하기 위해
재정의한
roll() 메소드

Tire의 자식 클래스 소스 코드 KumhoTire.java

```
01    package sec02.exam03;
02
03    public class KumhoTire extends Tire {
04      //필드
05      //생성자
06      public KumhoTire(String location, int maxRotation) {
07        super(location, maxRotation);
08      }
09      //메소드
10      @Override
11      public boolean roll() {
12        ++accumulatedRotation;
13        if(accumulatedRotation<maxRotation) {
```

← 다른 내용을
출력하기 위해
재정의한
roll() 메소드

```
14        System.out.println(location + " KumhoTire 수명: " +
15          (maxRotation-accumulatedRotation) + "회");
16        return true;
17      } else {
18        System.out.println("*** " + location + " KumhoTire 펑크 ***");
19        return false;
20      }
21    }
22  }
```

CarExample 클래스

마지막으로 CarExample 클래스를 보면 지금까지 작성한 Tire, Car, HankookTire, Kumho Tire 클래스를 이용하는 실행 클래스입니다.

직접 해보는 손코딩

실행 클래스 소스코드 CarExample.java

```
01  package sec02.exam03;
02
03  public class CarExample {
04    public static void main(String[] args) {
05      Car car = new Car();                ←──── Car 객체 생성
06
07      for(int i=1; i<=5; i++) {            ←──── Car 객체의 run() 메소드
08        int problemLocation = car.run();          5번 반복 실행
09
10        switch(problemLocation) {
11          case 1:
12            System.out.println("앞왼쪽 HankookTire로 교체");      앞왼쪽 타이어가
13            car.frontLeftTire = new HankookTire("앞왼쪽", 15);   ←── 펑크 났을 때
14            break;                                              HankookTire로 교체
15          case 2:
16            System.out.println("앞오른쪽 KumhoTire로 교체");     앞오른쪽 타이어가
17            car.frontRightTire = new KumhoTire("앞오른쪽", 13);  ←── 펑크 났을 때
18            break;                                              KumhoTire로 교체
19          case 3:
20            System.out.println("뒤왼쪽 HankookTire로 교체");     뒤왼쪽 타이어가
21            car.backLeftTire = new HankookTire("뒤왼쪽", 14);   ←── 펑크 났을 때
22            break;                                              HankookTire로 교체
```

```
23          case 4:
24            System.out.println("뒤오른쪽 KumhoTire로 교체");
25            car.backRightTire = new KumhoTire("뒤오른쪽", 17);
26            break;
27        }
28        System.out.println("------------------------");
29      }
30    }
31  }
```

뒤오른쪽 타이어가 펑크 났을 때 KumhoTire로 교체

1회전 시 출력되는 내용을 구분

5라인에서 Car 객체를 생성합니다. 7라인의 for문은 5번을 반복(루핑)하면서 8라인의 run( ) 메소드를 호출합니다. run( ) 메소드의 리턴값은 펑크 난 타이어의 번호인데, 정상(0), 앞왼쪽(1), 앞오른쪽(2), 뒤왼쪽(3), 뒤오른쪽(4)의 값입니다. 10라인의 switch문은 problemLocation 변수의 값(run( )의 리턴 값)에 따라 Car 객체의 해당 타이어를 새 HankookTire와 KumhoTire 객체로 교체합니다.

주목할 코드는 13, 17, 21, 25라인인데, Car 객체의 Tire 필드에 HankookTire와 KumhoTire 객체를 대입하고 있습니다. 즉, 자동 타입 변환이 되고 있다는 것입니다. 교체된 이후부터는 Car 객체의 run( ) 메소드가 호출될 때 HankookTire와 KumhoTire에서 재정의된 roll( ) 메소드가 실행됩니다.

CarExample 클래스를 실행한 결과를 보면, 앞오른쪽 타이어의 최대 회전수가 2이므로 2번째 roll( ) 메소드 호출 시 펑크가 나서 자동차는 멈춥니다. 동적으로 KumhoTire로 교체한 후, 다시 움직이면 앞오른쪽 타이어의 종류가 KumhoTire로 출력됩니다.

실행결과

```
[자동차가 달립니다.]
앞왼쪽 Tire 수명: 5회
앞오른쪽 Tire 수명: 1회
뒤왼쪽 Tire 수명: 2회
뒤오른쪽 Tire 수명: 3회
------------------------
[자동차가 달립니다.]
앞왼쪽 Tire 수명: 4회
*** 앞오른쪽 Tire 펑크 ***
[자동차가 멈춥니다.]
앞오른쪽 KumhoTire로 교체
------------------------
[자동차가 달립니다.]
앞왼쪽 Tire 수명: 3회
앞오른쪽 KumhoTire 수명: 12회
뒤왼쪽 Tire 수명: 1회
뒤오른쪽 Tire 수명: 2회
------------------------
[자동차가 달립니다.]
앞왼쪽 Tire 수명: 2회
앞오른쪽 KumhoTire 수명: 11회
*** 뒤왼쪽 Tire 펑크 ***
[자동차가 멈춥니다.]
뒤왼쪽 HankookTire로 교체
------------------------
[자동차가 달립니다.]
앞왼쪽 Tire 수명: 1회
앞오른쪽 KumhoTire 수명: 10회
뒤왼쪽 HankookTire 수명: 13회
뒤오른쪽 Tire 수명: 1회
------------------------
```

매개 변수의 다형성

자동 타입 변환은 필드의 값을 대입할 때에도 발생하지만, 주로 메소드를 호출할 때 많이 발생합니다. 메소드를 호출할 때에는 매개 변수의 타입과 동일한 매개값을 지정하는 것이 정석이지만, 매개값을 다양화하기 위해 매개 변수에 자식 객체를 지정할 수도 있습니다.

예를 들어, 다음과 같이 Driver 클래스에는 drive() 메소드가 정의되어 있는데 Vehicle 타입의 매개 변수가 선언되어 있습니다.

```java
class Driver {
  void drive(Vehicle vehicle) {
    vehicle.run();
  }
}
```

drive() 메소드를 정상적으로 호출한다면 다음과 같을 것입니다.

```java
Driver driver = new Driver();
Vehicle vehicle = new Vehicle();
driver.drive(vehicle);
```

만약 Vehicle의 자식 클래스인 Bus 객체를 drive() 메소드의 매개값으로 넘겨준다면 어떻게 될까요?

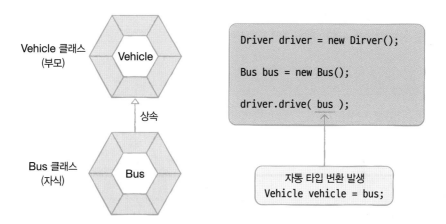

drive() 메소드는 Vehicle 타입을 매개 변수로 선언했지만, Vehicle을 상속받는 Bus 객체가 매개 값으로 사용되면 자동 타입 변환이 발생합니다.

자동 타입 변환

Vehicle vehicle = bus;

우리는 여기서 매우 중요한 것을 하나 알게 되었습니다. 매개 변수의 타입이 클래스일 경우, 해당 클래스의 객체뿐만 아니라 자식 객체까지도 매개값으로 사용할 수 있다는 것입니다. 즉, 매개값으로 어떤 자식 객체가 제공되느냐에 따라 메소드의 실행결과는 다양해질 수 있습니다. 자식 객체가 부모의 메소드를 재정의했다면 메소드 내부에서 재정의된 메소드를 호출함으로써 메소드의 실행결과는 다양해집니다.

> 매개 변수의 다형성은 매개값으로 어떤 자식 객체가 제공되느냐에 따라 메소드의 실행결과가 다양해질 수 있다는 것입니다.

```
                          ┌────────────── 자식 객체
                          ↓
void drive(Vehicle vehicle) {
  vehicle.run();  ←──────────── 자식 객체가 재정의한 run() 메소드 실행
}
```

예제를 작성해보면서 지금까지 설명했던 내용을 눈으로 확인해보겠습니다. 우선 Vehicle 클래스가 다음과 같이 작성되었다고 가정해보겠습니다.

직접 해보는 손코딩

부모 클래스　　소스 코드　Vehicle.java

```
01    package sec02.exam04;
02
03    public class Vehicle {
04      public void run() {
05        System.out.println("차량이 달립니다.");
06      }
07    }
```

다음은 Driver 클래스인데, drive() 메소드에서 Vehicle 타입의 매개값을 받아서 run() 메소드를 호출합니다.

직접 해보는 손코딩

Vehicle을 이용하는 클래스　　소스 코드　Driver.java

```
01    package sec02.exam04;
02
03    public class Driver {
04      public void drive(Vehicle vehicle) {
05        vehicle.run();
```

```
06        }
07    }
```

다음은 Bus와 Taxi 클래스는 Vehicle 클래스를 상속받아 run() 메소드를 재정의하고 있습니다.

자식 클래스   소스 코드 Bus.java

```
01    package sec02.exam04;
02
03    public class Bus extends Vehicle {
04      @Override
05      public void run() {
06        System.out.println("버스가 달립니다.");
07      }
08    }
```

자식 클래스   소스 코드 Taxi.java

```
01    package sec02.exam04;
02
03    public class Taxi extends Vehicle {
04      @Override
05      public void run() {
06        System.out.println("택시가 달립니다.");
07      }
08    }
```

이제 Vehicle, Driver, Bus, Taxi 클래스를 이용해서 실행하는 DriverExample 클래스를 살펴 보겠습니다.

실행 클래스   소스 코드 DriverExample.java

```
01    package sec02.exam04;
02
03    public class DriverExample {
04      public static void main(String[] args) {
05        Driver driver = new Driver();
06
```

```
07         Bus bus = new Bus();
08         Taxi taxi = new Taxi();
09
10         driver.drive(bus); ←────── 자동 타입 변환: Vehicle vehicle = bus;
11         driver.drive(taxi); ←────── 자동 타입 변환: Vehicle vehicle = taxi;
12      }
13    }
```

실행결과 ✕

버스가 달립니다.
택시가 달립니다.

먼저 Driver 객체와 Bus, Taxi 객체를 생성하고, 10~11라인에서 Driver 객체의 drive() 메소드를 호출할 때 Bus 객체와 Taxi 객체를 제공했습니다. DriverExample 클래스를 실행해보면 10라인의 출력 내용은 Bus 객체의 run() 메소드를 실행한 결과입니다. 그리고 11라인의 출력 내용은 Taxi 객체의 run() 메소드를 실행한 결과입니다.

이와 같이 매개값의 자동 타입 변환과 메소드 재정의를 이용해서 매개 변수의 다형성을 구현할 수 있습니다.

강제 타입 변환

강제 타입 변환casting은 부모 타입을 자식 타입으로 변환하는 것을 말합니다. 그렇다고 해서 모든 부모 타입을 자식 타입으로 강제 변환할 수 있는 것은 아닙니다. 자식 타입이 부모 타입으로 자동 타입 변환한 후 다시 자식 타입으로 변환할 때 강제 타입 변환을 사용할 수 있습니다.

자식타입 변수 = (자식타입) 부모타입;
부모 타입을 자식 타입으로 변환

예를 들어 다음 코드와 같이 Child 객체가 Parent 타입으로 자동 변환된 상태에서 원래 Child로 강제 변환할 수 있습니다.

```
Parent parent = new Child();   //자동 타입 변환
Child child = (Child) parent;   //강제 타입 변환
```

자식 타입이 부모 타입으로 자동 타입 변환하면, 부모에 선언된 필드와 메소드만 사용 가능하다는 제약 사항이 따릅니다. 만약 자식에 선언된 필드와 메소드를 꼭 사용해야 한다면 강제 타입 변환을 해서 다시 자식 타입으로 변환한 다음 자식의 필드와 메소드를 사용하면 됩니다.

```
class Parent {
  String field1;
  void method1() { … }
  void method2() { … }
}
```

```
class ChildExample {
  public static void main(String[] args) {
    Parent parent = new Child();
    parent.field1 = "xxx";
    parent.method1();
    parent.method2();
    parent.field2 = "yyy";    //불가능
    parent.method3();         //불가능

    Child child = (Child) parent;
    child.field2 = "yyy";   //가능
    child.method3();        //가능
  }
}
```

상속

```
class Child extends Parent {
  String field2;
  void method3() { … }
}
```

field2 필드와 method3() 메소드는 Child 타입에만 선언되어 있으므로 Parent 타입으로 자동 타입 변환하면 사용할 수 없습니다. field2 필드와 method3() 메소드를 사용하고 싶다면 다시 Child 타입으로 강제 타입 변환을 해야 합니다.

직접 해보는 손코딩

부모 클래스　　소스 코드　Parent.java

```
01    package sec02.exam05;
02
03    public class Parent {
04      public String field1;
05
06      public void method1() {
07        System.out.println("Parent-method1()");
08      }
09
10      public void method2() {
11        System.out.println("Parent-method2()");
12      }
13    }
```

자식 클래스　　소스 코드　Child.java

```
01    package sec02.exam05;
02
03    public class Child extends Parent {
```

```
04      public String field2;
05
06      public void method3() {
07        System.out.println("Child-method3()");
08      }
09    }
```

강제 타입 변환 소스 코드 `ChildExample.java`

```
01    package sec02.exam05;
02
03    public class ChildExample {
04      public static void main(String[] args) {
05        Parent parent = new Child();    ←———————— 자동 타입 변환
06        parent.field1 = "data1";
07        parent.method1();
08        parent.method2();
09        /*
10        parent.field2 = "data2";
11        parent.method3();            ←———————  (불가능)
12        */
13
14        Child child = (Child) parent;   ←———————— 강제 타입 변환
15        child.field2 = "yyy";
16        child.method3();             ←———————  (가능)
17      }
18    }
```

```
🖥 실행결과                    ✕

Parent-method1()
Parent-method2()
Child-method3()
```

객체 타입 확인

강제 타입 변환은 자식 타입이 부모 타입으로 변환되어 있는 상태에서만 가능하기 때문에 다음과 같이 처음부터 부모 타입으로 생성된 객체는 자식 타입으로 변환할 수 없습니다.

```
Parent parent = new Parent();
Child child = (Child) parent;    //강제 타입 변환을 할 수 없음
```

그렇다면 부모 변수가 참조하는 객체가 부모 객체인지 자식 객체인지 확인하는 방법은 없을까요? 어떤 객체가 어떤 클래스의 인스턴스인지 확인하기 위해 instanceof 연산자를 사용합니다. instanceof

연산자의 좌항에는 객체가 오고 우항에는 타입이 오는데, 좌항의 객체가 우항의 인스턴스이면, 즉 우항의 타입으로 객체가 생성되었다면 true를 리턴하고 그렇지 않으면 false를 리턴합니다.

```
boolean result = 좌항(객체) instanceof 우항(타입)
```

instanceof 연산자는 주로 매개값의 타입을 조사할 때 사용됩니다. 메소드 내에서 강제 타입 변환이 필요할 경우 반드시 매개값이 어떤 객체인지 instanceof 연산자로 확인하고 안전하게 강제 타입 변환을 해야 합니다.

```
                        Parent      Child
                        객체         객체
                          ↘           ↘
public void method(Parent parent) {
  if(parent instanceof Child) {  ←─── Parent 매개 변수가 참조하는
    Child child = (Child) parent;        객체가 Child인지 조사
  }
}
```

만약 타입을 확인하지 않고 강제 타입 변환을 시도한다면 ClassCastException이 발생할 수 있습니다.

다음 예제를 봅시다. InstanceofExample 클래스에서 method1()과 method2()는 모두 Parent 타입의 매개값을 받도록 선언했습니다.

직접 해보는 손코딩

부모 클래스　소스 코드　`Parent.java`

```
01    package sec02.exam06;
02
03    public class Parent {
04    }
```

자식 클래스　소스 코드　`Child.java`

```
01    package sec02.exam06;
02
03    public class Child extends Parent {
04    }
```

```java
01    package sec02.exam06;
02
03    public class InstanceofExample {
04      public static void method1(Parent parent) {
05        if(parent instanceof Child) {          ← Child 타입으로 변환이 가능한지 확인
06          Child child = (Child) parent;
07          System.out.println("method1 - Child로 변환 성공");
08        } else {
09          System.out.println("method1 - Child로 변환되지 않음");
10        }
11      }
12
13      public static void method2(Parent parent) {
14        Child child = (Child) parent;          ← ClassCastException이 발생할 가능성 있음
15        System.out.println("method2 - Child로 변환 성공");
16      }
17
18      public static void main(String[] args) {
19        Parent parentA = new Child();
20        method1(parentA);
21        method2(parentA);                      ← Child 객체를 매개값으로 전달
22
23        Parent parentB = new Parent();
24        method1(parentB);
25        method2(parentB);  //예외 발생          ← Parent 객체를 매개값으로 전달
26      }
27    }
```

```
📄 실행결과                                              ✕
method1 - Child로 변환 성공
method2 - Child로 변환 성공
method1 - Child로 변환되지 않음
Exception in thread "main" java.lang.ClassCastException
```

InstanceofExample 클래스에서 method1()과 method2()를 호출할 경우, Child 객체를 매개값으로 전달하면 두 메소드 모두 예외가 발생하지 않지만, Parent 객체를 매개값으로 전달하면 method2()에서는 ClassCastException이 발생합니다. method1()은 instanceof 연산자로 변환이 가능한지 확인한 후 변환을 하지만, method2()는 무조건 변환하려고 했기 때문입니다.

예외가 발생하면 프로그램은 즉시 종료되기 때문에 method1()과 같이 강제 타입 변환을 하기 전에 instanceof 연산자로 변환시킬 타입의 객체인지 조사해서 잘못된 매개값으로 인해 프로그램이 종료되는 것을 막아야 합니다.

마무리

▶ 5가지 키워드로 끝내는 핵심 포인트

• **클래스 타입 변환**: 다른 클래스 타입으로 객체를 대입하는 것을 말합니다.

• **자동 타입 변환**: 자식 객체를 부모 타입 변수에 대입할 때에는 자동으로 타입이 변환됩니다.

• **강제 타입 변환**: 자식 객체가 부모 타입으로 변환된 상태에서 다시 원래의 자식 타입으로 변환하고자 할 때 캐스팅() 연산자를 사용해서 강제 타입 변환할 수 있습니다.

• **instanceof 연산자**: 객체가 어떤 타입인지 조사할 때 instanceof 연산자를 사용합니다. 주로 강제 타입 변환 전에 변환이 가능한지 조사할 때 사용합니다.

• **다형성**: 객체 사용 방법은 동일하지만 실행결과가 다양하게 나오는 성질을 말합니다. 다형성을 구현하는 기술은 메소드 재정의와 타입 변환입니다. 자식 객체가 재정의된 메소드를 가지고 있을 경우, 부모 타입으로 자동 타입 변환 후에 메소드를 호출하면 재정의된 자식 메소드가 호출되면서 다양한 실행결과를 가져올 수 있습니다.

▶ 확인 문제

1. 클래스 타입 변환에 대한 설명입니다. 맞는 것에 O표, 틀린 것에 X표 하세요.

   ① 자식 객체는 부모 타입으로 자동 타입 변환된다. (　　　)
   ② 부모 객체는 항상 자식 타입으로 강제 타입 변환된다. (　　　)
   ③ 자동 타입 변환을 이용해서 필드와 매개 변수의 다형성을 구현한다. (　　　)
   ④ 강제 타입 변환 전에 instanceof 연산자로 변환 가능한지 검사하는 것이 좋다. (　　　)

2. Tire 클래스를 상속받아 SnowTire 클래스를 다음과 같이 작성했습니다. SnowTireExample
클래스를 실행했을 때 출력 결과는 무엇일까요?

소스 코드 **Tire.java**

```
01    package sec02.verify.exam02;
02
03    public class Tire {
04      public void run() {
05        System.out.println("일반 타이어가 굴러갑니다.");
06      }
07    }
```

소스 코드 **SnowTire.java**

```
01    package sec02.verify.exam02;
02
03    public class SnowTire extends Tire {
04      @Override
05      public void run() {
06        System.out.println("스노우 타이어가 굴러갑니다.");
07      }
08    }
```

소스 코드 **SnowTireExample.java**

```
01    package sec02.verify.exam02;
02
03    public class SnowTireExample {
04      public static void main(String[] args) {
05        SnowTire snowTire = new SnowTire();
06        Tire tire = snowTire;
07
08        snowTire.run();
09        tire.run();
10      }
11    }
```

3. A, B, C, D, E, F 클래스가 다음과 같이 상속 관계에 있을 때 다음 빈칸에 들어올 수 없는 코드는?

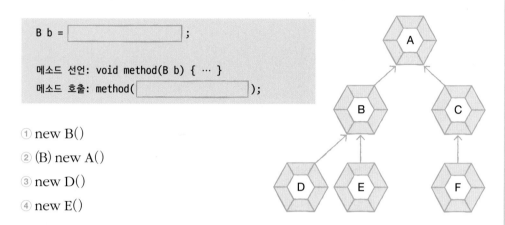

```
B b =              ;

메소드 선언: void method(B b) { … }
메소드 호출: method(              );
```

① new B()

② (B) new A()

③ new D()

④ new E()

4. Controller 클래스의 setService() 메소드를 호출하려고 합니다. setService() 메소드의 매개값으로 올 수 있는 것에 O표, 올 수 없는 것에 X표 하세요.

```
public class Controller {
  public MemberService service;
  public void setService(MemberService service) {
    this.service = service;
  }
}

Controller controller = new Controller();
controller.setService( _____ );
```

① new Service()　　　　　　　　(　)

② new MemberService()　　　　(　)

③ new Aservice()　　　　　　　(　)

④ new Bservice()　　　　　　　(　)

⑤ new BoardService()　　　　　(　)

⑥ new Dservice()　　　　　　　(　)

5. Service 클래스들이 다음과 같이 선언되어 있습니다. 4번의 Controller의 객체를 생성하고 setService() 메소드를 호출한 뒤, service.login() 메소드를 호출하면 어떤 내용이 출력되는지 빈칸에 기술해보세요.

```java
public class Service {
  public void login() {
    System.out.println("로그인");
  }
}

public class MemberService extends Service {
  public void login() {
    System.out.println("멤버 로그인");
  }
}

public class AService extends MemberService {
  public void login() {
    System.out.println("A 로그인");
  }
}

Controller controller = new Controller();

controller.setService(new MemberService());
controller.service.login();  //출력 결과: _____

controller.setService(new AService());
controller.service.login();  //출력 결과: _____
```

07-3
추상 클래스

핵심 키워드

추상 클래스   추상 메소드   재정의

사전적 의미로 추상(abstract)은 실체 간에 공통되는 특성을 추출한 것을 말합니다. 예를 들어 새, 곤충, 물고기 등의 실체에서 공통되는 특성을 추출해보면 동물이라는 공통점이 있습니다. 여기서 동물은 구체적인 실체라기보다는 실체들의 공통되는 특성을 가지고 있는 추상적인 것이라고 볼 수 있습니다. 클래스에서도 추상 클래스가 존재하는데, 이번 절에서는 추상 클래스에 대해 알아보도록 하겠습니다.

시작하기 전에

객체를 직접 생성할 수 있는 클래스를 실체 클래스라고 한다면 이 클래스들의 공통적인 특성을 추출해서 선언한 클래스를 추상 클래스라고 합니다. 추상 클래스와 실체 클래스는 상속의 관계를 가지고 있습니다. 추상 클래스가 부모, 실체 클래스가 자식으로 구현되어 실체 클래스는 추상 클래스의 모든 특성을 물려받고, 추가적인 특성을 가질 수 있습니다.

여기서 특성이란 필드와 메소드들을 말합니다. 예를 들어 Bird.class, Insect.class, Fish.class 등의 실체 클래스에서 공통되는 필드와 메소드를 따로 선언한 Animal.class 클래스를 만들 수 있는데, 이것이 바로 추상 클래스입니다.

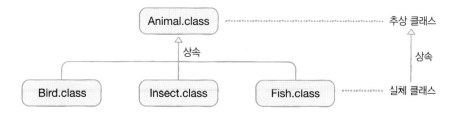

추상 클래스의 용도

실체 클래스의 공통적인 특성(필드, 메소드)을 뽑아내어 추상 클래스로 만드는 이유가 무엇일까요? 다음과 같은 두 가지 이유가 있습니다.

공통된 필드와 메소드의 이름을 통일할 목적

실체 클래스를 설계하는 사람이 여러 사람일 경우, 실체 클래스마다 필드와 메소드가 제각기 다른 이름을 가질 수 있습니다.

예를 들어 소유자의 이름을 저장하는 필드를 Telephone 클래스에서는 owner라고 하고, SmartPhone 클래스에서는 user라고 할 수 있습니다. 그리고 전원을 켜는 메소드를 Telephone에서는 turnOn()으로 설계하고, SmartPhone에서는 powerOn()이라고 설계할 수 있습니다.

이렇게 데이터와 기능이 모두 동일함에도 불구하고 이름이 다르다 보니, 객체마다 사용 방법이 달라집니다. 이 방법보다는 Phone이라는 추상 클래스에 소유자인 owner 필드와 turnOn() 메소드를 선언하고, Telephone과 SmartPhone은 Phone을 상속함으로써 필드와 메소드 이름을 통일할 수 있습니다.

실체 클래스를 작성할 때 시간 절약

공통적인 필드와 메소드는 추상 클래스인 Phone에 모두 선언해두고, 다른 점만 실체 클래스에 선언하면 실체 클래스를 작성하는 데 시간을 절약할 수 있습니다.

다음 그림을 보면 Telephone과 SmartPhone은 Phone을 상속받기 때문에 owner 필드와 turnOn() 메소드를 선언할 필요가 없습니다. Telephone과 SmartPhone의 추가적인 특성인 autoAnswering()과 internetSearch() 메소드만 각각 선언하면 됩니다.

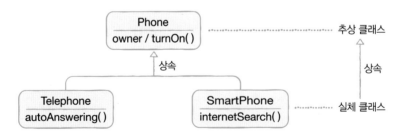

일반적으로 개발 프로젝트에서 설계자와 코더(코드를 작성하는 사람)는 다른 일을 수행합니다. 설계자는 코더에게 클래스는 어떤 구조로 작성해야 한다는 것을 알려주어야 합니다.

이를 단순히 문서로 전달한다면, 코더가 실수로 필드와 메소드 이름을 다르게 코딩할 수 있습니다. 코더가 작성해야 할 클래스가 다수이고 이 클래스들이 동일한 필드와 메소드를 가져야 할 경우, 설계자는 이 내용들을 추려내어 추상 클래스로 설계 규격을 만드는 것이 좋습니다. 그리고 코더에게 추상 클래스를 상속해서 구체적인 클래스를 만들도록 요청하면 됩니다.

추상 클래스(설계 규격)

추상 클래스에 언급되어 있는 설계 규격대로 실체 클래스 작성

예를 들어, 자동차를 설계할 때에는 일반적인 타이어 규격에 맞추어서 작성해야 합니다. 즉, 특정한 타이어만 사용할 수 있도록 자동차를 설계하지는 않는다는 것입니다. 이는 일반적인 타이어 규격을 준수하는 타이어는 어떠한 것이든 부착할 수 있도록 하기 위해서입니다.

여기서 타이어 규격은 타이어의 추상 클래스라고 볼 수 있고, 타이어 규격을 준수하는 한국 타이어나 금호 타이어는 추상 클래스를 상속하는 타이어의 실체 클래스라고 볼 수 있습니다.

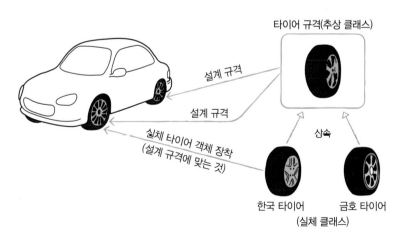

타이어 규격(추상 클래스)

설계 규격

설계 규격

상속

실체 타이어 객체 장착
(설계 규격에 맞는 것)

한국 타이어   금호 타이어

(실체 클래스)

추상 클래스 선언

추상 클래스를 선언할 때에는 클래스 선언에 abstract 키워드를 붙여야 합니다. abstract를 붙이면 new 연산자를 이용해서 객체를 만들지 못하고, 상속을 통해 자식 클래스만 만들 수 있습니다.

```
public abstract class 클래스 {
  //필드
  //생성자
  //메소드
}
```

추상 클래스도 일반 클래스와 마찬가지로 필드, 생성자, 메소드 선언을 할 수 있습니다. new 연산자로 직접 생성자를 호출할 수는 없지만 자식 객체가 생성될 때 super(…)를 호출해서 추상 클래스 객체를 생성하므로 추상 클래스도 생성자가 반드시 있어야 합니다.

다음은 Phone 클래스를 추상 클래스로 선언한 것입니다.

직접 해보는 손코딩

추상 클래스   소스 코드 Phone.java

```
01    package sec03.exam01;
02
03    public abstract class Phone {
04      //필드
05      public String owner;
06
07      //생성자
08      public Phone(String owner) {
09        this.owner = owner;
10      }
11
12      //메소드
13      public void turnOn() {
14        System.out.println("폰 전원을 켭니다.");
15      }
16      public void turnOff() {
17        System.out.println("폰 전원을 끕니다.");
18      }
19    }
```

다음은 Phone 추상 클래스를 상속해서 SmartPhone 자식 클래스를 정의한 것입니다. Smart Phone 클래스의 생성자를 보면 6라인의 super(owner); 코드로 Phone의 생성자를 호출하고 있습니다.

실체 클래스 소스 코드 SmartPhone.java

```
01   package sec03.exam01;
02
03   public class SmartPhone extends Phone {
04     //생성자
05     public SmartPhone(String owner) {
06       super(owner);
07     }
08     //메소드
09     public void internetSearch() {
10       System.out.println("인터넷 검색을 합니다.");
11     }
12   }
```

다음 PhoneExample 클래스의 5라인은 Phone의 생성자를 호출해서 객체를 생성할 수 없음을 보여줍니다. 대신 자식 클래스인 SmartPhone으로 객체를 생성해서 Phone의 메소드인 turnOn(), turnOff() 메소드를 사용할 수 있습니다.

실행 클래스 소스 코드 PhoneExample.java

```
01   package sec03.exam01;
02
03   public class PhoneExample {
04     public static void main(String[] args) {
05       //Phone phone = new Phone();
06
07       SmartPhone smartPhone = new SmartPhone("홍길동");
08
09       smartPhone.turnOn();  ←———————— Phone의 메소드
10       smartPhone.internetSearch();
11       smartPhone.turnOff();  ←
12     }
13   }
```

🖥 실행결과   ✕

폰 전원을 켭니다.
인터넷 검색을 합니다.
폰 전원을 끕니다.

+ 여기서 잠깐   **실체 클래스 생성**

추상 클래스는 실체 클래스의 공통되는 필드와 메소드를 추출해서 만들었기 때문에 객체를 직접 생성해서 사용할 수 없습니다.

```
Animal animal = new Animal(); ←——————— (X)
```

추상 클래스는 새로운 실체 클래스를 만들기 위해 부모 클래스로만 사용됩니다. 코드로 설명하면 추상 클래스는 extends 뒤에만 올 수 있는 클래스입니다.

```
class Ant extends Animal { ··· } ←——————— (O)
```

추상 메소드와 재정의

추상 클래스는 실체 클래스가 공통적으로 가져야 할 필드와 메소드들을 정의해놓은 추상적인 클래스로, 실체 클래스의 멤버(필드, 메소드)를 통일하는 데 목적이 있습니다. 모든 실체들이 가지고 있는 메소드의 실행 내용이 동일하다면 추상 클래스에 메소드를 작성하는 것이 좋을 것입니다.

하지만 메소드의 선언만 통일하고, 실행 내용은 실체 클래스마다 달라야 하는 경우가 있습니다. 예를 들어, 모든 동물은 소리를 내기 때문에 Animal 추상 클래스에서 sound()라는 메소드를 정의했다고 가정해보겠습니다. 그렇다면 어떤 소리를 내도록 해야 하는데, 이것은 실체 클래스에서 직접 작성해야 될 부분입니다. 왜냐하면 동물은 다양한 소리를 내므로 이것을 추상 클래스에서 통일적으로 작성할 수 없기 때문입니다. 그렇다고 해서 sound() 메소드를 실체 클래스에서 작성하도록 하면 sound() 메소드를 잊어버리고 작성하지 않을 경우 동물은 소리를 낸다는 것에 위배됩니다.

이런 경우를 위해서 추상 클래스는 추상 메소드를 선언할 수 있습니다. 추상 메소드는 abstract 키워드와 함께 메소드의 선언부만 있고 메소드 실행 내용인 중괄호 {}가 없는 메소드를 말합니다. 다음은 추상 메소드를 선언하는 방법을 보여줍니다.

```
[public | protected] abstract 리턴타입 메소드이름(매개변수, ···);
```

추상 클래스 설계 시 하위 클래스가 반드시 실행 내용을 채우도록 강제하고 싶은 메소드가 있을 경우 해당 메소드를 추상 메소드로 선언합니다. 자식 클래스는 반드시 추상 메소드를 재정의해서 실행 내용을 작성해야 하는데, 그렇지 않으면 컴파일 에러가 발생합니다. 이것이 추상 메소드의 위력입니다.

다음은 Animal 클래스를 추상 클래스로 선언하고 sound() 메소드를 추상 메소드로 선언한 것입니다. 어떤 소리를 내는지는 결정할 수 없지만 동물은 소리를 낸다는 공통적인 특징을 규정하기 위해

sound() 메소드를 추상 메소드로 선언했습니다.

```
public abstract class Animal {
  public abstract void sound();
}
```

Animal 클래스를 상속하는 하위 클래스는 동물마다 고유한 소리를 내도록 sound() 메소드를 재정의해야 합니다. 예를 들어 Dog는 "멍멍", Cat은 "야옹" 소리를 내도록 Dog와 Cat 클래스에서 sound() 메소드를 재정의해야 합니다.

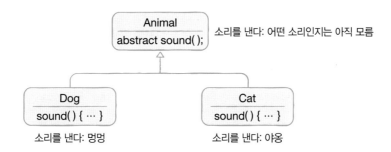

예제를 통해 지금까지 설명한 내용을 이해해보겠습니다.

추상 메소드 선언   소스 코드 Animal.java

```
01    package sec03.exam02;
02
03    public abstract class Animal {  ←——— 추상 클래스
04      public String kind;
05
06      public void breathe() {
07        System.out.println("숨을 쉽니다.");
08      }
09
10      public abstract void sound();  ←——— 추상 메소드
11    }
```

다음의 Dog 클래스는 추상 클래스인 Animal을 상속하고, 추상 메소드인 sound()를 재정의했습니다. 만약 8~11라인을 주석 처리하면 컴파일 에러가 발생합니다.

추상 메소드 재정의 소스 코드 Dog.java

```
01    package sec03.exam02;
02
03    public class Dog extends Animal {
04      public Dog() {
05        this.kind = "포유류";
06      }
07
08      @Override
09      public void sound() {
10        System.out.println("멍멍");
11      }
12    }
```

추상 메소드 재정의

다음의 Cat 클래스도 추상 클래스인 Animal을 상속하고, 추상 메소드인 sound()를 재정의했습니다.

추상 메소드 재정의 소스 코드 Cat.java

```
01    package sec03.exam02;
02
03    public class Cat extends Animal {
04      public Cat() {
05        this.kind = "포유류";
06      }
07
08      @Override
09      public void sound() {
10        System.out.println("야옹");
11      }
12    }
```

추상 메소드 재정의

다음의 AnimalExample 클래스는 Dog와 Cat 객체를 생성해서 sound() 메소드를 호출했습니다.

직접 해보는 손코딩

실행 클래스 소스 코드 AnimalExample.java

```
01    package sec03.exam02;
```

```
02
03    public class AnimalExample {
04      public static void main(String[] args) {
05        Dog dog = new Dog();
06        Cat cat = new Cat();
07        dog.sound();
08        cat.sound();
09        System.out.println("-----");
10
11        //변수의 자동 타입 변환
12        Animal animal = null;
13        animal = new Dog();          ←───── 자동 타입 변환 및 재정의된 메소드 호출
14        animal.sound();
15        animal = new Cat();          ←───── 자동 타입 변환 및 재정의된 메소드 호출
16        animal.sound();
17        System.out.println("-----");
18
19        //메소드의 다형성                              자동 타입 변환
20        animalSound(new Dog());
21        animalSound(new Cat());
22      }                        자동 타입 변환
23
24      public static void animalSound( Animal animal ) {
25        animal.sound();
26      }              └─── 재정의된 메소드 호출
27    }
```

실행결과 ✕
멍멍
야옹

멍멍
야옹

멍멍
야옹

sound() 메소드를 호출하는 방법을 세 가지 방식으로 표현해보았습니다.

① 가장 일반적인 방식으로 Dog와 Cat 변수로 호출했습니다.

② Animal 변수로 타입 변환해서 sound() 메소드를 호출했습니다. 자식은 부모 타입으로 자동 타입 변환이 될 수 있고, 메소드가 재정의되어 있을 경우 재정의된 자식 메소드가 호출되는 다형성의 특징이 그대로 적용됩니다.

③ 부모 타입의 매개 변수에 자식 객체를 대입해서 메소드의 다형성을 적용했습니다. 이것은 ②와 같은 원리로 자식 객체가 부모 타입으로 자동 타입 변환되어 재정의된 sound() 메소드가 호출됩니다. 매개 변수의 다형성에 대한 설명은 〈타입 변환과 다형성〉354쪽의 내용을 참고하길 바랍니다.

▶ 2가지 키워드로 끝내는 핵심 포인트

- **추상 클래스**: 클래스들의 공통적인 필드와 메소드를 추출해서 선언한 클래스를 말합니다.

- **추상 메소드**: 추상 클래스에서만 선언할 수 있고, 메소드의 선언부만 있는 메소드를 말합니다. 추상 메소드는 자식 클래스에서 재정의되어 실행 내용을 결정해야 합니다.

▶ 확인 문제

1. 추상 클래스에 대한 설명입니다. 맞는 것에 O표, 틀린 것에 X표 하세요.

　① 추상 클래스는 직접 new 연산자로 객체를 생성할 수 없다. (　　　)
　② 추상 클래스는 부모 클래스로만 사용된다. (　　　)
　③ 추상 클래스는 실체 클래스들의 공통된 특성(필드, 메소드)으로 구성된 클래스이다. (　　　)
　④ 추상 클래스에는 최소한 하나의 추상 메소드가 있어야 한다. (　　　)

2. 추상 메소드에 대한 설명입니다. 맞는 것에 O표, 틀린 것에 X표 하세요.

　① 추상 메소드는 선언부만 있고, 실행 블록을 가지지 않는다. (　　　)
　② 추상 메소드는 자식 클래스에서 재정의해서 실행 내용을 결정해야 한다. (　　　)
　③ 추상 메소드를 재정의하지 않으면 자식 클래스도 추상 클래스가 되어야 한다. (　　　)
　④ 추상 메소드가 있더라도 해당 클래스가 꼭 추상 클래스가 될 필요는 없다. (　　　)

3. HttpServlet이라는 추상 클래스가 다음과 같이 선언되어 있습니다.

```
public abstract class HttpServlet {
  public abstract void service();
}
```

다음 클래스를 실행하면 "로그인 합니다.", "파일 다운로드 합니다."가 차례대로 출력되도록
LoginServlet과 FileDownloadServlet 클래스를 선언해보세요.

```
public class HttpServletExample {
  public static void main(String[] args) {
    method(new LoginServlet());        //로그인합니다.
    method(new FileDownloadServlet()); //파일 다운로드합니다.
  }

  public static void method(HttpServlet servlet) {
    servlet.service();
  }
}
```

- 인터페이스의 개념을 이해하고, 인터페이스를 선언할 수 있습니다.

- 인터페이스 구현 클래스를 선언하고 이용할 수 있습니다.

- 인터페이스의 자동 타입 변환, 강제 타입 변환에 대해 알아보고, 필드와 매개 변수의 다형성을 이해할 수 있습니다.

- 인터페이스를 상속해서 새로운 인터페이스를 선언할 수 있습니다.

Chapter

08

인터페이스

08-1 인터페이스

핵심 키워드

상수 필드　　추상 메소드　　구현 클래스　　implements　　인터페이스 사용

자바에서 인터페이스(interface)는 객체의 사용 방법을 정의한 타입입니다. 인터페이스를 통해 다양한 객체를 동일한 사용 방법으로 이용할 수 있습니다. 이번 절에서는 인터페이스의 개념 및 인터페이스를 선언하는 방법에 대해 자세히 알아보겠습니다. 그리고 구현 클래스를 작성해서 인터페이스로 객체를 사용하는 방법도 알아보겠습니다.

시작하기 전에

인터페이스^{interface}는 개발 코드와 객체가 서로 통신하는 접점 역할을 합니다. 개발 코드가 인터페이스의 메소드를 호출하면 인터페이스는 객체의 메소드를 호출시킵니다. 그렇기 때문에 개발 코드는 객체의 내부 구조를 알 필요가 없고 인터페이스의 메소드만 알고 있으면 됩니다.

여기서 개발 코드가 직접 객체의 메소드를 호출하면 간단한데 왜 중간에 인터페이스를 두는지 의문점이 생깁니다. 그 이유는 개발 코드를 수정하지 않고 사용하는 객체를 변경할 수 있도록 하기 위해서입니다. 인터페이스는 하나의 객체가 아니라 여러 객체들과 사용이 가능하므로 어떤 객체를 사용하느냐에 따라서 실행 내용과 리턴값이 다를 수 있습니다. 따라서 개발 코드 측면에서는 코드 변경 없이 실행 내용과 리턴값을 다양화할 수 있다는 장점을 가지게 됩니다.

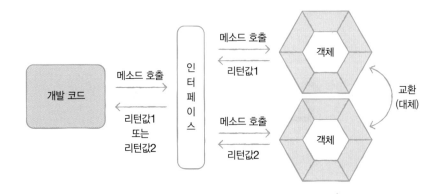

인터페이스 선언

인터페이스는 '~.java' 형태의 소스 파일로 작성되고 컴파일러(javac)를 통해 '~.class' 형태로 컴파일되기 때문에 물리적 형태는 클래스와 동일합니다. 그러나 소스를 작성할 때 선언하는 방법이 다릅니다.

인터페이스 선언은 class 키워드 대신에 interface 키워드를 사용합니다.

```
[public] interface 인터페이스이름 { … }
```

인터페이스 이름은 클래스 이름을 작성하는 방법과 동일합니다. 영어 대소문자를 구분하며, 첫 글자를 대문자로 하고 나머지는 소문자로 작성하는 것이 관례입니다.

note public 접근 제한은 다른 패키지에서도 인터페이스를 사용할 수 있도록 해줍니다.

이클립스에서 인터페이스를 생성하는 방법은 다음과 같습니다.

01 Package Explorer 뷰에서 인터페이스를 포함할 패키지(sec01.exam01)를 생성한 후 선택하고, [File]-[New]-[Interface] 메뉴를 선택합니다.

02 [New Java Interface] 대화상자가 나타나면 [Name] 입력란에 'RemoteControl'을 입력한 후 [Finish] 버튼을 클릭합니다.

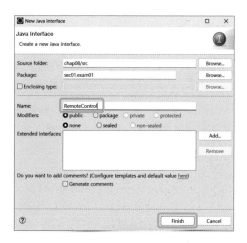

03 그러면 이클립스는 다음과 같이 RemoteControl 인터페이스의 선언부를 자동적으로 만들어 줍니다.

```
package sec01.exam01;

public interface RemoteControl { }
```

클래스는 필드, 생성자, 메소드를 구성 멤버로 가지는데 비해, 인터페이스는 상수 필드와 추상 메소드만을 구성 멤버로 가집니다. 인터페이스는 객체로 생성할 수 없기 때문에 생성자를 가질 수 없습니다.

```
interface 인터페이스이름 {
  //상수
  타입 상수이름 = 값;
  //추상 메소드
  타입 메소드이름(매개변수,…);
}
```

상수 필드 선언

인터페이스는 객체 사용 방법을 정의한 것이므로 실행 시 데이터를 저장할 수 있는 인스턴스 또는 정적 필드를 선언할 수 없습니다. 그러나 상수 필드constant field는 선언이 가능합니다. 단, 상수는 인터페이스에 고정된 값으로 실행 시에 데이터를 바꿀 수 없습니다.

상수는 public static final로 선언한다는 것을 6장에서 이미 학습한 바 있습니다. 따라서 인터페이스에 선언된 필드는 모두 public static final의 특성을 갖습니다. public static final을 생략하더라도 컴파일 과정에서 자동으로 붙게 됩니다.

```
[public static final] 타입 상수이름 = 값;
```

상수 이름은 대문자로 작성하되, 서로 다른 단어로 구성되어 있을 경우에는 언더바(_)로 연결하는 것이 관례입니다. 예를 들어 MODEL, MAX_VALUE와 같이 선언하면 됩니다. 인터페이스 상수는 반드시 선언과 동시에 초기값을 지정해야 합니다.

> 인터페이스는 데이터를 저장할 수 없기 때문에 상수 필드만 선언할 수 있습니다.

다음은 RemoteControl 인터페이스에 MAX_VOLUME과 MIN_VOLUME을 선언한 모습입니다.

상수 필드 선언 소스 코드 **RemoteControl.java**

```
01    package sec01.exam02;
02
03    public interface RemoteControl {
04      public int MAX_VOLUME = 10;
05      public int MIN_VOLUME = 0;
06    }
```

추상 메소드 선언

인터페이스를 통해 호출된 메소드는 최종적으로 객체에서 실행됩니다. 그렇기 때문에 인터페이스의 메소드는 실행 블록이 필요 없는 추상 메소드로 선언합니다. 추상 메소드는 리턴 타입, 메소드 이름, 매개 변수만 기술되고 중괄호 {}를 붙이지 않는 메소드를 말합니다. 인터페이스에 선언된 추상 메소드는 모두 public abstract의 특성을 갖기 때문에 public abstract를 생략하더라도 컴파일 과정에서 자동으로 붙게 됩니다.

인터페이스로 호출된 메소드는 객체에서 실행되므로 추상 메소드로 선언합니다.

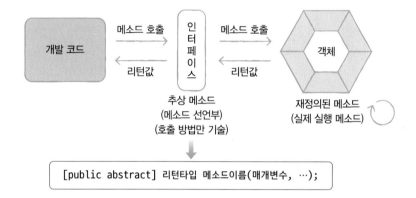

다음은 RemoteControl 인터페이스에서 turnOn(), turnOff(), setVolume() 추상 메소드를 선언했습니다. 세 메소드의 리턴 타입은 모두 void라는 것과 turnOn(), turnOff() 메소드는 호출 시 매개값이 필요 없고, setVolume() 메소드만 int 매개값이 필요함을 알 수 있습니다.

직접 해보는 손코딩

추상 메소드 선언　　　　　RemoteControl.java

```
01    package sec01.exam03;
02
03    public interface RemoteControl {
04        //상수
05        public int MAX_VOLUME = 10;
06        public int MIN_VOLUME = 0;
07
08        //추상 메소드
09        public void turnOn();
10        public void turnOff();                    ←──── 메소드 선언부만 작성
11        public void setVolume(int volume);
12    }
```

인터페이스 구현

개발 코드가 인터페이스 메소드를 호출하면 인터페이스는 객체의 메소드를 호출합니다. 객체는 인터페이스에서 정의된 추상 메소드와 동일한 메소드 이름, 매개 타입, 리턴 타입을 가진 실체 메소드를 가지고 있어야 합니다. 이러한 객체를 인터페이스의 구현implement 객체라고 하고, 구현 객체를 생성하는 클래스를 구현 클래스라고 합니다.

구현 클래스

구현 클래스는 보통의 클래스와 동일한데, 인터페이스 타입으로 사용할 수 있음을 알려주기 위해 클래스 선언부에 implements 키워드를 추가하고 인터페이스 이름을 명시해야 합니다. 그리고 인터페이스에 선언된 추상 메소드의 실체 메소드를 선언해야 합니다.

```
public class 구현클래스이름 implements 인터페이스이름 {
    //인터페이스에 선언된 추상 메소드의 실체 메소드 선언
}
```

다음은 Television과 Audio라는 이름을 가지고 있는 RemoteControl의 구현 클래스를 작성하는 방법을 보여줍니다. 클래스 선언부 끝에 implements RemoteControl이 붙어 있기 때문에 이 두 클래스는 RemoteControl 인터페이스로 사용이 가능합니다. RemoteControl에는 3개의 추상 메소드가 있기 때문에 Television과 Audio는 RemoteControl의 추상 메소드들에 대한 실체 메소드를 가지고 있어야 합니다.

구현 클래스　　소스 코드　Television.java

```
01    package sec01.exam04;
02
03    public class Television implements RemoteControl {
```

```
04    //필드
05    private int volume;
06
07    //turnOn() 추상 메소드의 실체 메소드
08    public void turnOn() {
09      System.out.println("TV를 켭니다.");
10    }
11    //turnOff() 추상 메소드의 실체 메소드
12    public void turnOff() {
13      System.out.println("TV를 끕니다.");
14    }
15      //setVolume() 추상 메소드의 실체 메소드
16    public void setVolume(int volume) {
17      if(volume>RemoteControl.MAX_VOLUME) {
18        this.volume = RemoteControl.MAX_VOLUME;
19      } else if(volume<RemoteControl.MIN_VOLUME) {    인터페이스 상수를
20        this.volume = RemoteControl.MIN_VOLUME;        이용해서 volume 필드의
21      } else {                                         값을 제한
22        this.volume = volume;
23      }
24      System.out.println("현재 TV 볼륨: " + this.volume);
25    }
26  }
```

구현 클래스 <u>소스 코드</u> Audio.java

```
01    package sec01.exam04;
02
03    public class Audio implements RemoteControl {
04      //필드
05      private int volume;
06
07      //turnOn() 추상 메소드의 실체 메소드
08      public void turnOn() {
09        System.out.println("Audio를 켭니다.");
10      }
11      //turnOff() 추상 메소드의 실체 메소드
12      public void turnOff() {
13        System.out.println("Audio를 끕니다.");
14      }
15      //setVolume() 추상 메소드의 실체 메소드
```

```
16    public void setVolume(int volume) {
17      if(volume>RemoteControl.MAX_VOLUME) {
18        this.volume = RemoteControl.MAX_VOLUME;
19      } else if(volume<RemoteControl.MIN_VOLUME) {        인터페이스 상수를
20        this.volume = RemoteControl.MIN_VOLUME;           이용해서 volume 필드의
21      } else {                                            값을 제한
22        this.volume = volume;
23      }
24      System.out.println("현재 Audio 볼륨: " + this.volume);
25    }
26  }
```

➕ 여기서 잠깐 | **public 접근 제한**

구현 클래스에서 인터페이스의 추상 메소드에 대한 실체 메소드를 작성할 때 주의할 점은 인터페이스의 모든 메소드는 기본적으로 public 접근 제한을 갖기 때문에 public보다 더 낮은 접근 제한으로 작성할 수 없다는 것입니다. public을 생략하면 "Cannot reduce the visibility of the inherited method"라는 컴파일 에러를 만나게 됩니다.

구현 클래스가 작성되면 new 연산자로 객체를 생성할 수 있습니다. 하지만 다음 코드는 인터페이스를 사용한 것이 아닙니다.

```
Television tv = new Television();
```

인터페이스로 구현 객체를 사용하려면 다음과 같이 인터페이스 변수를 선언하고 구현 객체를 대입해야 합니다. 인터페이스 변수는 참조 타입이기 때문에 구현 객체가 대입될 경우 구현 객체의 번지를 저장합니다.

인터페이스 변수; 변수 = 구현객체;

인터페이스 변수 = 구현객체;

RemoteControl 인터페이스로 구현 객체인 Television과 Audio를 사용하려면 다음 예제와 같이 RemoteControl 타입 변수 rc를 선언하고 구현 객체를 대입해야 합니다.

인터페이스 변수에 구현 객체 대입 RemoteControlExample.java

```
01    package sec01.exam04;
02
03    public class RemoteControlExample {
04      public static void main(String[] args) {
05        RemoteControl rc;
06        rc = new Television();
07        rc = new Audio();
08      }
09    }
```

인터페이스 사용 방법은 〈08-1 인터페이스 사용〉[401쪽]에서 자세히 살펴보기로 하고 여기서는 구현 객체를 인터페이스 변수에 대입해서 사용한다는 것만 알아둡시다.

다중 인터페이스 구현 클래스

객체는 다음 그림과 같이 다수의 인터페이스 타입으로 사용할 수 있습니다.

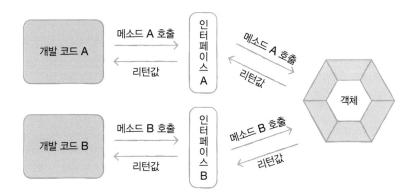

인터페이스 A와 인터페이스 B가 객체의 메소드를 호출할 수 있으려면 객체는 이 두 인터페이스를 모두 구현해야 합니다. 따라서 구현 클래스는 다음과 같이 작성되어야 합니다.

```
public class 구현클래스이름 implements 인터페이스A, 인터페이스B {
    //인터페이스 A에 선언된 추상 메소드의 실체 메소드 선언
    //인터페이스 B에 선언된 추상 메소드의 실체 메소드 선언
}
```

다중 인터페이스를 구현할 경우, 구현 클래스는 모든 인터페이스의 추상 메소드에 대해 실체 메소드를 작성해야 합니다.

다음은 인터넷을 검색할 수 있는 Searchable 인터페이스입니다. search() 추상 메소드는 매개값으로 인터넷 웹사이트 주소(URL)를 받습니다.

인터페이스 　소스 코드 Searchable.java

```java
01    package sec01.exam05;
02
03    public interface Searchable {
04      void search(String url);
05    }
```

만약 SmartTelevision이 인터넷 검색 기능도 제공한다면 다음과 같이 RemoteControl과 Searchable을 모두 구현한 SmartTelevision 클래스를 작성할 수 있습니다.

직접 해보는 손코딩

다중 인터페이스 구현 클래스 　소스 코드 SmartTelevision.java

```java
01    package sec01.exam05;
02
03    public class SmartTelevision implements RemoteControl, Searchable {
04      private int volume;
05
06      public void turnOn() {
07        System.out.println("TV를 켭니다.");
08      }
09      public void turnOff() {
10        System.out.println("TV를 끕니다.");
11      }
12      public void setVolume(int volume) {
13        if(volume>RemoteControl.MAX_VOLUME) {
14          this.volume = RemoteControl.MAX_VOLUME;
15        } else if(volume<RemoteControl.MIN_VOLUME) {
16          this.volume = RemoteControl.MIN_VOLUME;
17        } else {
18          this.volume = volume;
```

RemoteControl의
추상 메소드에 대한
실체 메소드

```
19        }
20        System.out.println("현재 TV 볼륨: " + this.volume);
21      }
22
23      public void search(String url) {                    Searchable의
24        System.out.println(url + "을 검색합니다.");    ←——  추상 메소드에 대한
25      }                                                    실체 메소드
26    }
```

SmartTelevision 클래스는 RemoteControl과 Searchable 인터페이스를 모두 구현하고 있기 때문에 다음 예제와 같이 SmartTelevision 객체를 RemoteControl 타입 변수와 Searchable 타입 변수에 각각 대입할 수 있습니다.

직접 해보는 손코딩

인터페이스 변수에 구현 객체 대입　　소스 코드　SmartTelevisionExample.java

```
01    package sec01.exam05;
02
03    public class SmartTelevisionExample {
04      public static void main(String[] args) {
05        SmartTelevision tv = new SmartTelevision();
06
07        RemoteControl rc = tv;
08        Searchable searchable = tv;
09      }
10    }
```

인터페이스 사용

구현 객체가 인터페이스 변수에 대입된다는 것을 알았으니, 지금부터 인터페이스로 구현 객체를 사용하는 방법을 알아보겠습니다.

클래스를 선언할 때 인터페이스는 필드, 생성자 또는 메소드의 매개 변수, 생성자 또는 메소드의 로컬 변수로 선언될 수 있습니다. 예를 들어 다음은 RemoteControl 인터페이스를 필드, 생성자 또는 메소드의 매개 변수 그리고 메소드의 로컬 변수로 선언했습니다.

```
public class MyClass {
   //필드
①  RemoteControl rc = new Television();                        생성자의 매개값으로 구현 객체 대입
                                                               MyClass mc = new MyClass(new Television());

   //생성자
②  MyClass( RemoteControl rc ) {
      this.rc = rc;
   }


   //메소드
   void methodA() {
      //로컬 변수                                 생성자의 매개값으로 구현 객체 대입
③     RemoteControl rc = new Audio();            mc.methodB(new Audio());
   }


④  void methodB( RemoteControl rc ) { … }
}
```

① 인터페이스가 필드 타입으로 사용될 경우, 필드에 구현 객체를 대입할 수 있습니다.

② 인터페이스가 생성자의 매개 변수 타입으로 사용될 경우, new 연산자로 객체를 생성할 때 구현 객체를 생성자의 매개값으로 대입할 수 있습니다.

③ 인터페이스가 로컬 변수 타입으로 사용될 경우, 변수에 구현 객체를 대입할 수 있습니다.

④ 인터페이스가 메소드의 매개 변수 타입으로 사용될 경우, 메소드 호출 시 구현 객체를 매개값으로 대입할 수 있습니다.

구현 객체가 인터페이스 타입에 대입되면 인터페이스에 선언된 추상 메소드를 개발 코드에서 사용할 수 있게 됩니다. 개발 코드에서 RemoteControl의 변수 rc로 turnOn() 또는 turnOff() 메소드를 호출하면 구현 객체의 turnOn()과 turnOff() 메소드가 자동 실행됩니다.

① 필드로 선언된 rc는 다음과 같이 사용될 수 있습니다.

```
MyClass myClass = new MyClass();
myClass.rc.turnOn();        //Television의 turnOn()이 실행
myClass.rc.setVolume(5);    //Television의 setVolume(5)가 실행
```

② 생성자의 매개 변수 타입으로 선언된 rc는 다음과 같이 사용될 수 있습니다.

```
MyClass( RemoteControl rc ) {
```

```
    this.rc = rc;
    rc.turnOn();
    rc.setVolume(5);
  }
```

만약 다음과 같이 MyClass 객체가 생성되었을 경우에는 Audio의 turnOn()과 setVolume()
메소드가 실행됩니다.

```
MyClass myClass = new MyClass(new Audio());
```

③ 로컬 변수로 선언된 rc는 다음과 같이 사용될 수 있습니다.

```
void methodA() {
  RemoteControl rc = new Audio();
  rc.turnOn();        //Audio의 turnOn()이 실행
  rc.setVolume(5);    //Audio의 setVolume(5)가 실행
}
```

④ 메소드의 매개 변수 타입으로 선언된 rc는 다음과 같이 사용될 수 있습니다.

```
void methodB(RemoteControl rc) {
  rc.turnOn();
  rc.setVolume(5);
}
```

만약 다음과 같이 methodB() 메소드가 호출되었을 경우에는 Television의 turnOn()과
setVolume() 메소드가 실행됩니다.

```
MyClass myClass = new MyCalss();
myClass.methodB(new Television());
```

이해를 돕기 위해 인터페이스의 사용 과정을 다음과 같이 도식화하였습니다. 인터페이스(Remote
Control)는 개발 코드(MyClass)와 구현 객체(Television, Audio) 사이에서 접점 역할을 담당합
니다. 개발 코드는 인터페이스에 선언된 추상 메소드(turnOn())를 호출하고 인터페이스는 구현 객
체의 재정의 메소드(turnOn())를 호출합니다.

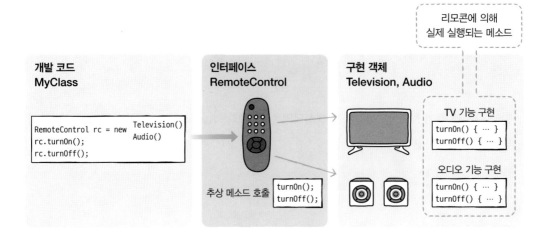

지금까지 설명한 내용을 다음 예제로 작성해서 실행해보겠습니다.

직접 해보는 손코딩

인터페이스 사용   소스 코드 MyClass.java

```
01    package sec01.exam06;
02
03    public class MyClass {
04      //필드
05      RemoteControl rc = new Television();
06
07      //생성자
08      MyClass() {
09      }
10
11      MyClass(RemoteControl rc) {
12        this.rc = rc;
13        rc.turnOn();
14        rc.setVolume(5);
15      }
16
17      //메소드
18      void methodA() {
19        RemoteControl rc = new Audio();
20        rc.turnOn();
21        rc.setVolume(5);
22      }
23
```

```
24        void methodB(RemoteControl rc) {
25          rc.turnOn();
26          rc.setVolume(5);
27        }
28    }
```

인터페이스 사용 소스 코드 MyClassExample.java

```
01    package sec01.exam06;
02
03    public class MyClassExample {
04      public static void main(String[] args) {
05        System.out.println("1)----------------");
06
07        MyClass myClass1 = new MyClass();
08        myClass1.rc.turnOn();
09        myClass1.rc.setVolume(5);
10
11        System.out.println("2)----------------");
12
13        MyClass myClass2 = new MyClass(new Audio());
14
15        System.out.println("3)----------------");
16
17        MyClass myClass3 = new MyClass();
18        myClass3.methodA();
19
20        System.out.println("4)----------------");
21
22        MyClass myClass4 = new MyClass();
23        myClass4.methodB(new Television());
24      }
25    }
```

🖥 실행결과   ✕

1)----------------
TV를 켭니다.
현재 TV 볼륨: 5
2)----------------
Audio를 켭니다.
현재 Audio 볼륨: 5
3)----------------
Audio를 켭니다.
현재 Audio 볼륨: 5
4)----------------
TV를 켭니다.
현재 TV 볼륨: 5

▶ 5가지 키워드로 끝내는 핵심 포인트

- **인터페이스**: 객체의 사용 방법을 정의한 타입이며 개발 코드와 객체가 서로 통신하는 접점 역할을 합니다. 개발 코드가 인터페이스의 메소드를 호출하면 인터페이스는 객체의 메소드를 호출시킵니다. 구성 멤버는 상수 필드와 추상 메소드입니다.

- **상수 필드**: 인터페이스의 상수 필드는 기본적으로 public static final 특성을 갖습니다. 관례적으로 필드 이름은 모두 대문자로 작성해야 하며, 선언 시 초기값을 대입해야 합니다.

- **추상 메소드**: 인터페이스에 선언된 메소드는 public abstract가 생략되고 메소드 선언부만 있는 추상 메소드입니다. 구현 클래스는 반드시 추상 메소드를 재정의해야 합니다.

- **implements**: 구현 클래스는 어떤 인터페이스로 사용 가능한지(어떤 인터페이스를 구현하고 있는지)를 기술하기 위해 클래스 선언 시 implements 키워드를 사용합니다.

- **인터페이스 사용**: 클래스를 선언할 때 인터페이스는 필드, 생성자 또는 메소드의 매개 변수, 생성자 또는 메소드의 로컬 변수로 선언될 수 있습니다.

  ① 인터페이스가 필드 타입으로 사용될 경우: 필드에 구현 객체를 대입할 수 있습니다.
  ② 인터페이스가 생성자의 매개 변수 타입으로 사용될 경우: new 연산자로 객체를 생성할 때 구현 객체를 생성자의 매개값으로 대입할 수 있습니다.
  ③ 인터페이스가 로컬 변수 타입으로 사용될 경우: 변수에 구현 객체를 대입할 수 있습니다.
  ④ 인터페이스가 메소드의 매개 변수 타입으로 사용될 경우: 메소드 호출 시 구현 객체를 매개값으로 대입할 수 있습니다.

  대입이 된 후에는 재정의된 구현 객체의 메소드를 호출할 수 있습니다.

▶ **확인 문제**

1. 인터페이스에 대한 설명입니다. 맞는 것에 O표, 틀린 것에 X표 하세요.

　① 인터페이스는 객체 사용 방법을 정의해놓은 타입이다. (　　　)

　② new 연산자를 이용해서 인터페이스 객체를 만들 수 있다. (　　　)

　③ 인터페이스는 상수 필드와 추상 메소드를 갖는다. (　　　)

　④ 구현 클래스는 implements 키워드로 인터페이스를 기술해야 한다. (　　　)

2. 인터페이스 사용에 대한 설명입니다. 맞는 것에 O표, 틀린 것에 X표 하세요.

　① 클래스를 선언할 때 인터페이스 타입의 필드를 선언할 수 있다. (　　　)

　② 생성자의 매개 타입이 인터페이스일 경우, 매개값으로 구현 객체를 대입한다. (　　　)

　③ 인터페이스 타입의 로컬 변수는 선언할 수 없다. (　　　)

　④ 메소드의 매개 타입이 인터페이스일 경우, 매개값으로 구현 객체를 대입한다. (　　　)

3. 다음은 Soundable 인터페이스입니다. sound() 추상 메소드는 객체의 소리를 리턴합니다.

```
public interface Soundable {
  String sound();
}
```

SoundableExample 클래스에서 printSound() 메소드는 Soundable 인터페이스 타입의 매개 변수를 가지고 있습니다. main() 메소드에서 printSound()를 호출할 때 Cat과 Dog 객체를 주고 실행하면 각각 "야옹"과 "멍멍"이 출력되도록 Cat과 Dog 클래스를 작성해보세요.

```
public class SoundableExample {
  private static void printSound(Soundable soundable) {
    System.out.println(soundable.sound());
  }

  public static void main(String[] args) {
    printSound(new Cat());
    printSound(new Dog());
  }
}
```

> 🖥 **실행결과**　✕
> 야옹
> 멍멍

08-2 타입 변환과 다형성

핵심 키워드

(자동 타입 변환) (다형성) (강제 타입 변환) (instanceof) (인터페이스 상속)

다형성을 구현하기 위해서는 메소드 재정의와 타입 변환이 필요합니다. 인터페이스 역시 이 두 가지 기능이 제공되므로 상속과 더불어 다형성을 구현하는 데 많이 사용됩니다. 상속은 같은 종류의 하위 클래스를 만드는 기술이고, 인터페이스는 사용 방법이 동일한 클래스를 만드는 기술이라는 개념상 차이가 있지만 둘 다 다형성을 구현하는 방법은 비슷합니다. 이번 절에서는 인터페이스의 타입 변환과 다형성에 대해서 알아보겠습니다.

시작하기 전에

프로그램을 개발할 때 인터페이스를 사용해서 메소드를 호출하도록 코딩했다면, 구현 객체를 매우 손쉽고 빠르게 교체할 수 있습니다. 프로그램 소스 코드는 변함이 없는데, 구현 객체를 교체함으로써 프로그램의 실행결과가 다양해집니다. 이것이 인터페이스의 다형성입니다.

다음과 같이 I 인터페이스를 이용해서 프로그램을 개발했습니다. I 인터페이스를 구현한 클래스로 처음에는 A 클래스를 선택했는데, 테스트를 해보니 A 클래스에 문제가 있다는 것을 알았습니다. 그래서 B 클래스와 교체한 후 단 한 줄만 수정해서 프로그램을 재실행할 수 있습니다.

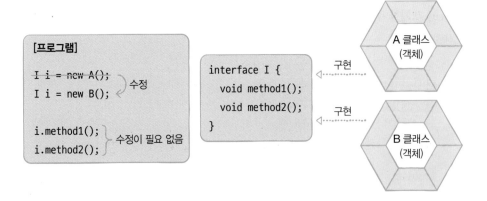

자동 타입 변환

구현 객체가 인터페이스 타입으로 변환되는 것은 **자동 타입 변환**promotion에 해당합니다. 자동 타입 변환은 프로그램 실행 도중에 자동적으로 타입 변환이 일어나는 것을 말합니다.

인터페이스 변수 = 구현객체;

인터페이스 구현 클래스를 상속해서 자식 클래스를 만들었다면 자식 객체 역시 인터페이스 타입으로 자동 타입 변환할 수 있습니다.

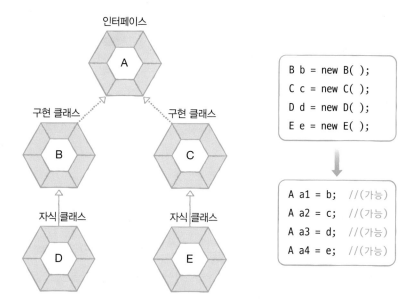

자동 타입 변환을 이용하면 필드의 다형성과 매개 변수의 다형성을 구현할 수 있습니다. 필드와 매개 변수의 타입을 인터페이스로 선언하면 다양한 구현 객체를 대입해서 실행결과를 다양하게 만들 수 있습니다.

필드의 다형성

다음 그림은 상속에서 다형성을 설명할 때 보여준 그림과 유사합니다. 7장에서는 타이어 클래스 타입에 한국 타이어와 금호 타이어라는 자식 객체를 대입해서 교체할 수 있음을 보여주었지만, 다음 그림은 타이어가 클래스 타입이 아니고 인터페이스 타입이라는 점과 한국 타이어와 금호 타이어는 자식 클래스가 아니라 구현 클래스라는 차이점이 있습니다.

한국 타이어와 금호 타이어는 공통적으로 타이어 인터페이스를 구현했기 때문에 모두 타이어 인터페이스에 있는 메소드를 가지고 있습니다. 따라서 타이어 인터페이스로 동일하게 사용할 수 있는 교체 가능한 객체에 해당합니다.

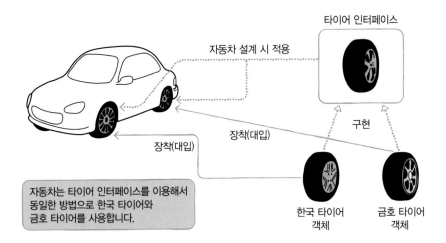

자동차를 설계할 때 다음과 같이 필드 타입으로 타이어 인터페이스를 선언하면 필드값으로 한국 타이어 또는 금호 타이어 객체를 대입할 수 있습니다. 자동 타입 변환이 일어나기 때문에 아무런 문제가 없습니다.

```java
public class Car {
  Tire frontLeftTire = new HankookTire();
  Tire frontRightTire = new HankookTire();
  Tire backLeftTire = new HankookTire();
  Tire backRightTire = new HankookTire();
}
```

Car 객체를 생성한 후, 초기값으로 대입한 구현 객체 대신 다른 구현 객체를 대입할 수도 있습니다. 이것이 타이어 교체에 해당합니다.

```java
Car myCar = new Car();
myCar.frontLeftTire = new KumhoTire();
myCar.frontRightTire = new KumhoTire();
```

frontLeftTire와 frontRightTire에 어떠한 타이어 구현 객체가 저장되어도 Car 객체는 타이어 인터페이스에 선언된 메소드만 사용하므로 전혀 문제가 되지 않습니다.

다음은 Car 객체의 run( ) 메소드에서 타이어 인터페이스에 선언된 roll( ) 메소드를 호출합니다.

```
void run() {
  frontLeftTire.roll();
  frontRightTire.roll();
  backLeftTire.roll();
  backRightTire.roll();
}
```

frontLeftTire와 frontRightTire를 교체하기 전에는 HankookTire 객체의 roll( ) 메소드가 호출되지만, KumhoTire로 교체된 후에는 KumhoTire 객체의 roll( ) 메소드가 호출됩니다. Car의 run( ) 메소드를 수정하지 않아도 다양한 roll( ) 메소드의 실행결과를 얻을 수 있게 되는 것입니다. 이것이 바로 필드의 다형성입니다.

다음 예제들을 살펴보고 CarExample 클래스를 실행해서 필드의 다형성을 이해해보길 바랍니다.

직접 해보는 손코딩

인터페이스　　　Tire.java

```
01    package sec02.exam01;
02
03    public interface Tire {
04      public void roll();  ←──── roll( ) 메소드 호출 방법 설명
05    }
```

구현 클래스　　　HankookTire.java

```
01    package sec02.exam01;
02
03    public class HankookTire implements Tire {
04      @Override
05      public void roll() {
06        System.oul.println("한국 타이어가 굴러갑니다.");  ←──── Tire 인터페이스 구현
07      }
08    }
```

구현 클래스　　　KumhoTire.java

```
01    package sec02.exam01;
02
```

```
03    public class KumhoTire implements Tire {
04      @Override
05      public void roll() {
06        System.out.println("금호 타이어가 굴러갑니다.");
07      }
08    }
```
← Tire 인터페이스 구현

필드 다형성 · 소스 코드 Car.java

```
01    package sec02.exam01;
02
03    public class Car {
04      Tire frontLeftTire = new HankookTire();
05      Tire frontRightTire = new HankookTire();
06      Tire backLeftTire = new HankookTire();
07      Tire backRightTire = new HankookTire();
08
09      void run() {
10        frontLeftTire.roll();
11        frontRightTire.roll();
12        backLeftTire.roll();
13        backRightTire.roll();
14      }
15    }
```
← 인터페이스 타입 필드 선언과 초기 구현 객체 대입

← 인터페이스에서 설명된 roll() 메소드 호출

필드 다형성 테스트 · 소스 코드 CarExample.java

```
01    package sec02.exam01;
02
03    public class CarExample {
04      public static void main(String[] args) {
05        Car myCar = new Car();
06
07        myCar.run();
08
09        myCar.frontLeftTire = new KumhoTire();
10        myCar.frontRightTire = new KumhoTire();
11
12        myCar.run();
13      }
14    }
```

실행결과 ✕
```
한국 타이어가 굴러갑니다.
한국 타이어가 굴러갑니다.
한국 타이어가 굴러갑니다.
한국 타이어가 굴러갑니다.
금호 타이어가 굴러갑니다.
금호 타이어가 굴러갑니다.
한국 타이어가 굴러갑니다.
한국 타이어가 굴러갑니다.
```

매개 변수의 다형성

자동 타입 변환은 필드의 값을 대입할 때에도 발생하지만, 주로 메소드를 호출할 때 많이 발생합니다. 매개값을 다양화하기 위해서 상속에서는 매개 변수를 부모 타입으로 선언하고 호출할 때에는 자식 객체를 대입했습니다.

이번에는 매개 변수를 인터페이스 타입으로 선언하고 호출할 때에는 구현 객체를 대입합니다. 예를 들어, 다음과 같이 Driver 클래스에는 drive() 메소드가 정의되어 있는데 Vehicle 타입의 매개 변수가 선언되어 있습니다.

```java
public class Driver {
  public void drive(Vehicle vehicle) {
    vehicle.run();
  }
}
```

Vehicle을 다음과 같이 인터페이스 타입이라고 가정해봅시다.

```java
public interface Vehicle {
  public void run();
}
```

만약 Bus가 구현 클래스라면 다음과 같이 Driver의 drive() 메소드를 호출할 때 Bus 객체를 생성해서 매개값으로 줄 수 있습니다.

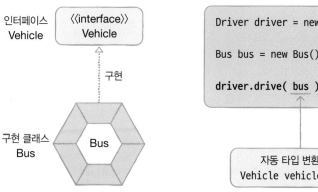

drive() 메소드는 Vehicle 타입을 매개 변수로 선언했지만, Vehicle을 구현한 Bus 객체가 매개값으로 사용되면 자동 타입 변환이 발생합니다.

```
                        자동 타입 변환
                            ↓
            Vehicle vehicle = bus;
```

매개 변수의 타입이 인터페이스일 경우 어떠한 구현 객체도 매개값으로 사용할 수 있고, 어떤 구현 객체가 제공되느냐에 따라 메소드의 실행결과는 다양해질 수 있습니다. 이것이 인터페이스 매개 변수의 다형성입니다.

```
                            구현 객체
                    ↓
void drive(Vehicle vehicle) {
  vehicle.run();←————————— 구현 객체의 run() 메소드가 실행됨
}
```

✚ 여기서 잠깐 **매개 변수의 다형성**

인터페이스는 메소드의 매개 변수로 많이 등장합니다. 인터페이스 타입으로 매개 변수를 선언하면 메소드 호출 시 매개값으로 여러 가지 종류의 구현 객체를 줄 수 있기 때문에 메소드 실행결과가 다양하게 나옵니다(매개 변수의 다형성).

useRemoteControl() 메소드의 매개 변수가 RemoteControl 인터페이스 타입일 경우, 매개값으로 Television 객체 또는 Audio 객체를 선택적으로 줄 수 있습니다.

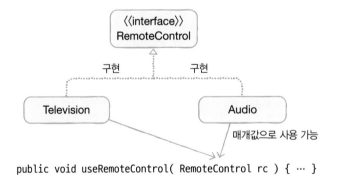

메소드 호출 시 어떤 구현 객체를 매개값으로 주느냐에 따라서 useRemoteControl() 메소드의 실행결과는 다르게 나옵니다.

다음 예제들을 살펴보고 DriverExample 클래스를 실행해서 매개 변수의 다형성을 이해해보길 바랍니다.

매개 변수의 인터페이스화 소스코드 Driver.java

```
01    package sec02.exam02;
02
03    public class Driver {
04      public void drive(Vehicle vehicle) {
05        vehicle.run();
06      }
07    }
```

인터페이스 소스코드 Vehicle.java

```
01    package sec02.exam02;
02
03    public interface Vehicle {
04      public void run();
05    }
```

구현 클래스 소스코드 Bus.java

```
01    package sec02.exam02;
02
03    public class Bus implements Vehicle {
04      @Override
05      public void run() {
06        System.out.println("버스가 달립니다.");
07      }
08    }
```

구현 클래스 소스코드 Taxi.java

```
01    package sec02.exam02;
02
03    public class Taxi implements Vehicle {
04      @Override
05      public void run() {
06        System.out.println("택시가 달립니다.");
07      }
08    }
```

다음은 Driver 클래스를 이용해서 실행하는 DriverExample 클래스입니다.

매개 변수의 다형성 테스트   소스 코드 DriverExample.java

```java
01    package sec02.exam02;
02
03    public class DriverExample {
04      public static void main(String[] args) {
05        Driver driver = new Driver();
06
07        Bus bus = new Bus();
08        Taxi taxi = new Taxi();
09
10        driver.drive(bus);         자동 타입 변환: Vehicle vehicle = bus;
11        driver.drive(taxi);        자동 타입 변환: Vehicle vehicle = taxi;
12      }
13    }
```

실행결과   ✕
버스가 달립니다.
택시가 달립니다.

강제 타입 변환

구현 객체가 인터페이스 타입으로 자동 타입 변환하면, 인터페이스에 선언된 메소드만 사용 가능하다는 제약 사항이 따릅니다.

예를 들어 인터페이스에는 3개의 메소드가 선언되어 있고 클래스에는 5개의 메소드가 선언되어 있다면, 인터페이스로 호출 가능한 메소드는 3개뿐입니다.

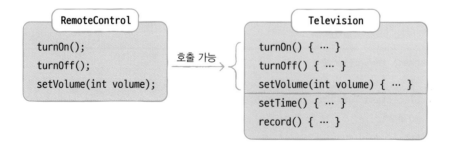

하지만 경우에 따라서는 구현 클래스에 선언된 필드와 메소드를 사용해야 할 경우도 발생합니다. 이때 **강제 타입 변환**casting을 해서 다시 구현 클래스 타입으로 변환한 다음, 구현 클래스의 필드와 메소드를 사용할 수 있습니다.

강제 타입 변환

구현클래스 변수 = (구현클래스) 인터페이스변수;

```
interface Vehicle {
    void run();
}
```

구현

```
class Bus implements Vehicle {
    void run() { … };
    void checkFare() { … };
}
```

```
Vehicle vehicle = new Bus();

vehicle.run();        //(가능)
vehicle.checkFare();  //(불가능)

Bus bus = (Bus) vehicle;  //강제 타입 변환

bus.run();        //(가능)
bus.checkFare();  //(가능)
```

직접 해보는 손코딩

인터페이스 소스 코드 Vehicle.java

```
01   package sec02.exam03;
02
03   public interface Vehicle {
04     public void run();
05   }
```

구현 클래스 소스 코드 Bus.java

```
01   package sec02.exam03;
02
03   public class Bus implements Vehicle {
04     @Override
05     public void run() {
06       System.out.println("버스가 달립니다.");
07     }
08
09     public void checkFare() {
10       System.out.println("승차요금을 체크합니다.");
11     }
12   }
```

```
01    package sec02.exam03;
02
03    public class VehicleExample {
04      public static void main(String[] args) {
05        Vehicle vehicle = new Bus();
06
07        vehicle.run();
08        //vehicle.checkFare();◀─────── (x) Vehicle 인터페이스에는 checkFare()가 없음
09
10        Bus bus = (Bus) vehicle;◀─────── 강제 타입 변환
11
12        bus.run();
13        bus.checkFare();◀───────  Bus 클래스에는
                                    checkFare()가 있음
14      }
15    }
```

> **실행결과**　　　✕
> 버스가　달립니다.
> 버스가　달립니다.
> 승차요금을　체크합니다.

객체 타입 확인

강제 타입 변환은 구현 객체가 인터페이스 타입으로 변환되어 있는 상태에서 가능합니다. 그러나 어떤 구현 객체가 변환되어 있는지 알 수 없는 상태에서 무작정 강제 타입 변환할 경우 ClassCastException이 발생할 수도 있습니다.

예를 들어 다음과 같이 Taxi 객체가 인터페이스로 변환되어 있을 경우, Bus 타입으로 강제 타입 변환하면 구현 클래스 타입이 다르므로 ClassCastException이 발생합니다.

```
Vehicle vehicle = new Taxi();
Bus bus = (Bus) vehicle;
```

메소드의 매개 변수가 인터페이스로 선언된 경우, 메소드를 호출할 때 다양한 구현 객체들을 매개값으로 지정할 수 있습니다(매개 변수의 다형성). 어떤 구현 객체가 지정될지 모르는 상황에서 다음과 같이 매개값을 Bus로 강제 타입 변환하면 ClassCastException이 발생할 수 있습니다.

```
public void drive(Vehicle vehicle) {
  Bus bus = (Bus) vehicle;
  bus.checkFare();
```

```
    vehicle.run();
}
```

그렇다면 어떤 구현 객체가 인터페이스 타입으로 변환되었는지 확인하는 방법은 없을까요? 우리는 상속에서 객체 타입을 확인하기 위해 instanceof 연산자를 사용했습니다. instanceof 연산자는 인터페이스 타입에서도 사용할 수 있습니다.

예를 들어 Vehicle 인터페이스 타입으로 변환된 객체가 Bus인지 확인하려면 다음과 같이 작성하면 됩니다.

```
if(vehicle instanceof Bus) {
    Bus bus = (Bus) vehicle;
}
```

인터페이스 타입으로 자동 타입 변환된 매개값을 메소드 내에서 다시 구현 클래스 타입으로 강제 타입 변환해야 한다면 반드시 매개값이 어떤 객체인지 instanceof 연산자로 확인하고 안전하게 강제 타입 변환을 해야 합니다.

다음과 같이 drive() 메소드에서 매개값이 Bus 객체인 경우, Bus의 checkFare() 메소드를 호출해야 한다면 Bus 타입으로 강제 타입 변환을 해야 합니다. Vehicle 인터페이스에는 checkFare() 메소드가 없기 때문입니다. 매개값으로 어떤 구현 객체가 대입될지 모르기 때문에 instanceof 연산자로 Bus 타입인지 꼭 확인해야 합니다.

직접 해보는 손코딩

객체 타입 확인 Driver.java

```
01   package sec02.exam04;
02
03   public class Driver {                      Bus 객체   Taxi 객체
04     public void drive(Vehicle vehicle) {      ↓↓  ↙
05       if(vehicle instanceof Bus) {  ←——— vehicle 매개 변수가 참조하는 객체가 Bus인지 조사
06         Bus bus = (Bus) vehicle;   ←——— Bus 객체일 경우 안전하게 강제 타입 변환
07         bus.checkFare();  ←——————— Bus 타입으로 강제 타입 변환을 하는 이유
08       }
09       vehicle.run();
10     }
11   }
```

객체 타입 확인　　소스 코드 DriverExample.java

```java
01    package sec02.exam04;
02
03    public class DriverExample {
04      public static void main(String[] args) {
05        Driver driver = new Driver();
06
07        Bus bus = new Bus();
08        Taxi taxi = new Taxi();
09
10        driver.drive(bus);
11        driver.drive(taxi);
12      }
13    }
```

> **⟨/⟩ 실행결과**　　　　　　✕
> 승차요금을 체크합니다.
> 버스가 달립니다.
> 택시가 달립니다.

인터페이스 상속

인터페이스도 다른 인터페이스를 상속할 수 있습니다. 인터페이스는 클래스와는 달리 다중 상속을
허용합니다.

다음과 같이 extends 키워드 뒤에 상속할 인터페이스들을 나열할 수 있습니다.

```
public interface 하위인터페이스 extends 상위인터페이스1, 상위인터페이스2 { … }
```

하위 인터페이스를 구현하는 클래스는 하위 인터페이스의 메소드뿐만 아니라 상위 인터페이스의 모
든 추상 메소드에 대한 실체 메소드를 가지고 있어야 합니다. 그렇기 때문에 구현 클래스로부터 객체
를 생성한 후에 다음과 같이 하위 및 상위 인터페이스 타입으로 변환이 가능합니다.

```
하위인터페이스 변수 = new 구현클래스(…);
상위인터페이스1 변수 = new 구현클래스(…);
상위인터페이스2 변수 = new 구현클래스(…);
```

하위 인터페이스로 타입 변환이 되면 상위 및 하위 인터페이스에 선언된 모든 메소드를 사용할 수 있
으나, 상위 인터페이스로 타입 변환되면 상위 인터페이스에 선언된 메소드만 사용 가능하고 하위 인
터페이스에 선언된 메소드는 사용할 수 없습니다.

예를 들어, 아래와 같이 인터페이스가 상속 관계에 있다고 가정해봅시다.

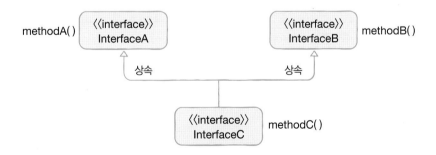

InterfaceC 인터페이스 변수는 methodA(), methodB(), methodC()를 모두 호출할 수 있지만,
InterfaceA와 InterfaceB 변수는 각각 methodA()와 methodB()만 호출할 수 있습니다.

다음 예제를 통해 확인해보겠습니다.

상위 인터페이스 소스 코드 InterfaceA.java

```
01    package sec02.exam05;
02
03    public interface InterfaceA {
04      public void methodA();
05    }
```

상위 인터페이스 소스 코드 InterfaceB.java

```
01    package sec02.exam05;
02
03    public interface InterfaceB {
04      public void methodB();
05    }
```

하위 인터페이스 소스 코드 InterfaceC.java

```
01    package sec02.exam05;
02
03    public interface InterfaceC extends InterfaceA, InterfaceB {
04      public void methodC();
05    }
```

하위 인터페이스 구현 소스 코드 ImplementationC.java

```
01    package sec02.exam05;
02
03    public class ImplementationC implements InterfaceC {
04      public void methodA() {
05        System.out.println("ImplementationC-methodA() 실행");
06      }
07
08      public void methodB() {
09        System.out.println("ImplementationC-methodB() 실행");
10      }
11
12      public void methodC() {
```

InterfaceA와
InterfaceB의
실체 메소드도 있어야 함

```
13          System.out.println("ImplementationC-methodC() 실행");
14      }
15  }
```

호출 가능 메소드　　　소스 코드　Example.java

```
01  package sec02.exam05;
02
03  public class Example {
04      public static void main(String[] args) {
05          ImplementationC impl = new ImplementationC();
06
07          InterfaceA ia = impl;
08          ia.methodA();
09          System.out.println();          InterfaceA 변수는 methodA()만 호출 가능
10
11          InterfaceB ib = impl;
12          ib.methodB();                  InterfaceB 변수는 methodB()만 호출 가능
13          System.out.println();
14
15          InterfaceC ic = impl;
16          ic.methodA();        InterfaceC 변수는
17          ic.methodB();        methodA(), methodB(),
18          ic.methodC();        methodC() 모두 호출 가능
19      }
20  }
```

> 📄 실행결과   ✕
>
> ImplementationC-methodA() 실행
>
> ImplementationC-methodB() 실행
>
> ImplementationC-methodA() 실행
> ImplementationC-methodB() 실행
> ImplementationC-methodC() 실행

▶ 5가지 키워드로 끝내는 핵심 포인트

- **자동 타입 변환**: 구현 객체가 인터페이스 변수에 대입되는 것을 말합니다.

- **다형성**: 상속은 같은 종류의 하위 클래스를 만드는 기술이고, 인터페이스는 사용 방법이 동일한 클래스를 만드는 기술이라는 개념상의 차이는 있지만 둘 다 다형성을 구현하는 방법은 비슷합니다. 모두 재정의와 타입 변환 기능을 제공하기 때문입니다.

- **강제 타입 변환**: 인터페이스에 대입된 구현 객체를 다시 원래 구현 클래스 타입으로 변환하는 것을 말합니다.

- **instanceof**: 강제 타입 변환을 하기 전에 변환이 가능한지 조사할 때 사용합니다. 상속에서는 자식 클래스 타입인지, 인터페이스에서는 구현 클래스 타입인지를 확인할 때 사용합니다.

- **인터페이스 상속**: 클래스는 다중 상속을 허용하지 않지만, 인터페이스는 다중 상속을 허용합니다. 즉 extends 키워드 뒤에 상위 인터페이스가 올 수 있습니다.

▶ 확인 문제

1. 인터페이스 타입 변환에 대한 설명입니다. 맞는 것에 O표, 틀린 것에 X표 하세요.

   ① 구현 객체는 인터페이스 타입으로 자동 변환된다. (   )
   ② 부모 클래스가 인터페이스를 구현하면 자식 클래스로부터 생성된 객체는 인터페이스 타입으로 자동 변환할 수 없다. (   )
   ③ 인터페이스 변수에 대입된 객체를 원래 구현 클래스 타입으로 변환하는 것을 강제 타입 변환이라고 한다. (   )
   ④ 메소드의 매개 변수 타입이 인터페이스이면 매개값으로 모든 구현 객체를 대입하면 자동 타입 변환이 된다. (   )

2. 다형성에 대한 설명입니다. 맞는 것에 O표, 틀린 것에 X표 하세요.

① 다형성을 구현하기 위한 조건은 메소드 재정의와 타입 변환이다. (   )

② 클래스 상속과 인터페이스는 모두 메소드 재정의와 타입 변환 기능이 제공되므로, 어떤 방법을 사용하든 다형성 구현이 가능하다. (   )

③ 매개 변수의 타입이 클래스라면 해당 클래스로 생성된 객체만 대입이 가능하다. (   )

④ 매개 변수의 타입이 인터페이스라면 모든 구현 객체가 대입이 가능하다. (   )

3. DaoExample 클래스의 main() 메소드에서 dbWork() 메소드를 호출할 때 OracleDao 와 MySqlDao 객체를 매개값으로 주고 호출했습니다. dbWork() 메소드는 두 객체를 모두 매개값으로 받기 위해 DataAccessObject 타입의 매개 변수를 가지고 있습니다. 실행 결과를 보고 DataAccessObject 인터페이스와 OracleDao, MySqlDao 구현 클래스를 각각 작성해보세요.

```
public class DaoExample {
  public static void dbWork(DataAccessObject dao) {
    dao.select();
    dao.insert();
    dao.update();
    dao.delete();
  }

  public static void main(String[] args) {
    dbWork(new OracleDao());
    dbWork(new MySqlDao());
  }
}
```

실행결과

Oracle DB에서 검색
Oracle DB에 삽입
Oracle DB를 수정
Oracle DB에서 삭제
MySql DB에서 검색
MySql DB에 삽입
MySql DB를 수정
MySql DB에서 삭제

Chapter

09

중첩 클래스와
중첩 인터페이스

중첩 클래스와 중첩 인터페이스 소개

중첩 클래스   멤버 클래스   로컬 클래스   중첩 인터페이스

객체 지향 프로그래밍에서 클래스들은 서로 긴밀한 관계를 맺고 상호작용을 합니다. 어떤 클래스는 여러 클래스와 관계를 맺지만 어떤 클래스는 특정 클래스와 관계를 맺습니다. 클래스가 여러 클래스와 관계를 맺는 경우에는 독립적으로 선언하는 것이 좋으나, 특정 클래스와 관계를 맺을 경우에는 클래스 내부에 선언하는 것이 좋습니다. 이번 절에서는 클래스 내부에 선언한 중첩 클래스와 중첩 인터페이스에 대해 알아보겠습니다.

시작하기 전에

중첩 클래스nested class란 클래스 내부에 선언한 클래스를 말합니다. 중첩 클래스를 사용하면 두 클래스의 멤버들을 서로 쉽게 접근할 수 있고, 외부에는 불필요한 관계 클래스를 감춤으로써 코드의 복잡성을 줄일 수 있다는 장점이 있습니다. 다음은 중첩 클래스의 코드 형태를 보여줍니다.

```
class ClassName {
    class NestedClassName {   ←———— 중첩 클래스
    }
}
```

인터페이스도 클래스 내부에 선언할 수 있는데, 이런 인터페이스를 중첩 인터페이스nested interface라고 합니다. 인터페이스를 클래스 내부에 선언하는 이유는 해당 클래스와 긴밀한 관계를 맺는 구현 클래스를 만들기 위해서입니다.

```
class ClassName {
    interface NestedInterfaceName {   ←———— 중첩 인터페이스
    }
}
```

중첩 클래스

중첩 클래스는 클래스 내부에 선언되는 위치에 따라서 두 가지로 분류됩니다. 클래스의 멤버로서 선언되는 중첩 클래스를 멤버 클래스라고 하고, 생성자 또는 메소드 내부에서 선언되는 중첩 클래스를 로컬 클래스라고 합니다. 멤버 클래스는 클래스나 객체가 사용 중이라면 언제든지 재사용이 가능하지만, 로컬 클래스는 메소드를 실행할 때만 사용되고 메소드가 종료되면 없어집니다.

선언 위치에 따른 분류		선언 위치	설명

멤버 클래스	인스턴스 멤버 클래스	`class A {`
		`  class B { … }`
		`}`
			A 객체를 생성해야만 사용할 수 있는 B 클래스

	정적 멤버 클래스	`class A {`
		`  static class B { … }`
		`}`
			A 클래스로 바로 접근할 수 있는 B 클래스

로컬 클래스		`class A {`
		`  void method() {`
		`    class B { … }`
		`  }`
		`}`
			method()가 실행할 때만 사용할 수 있는 B 클래스

중첩 클래스도 하나의 클래스이기 때문에 컴파일하면 바이트 코드 파일(.class)이 별도로 생성됩니다. 멤버 클래스일 경우 바이트 코드 파일의 이름은 다음과 같이 결정됩니다.

A $ B .class

바깥 클래스   멤버 클래스

로컬 클래스일 경우에는 다음과 같이 $1이 포함된 바이트 코드 파일이 생성됩니다.

A $1 B .class

바깥 클래스   로컬 클래스

인스턴스 멤버 클래스

인스턴스 멤버 클래스는 static 키워드 없이 중첩 선언된 클래스를 말합니다. 인스턴스 멤버 클래스는 인스턴스 필드와 메소드만 선언이 가능하고 정적 필드와 메소드는 선언할 수 없습니다.

```
class A {
  /**인스턴스 멤버 클래스**/
  class B {
    B() { } ←――――――――――――――――― 생성자
    int field1; ←――――――――――――――― 인스턴스 필드
    //static int field2; ←――――――――― 정적 필드 (×)
    void method1() { } ←―――――――――― 인스턴스 메소드
    //static void method2() { } ←―――― 정적 메소드 (×)
  }
}
```

A 클래스 외부에서 B 객체를 생성하려면 먼저 A 객체를 생성하고 B 객체를 생성해야 합니다. A 클래스 내부의 생성자 및 인스턴스 메소드에서는 일반 클래스처럼 B 객체를 생성할 수 있습니다.

A 클래스 외부

```
A   a = new A();
A.B  b = a.new B();
b.field1 = 3;
b.method1();
```

A 클래스 내부

```
class A {
  class B { ··· }

  void methodA() {
    B b = new B();
    b.field1 = 3;
    b.method1();
  }
}
```

일반적으로 A 클래스 외부에서 B 객체를 생성하는 일은 거의 없습니다. 대부분 A 클래스 내부에서 B 객체를 생성해서 사용합니다.

정적 멤버 클래스

정적 멤버 클래스는 static 키워드로 선언된 클래스를 말합니다. 정적 멤버 클래스는 모든 종류의 필드와 메소드를 선언할 수 있습니다.

```
class A {
  /**정적 멤버 클래스**/
  static class C {
    C() { } ←――――――――――――――――― 생성자
    int field1; ←――――――――――――――― 인스턴스 필드
```

```
    static int field2; ←——————————— 정적 필드
    void method1() { } ←——————————— 인스턴스 메소드
    static void method2() { } ←——————————— 정적 메소드
  }
}
```

A 클래스 외부에서 정적 멤버 클래스 C의 객체를 생성하기 위해서는 A 객체를 생성할 필요가 없고, 다음과 같이 C 객체를 생성하면 됩니다.

```
A.C c = new A.C();
c.field1 = 3;      //인스턴스 필드 사용
c.method1();       //인스턴스 메소드 호출
A.C.field2 = 3;    //정적 필드 사용
A.C.method2();     //정적 메소드 호출
```

로컬 클래스

중첩 클래스는 메소드 내에서도 선언할 수 있는데, 이것을 로컬local 클래스라고 합니다. 로컬 클래스는 접근 제한자(public, private) 및 static을 붙일 수 없습니다. 로컬 클래스는 메소드 내부에서만 사용되므로 접근을 제한할 필요가 없기 때문입니다. 로컬 클래스 내부에는 인스턴스 필드와 메소드만 선언할 수 있고 정적 필드와 메소드는 선언할 수 없습니다.

```
void method() {
  /**로컬 클래스**/
  class D {
    D() { } ←——————————— 생성자
    int field1; ←——————————— 인스턴스 필드
    //static int field2; ←——————————— 정적 필드 (x)
    void method1() { } ←——————————— 인스턴스 메소드
    //static void method2() { } ←——————————— 정적 메소드 (x)
  }
  D d = new D();
  d.field1 = 3;
  d.method1();
}
```

로컬 클래스는 메소드가 실행될 때 메소드 내에서 객체를 생성하고 사용해야 합니다. 주로 다음과 같이 비동기 처리를 위해 스레드 객체를 만들 때 사용합니다. 스레드는 12장에서 학습하겠습니다.

```java
void method() {
  class DownloadThread extends Thread { … }
  DownloadThread thread = new DownloadThread();
  thread.start();
}
```

직접 해보는 손코딩

중첩 클래스 A.java

```java
01   package sec01.exam01;
02
03   /**바깥 클래스**/
04   class A {
05     A() { System.out.println("A 객체가 생성됨"); }
06
07     /**인스턴스 멤버 클래스**/
08     class B {
09       B() { System.out.println("B 객체가 생성됨"); }
10       int field1;
11       //static int field2;
12       void method1() { }
13       //static void method2() { }
14     }
15
16     /**정적 멤버 클래스**/
17     static class C {
18       C() { System.out.println("C 객체가 생성됨"); }
19       int field1;
20       static int field2;
21       void method1() { }
22       static void method2() { }
23     }
24
25     void method() {
26       /**로컬 클래스**/
27       class D {
28         D() { System.out.println("D 객체가 생성됨"); }
```

```
29        int field1;
30        //static int field2;
31        void method1() { }
32        //static void method2() { }
33      }
34      D d = new D();
35      d.field1 = 3;
36      d.method1();
37    }
38  }
```

중첩 클래스 객체 생성 소스 코드 `Main.java`

```
01  package sec01.exam01;
02
03  public class Main {
04    public static void main(String[] args) {
05      A a = new A();
06
07      //인스턴스 멤버 클래스 객체 생성
08      A.B b = a.new B();
09      b.field1 = 3;
10      b.method1();
11
12      //정적 멤버 클래스 객체 생성
13      A.C c = new A.C();
14      c.field1 = 3;
15      c.method1();
16      A.C.field2 = 3;
17      A.C.method2();
18
19      //로컬 클래스 객체 생성을 위한 메소드 호출
20      a.method();
21    }
22  }
```

> **실행결과**   ✕
> A 객체가 생성됨
> B 객체가 생성됨
> C 객체가 생성됨
> D 객체가 생성됨

중첩 클래스의 접근 제한

멤버 클래스 내부에서 바깥 클래스의 필드와 메소드에 접근할 때는 제한이 따릅니다. 또한 메소드의
매개 변수나 로컬 변수를 로컬 클래스에서 사용할 때도 제한이 따릅니다.

바깥 필드와 메소드에서 사용 제한

바깥 클래스에서 인스턴스 멤버 클래스를 사용할 때 제한이 있습니다.

다음 코드를 보면서 이해해보겠습니다. 인스턴스 멤버 클래스(B)는 바깥 클래스의 인스턴스 필드 (field1)의 초기값이나 인스턴스 메소드(method1())에서 객체를 생성할 수 있으나, 정적 필드 (field3)의 초기값이나 정적 메소드(method2())에서는 객체를 생성할 수 없습니다. 반면 정적 멤버 클래스(C)는 모든 필드의 초기값이나 모든 메소드에서 객체를 생성할 수 있습니다.

 직접 해보는 손코딩

바깥 필드와 메소드에서 사용 제한   소스 코드   A.java

```java
01    package sec01.exam02;
02
03    public class A {
04        //인스턴스 필드
05        B field1 = new B();
06        C field2 = new C();          ←———— (O)
07
08        //인스턴스 메소드
09        void method1() {
10            B var1 = new B();
11            C var2 = new C();        ←———— (O)
12        }
13
14        //정적 필드 초기화
15        //static B field3 = new B();
16        static C field4 = new C();   ←———— (O)
17
18        //정적 메소드
19        static void method2() {
20            //B var1 = new B();  ←———— (X)
21            C var2 = new C();    ←———— (O)
22        }
23
24        //인스턴스 멤버 클래스
25        class B {}
26
27        //정적 멤버 클래스
28        static class C {}
29    }
```

멤버 클래스에서 사용 제한

멤버 클래스가 인스턴스 또는 정적으로 선언됨에 따라 멤버 클래스 내부에서 바깥 클래스의 필드와 메소드에 접근할 때에도 제한이 따릅니다. 인스턴스 멤버 클래스(B) 안에서는 바깥 클래스의 모든 필드와 모든 메소드에 접근할 수 있지만, 정적 멤버 클래스(C) 안에서는 바깥 클래스의 정적 필드(field2)와 메소드(method2())에만 접근할 수 있고 인스턴스 필드(field1)와 메소드(method1())에는 접근할 수 없습니다.

```
class A {
  int field1; ←
  void method1() {…} ←

  static int field2; ←
  static void method2() {…} ←

  class B {
    void method() {
      field1 = 10; ──○
      method1(); ──○

      field2 = 10; ──○
      method2(); ──○
    }
  }
}
```

```
class A {
  int field1; ←
  void method1() {…} ←

  static int field2; ←
  static void method2() {…} ←

  static class C {
    void method() {
      field1 = 10; ──✕
      method1(); ──✕

      field2 = 10; ──○
      method2(); ──○
    }
  }
}
```

직접 해보는 손코딩

멤버 클래스에서 사용 제한   소스 코드   A.java

```
01    package sec01.exam03;
02
03    public class A {
04      int field1;
05      void method1() { }
06
07      static int field2;
08      static void method2() { }
09
10      class B {
11        void method() {
```

```
12        field1 = 10;
13        method1();                  ← 모든 필드와 메소드에
14                                        접근할 수 있음
15        field2 = 10;
16        method2();
17      }
18    }
19
20    static class C {
21      void method() {
22        //field1 = 10;
23        //method1();
24
25        field2 = 10;                ← 인스턴스 필드와 메소드는
26        method2();                     접근할 수 없음
27      }
28    }
29  }
```

로컬 클래스에서 사용 제한

메소드의 매개 변수나 로컬 변수를 로컬 클래스에서 사용할 때 제한이 있습니다. 로컬 클래스의 객체는 메소드 실행이 종료되면 없어지는 것이 일반적이지만, 메소드가 종료되어도 계속 실행 상태로 존재할 수 있습니다. 예를 들어 로컬 스레드 객체를 사용할 때입니다. 메소드를 실행하는 스레드와 다르므로 메소드가 종료된 후에도 로컬 스레드 객체는 실행 상태로 존재할 수 있습니다.

note 스레드는 12장에서 설명되니, 지금은 '이런 것이 있구나'라고만 생각해주세요.

자바는 이 문제를 해결하기 위해 컴파일 시 로컬 클래스에서 사용하는 매개 변수나 로컬 변수의 값을 로컬 클래스 내부에 복사해두고 사용합니다. 그리고 매개 변수나 로컬 변수가 수정되어 값이 변경되면 로컬 클래스에 복사해둔 값과 달라지므로 문제를 해결하기 위해 매개 변수나 로컬 변수를 final로 선언할 것을 요구합니다.

그래서 자바 7 이전까지는 final 키워드 없이 선언된 매개 변수나 로컬 변수를 로컬 클래스에서 사용하면 컴파일 에러가 발생했습니다. 하지만 자바 8부터는 final 키워드 없이 선언된 매개 변수와 로컬 변수를 사용해도 컴파일 에러가 발생하지 않습니다. 그렇다면 자바 8부터는 final이 아닌 매개 변수와 로컬 변수를 허용한다는 걸까요? 당연히 아닙니다. final 선언을 하지 않아도 값이 수정될 수 없도록 final의 특성을 부여합니다.

note 자바 7까지는 반드시 final 키워드를 붙여야 되지만, 자바 8부터는 final 키워드를 붙이지 않아도 final 특성을 가지고 있음을 기억합시다.

다음 예제는 매개 변수와 로컬 변수를 로컬 클래스 내부에서 사용할 때 매개 변수와 로컬 변수가 final 특성을 갖고 있음을 잘 보여줍니다.

로컬 클래스에서 사용 제한   소스 코드 Outter.java

```
01    package sec01.exam04;
02
03    public class Outter {
04      //자바 7 이전
05      public void method1(final int arg) {
06        final int localVariable = 1;
07        //arg = 100;
08        //localVariable = 100;          ←──── (X)
09        class Inner {
10          public void method() {
11            int result = arg + localVariable;
12          }
13        }
14      }
15
16      //자바 8 이후
17      public void method2(int arg) {
18        int localVariable = 1;
19        //arg = 100;
20        //localVariable = 100;          ←──── (X)
21        class Inner {
22          public void method() {
23            int result = arg + localVariable;
24          }
25        }
26      }
27    }
```

중첩 클래스에서 바깥 클래스 참조 얻기

클래스 내부에서 this는 객체 자신의 참조입니다. 중첩 클래스에서 this 키워드를 사용하면 바깥 클래스의 객체 참조가 아니라, 중첩 클래스의 객체 참조가 됩니다. 따라서 중첩 클래스 내부에서 'this.필드, this.메소드()'로 호출하면 중첩 클래스의 필드와 메소드가 사용됩니다.

중첩 클래스 내부에서 바깥 클래스의 객체 참조를 얻으려면 바깥 클래스의 이름을 this 앞에 붙여주면 됩니다. 다음은 중첩 클래스 내부에서 바깥 클래스의 필드와 메소드에 접근하기 위해 '바깥 클래스.this'를 사용한 예입니다.

```
바깥클래스.this.필드
바깥클래스.this.메소드();
```

직접 해보는 손코딩

중첩 클래스에서 바깥 클래스 참조 얻기　　소스코드　Outter.java

```
01    package sec01.exam05;
02
03    public class Outter {
04      String field = "Outter-field";
05      void method() {
06        System.out.println("Outter-method");
07      }
08
09      class Nested {
10        String field = "Nested-field";
11        void method() {
12          System.out.println("Nested-method");
13        }
14        void print() {
15          System.out.println(this.field);       ←──── 중첩 객체 참조
16          this.method();
17          System.out.println(Outter.this.field); ←──── 바깥 객체 참조
18          Outter.this.method();
19        }
20      }
21    }
```

```
01    package sec01.exam05;
02
03    public class OutterExample {
04      public static void main(String[] args) {
05        Outter outter = new Outter();
06        Outter.Nested nested = outter.new Nested();
07        nested.print();
08      }
09    }
```

```
</> 실행결과                    ✕
Nested-field
Nested-method
Outter-field
Outter-method
```

중첩 인터페이스

중첩 인터페이스는 클래스의 멤버로 선언된 인터페이스를 말합니다. 인터페이스를 클래스 내부에 선언하는 이유는 해당 클래스와 긴밀한 관계를 맺는 구현 클래스를 만들기 위해서입니다.

```
class A {
  [static] interface I {          ← ─── 중첩 인터페이스
    void method();
  }
}
```

중첩 인터페이스는 인스턴스 멤버 인터페이스와 정적^{static} 멤버 인터페이스 모두 가능합니다. 인스턴스 멤버 인터페이스는 바깥 클래스의 객체가 있어야 사용 가능하며, 정적 멤버 인터페이스는 바깥 클래스의 객체 없이 바깥 클래스만으로 바로 접근할 수 있습니다. 주로 정적 멤버 인터페이스를 많이 사용하는데 UI 프로그래밍에서 이벤트를 처리할 목적으로 많이 활용됩니다.

예를 들어, Button을 클릭했을 때 이벤트를 처리하는 객체를 받고 싶다고 가정해봅시다. 그렇다고 아무 객체나 받으면 안 되고, Button 내부에 선언된 중첩 인터페이스를 구현한 객체만 받아야 한다면 다음과 같이 Button 클래스를 선언하면 됩니다.

　　직접 해보는 손코딩

중첩 인터페이스　　소스 코드　Button.java

```
01    package sec01.exam06;
02
03    public class Button {
```

```
04    OnClickListener listener; ←————— 인터페이스 타입 필드
05
06    void setOnClickListener(OnClickListener listener) {
07      this.listener = listener;                          ←————— 매개 변수의 다형성
08    }
09
10    void touch() {
11      listener.onClick(); ←————— 구현 객체의 onClick() 메소드 호출
12    }
13
14    static interface OnClickListener {
15      void onClick();                          ←————— 중첩 인터페이스
16    }
17  }
```

Button 클래스 내용을 보면 중첩 인터페이스(OnClickListener) 타입으로 필드(listener)를 선언하고, Setter 메소드(setOnClickListener())로 구현 객체를 받아 필드에 대입합니다. 버튼 이벤트가 발생했을 때(touch() 메소드가 실행되었을 때) 인터페이스를 통해 구현 객체의 메소드를 호출(listener.onClick())합니다.

다음은 Button의 중첩 인터페이스인 OnClickListener를 구현한 2개의 클래스를 보여줍니다.

직접 해보는 손코딩

구현 클래스 　소스 코드 CallListener.java

```
01    package sec01.exam06;
02
03    public class CallListener implements Button.OnClickListener {
04      @Override
05      public void onClick() {
06        System.out.println("전화를 겁니다.");
07      }
08    }
```

구현 클래스 　소스 코드 MessageListener.java

```
01    package sec01.exam06;
02
03    public class MessageListener implements Button.OnClickListener {
04      @Override
```

```
05      public void onClick() {
06          System.out.println("메시지를 보냅니다.");
07      }
08  }
```

다음은 버튼을 클릭했을 때 두 가지 방법으로 이벤트를 처리하는 방법입니다. 어떤 구현 객체를 생성해서 Button 객체의 setOnClickListener() 메소드로 세팅하느냐에 따라 Button의 touch() 메소드의 실행결과가 달라집니다.

직접 해보는 손코딩

버튼 이벤트 처리   ButtonExample.java

```
01  package sec01.exam06;
02
03  public class ButtonExample {
04      public static void main(String[] args) {
05          Button btn = new Button();
06
07          btn.setOnClickListener( new CallListener() );
08          btn.touch();
09
10          btn.setOnClickListener( new MessageListener() );
11          btn.touch();
12      }
13  }
```

실행결과   ×

전화를 겁니다.
메시지를 보냅니다.

마무리

▶ 4가지 키워드로 끝내는 핵심 포인트

- **중첩 클래스**: 클래스 내부에 선언한 클래스를 말합니다. 중첩 클래스를 사용하면 두 클래스의 멤버들을 서로 쉽게 접근할 수 있고, 외부에는 불필요한 관계 클래스를 감춤으로써 코드의 복잡성을 줄일 수 있다는 장점이 있습니다.

- **멤버 클래스**: 클래스의 멤버로서 선언되는 중첩 클래스를 말합니다. 멤버 클래스는 바깥 객체의 필요 여부에 따라 인스턴스 멤버 클래스와 정적static 멤버 클래스로 구분됩니다.

- **로컬 클래스**: 생성자 또는 메소드 블록 내부에 선언된 중첩 클래스를 말합니다.

- **중첩 인터페이스**: 클래스의 멤버로 선언된 인터페이스를 말합니다. 중첩 인터페이스는 인스턴스 멤버 인터페이스와 정적static 멤버 인터페이스 모두 가능합니다. 주로 정적 멤버 인터페이스를 많이 사용하는데 UI 프로그래밍에서 이벤트를 처리할 목적으로 많이 활용됩니다.

▶ 확인 문제

1. 중첩 멤버 클래스에 대한 설명입니다. 맞는 것에 O표, 틀린 것에 X표 하세요.

   ① 인스턴스 멤버 클래스는 바깥 클래스의 객체가 있어야 사용될 수 있다. (   )
   ② 정적 멤버 클래스는 바깥 클래스의 객체가 없어도 사용될 수 있다. (   )
   ③ 인스턴스 멤버 클래스 내부에는 바깥 클래스의 필드와 메소드를 사용할 수 있다. (   )
   ④ 정적 멤버 클래스 내부에는 바깥 클래스의 인스턴스 필드를 사용할 수 있다. (   )

2. 로컬 클래스에 대한 설명으로 틀린 것은 무엇입니까?

   ① 로컬 클래스는 생성자 또는 메소드 내부에 선언된 클래스를 말한다. (   )
   ② 로컬 클래스도 필드와 생성자를 가질 수 있다. (   )
   ③ 로컬 클래스는 static 키워드를 이용해서 정적 클래스로 만들 수 있다. (   )
   ④ final 특성을 가진 매개 변수나 로컬 변수만 로컬 클래스 내부에서 사용할 수 있다. (   )

3. 다음과 같이 Car 클래스 내부에 Tire와 Engine이 멤버 클래스로 선언되어 있습니다. 바깥 클래스(NestedClassExample)에서 멤버 클래스의 객체를 생성하는 코드를 빈칸에 작성해 보세요.

소스 코드 **Car.java**

```
01    package sec01.verify.exam03;
02
03    public class Car {
04      class Tire { }
05      static class Engine { }
06    }
```

소스 코드 **NestedClassExample.java**

```
01    package sec01.verify.exam03;
02
03    public class NestedClassExample {
04      public static void main(String[] args) {
05        Car myCar = new Car();
06
07        Car.Tire tire = [                    ]
08
09        Car.Engine engine = [                  ]
10      }
11    }
```

4. 다음 Chatting 클래스는 컴파일 에러가 발생합니다. 원인이 무엇입니까?

Chatting.java

```
01    package sec01.verify.exam04;
02
03    public class Chatting {
04      void startChat(String chatId) {
05        String nickName = null;
06        nickName = chatId;
07
08        class Chat {
09          public void start() {
10            while (true) {
11              String inputData = "안녕하세요";
12              String message = "[" + nickName + "] " + inputData;
13              sendMessage(message);
14            }
15          }
16
17          void sendMessage(String message) {
18          }
19        }
20
21        Chat chat = new Chat();
22        chat.start();
23      }
24    }
```

5. CheckBox 클래스 내용을 보면 중첩 인터페이스(OnSelectListener) 타입으로 필드 (listener)를 선언하고 Setter 메소드(setOnSelectListener())로 외부에서 구현 객체를 받아 필드에 대입합니다. 선택 이벤트가 발생했을 때(select() 메소드가 실행되었을 때) 인터페이스를 통해 구현 객체의 메소드를 호출(listener.onSelect())합니다.

```java
package sec01.verify.exam05;

public class CheckBox {
  OnSelectListener listener;

  void setOnSelectListener(OnSelectListener listener) {
    this.listener = listener;
  }

  void select() {
    listener.onSelect();
  }

  static interface OnSelectListener {
    void onSelect();
  }
}
```

다음 CheckBoxExample 클래스를 실행했을 때 다음과 같은 실행결과가 출력되도록 BackgroundChangeListener 클래스를 작성해보세요.

```java
package sec01.verify.exam05;

public class CheckBoxExample {
  public static void main(String[] args) {
    CheckBox checkBox = new CheckBox();
    checkBox.setOnSelectListener(new BackgroundChangeListener());
    checkBox.select();
  }
}
```

> **실행결과** ✕
>
> 배경을 변경합니다.

09-2 익명 객체

핵심 키워드

익명 자식 객체   익명 구현 객체

클래스를 선언할 때 일반적으로 클래스 이름과 동일한 소스 파일을 생성하고 클래스 선언합니다. 한번 선언해놓고 여러 곳에서 객체를 만들어 사용하고 싶을 때 간단히 클래스 이름으로 생성자를 호출할 수 있기 때문입니다. 그런데 클래스 이름이 없는 객체도 있습니다. 이것을 익명(anonymous) 객체라고 합니다. 이번 절에서는 익명 객체에 대해 알아보겠습니다.

시작하기 전에

익명anonymous 객체는 이름이 없는 객체를 말합니다. 익명 객체를 만들려면 조건이 있습니다. 어떤 클래스를 상속하거나 인터페이스를 구현해야만 합니다. 일반적인 경우에는 다음과 같이 명시적으로 클래스 이름을 주고 선언합니다.

```
[상속]
class 클래스이름1 extends 부모클래스 { … }
부모클래스 변수 = new 클래스이름1();
```

```
[구현]
class 클래스이름2 implements 인터페이스 { … }
인터페이스 변수 = new 클래스이름2();
```

이 경우 부모 클래스 변수는 클래스이름1의 객체를 참조하고, 인터페이스 변수는 클래스이름2의 객체를 참조합니다.

그러나 익명 객체를 생성할 때에는 다음과 같이 클래스 이름이 없습니다.

```
[상속]
부모클래스 변수 = new 부모클래스() { … };
```

```
[구현]
인터페이스 변수 = new 인터페이스() { … };
```

이 경우 부모 클래스 변수는 이름이 없는 자식 객체를 참조하고, 인터페이스 변수는 이름이 없는 구현 객체를 참조하게 됩니다.

익명 자식 객체 생성

부모 타입의 필드 또는 변수를 선언하고 자식 객체를 초기값으로 대입하는 경우를 생각해보겠습니다. 우선 부모 클래스를 상속해서 자식 클래스를 선언합니다. 그리고 new 연산자를 이용해서 자식 객체를 생성한 후 부모 타입의 필드 또는 변수에 대입하는 것이 일반적입니다.

```
class Child extends Parent {  } ←──────── 자식 클래스 선언

class A {
  Parent field = new Child(); ←──────── 필드에 자식 객체를 대입
  void method() {
    Parent localVar = new Child(); ←──────── 로컬 변수에 자식 객체를 대입
  }
}
```

자식 클래스를 명시적으로 선언하는 이유는 어디서건 이미 선언된 자식 클래스로 간단히 객체를 생성해서 사용할 수 있기 때문입니다. 우리는 이것을 재사용성이 높다고 말합니다.

그러나 자식 클래스가 재사용되지 않고, 오로지 특정 위치에서 사용할 경우라면 자식 클래스를 명시적으로 선언하는 것은 귀찮은 작업이 됩니다. 이 경우에는 **익명 자식 객체**를 생성해서 사용하는 것이 좋은 방법입니다. 익명 자식 객체를 생성하는 방법은 다음과 같습니다.

```
부모클래스 [필드¦변수] = new 부모클래스(매개값, …) {
  //필드
  //메소드
};
```

> **note** 하나의 실행문이므로 끝에는 세미콜론(;)을 반드시 붙여야 합니다.

'부모 클래스(매개값, …) { … }'은 부모 클래스를 상속해서 중괄호 {}와 같이 자식 클래스를 선언하라는 뜻입니다. 그리고 new 연산자는 이렇게 선언된 자식 클래스를 객체로 생성합니다.

'부모 클래스(매개값, …)'은 부모 생성자를 호출하는 코드로, 매개값은 부모 생성자의 매개 변수에 맞게 입력하면 됩니다. 중괄호 {} 내부에는 필드나 메소드를 선언하거나 부모 클래스의 메소드를 재정의(오버라이딩)하는 내용을 작성합니다. 일반적으로 재정의 메소드가 많이 나옵니다. 일반 클래스와의 차이점은 생성자를 선언할 수 없다는 것입니다.

다음은 필드를 선언할 때 초기값으로 익명 자식 객체를 생성해서 대입하는 예입니다.

```
class A {
  Parent field = new Parent() {                    A 클래스의 필드 선언
    int childField;
    void childMethod() { }

    @Override                        Parent의 메소드를 재정의
    void parentMethod() { }
  };
}
```

다음은 메소드 내에서 로컬 변수를 선언할 때 초기값으로 익명 자식 객체를 생성해서 대입하는 예입니다.

```
class A {
  void method() {
    Parent localVar = new Parent() {               로컬 변수 선언
      int childField;
      void childMethod() { }

      @Override                       Parent의 메소드를 재정의
      void parentMethod() { }
    };
  }
}
```

다음은 메소드의 매개 변수가 부모 타입일 경우 메소드를 호출하는 코드에서 익명 자식 객체를 생성해서 매개값으로 대입하는 예입니다.

```
class A {
  void method1(Parent parent) { }

  void method2() {
    method1(                                        method1() 메소드 호출

      new Parent() {                  method1()의 매개값으로
        int childField;               익명 자식 객체를 대입
        void childMethod() { }
        @Override
        void parentMethod() { }
      }
    );
  }
}
```

익명 자식 객체에 새롭게 정의된 필드와 메소드는 익명 자식 객체 내부에서만 사용되고, 외부에서는 접근할 수 없습니다. 왜냐하면 익명 자식 객체는 부모 타입 변수에 대입되므로 부모 타입에 선언된 것만 사용할 수 있기 때문입니다.

예를 들어 다음 코드에서 childField 필드와 childMethod() 메소드는 parentMethod() 메소드 내에서 사용이 가능하나, A 클래스의 필드인 field로는 접근할 수 없습니다.

```
class A {
  Parent field = new Parent() {
    int childField;
    void childMethod() { }
    @Override
    void parentMethod() {
      childField = 3;
      childMethod();
    }
  };

  void method() {
    field.childField = 3;
    field.childMethod();
    field.parentMethod();
  }
}
```

직접 해보는 손코딩

부모 클래스　　　　Person.java

```
01    package sec02.exam01;
02
03    public class Person {
04      void wake() {
05        System.out.println("7시에 일어납니다.");
06      }
07    }
```

익명 자식 객체 생성 소스 코드 Anonymous.java

```java
01  package sec02.exam01;
02
03  public class Anonymous {
04    //필드 초기값으로 대입
05    Person field = new Person() {
06      void work() {
07        System.out.println("출근합니다.");
08      }
09      @Override
10      void wake() {
11        System.out.println("6시에 일어납니다.");
12        work();
13      }
14    };
15
16    void method1() {
17      //로컬 변수값으로 대입
18      Person localVar = new Person() {
19        void walk() {
20          System.out.println("산책합니다.");
21        }
22        @Override
23        void wake() {
24          System.out.println("7시에 일어납니다.");
25          walk();
26        }
27      };
28    //로컬 변수 사용
29      localVar.wake();
30    }
31
32    void method2(Person person) {
33      person.wake();
34    }
35  }
```

← 필드값으로 익명 객체 대입

← 로컬 변수값으로 익명 객체 대입

익명 자식 객체 생성 소스 코드 AnonymousExample.java

```java
01  package sec02.exam01;
02
```

```
03    public class AnonymousExample {
04      public static void main(String[] args) {
05        Anonymous anony = new Anonymous();
06        //익명 객체 필드 사용
07        anony.field.wake();
08        //익명 객체 로컬 변수 사용
09        anony.method1();
10        //익명 객체 매개값 사용
11        anony.method2(
12          new Person() {
13            void study() {
14              System.out.println("공부합니다.");
15            }
16            @Override
17            void wake() {
18              System.out.println("8시에 일어납니다.");
19              study();
20            }
21          }
22        );
23      }
24    }
```

←———— 매개값으로 익명 객체 대입

┌─────────────────────────────┐
│ 🖥 실행결과   ✕ │
├─────────────────────────────┤
│ 6시에 일어납니다.   │
│ 출근합니다.   │
│ 7시에 일어납니다.   │
│ 산책합니다.   │
│ 8시에 일어납니다.   │
│ 공부합니다.   │
└─────────────────────────────┘

익명 구현 객체 생성

인터페이스 타입의 필드 또는 변수를 선언하고, 구현 객체를 초기값으로 대입하는 경우를 생각해보 겠습니다. 우선 구현 클래스를 선언합니다. 그리고 new 연산자를 이용해서 구현 객체를 생성한 후 인터페이스 타입의 필드 또는 로컬 변수에 대입하는 것이 일반적입니다.

```
class TV implements RemoteControl {  }

class A {
  RemoteControl field = new TV();  ←———— 필드에 구현 객체를 대입
  void method() {
    RemoteControl localVar = new TV();  ←———— 로컬 변수에 구현 객체를 대입
  }
}
```

구현 클래스를 명시적으로 선언하는 이유는 어디서건 이미 선언된 구현 클래스로 간단히 객체를 생성해서 사용할 수 있기 때문입니다. 우리는 이것을 재사용성이 높다고 말합니다.

그러나 구현 클래스가 재사용되지 않고, 오로지 특정 위치에서 사용할 경우라면 구현 클래스를 명시적으로 선언하는 것은 귀찮은 작업이 됩니다. 이 경우에는 익명 구현 객체를 생성해서 사용하는 것이 좋은 방법입니다. 익명 구현 객체를 생성하는 방법은 다음과 같습니다.

```
인터페이스 [필드¦변수] = new 인터페이스() {
    //인터페이스에 선언된 추상 메소드의 실체 메소드 선언
    //필드
    //메소드
} ;
```

'인터페이스() { … }'는 인터페이스를 구현해서 중괄호 {}와 같이 클래스를 선언하라는 뜻입니다. 그리고 new 연산자는 이렇게 선언된 구현 클래스를 객체로 생성합니다. 중괄호 {}에는 인터페이스에 선언된 모든 추상 메소드의 실체 메소드를 작성(재정의)해야 합니다. 그렇지 않으면 컴파일 에러가 발생합니다.

note 추가로 필드와 메소드를 선언할 수 있지만, 실체 메소드에서만 사용이 가능하고 외부에서는 사용할 수 없습니다.

다음은 필드를 선언할 때 초기값으로 익명 구현 객체를 생성해서 대입하는 예입니다.

```
class A {
    RemoteControl field = new RemoteControl() {        클래스 A의 필드 선언
        @Override                         RemoteControl 인터페이스의
        void turnOn() { }                 추상 메소드에 대한 실체 메소드
    };
}
```

다음은 메소드 내에서 로컬 변수를 선언할 때 초기값으로 익명 구현 객체를 생성해서 대입하는 예입니다.

```
void method() {
    RemoteControl localVar = new RemoteControl() {        로컬 변수 선언
        @Override                         RemoteControl 인터페이스의
        void turnOn() { }                 추상 메소드에 대한 실체 메소드
    };
}
```

다음은 메소드의 매개 변수가 인터페이스 타입일 경우 메소드를 호출하는 코드에서 익명 구현 객체를 생성해서 매개값으로 대입하는 예입니다.

```
class A {
  void method1(RemoteControl rc) { }

  void method2() {
    method1(                                    method1() 메소드 호출

      new RemoteControl() {                  method1()의 매개값으로
        @Override                          익명 구현 객체를 대입
        void turnOn() { }
      }
    );
  }
}
```

직접 해보는 손코딩

인터페이스　　소스 코드　RemoteControl.java

```
01   package sec02.exam02;
02
03   public interface RemoteControl {
04     public void turnOn();
05     public void turnOff();
06   }
```

익명 구현 객체 생성　　소스 코드　Anonymous.java

```
01   package sec02.exam02;
02
03   public class Anonymous {
04     //필드 초기값으로 대입
05     RemoteControl field = new RemoteControl() {
06       @Override
07       public void turnOn() {
08         System.out.println("TV를 켭니다.");        ←──── 필드 선언과
09       }                                                    초기값 대입
10       @Override
11       public void turnOff() {
12         System.out.println("TV를 끕니다.");
```

```
13        }
14      };
15
16      void method1() {
17        //로컬 변수값으로 대입
18        RemoteControl localVar = new RemoteControl() {
19          @Override
20          public void turnOn() {
21            System.out.println("Audio를 켭니다.");
22          }
23          @Override
24          public void turnOff() {
25            System.out.println("Audio를 끕니다.");
26          }
27        };
28        //로컬 변수 사용
29        localVar.turnOn();
30      }
31
32      void method2(RemoteControl rc) {
33        rc.turnOn();
34      }
35    }
```

로컬 변수 선언과
초기값 대입

익명 구현 객체 생성   소스 코드 AnonymousExample.java

```
01    package sec02.exam02;
02
03    public class AnonymousExample {
04      public static void main(String[] args) {
05        Anonymous anony = new Anonymous();
06        //익명 객체 필드 사용
07        anony.field.turnOn();
08        //익명 객체 로컬 변수 사용
09        anony.method1();
10        //익명 객체 매개값 사용
11        anony.method2(
12          new RemoteControl() {
13            @Override
14            public void turnOn() {
15              System.out.println("SmartTV를 켭니다.");
16            }
```

매개값

```
17        @Override
18        public void turnOff() {
19          System.out.println("SmartTV를 끕니다.");
20        }
21      }
22    );
23  }
24 }
```

🖵 실행결과   ✕

TV를 켭니다.
Audio를 켭니다.
SmartTV를 켭니다.

다음은 윈도우 및 안드로이드 등의 UI 프로그램에서 버튼의 클릭 이벤트를 처리하기 위해 익명 구현 객체를 이용하는 방법을 보여줍니다.

직접 해보는 손코딩

UI 클래스   소스 코드 Button.java

```
01   package sec02.exam03;
02
03   public class Button {
04     OnClickListener listener;          ← 인터페이스 타입 필드
05
06     void setOnClickListener(OnClickListener listener) {
07       this.listener = listener;        ← 매개 변수의 다형성
08     }
09
10     void touch() {
11       listener.onClick();              ← 구현 객체의 onClick()
12     }                                     메소드 호출
13
14     static interface OnClickListener {
15       void onClick();                  ← 중첩 인터페이스
16     }
17   }
```

Button 클래스의 내용을 보면 중첩 인터페이스(OnClickListener) 타입으로 필드(listener)를 선언하고 Setter 메소드(setOnClickListener( ))로 외부에서 구현 객체를 받아 필드에 대입합니다. 버튼 이벤트가 발생했을 때(touch( ) 메소드가 실행되었을 때) 인터페이스를 통해 구현 객체의 메소드를 호출(listener.onClick( ))합니다.

다음 Window 클래스를 2개의 Button 객체를 가지고 있는 창이라고 가정해보겠습니다. 첫 번째 button1의 클릭 이벤트 처리는 필드로 선언한 익명 구현 객체가 담당하고, 두 번째 button2의 클릭 이벤트 처리는 setOnClickListener( )를 호출할 때 매개값으로 준 익명 구현 객체가 담당하도록 했습니다.

직접 해보는 손코딩

UI 클래스   소스 코드   `Window.java`

```java
01    package sec02.exam03;
02
03    public class Window {
04      Button button1 = new Button();
05      Button button2 = new Button();
06
07      //필드 초기값으로 대입
08      Button.OnClickListener listener = new Button.OnClickListener() {
09        @Override
10        public void onClick() {
11          System.out.println("전화를 겁니다.");
12        }
13      };
14
15      Window() {
16        button1.setOnClickListener( listener );
17        button2.setOnClickListener(new Button.OnClickListener() {
18          @Override
19          public void onClick() {
20            System.out.println("메시지를 보냅니다.");
21          }
22        });
23      }
24    }
```

필드값으로
익명 객체 대입

매개값으로 필드 대입

매개값으로
익명 객체 대입

실행 클래스   소스 코드   `Main.java`

```java
01    package sec02.exam03;
02
03    public class Main {
04      public static void main(String[] args) {
05        Window w = new Window();
06        w.button1.touch();
07        w.button2.touch();
08      }
```

← 버튼 클릭

실행결과   ✕

전화를 겁니다.
메시지를 보냅니다.

```
08        }
09    }
```

익명 객체의 로컬 변수 사용

메소드의 매개 변수나 로컬 변수를 익명 객체 내부에서 사용할 때도 제한이 있습니다. 익명 객체는
메소드 실행이 종료되면 없어지는 것이 일반적이지만, 메소드가 종료되어도 계속 실행 상태로 존재
할 수 있습니다. 예를 들어 익명 스레드 객체를 사용할 때입니다. 메소드를 실행하는 스레드와 다르
므로 메소드가 종료된 후에도 익명 스레드 객체는 실행 상태로 존재할 수 있습니다.

문제는 메소드의 매개 변수나 로컬 변수를 익명 객체 내부에서 사용할 때입니다. 매개 변수나 로컬 변
수는 메소드 실행이 끝나면 스택 메모리에서 사라지기 때문에 익명 객체에서 지속적으로 사용할 수
없습니다.

자바는 이 문제를 해결하기 위해 컴파일 시 익명 객체에서 사용하는 매개 변수나 로컬 변수의 값을
익명 객체 내부에 복사해두고 사용합니다. 그리고 매개 변수나 로컬 변수가 수정되어 값이 변경되면
익명 객체에 복사해 둔 값과 달라지므로 매개 변수나 로컬 변수를 final로 선언할 것을 요구합니다.

그래서 자바 7 이전까지는 final 키워드 없이 선언된 매개 변수나 로컬 변수를 익명 객체에서 사용하
면 컴파일 에러가 발생했습니다. 하지만 자바 8부터는 final 키워드 없이 선언된 매개 변수와 로컬
변수를 사용해도 컴파일 에러가 발생하지 않습니다. final 선언을 하지 않아도 값이 수정될 수 없도
록 final의 특성을 부여하기 때문입니다.

다음 예제는 매개 변수와 로컬 변수가 익명 객체 내부에서 사용할 때 매개 변수와 로컬 변수가 final
특성을 갖고 있음을 잘 보여줍니다.

직접 해보는 손코딩

인터페이스　　　　　**Calculatable.java**

```
01    package sec02.exam04;
02
03    public interface Calculatable {
04        public int sum();
05    }
```

```java
01    package sec02.exam04;
02
03    public class Anonymous {
04      private int field;
05
06      public void method(final int arg1, int arg2) {
07        final int var1 = 0;
08        int var2 = 0;
09
10        field = 10;
11
12        //arg1 = 20;
13        //arg2 = 20;              ←────── (X)
14
15        //var1 = 30;
16        //var2 = 30;              ←────── (X)
17
18        Calculatable calc = new Calculatable() {
19          @Override
20          public int sum() {
21            int result = field + arg1 + arg2 + var1 + var2;
22            return result;
23          }
24        };
25
26        System.out.println(calc.sum());
27      }
28    }
```

```java
01    package sec02.exam04;
02
03    public class AnonymousExample {
04      public static void main(String[] args) {
05        Anonymous anony = new Anonymous();
06        anony.method(0, 0);
07      }
08    }
```

실행결과　✕

```
10
```

▶ 2가지 키워드로 끝내는 핵심 포인트

• **익명 자식 객체**: 자식 클래스가 재사용되지 않고 오로지 특정 위치에서 사용할 경우라면 자식 클래스를 명시적으로 선언하는 것은 귀찮은 작업이 됩니다. 이 경우에는 익명 자식 객체를 생성해서 사용하는 것이 좋은 방법입니다.

익명 자식 객체를 생성하는 방법은 다음과 같습니다.

```
부모클래스 [필드¦변수] = new 부모클래스(매개값, …) {
   //필드
   //메소드
};
```

• **익명 구현 객체**: 구현 클래스가 재사용되지 않고 오로지 특정 위치에서 사용할 경우라면 구현 클래스를 명시적으로 선언하는 것은 귀찮은 작업이 됩니다. 이 경우에는 익명 구현 객체를 생성해서 사용하는 것이 좋은 방법입니다.

익명 구현 객체를 생성하는 방법은 다음과 같습니다.

```
인터페이스 [필드¦변수] = new 인터페이스() {
   //인터페이스에 선언된 추상 메소드의 실체 메소드 선언
   //필드
   //메소드
} ;
```

▶ 확인 문제

1. AnonymousExample 클래스의 실행결과를 보고 Worker 클래스의 익명 자식 객체를 이
   용해서 필드, 로컬 변수의 초기값과 메소드의 매개값을 대입해보세요.

인터페이스   소스 코드 **Worker.java**

```
01    package sec02.verify.exam01;
02
03    public class Worker {
04      public void start() {
05        System.out.println("쉬고 있습니다.");
06      }
07    }
```

익명 구현 클래스와 객체 생성   소스 코드 **Anonymous.java**

```
01    package sec02.verify.exam01;
02
03    public class Anonymous {
04      Worker field = ┌─────────────────────┐
05                     │                     │
06                     │                     │
07      void method1() {└─────────────────────┘
08        Worker localVar = ┌──────────────────┐
09                          │                  │
10                          │                  │
11        localVar.start(); └──────────────────┘
12      }
13
14      void method2(Worker worker) {
15        worker.start();
16      }
17    }
```

익명 구현 클래스와 객체 생성   소스 코드 **AnonymousExample.java**

```
01    package sec02.verify.exam01;
02
03    public class AnonymousExample {
04      public static void main(String[] args) {
```

```
05        Anonymous anony = new Anonymous();
06        anony.field.start();
07        anony.method1();
08        anony.method2(
09        ┌─────────────────────────────────┐
10        │                                 │
          └─────────────────────────────────┘
11        );
12    }
13  }
```

2. AnonymousExample 클래스의 실행결과를 보고 Vehicle 인터페이스의 익명 구현 객체를 이용해서 필드, 로컬 변수의 초기값과 메소드의 매개값을 대입해보세요.

인터페이스 소스 코드 Vehicle.java

```
01    package sec02.verify.exam02;
02
03    public interface Vehicle {
04      public void run();
05    }
```

익명 구현 클래스와 객체 생성 소스 코드 Anonymous.java

```
01    package sec02.verify.exam02;
02
03    public class Anonymous {
04      Vehicle field = ┌─────────────────────────┐
05                      │                         │
06                      └─────────────────────────┘
07      void method1() {
08        Vehicle localVar = ┌───────────────────┐
09                           │                   │
10                           └───────────────────┘
11        localVar.run();
12      }
13
14      void method2(Vehicle v) {
15        v.run();
16      }
17    }
```

익명 구현 클래스와 객체 생성 `AnonymousExample.java`

```
01   package sec02.verify.exam02;
02
03   public class AnonymousExample {
04     public static void main(String[] args) {
05       Anonymous anony = new Anonymous();
06       anony.field.run();
07       anony.method1();
08       anony.method2(
09
10
11       );
12     }
13   }
```

실행결과 ✕

자전거가 달립니다.
승용차가 달립니다.
트럭이 달립니다.

3. CheckBox 클래스 내용을 보면 중첩 인터페이스(OnSelectListener) 타입으로 필드 (listener)를 선언하고 Setter 메소드(setOnSelectListener())로 외부에서 구현 객체를 받아 필드에 대입합니다. 선택 이벤트가 발생했을 때(select() 메소드가 실행되었을 때) 인터페이스를 통해 구현 객체의 메소드를 호출(listener.onSelect())합니다.

```
package sec02.verify.exam03;

public class CheckBox {
  OnSelectListener listener;

  void setOnSelectListener(OnSelectListener listener) {
    this.listener = listener;
  }

  void select() {
    listener.onSelect();
  }

  static interface OnSelectListener {
    void onSelect();
  }
}
```

다음 CheckBoxExample 클래스를 실행했을 때 다음과 같은 실행결과가 출력되도록 익명 구현 객체를 작성해보세요.

```
package sec02.verify.exam03;

public class CheckBoxExample {
  public static void main(String[] args) {
    CheckBox checkBox = new CheckBox();
    checkBox.setOnSelectListener(



    );
    checkBox.select();
  }
}
```

실행결과 | ×
배경을 변경합니다.

기본편

Chapter

10

예외 처리

10-1 예외 클래스

핵심 키워드

예외   예외 클래스   일반 예외   실행 예외

자바에서는 컴퓨터 하드웨어의 오동작 또는 고장으로 인해 응용프로그램 실행 오류가 발생하는 것을 에러(error)라고 합니다. 그리고 에러 이외에 프로그램 자체에서 발생하는 오류는 예외(exception)라고 부릅니다. 이번 절에서는 예외의 종류에는 어떤 것이 있고, 언제 발생하는지 알아보겠습니다.

시작하기 전에

예외exception란 사용자의 잘못된 조작 또는 개발자의 잘못된 코딩으로 인해 발생하는 프로그램 오류를 말합니다. 예외가 발생되면 프로그램은 곧바로 종료된다는 점에서는 에러와 비슷합니다. 그러나 예외는 예외 처리exception handling를 통해 프로그램을 종료하지 않고 정상 실행 상태가 유지되도록 할 수 있습니다.

자바는 예외가 발생할 가능성이 높은 코드를 컴파일할 때 예외 처리 유무를 확인합니다. 만약 예외 처리 코드가 없다면 컴파일이 되지 않습니다. 하지만 모든 예외에 대해서 예외 처리 유무를 확인하는 것은 아닙니다. 이것을 이해하려면 예외의 종류부터 알아야 합니다.

예외와 예외 클래스

예외에는 두 가지 종류가 있습니다. 하나는 일반 예외^{exception}이고, 다른 하나는 실행 예외^{runtime exception}입니다.

일반 예외는 컴파일러 체크 예외라고도 하는데, 프로그램 실행 시 예외가 발생할 가능성이 높기 때문에 자바 소스를 컴파일하는 과정에서 해당 예외 처리 코드가 있는지 검사합니다. 만약 예외 처리 코드가 없다면 컴파일 오류가 발생합니다.

실행 예외는 컴파일러 넌 체크 예외라고도 하는데, 실행 시 예측할 수 없이 갑자기 발생하기 때문에 컴파일하는 과정에서 예외 처리 코드가 있는지 검사하지 않습니다.

자바에서는 예외를 클래스로 관리합니다. JVM은 프로그램을 실행하는 도중에 예외가 발생하면 해당 예외 클래스로 객체를 생성합니다. 그리고 나서 예외 처리 코드에서 예외 객체를 이용할 수 있도록 해줍니다. 모든 예외 클래스는 다음과 같이 java.lang.Exception 클래스를 상속받습니다.

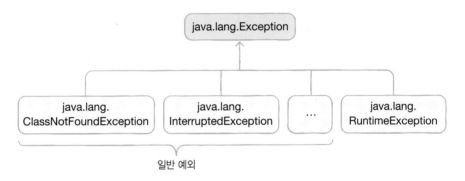

일반 예외와 실행 예외 클래스는 RuntimeException 클래스를 기준으로 구별합니다. Runtime Exception의 하위 클래스가 아니면 일반 예외 클래스이고, 하위 클래스이면 실행 예외 클래스입니다. 클래스 상속 관계에서 부모(조상)에 RuntimeException이 있다면 실행 예외 클래스입니다.

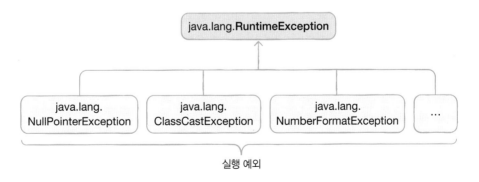

실행 예외

실행 예외는 자바 컴파일러가 체크하지 않기 때문에 오로지 개발자의 경험에 의해서 예외 처리 코드를 작성해야 합니다. 만약 개발자가 실행 예외에 대해 예외 처리 코드를 넣지 않았을 경우, 해당 예외가 발생하면 프로그램은 곧바로 종료됩니다.

> **note** 자바 프로그램 개발 경력이 풍부하다면 언제, 어떤 실행 예외가 발생하는지 쉽게 알 수 있지만, 이제 시작하는 개발자라면 지금부터 설명하는 몇 가지 실행 예외를 잘 익혀두세요. 자바 프로그램에서 자주 발생되는 실행 예외이므로 언제 발생되고, 어떤 오류 메시지가 출력되는지 잘 알아둘 필요가 있습니다.

NullPointerException

자바 프로그램에서 가장 빈번하게 발생하는 실행 예외는 java.lang.NullPointerException입니다. 이것은 객체 참조가 없는 상태, 즉 null 값을 갖는 참조 변수로 객체 접근 연산자인 도트(.)를 사용했을 때 발생합니다. 객체가 없는 상태에서 객체를 사용하려 했으니 예외가 발생하는 것입니다.

NullPointerException　　　소스 코드　`NullPointerExceptionExample.java`

```java
01    package sec01.exam01;
02
03    public class NullPointerExceptionExample {
04      public static void main(String[] args) {
05        String data = null;
06        System.out.println(data.toString());
07      }
08    }
```

5라인에서 data 변수는 null 값을 가지고 있기 때문에 String 객체를 참조하고 있지 않습니다. 하지만 6라인에서 String 객체의 toString() 메소드를 호출하고 있습니다. 여기서 NullPointer Exception이 발생합니다.

```
🖥 실행결과                                                                    ✕
Exception in thread "main" java.lang.NullPointerException
    at NullPointerExceptionExample.main(NullPointerExceptionExample.java:6)
```

프로그램에서 예외가 발생하면 예외 메시지가 Console 뷰에 출력되면서 프로그램이 종료됩니다. Console 뷰에 출력되는 내용에는 어떤 예외가 어떤 소스의 몇 번째 코드에서 발생했는지에 대한 정보가 들어 있습니다. 앞 예제의 경우 NullPointerExceptionExample.java 소스의 6번째 코드에서 발생했음을 알 수 있습니다. Console 뷰에서 밑줄 처리된 NullPointerExceptionExample.java:6을 마우스로 클릭하면 소스 편집기는 정확히 NullPointerExceptionExample.java의 6라인을 하이라이팅해줍니다.

ArrayIndexOutOfBoundsException

배열에서 인덱스 범위를 초과할 경우 실행 예외인 java.lang.ArrayIndexOutOfBoundsException이 발생합니다. 예를 들어 길이가 3인 int[ ] arr = new int[3] 배열을 선언했다면, 배열 항목을 지정하기 위해 arr[0]~arr[2]를 사용할 수 있습니다. 하지만 arr[3]을 사용하면 인덱스 범위를 초과했기 때문에 ArrayIndexOutOfBoundsException이 발생합니다.

직접 해보는 손코딩

ArrayIndexOutOfBoundsException 소스 코드 ArrayIndexOutOfBoundsExceptionExample.java

```
01   package sec01.exam02;
02
03   public class ArrayIndexOutOfBoundsExceptionExample {
04     public static void main(String[] args) {
05       String data1 = args[0];
06       String data2 = args[1];
07
08       System.out.println("args[0]: " + data1);
09       System.out.println("args[1]: " + data2);
10     }
11   }
```

위 예제를 실행하면 5라인에서 ArrayIndexOutOfBoundsException이 발생합니다. 그 이유는 2개의 실행 매개값을 주지 않았기 때문에 args[0], args[1]과 같이 인덱스를 사용할 수 없기 때문입니다.

🖥 실행결과   ✕

```
Exception in thread "main" java.lang.ArrayIndexOutOfBoundsException: Index 0 out of bounds
for length 0
    at ArrayIndexOutOfBoundsExceptionExample.main(ArrayIndexOutOfBoundsExceptionExample.
    java:5)
```

이클립스에서 [Run] - [Run Configurations] 메뉴를 선택한 후, [Arguments] 탭의 [Program arguments] 입력란에 다음과 같이 2개의 매개값을 입력하고 실행하면 예외가 발생하지 않습니다.

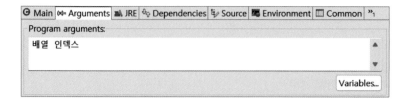

예제를 다음과 같이 수정하면 ArrayIndexOutOfBoundsException이 발생하지 않는 좋은 프로그램이 됩니다. 배열값을 읽기 전에 배열의 길이를 먼저 조사하는 것입니다. 실행 매개값이 없거나 부족할 경우 조건문을 이용해서 사용자에게 알려줍니다.

ArrayIndexOutOfBoundsException 소스코드 `ArrayIndexOutOfBoundsExceptionExample.java`

```java
01    package sec01.exam03;
02
03    public class ArrayIndexOutOfBoundsExceptionExample {
04      public static void main(String[] args) {
05        if(args.length == 2) {
06          String data1 = args[0];
07          String data2 = args[1];
08          System.out.println("args[0]: " + data1);
09          System.out.println("args[1]: " + data2);
10        } else {
11          System.out.println("두 개의 실행 매개값이 필요합니다.");
12
13
14        }
15      }
16    }
```

NumberFormatException

프로그램을 개발하다 보면 문자열로 되어 있는 데이터를 숫자로 변경하는 경우가 자주 발생합니다. 문자열을 숫자로 변환하는 방법은 여러 가지가 있지만 주로 다음 코드를 가장 많이 사용합니다.

리턴 타입	메소드 이름(매개 변수)	설명
int	Integer.parseInt(String s)	주어진 문자열을 정수로 변환해서 리턴
double	Double.parseDouble(String s)	주어진 문자열을 실수로 변환해서 리턴

Integer와 Double은 포장Wrapper 클래스라고 하는데, 11장에서 자세히 설명합니다. 이 클래스의 정적 메소드인 parseXXX() 메소드를 이용하면 문자열을 숫자로 변환할 수 있습니다. 이 메소드들은 매개값인 문자열이 숫자로 변환될 수 있다면 숫자를 리턴하지만, 숫자로 변환될 수 없는 문자가 포함되어 있다면 java.lang.NumberFormatException을 발생시킵니다.

직접 해보는 손코딩

NumberFormatException   NumberFormatExceptionExample.java

```
01    package sec01.exam04;
02
03    public class NumberFormatExceptionExample {
04      public static void main(String[] args) {
05        String data1 = "100";
06        String data2 = "a100";
07
08        int value1 = Integer.parseInt(data1);
09        int value2 = Integer.parseInt(data2);    //NumberFormatException 발생
10
11        int result = value1 + value2;
12        System.out.println(data1 + "+" + data2 + "=" + result);
13      }
14    }
```

data1 변수의 "100" 문자열은 숫자로 변환이 가능하기 때문에 8라인이 정상적으로 실행되지만, data2 변수의 "a100" 문자열은 숫자로 변환할 수 없기 때문에 9라인에서 다음과 같이 NumberFormat Exception이 발생합니다.

🖥 실행결과   ✕
```
Exception in thread "main" java.lang.NumberFormatException: For input string: "a100"
    at java.base/java.lang.NumberFormatException.forInputString(NumberFormatException.
        java:65)
    at java.base/java.lang.Integer.parseInt(Integer.java:652)
    at java.base/java.lang.Integer.parseInt(Integer.java:770)
    at NumberFormatExceptionExample.main(NumberFormatExceptionExample.java:9)
```

ClassCastException

타입 변환^{Casting}은 상위 클래스와 하위 클래스 간에 발생하고 구현 클래스와 인터페이스 간에도 발생합니다. 이러한 관계가 아니라면 클래스는 다른 타입으로 변환할 수 없기 때문에 ClassCastException이 발생합니다. 예를 들어 다음과 같이 상속 관계와 구현 관계가 있다고 가정해봅시다.

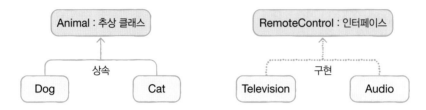

다음은 올바른 타입 변환을 보여줍니다. Animal 타입 변수에 대입된 객체가 Dog이므로 다시 Dog 타입으로 변환하는 것은 아무런 문제가 없습니다. 마찬가지로 RemoteControl 타입 변수에 대입된 객체가 Television이므로 다시 Television 타입으로 변환하는 것도 아무런 문제가 없습니다.

```
Animal animal = new Dog();
Dog dog = (Dog) animal;
```

```
RemoteControl rc = new Television();
Television tv = (Television) rc;
```

그러나 다음과 같이 타입 변환을 하면 ClassCastException이 발생합니다. 대입된 객체가 아닌 다른 클래스 타입으로 타입 변환했기 때문입니다.

```
Animal animal = new Dog();
Cat cat = (Cat) animal;
```

```
RemoteControl rc = new Television();
Audio audio = (Audio) rc;
```

ClassCastException을 발생시키지 않으려면 타입 변환 전에 변환이 가능한지 instanceof 연산자로 확인하는 것이 좋습니다. instanceof 연산의 결과가 true이면 좌항 객체를 우항 타입으로 변환이 가능하다는 뜻입니다.

```
Animal animal = new Dog() ;
if(animal instanceof Dog) {
  Dog dog = (Dog) animal;
} else if(animal instanceof Cat) {
  Cat cat = (Cat) animal;
}
```

```
Remocon rc = new Audio();
if(rc instanceof Television) {
  Television tv = (Television) rc;
} else if(rc instanceof Audio) {
  Audio audio = (Audio) rc;
}
```

ClassCastException　　　　　　　`ClassCastExceptionExample.java`

```
01    package sec01.exam05;
02
03    public class ClassCastExceptionExample {
04      public static void main(String[] args) {
05        Dog dog = new Dog();
06        changeDog(dog);
07
08        Cat cat = new Cat();
09        changeDog(cat);
10      }
11
12      public static void changeDog(Animal animal) {
13        //if(animal instanceof Dog) {
14          Dog dog = (Dog) animal;      //ClassCastException 발생 가능
15        //}
16      }
17    }
18
19    class Animal {}
20    class Dog extends Animal {}
21    class Cat extends Animal {}
```

예제를 실행하면 14라인에서 ClassCastException이 발생합니다. 그 이유는 9라인에서 Cat 객체를 매개값으로 주어서 Dog 타입으로 변환할 수 없기 때문입니다.

> **실행결과**　　　　　　　　　　　　　　　　　　　　　　　　　　　　　　　　✕
>
> ```
> Exception in thread "main" java.lang.ClassCastException: class Cat cannot be cast to class
> Dog (Cat and Dog are in unnamed module of loader 'app')
>     at ClassCastExceptionExample.changeDog(ClassCastExceptionExample.java:14)
>     at ClassCastExceptionExample.main(ClassCastExceptionExample.java:9)
> ```

이렇게 잘못된 매개값이 들어올 수 있기 때문에 changeDog() 메소드에서 13라인과 15라인의 주석을 풀어 타입 체크를 먼저 하는 것이 좋습니다.

▶ 4가지 키워드로 끝내는 핵심 포인트

- **예외**: 사용자의 잘못된 조작 또는 개발자의 잘못된 코딩으로 인해 발생하는 프로그램 오류를 말합니다. 예외가 발생되면 프로그램은 곧바로 종료된다는 점에서는 에러와 비슷합니다. 그러나 예외는 예외 처리^{exception handling}를 통해 프로그램을 종료하지 않고 정상 실행 상태가 유지되도록 할 수 있습니다.

- **예외 클래스**: 자바에서는 예외를 클래스로 관리합니다. JVM은 프로그램을 실행하는 도중에 예외가 발생하면 해당 예외 클래스로 객체를 생성합니다. 그리고 나서 예외 처리 코드에서 예외 객체를 이용할 수 있도록 해줍니다. 모든 예외 클래스는 java.lang.Exception 클래스를 상속받습니다.

- **일반 예외**: 컴파일러 체크 예외라고도 하는데, 프로그램 실행 시 예외가 발생할 가능성이 높기 때문에 자바 소스를 컴파일하는 과정에서 해당 예외 처리 코드가 있는지 검사합니다. 만약 예외 처리 코드가 없다면 컴파일 에러가 발생합니다.

- **실행 예외**: 컴파일러 넌 체크 예외라고도 하는데, 실행 시 예측할 수 없이 갑자기 발생하기 때문에 컴파일하는 과정에서 예외 처리 코드가 있는지 검사하지 않습니다.

▶ 확인 문제

1. 예외에 대한 설명 중 틀린 것은 무엇입니까?

　① 예외는 사용자의 잘못된 조작, 개발자의 잘못된 코딩으로 인한 프로그램 오류를 말한다.
　② RuntimeException의 하위 클래스는 컴파일러가 예외 처리 코드를 체크하지 않는다.
　③ 예외는 클래스로 관리된다.
　④ Exception의 하위 클래스는 모두 일반 예외에 해당한다.

10-2 예외 처리

핵심 키워드

예외 처리   try-catch-finally 블록   다중 catch 블록   throws 키워드

프로그램에서 예외가 발생했을 경우 프로그램의 갑작스러운 종료를 막고, 정상 실행을 유지할 수 있도록 예외 처리를 해야 합니다. 이번 절에서는 예외 처리를 하는 방법에 대해 알아보겠습니다.

시작하기 전에

자바 컴파일러는 소스 파일을 컴파일할 때 일반 예외가 발생할 가능성이 있는 코드를 발견하면 컴파일 에러를 발생시켜 개발자가 강제적으로 예외 처리 코드를 작성하도록 요구합니다. 그러나 실행 예외는 컴파일러가 체크해주지 않기 때문에 개발자의 경험을 바탕으로 예외 처리 코드를 작성해야 합니다.

예외   컴파일러

RuntimeException

통과

RuntimeException이 아닌 경우

검사

예외 처리 코드

try-catch-finally 블록은 생성자 내부와 메소드 내부에서 작성되어 일반 예외와 실행 예외가 발생할 경우 예외 처리를 할 수 있도록 해줍니다. try-catch-finally 블록은 다음과 같이 작성합니다.

① try 블록에는 예외 발생 가능 코드가 위치합니다.

② try 블록의 코드가 예외 발생 없이 정상 실행되면 catch 블록의 코드는 실행되지 않고 finally 블록의 코드를 실행합니다. 만약 try 블록의 코드에서 예외가 발생하면 즉시 실행을 멈추고 catch 블록으로 이동하여 예외 처리 코드를 실행합니다. 그리고 finally 블록의 코드를 실행합니다.

③ finally 블록은 생략 가능합니다. 예외 발생 여부와 상관없이 항상 실행할 내용이 있을 경우에만 finally 블록을 작성해주면 됩니다. 심지어 try 블록과 catch 블록에서 return문을 사용하더라도 finally 블록은 항상 실행됩니다.

이클립스는 일반 예외가 발생할 가능성이 있는 코드를 작성하면 빨간 밑줄을 그어 예외 처리 코드의 필요성을 알려줍니다. 빨간 밑줄에 마우스 포인터를 가져다 놓으면 다음과 같이 Unhandled exception(처리되지 않은 예외) 정보를 알 수 있습니다.

```
TryCatchFinallyExample.java ×
  1  package sec02.exam01;
  2
  3  public class TryCatchFinallyExample {      일반 예외 클래스 이름
  4⊖     public static void main(String[] args) {
  5
  6         Class clazz = Class.forName("String2");
  7                      ┌─────────────────────────────────────────┐
  8     }                │ Unhandled exception type ClassNotFoundException │
  9  }                   ├─────────────────────────────────────────┤
 10                      │ 2 quick fixes available:                │
 11                      │  ♪ Add throws declaration                │
 12                      │  ♪ Surround with try/catch               │
 13                      └─────────────────────────────────────────┘
 14
```

Class.forName( ) 메소드는 매개값으로 주어진 클래스가 존재하면 Class 객체를 리턴하지만, 존재하지 않으면 ClassNotFoundException을 발생시킵니다.

ClassNotFoundException은 일반 예외이므로 컴파일러는 개발자에게 다음과 같이 예외 처리 코드를 작성하도록 요구합니다.

직접 해보는 손코딩

일반 예외 처리  **TryCatchFinallyExample.java**

```
01   package sec02.exam01;
02
03   public class TryCatchFinallyExample {
04     public static void main(String[] args) {
05       try {
06         Class clazz = Class.forName("java.lang.String2");
07       } catch(ClassNotFoundException e) {
08         System.out.println("클래스가 존재하지 않습니다.");
09       }
10     }
11   }
```

┌─────────────────────────┐
│ 🖥 실행결과   ✕ │
├─────────────────────────┤
│ 클래스가 존재하지 않습니다. │
└─────────────────────────┘

위 예제를 실행하면 6라인에서 ClassNotFoundException이 발생하는데, 이것은 java.lang.String2 클래스가 존재하지 않기 때문입니다. 6라인에서 예외가 발생되면 7라인을 실행해서 예외 처리를 합니다.

ArrayIndexOutOfBoundsException이나 NumberFormatException과 같은 실행 예외는 컴파일러가 예외 처리 코드를 체크하지 않기 때문에 이클립스에서도 빨간 밑줄이 생기지 않습니다. 오로지 개발자의 경험에 의해 예외 처리를 다음과 같이 작성해주어야 합니다.

실행 예외 처리 소스 코드 `TryCatchFinallyRuntimeExceptionExample.java`

```java
01    package sec02.exam02;
02
03    public class TryCatchFinallyRuntimeExceptionExample {
04      public static void main(String[] args) {
05        String data1 = null;
06        String data2 = null;
07        try {
08          data1 = args[0];
09          data2 = args[1];
10        } catch(ArrayIndexOutOfBoundsException e) {
11          System.out.println("실행 매개값의 수가 부족합니다.");
12          return;
13        }
14
15        try {
16          int value1 = Integer.parseInt(data1);
17          int value2 = Integer.parseInt(data2);
18          int result = value1 + value2;
19          System.out.println(data1 + "+" + data2 + "=" + result);
20        } catch(NumberFormatException e) {
21          System.out.println("숫자로 변환할 수 없습니다.");
22        } finally {
23          System.out.println("다시 실행하세요.");
24        }
25      }
26    }
```

이클립스에서 예제를 실행시키면 8라인에서 ArrayIndexOutOfBoundsException이 발생하는데, 이는 실행 매개값을 주지 않았기 때문입니다. 8라인에서 예외가 발생되면 10~12라인을 실행해서 예외 처리합니다.

> ⊞ **실행결과**   ✕
> 실행 매개값의 수가 부족합니다.

이클립스에서 [Run] – [Run Configurations] 메뉴를 선택한 후 2개의 실행 매개값을 주되 첫 번째 실행 매개값에 숫자가 아닌 문자를 주고 실행해봅시다. 이 경우 16라인에서 NumberFormatException이 발생합니다. 그리고 21라인을 실행해서 예외 처리를 한 후 마지막으로 23라인을 실행하게 됩니다.

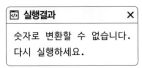

실행결과 ✕

숫자로 변환할 수 없습니다.
다시 실행하세요.

예외 종류에 따른 처리 코드

예외의 종류에 따라 예외 처리 코드를 다르게 작성하는 방법을 알아보겠습니다.

다중 catch

try 블록 내부는 다양한 예외가 발생할 수 있습니다. 이 경우 발생되는 예외별로 예외 처리 코드를 다르게 하려면 어떻게 해야 할까요? 이것에 대한 해답은 다중 catch 블록을 작성하는 것입니다. catch 블록의 예외 클래스 타입은 try 블록에서 발생된 예외의 종류를 말하는데, try 블록에서 해당 타입의 예외가 발생하면 catch 블록을 실행하도록 되어 있습니다.

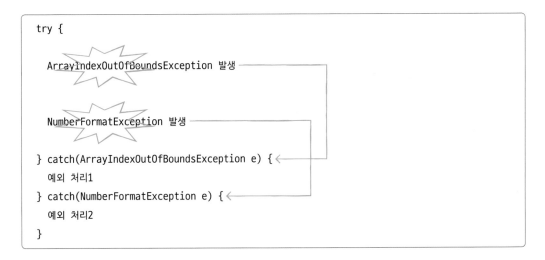

```
try {

    ArrayIndexOutOfBoundsException 발생

    NumberFormatException 발생

} catch(ArrayIndexOutOfBoundsException e) {
    예외 처리1
} catch(NumberFormatException e) {
    예외 처리2
}
```

catch 블록이 여러 개라 할지라도 단 하나의 catch 블록만 실행됩니다. 그 이유는 try 블록에서 동시 다발적으로 예외가 발생하지 않고, 하나의 예외가 발생하면 즉시 실행을 멈추고 해당 catch 블록으로 이동하기 때문입니다.

다중 catch CatchByExceptionKindExample.java

```
01    package sec02.exam03;
02
03    public class CatchByExceptionKindExample {
04      public static void main(String[] args) {
05        try {
06          String data1 = args[0];
07          String data2 = args[1];
08          int value1 = Integer.parseInt(data1);
09          int value2 = Integer.parseInt(data2);
10          int result = value1 + value2;
11          System.out.println(data1 + "+" + data2 + "=" + result);
12        } catch(ArrayIndexOutOfBoundsException e) {
13          System.out.println("실행 매개값의 수가 부족합니다.");
14        } catch(NumberFormatException e) {
15          System.out.println("숫자로 변환할 수 없습니다.");
16        } finally {
17          System.out.println("다시 실행하세요.");
18        }
19      }
20    }
```

실행결과 ✕

실행 매개값의 수가 부족합니다.

6~7라인에서 ArrayIndexOutOfBoundsException이 발생한다면 13라인이 실행되고, 8~9라인에서 NumberFormatException이 발생한다면 15라인이 실행됩니다. 17라인은 예외 발생 여부와 상관없이 실행됩니다.

catch 순서

다중 catch 블록을 작성할 때 주의할 점은 상위 예외 클래스가 하위 예외 클래스보다 아래쪽에 위치해야 한다는 것입니다. try 블록에서 예외가 발생했을 때, 예외를 처리해줄 catch 블록은 위에서부터 차례대로 검색됩니다. 만약 상위 예외 클래스의 catch 블록이 위에 있다면, 하위 예외 클래스의 catch 블록은 실행되지 않습니다. 왜냐하면 하위 예외는 상위 예외를 상속했기 때문에 상위 예외 타입도 되기 때문입니다.

> 다중 catch 블록을 작성할 때는 상위 예외 클래스가 하위 예외 클래스보다 아래 있어야 합니다!

따라서 다음은 잘못 코딩한 것입니다.

잘못된 코딩 예

```
try {

    ArrayIndexOutOfBoundsException 발생

    NumberFormatException 발생

} catch(Exception e) {
    예외 처리1
} catch(ArrayIndexOutOfBoundsException e) {
    예외 처리2
}
```

ArrayIndexOutOfBoundsException과 NumberFormatException은 모두 Exception을 상속받기 때문에 첫 번째 catch 블록만 선택되어 실행됩니다. 두 번째 catch 블록은 어떤 경우에라도 실행되지 않습니다.

위 코드는 다음과 같이 수정해야 합니다.

올바른 코딩 예

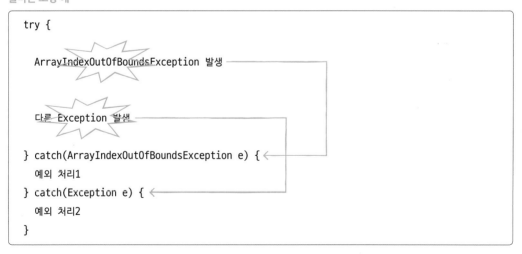

```
try {

    ArrayIndexOutOfBoundsException 발생

    다른 Exception 발생

} catch(ArrayIndexOutOfBoundsException e) {
    예외 처리1
} catch(Exception e) {
    예외 처리2
}
```

try 블록에서 ArrayIndexOutOfBoundsException이 발생하면 첫 번째 catch 블록을 실행하고, 그 밖의 다른 예외가 발생하면 두 번째 catch 블록을 실행합니다.

catch 블록의 순서　　소스코드　 CatchOrderExample.java

```
01    package sec02.exam04;
02
03    public class CatchOrderExample {
04      public static void main(String[] args) {
05        try {
06          String data1 = args[0];
07          String data2 = args[1];
08          int value1 = Integer.parseInt(data1);
09          int value2 = Integer.parseInt(data2);
10          int result = value1 + value2;
11          System.out.println(data1 + "+" + data2 + "=" + result);
12        } catch(ArrayIndexOutOfBoundsException e) {
13          System.out.println("실행 매개값의 수가 부족합니다.");
14        } catch(Exception e) {
15          System.out.println("실행에 문제가 있습니다.");
16        } finally {
17          System.out.println("다시 실행하세요.");
18        }
19      }
20    }
```

> 💻 **실행결과**　　　　　　　　❌
>
> 실행 매개값의 수가 부족합니다.
> 다시 실행하세요.

예외 떠넘기기

메소드 내부에서 예외가 발생할 수 있는 코드를 작성할 때 try-catch 블록으로 예외를 처리하는 것이 기본이지만, 경우에 따라서는 메소드를 호출한 곳으로 예외를 떠넘길 수도 있습니다. 이때 사용하는 키워드가 throws입니다. **throws 키워드**는 메소드 선언부 끝에 작성되어 메소드에서 처리하지 않은 예외를 호출한 곳으로 떠넘기는 역할을 합니다. throws 키워드 뒤에는 떠넘길 예외 클래스를 쉼표로 구분해서 나열해주면 됩니다.

```
리턴타입 메소드이름(매개변수,…) throws 예외클래스1, 예외클래스2, … {
}
```

발생할 수 있는 예외의 종류별로 throws 뒤에 나열하는 것이 일반적이지만, 다음과 같이 throws Exception만으로 모든 예외를 간단히 떠넘길 수도 있습니다.

```
리턴타입 메소드이름(매개변수, …) throws Exception {

}
```

throws 키워드가 붙어 있는 메소드는 반드시 try 블록 내에서 호출되어야 합니다. 그리고 catch 블록에서 떠넘겨 받은 예외를 처리해야 합니다. 다음 코드는 throws 키워드가 있는 method2()를 method1()에서 호출하는 방법을 보여줍니다.

```
public void method1() {
  try {
    method2();
  } catch(ClassNotFoundException e) {
    //예외 처리 코드
    System.out.println("클래스가 존재하지 않습니다.");
  }
}

public void method2() throws ClassNotFoundException  {
  Class clazz = Class.forName("java.lang.String2");
}
```

호출한 곳에서 예외 처리

method1()에서도 try-catch 블록으로 예외를 처리하지 않고 다음과 같이 throws 키워드로 다시 예외를 떠넘길 수 있습니다. 그러면 method1()을 호출하는 곳에서 try-catch 블록을 사용해서 예외를 처리해야 합니다.

```
public void method1() throws ClassNotFoundException {
  method2();
}
```

자바 API 도큐먼트를 보면 클래스 생성자와 메소드 선언부에 throws 키워드가 붙어 있는 것을 흔히 볼 수 있습니다. 이러한 생성자와 메소드를 사용하고 싶다면, 반드시 try-catch 블록으로 예외 처리를 해야 합니다. 아니면 throws를 다시 사용해서 예외를 호출한 곳으로 떠넘겨야 합니다. 그렇지 않으면 컴파일 에러가 발생합니다. 예를 들어 Class의 forName() 메소드를 자바 API 도큐먼트에서 보면 다음과 같습니다.

forName

```
public static Class<?> forName(String className)
               throws ClassNotFoundException
```

forName() 메소드 선언부 뒤에 throws ClassNotFoundException이 붙어 있기 때문에 forName() 메소드를 호출할 때 try-catch 블록으로 예외를 처리하거나, throws로 예외를 떠넘겨야 합니다. 다음 예제에서 Class.forName() 메소드를 사용하는 findClass() 메소드는 예외를 떠넘겼고, findClass()를 호출하는 main() 메소드에서 try-catch 블록을 사용해서 예외 처리를 했습니다.

예외 처리 떠넘기기　소스 코드　ThrowsExample.java

```java
01    package sec02.exam05;
02
03    public class ThrowsExample {
04      public static void main(String[] args) {
05        try {
06          findClass();
07        } catch(ClassNotFoundException e) {
08          System.out.println("클래스가 존재하지 않습니다.");
09        }
10      }
11
12      public static void findClass() throws ClassNotFoundException {
13        Class clazz = Class.forName("java.lang.String2");
14      }
15    }
```

main() 메소드에서도 throws 키워드를 사용해서 예외를 떠넘길 수 있는데, 결국 JVM이 최종적으로 예외 처리를 하게 됩니다. JVM은 예외의 내용을 콘솔^{Console}에 출력하는 것으로 예외 처리를 합니다.

```java
public static void main(String[] args) throws ClassNotFoundException {
  findClass();
}
```

note　main() 메소드에서 throws Exception을 붙이는 것은 좋지 못한 예외 처리 방법입니다. 프로그램 사용자는 프로그램이 알 수 없는 예외 내용을 출력하고 종료되는 것을 좋아하지 않습니다. 따라서 main()에서 try-catch 블록으로 예외를 최종 처리하는 것이 바람직합니다.

▶ 4가지 키워드로 끝내는 핵심 포인트

- **예외 처리**: 프로그램에서 예외가 발생했을 경우 프로그램의 갑작스러운 종료를 막고, 정상 실행을 유지할 수 있도록 처리하는 것을 말합니다.

- **try-catch-finally 블록**: 생성자 내부와 메소드 내부에서 작성되어 일반 예외와 실행 예외가 발생할 경우 예외 처리를 할 수 있도록 해줍니다.

- **다중 catch 블록**: catch 블록이 여러 개라 할지라도 단 하나의 catch 블록만 실행됩니다. 그 이유는 try 블록에서 동시다발적으로 예외가 발생하지 않고, 하나의 예외가 발생하면 즉시 실행을 멈추고 해당 catch 블록으로 이동하기 때문입니다.

- **throws 키워드**: 메소드 선언부 끝에 작성되어 메소드에서 처리하지 않은 예외를 호출한 곳으로 떠넘기는 역할을 합니다. throws 키워드 뒤에는 떠넘길 예외 클래스를 쉼표로 구분해서 나열해주면 됩니다.

▶ 확인 문제

1. try-catch-finally 블록에 대한 설명 중 틀린 것은 무엇입니까?

　① try {} 블록에는 예외가 발생할 수 있는 코드를 작성한다.
　② catch {} 블록은 try {} 블록에서 발생한 예외를 처리하는 블록이다.
　③ try {} 블록에서 return문을 사용하면 finally {} 블록은 실행되지 않는다.
　④ catch {} 블록은 예외의 종류별로 여러 개를 작성할 수 있다.

2. throws에 대한 설명으로 틀린 것은 무엇입니까?

　① 생성자나 메소드의 선언 끝 부분에 사용되어 내부에서 발생된 예외를 떠넘긴다.
　② throws 뒤에는 떠넘겨야 할 예외를 쉼표(,)로 구분해서 기술한다.
　③ 모든 예외를 떠넘기기 위해 간단하게 throws Exception으로 작성할 수 있다.
　④ 새로운 예외를 발생시키기 위해 사용된다.

3. 다음과 같은 메소드가 있을 때 예외를 잘못 처리한 것은 무엇입니까?

```
public void method1() throws NumberFormatException, ClassNotFoundException { … }
```

①
```
try {
   method1();
} catch(Exception e) {
}
```

②
```
void method2() throws Exception {
   method1();
}
```

③
```
try {
   method1();
} catch(Exception e) {
} catch(ClassNotFoundException e) {
}
```

④
```
try {
   method1();
} catch(ClassNotFoundException e) {
} catch(NumberFormatException e) {
}
```

4. 다음 코드가 실행되었을 때 출력 결과는 무엇입니까?

소스 코드 **TryCatchFinallyExample.java**

```
01    String[] strArray = { "10", "2a" };
02    int value = 0;
03    for(int i=0; i<=2; i++) {
04      try {
05        value = Integer.parseInt(strArray[i]);
06      } catch(ArrayIndexOutOfBoundsException e) {
07        System.out.println("인덱스를 초과했음");
08      } catch(NumberFormatException e) {
09        System.out.println("숫자로 변환할 수 없음");
10      } finally {
11        System.out.println(value);
12      }
13    }
```

Chapter

11

기본 API 클래스

11-1 java.lang 패키지

핵심 키워드

(Object 클래스) (System 클래스) (Class 클래스) (String 클래스)

(Wrapper 클래스) (Math 클래스)

java.lang 패키지는 자바 프로그램의 기본적인 클래스를 담고 있는 패키지입니다. 그래서 java.lang 패키지에 있는 클래스와 인터페이스는 import 없이 사용할 수 있습니다. 지금까지 사용한 String과 System 클래스도 java.lang 패키지에 포함되어 있기 때문에 import하지 않고 사용했습니다. 이번 절에서는 java.lang 패키지에 속하는 주요 클래스에 대해 살펴보겠습니다.

시작하기 전에

java.lang 패키지에 속하는 주요 클래스와 간략한 용도를 먼저 살펴보면 다음과 같습니다.

클래스		용도
Object		– 자바 클래스의 최상위 클래스로 사용
System		– 표준 입력 장치(키보드)로부터 데이터를 입력받을 때 사용 – 표준 출력 장치(모니터)로 출력하기 위해 사용 – 자바 가상 기계를 종료할 때 사용 – 쓰레기 수집기를 실행 요청할 때 사용
Class		– 클래스를 메모리로 로딩할 때 사용
String		– 문자열을 저장하고 여러 가지 정보를 얻을 때 사용
Wrapper	Byte, Short, Character Integer, Float, Double Boolean, Long	– 기본 타입의 데이터를 갖는 객체를 만들 때 사용 – 문자열을 기본 타입으로 변환할 때 사용 – 입력값 검사에 사용
	Math	– 수학 함수를 이용할 때 사용

이 책에서는 위 표에 있는 클래스를 중심으로 살펴보려고 합니다. 소개하는 클래스와 소속된 메소드들을 무작정 외우려고 하지 말고 API 도큐먼트에서 찾아보고, 어떤 기능을 제공하는지 내용을 읽고 이해하는 것이 더욱 중요합니다. 자바에서 제공하는 API는 무척 방대하기 때문에 이 책에서 모두 다룰 수 없습니다. API 도큐먼트를 잘 읽게 되면 책에서 다루지 않는 기능들도 알 수 있게 됩니다. API 도큐먼트를 잘 활용하는 것도 개발 능력 중 하나입니다.

자바 API 도큐먼트

지금까지 자바 언어에 대해 학습했다면 이제부터는 자바에서 제공하는 API[Application Programming Interface]를 배울 차례입니다. API는 라이브러리[library]라고 부르기도 하는데, 프로그램 개발에 자주 사용되는 클래스 및 인터페이스의 모음을 말합니다. 우리가 사용해왔던 String 클래스와 System 클래스도 모두 API에 속하는 클래스입니다.

방대한 자바 표준 API 중에서 우리가 원하는 API를 쉽게 찾아 이용할 수 있도록 도와주는 API 도큐먼트가 있습니다. API 도큐먼트는 HTML 페이지로 작성되어 있고, 다음 URL을 방문하면 버전별로 볼 수 있습니다.

```
https://docs.oracle.com/en/java/javase/index.html
```

각 버전별 링크를 클릭해서 해당 버전의 도큐먼트 페이지로 이동합니다. 그리고 왼쪽 메뉴 또는 내용에서 API Document 링크를 찾아 클릭하면 됩니다.

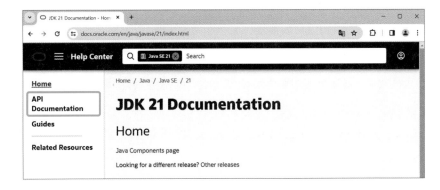

JDK 21의 API 도큐먼트 페이지는 다음과 같습니다.

다음은 JDK 21의 API 도큐먼트에서 java.lang 패키지에 포함된 String 클래스를 찾는 방법을 보여줍니다.

[방법1]

1. All Modules 목록에서 java.base 링크를 찾아 클릭합니다.

2. java.base 모듈 페이지의 Packages 목록에서 java.lang 패키지 링크를 찾아 클릭합니다.

3. java.lang 패키지 페이지의 All Class and Interface 목록에서 String 클래스 링크를 찾아 클릭합니다.

[방법2]

1. 오른쪽 상단의 Search 검색란에 "String"을 입력합니다.

2. 드롭다운 목록에서 java.lang.String 항목을 선택합니다.

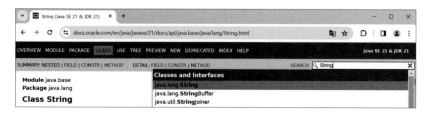

이클립스에서는 좀 더 편한 방법으로 API 도큐먼트를 볼 수 있습니다. 코드 편집 뷰에서 String 클래스를 마우스로 선택한 다음 F1 키를 누르면 자동으로 API 도큐먼트를 보여주는 Help 뷰가 나타납니다. Help 뷰에서 Javadoc for 'java.lang.String' 링크를 클릭하면 다음과 같이 Class String 페이지로 이동합니다.

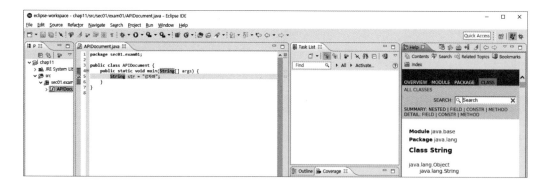

API 도큐먼트에서 클래스 페이지 읽는 방법

API 도큐먼트에서 클래스를 설명하는 페이지 구조는 JDK 버전과 상관없이 대동소이합니다. Class String 페이지를 보면서 클래스 페이지를 읽는 방법을 설명해보겠습니다.

01 최상단의 SUMMARY: NESTED│FIELD│CONSTR│METHOD를 봅니다. SUMMARY 는 클래스 내에 선언된 공개된(public 또는 protected로 선언된) 멤버가 무엇이 있는지 알려 줍니다. 링크가 있으면 공개 멤버가 있다는 뜻이고 링크가 없으면 공개 멤버가 없다는 뜻입니다. String 클래스는 NESTED에 링크가 없으므로 공개된 중첩 클래스나 중첩 인터페이스가 없다는 뜻입니다. 반면에 FIELD, CONSTR, METHOD는 모두 링크가 있으므로 public 또는 protected로 선언된 필드, 생성자, 메소드는 있다는 뜻입니다.

02 ① 클래스의 선언부를 봅니다. 클래스가 final 또는 abstract 키워드가 있는지 확인 합니다. String 클래스는 final 키워드가 있 으므로 부모 클래스로는 사용할 수 없습니다.

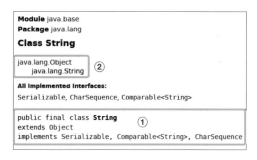

그리고 extends 뒤에 언급된 부모 클래 스가 무엇인지 봅니다. String 클래스는 Object를 상속받고 있습니다. 상속 관계에 있는 모든 클래스를 보려면 **②**의 상속 계층도를 보면 됩니다.

마지막으로 implements 키워드 뒤에 언급된 인터페이스가 무엇인지 봅니다. String 클래스 는 Serializable, Comparable⟨String⟩, CharSequence와 같이 3개의 인터페이스를 구 현하고 있습니다.

03 클래스에 선언된 필드 목록을 봅니다. 1번에서 설명한 SUMMARY: NESTED │ FIELD │ CONSTR │ METHOD에서 FIELD 링크를 클릭하면 필드 목록으로 이동합니다. String 클 래스에서 선언된 필드 목록은 다음과 같습니다.

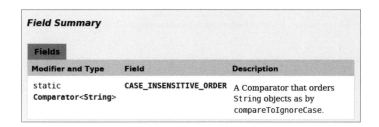

Modifier and Type 컬럼에는 static 또는 protected 여부와 타입이 표시됩니다. Field와 Description 컬럼에는 필드 이름이 굵은 글씨로 표시되어 있고, 아래에는 필드에 대한 간단한 설명이 있습니다. 필드 이름을 클릭하면 상세 설명 페이지로 이동합니다.

04 클래스에 선언된 생성자 목록을 봅니다. SUMMARY: NESTED | FIELD | CONSTR | METHOD에서 CONSTR 링크를 클릭하면 생성자 목록으로 이동합니다. String 클래스에서 선언된 생성자 목록은 다음과 같습니다.

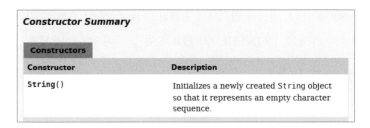

String 클래스에는 매개 변수의 타입 또는 개수를 달리해서 10개가 넘는 생성자들이 오버로딩되어 있습니다. 모두 new 연산자로 호출해서 String 객체를 생성할 수 있습니다. 굵게 표시된 것이 생성자 이름이고, 옆에 간단한 설명이 있습니다. 생성자 이름을 클릭하면 상세 설명 페이지로 이동합니다.

05 클래스에 선언된 메소드 목록을 봅니다. SUMMARY: NESTED | FIELD | CONSTR | METHOD에서 METHOD 링크를 클릭하면 메소드 목록으로 이동합니다. String 클래스에서 선언된 메소드 목록은 다음과 같습니다.

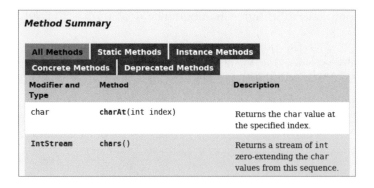

[All Methods] 탭은 전체 메소드 목록을 보여주고, [Static Methods] 탭은 정적 메소드 목록을 보여줍니다. 그리고 [Instance Methods] 탭은 인스턴스 메소드 목록을 보여줍니다.

Modifier and Type 컬럼에는 static 또는 protected 여부와 리턴 타입이 표시됩니다. static이 없다면 인스턴스 메소드라는 뜻이고, protected가 없다면 기본이 public입니다. Method와 Description 컬럼에는 메소드 이름과 매개 변수가 굵은 글씨로 표시되어 있고, 옆에는 메소드에 대한 간단한 설명이 있습니다. 메소드 이름을 클릭하면 상세 설명 페이지로 이동합니다.

Object 클래스

여러분이 클래스를 선언할 때 extends 키워드로 다른 클래스를 상속하지 않더라도 암시적으로 java.lang.Object 클래스를 상속하게 됩니다. 따라서 자바의 모든 클래스는 Object 클래스의 자식이거나 자손 클래스입니다. Object는 자바의 최상위 부모 클래스에 해당합니다.

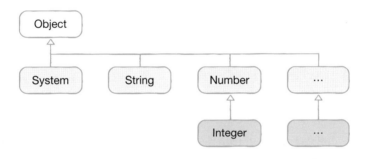

API 도큐먼트에서 Object 클래스를 한번 찾아봅시다.

SUMMARY를 보면 Object 클래스는 필드가 없고, 생성자와 메소드로 구성되어 있습니다. 모든 클래스의 최상위 부모가 Object이므로 모든 클래스에서 Object의 메소드를 사용할 수 있습니다.

객체 비교(equals())

다음은 Object 클래스의 equals() 메소드입니다.

```
public boolean equals(Object obj) { … }
```

equals() 메소드의 매개 타입은 Object인데, 이것은 모든 객체가 매개값으로 대입될 수 있음을 말합니다. 왜냐하면 모든 객체는 Object 타입으로 자동 타입 변환될 수 있기 때문입니다. Object 클래스의 equals() 메소드는 비교 연산자인 ==과 동일한 결과를 리턴합니다. 두 객체가 동일한 객체라면 true를 리턴하고 그렇지 않으면 false를 리턴합니다.

```
Object obj1 = new Object();
Object obj2 = new Object();

boolean result = obj1.equals(obj2);
               기준 객체    비교 객체          결과가 동일

boolean result = (obj1 == obj2)
```

자바에서는 두 객체를 동등 비교할 때 equals() 메소드를 흔히 사용합니다. equals() 메소드는 두 객체를 비교해서 논리적으로 동등하면 true를 리턴하고, 그렇지 않으면 false를 리턴합니다. 논리적으로 동등하다는 것은 같은 객체이건 다른 객체이건 상관없이 객체가 저장하고 있는 데이터가 동일함을 뜻합니다.

예를 들어 String 객체의 equals() 메소드는 String 객체의 번지를 비교하는 것이 아니고, 문자열이 동일한지 조사해서 같다면 true를 리턴하고, 그렇지 않다면 false를 리턴합니다. 이것이 가능한 이유는 String 클래스가 Object의 equals() 메소드를 재정의(오버라이딩)해서 번지 비교가 아닌 문자열 비교로 변경했기 때문입니다. 일반적으로 Object의 equals() 메소드는 직접 사용되지 않고 하위 클래스에서 재정의하여 논리적으로 동등 비교할 때 이용됩니다.

equals() 메소드를 재정의할 때에는 매개값(비교 객체)이 기준 객체와 동일한 타입의 객체인지 먼저 확인해야 합니다. Object 타입의 매개 변수는 모든 객체가 매개값으로 제공될 수 있기 때문에 instanceof 연산자로 기준 객체와 동일한 타입인지 제일 먼저 확인해야 합니다. 만약 비교 객체가 다른 타입이라면 equals() 메소드는 false를 리턴해야 합니다. 비교 객체가 동일한 타입이라면 기준 객체 타입으로 강제 타입 변환해서 필드값이 동일한지 검사하면 됩니다. 필드값이 모두 동일하다면 true를 리턴하고 그렇지 않으면 false를 리턴하도록 했습니다.

다음 예제는 Member 클래스에서 equals() 메소드를 재정의한 것입니다. Member 타입이면서 id 필드값이 같을 경우는 true를 리턴하고, 그 이외의 경우는 false를 리턴하도록 했습니다.

직접 해보는 손코딩

객체 동등 비교(equals() 메소드) Member.java

```java
01    package sec01.exam02;
02
03    public class Member {
04      public String id;
05
06      public Member(String id) {
07        this.id = id;
08      }
09
10      @Override
11      public boolean equals(Object obj) {
12        if(obj instanceof Member) {        ← 매개값이 Member 타입인지 확인
13          Member member = (Member) obj;
14          if(id.equals(member.id)) {       ← Member 타입으로 강제 타입 변환하고
15            return true;                        id 필드값이 동일한지 검사한 후,
16          }                                     동일하다면 true를 리턴
17        }
18        return false;  ← 매개값이 Member 타입이 아니거나
19      }                   id 필드값이 다른 경우 false를 리턴
20    }
```

객체 동등 비교(equals() 메소드) MemberExample.java

```java
01    package sec01.exam02;
02
03    public class MemberExample {
04      public static void main(String[] args) {
05        Member obj1 = new Member("blue");
06        Member obj2 = new Member("blue");
07        Member obj3 = new Member("red");
08
09        if(obj1.equals(obj2)) {       ← 매개값이 Member 타입이고
10          System.out.println("obj1과 obj2는 동등합니다.");   id 필드값도 동일하므로 true
11        } else {
12          System.out.println("obj1과 obj2는 동등하지 않습니다.");
```

```
13        }
14
15        if(obj1.equals(obj3)) {  ⟵  매개값이 Member 타입이지만
16            System.out.println("obj1과 obj3은 동등합니다.");       id 필드값이 다르므로 false
17        } else {
18            System.out.println("obj1과 obj3은 동등하지 않습니다.");
19        }
20    }
21 }
```

> **</>** 실행결과   ✕
>
> obj1과 obj2는 동등합니다.
> obj1과 obj3은 동등하지 않습니다.

객체 해시코드(hashCode( ))

객체 해시코드란 객체를 식별하는 하나의 정수값을 말합니다. Object 클래스의 hashCode( ) 메소드는 객체의 메모리 번지를 이용해서 해시코드를 만들어 리턴하기 때문에 객체마다 다른 값을 가지고 있습니다. 논리적 동등 비교 시 hashCode( )를 오버라이딩할 필요가 있는데, 13장에서 배울 컬렉션 프레임워크에서 HashSet, HashMap, Hashtable은 다음과 같은 방법으로 두 객체가 동등한지 비교합니다.

우선 hashCode( ) 메소드를 실행해서 리턴된 해시코드 값이 같은지를 봅니다. 해시코드 값이 다르면 다른 객체로 판단하고, 해시코드 값이 같으면 equals( ) 메소드로 다시 비교합니다. 그렇기 때문에 hashCode( ) 메소드가 true가 나와도 equals( )의 리턴값이 다르면 다른 객체가 됩니다.

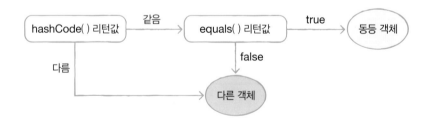

다음 예제를 보면 Key 클래스는 equals( ) 메소드를 재정의해서 number 필드값이 같으면 true를 리턴하도록 했습니다. 그러나 hashCode( ) 메소드는 재정의하지 않았기 때문에 Object의 hashCode( ) 메소드가 사용됩니다.

 직접 해보는 손코딩

hashCode( ) 메소드를 재정의하지 않음 소스코드 `Key.java`

```java
01    package sec01.exam03;
02
03    public class Key {
04      public int number;
05
06      public Key(int number) {
07        this.number = number;
08      }
09
10      @Override
11      public boolean equals(Object obj) {
12        if(obj instanceof Key) {
13          Key compareKey = (Key) obj;
14          if(this.number == compareKey.number) {
15            return true;
16          }
17        }
18        return false;
19      }
20    }
```

이런 경우 HashMap의 식별키로 Key 객체를 사용하면 저장된 값을 찾아오지 못합니다. 왜냐하면 number 필드값이 같더라도 hashCode( ) 메소드에서 리턴하는 해시코드가 다르므로 다른 식별키로 인식하기 때문입니다.

다음 예제에서 new Key(1) 객체로 "홍길동"을 저장하고, 다시 new Key(1) 객체로 저장된 "홍길동"을 읽을려고 했지만 결과는 null이 나옵니다.

 직접 해보는 손코딩

다른 키로 인식 소스코드 `KeyExample.java`

```java
01    package sec01.exam03;
02
03    public class KeyExample {
04      public static void main(String[] args) {
05        //Key 객체를 식별키로 사용해서 String 값을 저장하는 HashMap 객체 생성
```

```
06        HashMap<Key, String> hashMap = new HashMap<Key, String>();
07
08        //식별키 new Key(1)로 "홍길동"을 저장함
09        hashMap.put(new Key(1), "홍길동");
10
11        //식별키 new Key(1)로 "홍길동"을 읽어옴
12        String value  = hashMap.get(new Key(1));
13        System.out.println(value);
14      }
15    }
```

실행결과 ✕

null

의도한 대로 "홍길동"을 읽으려면 다음과 같이 재정의한 hashCode() 메소드를 Key 클래스에 추가하면 됩니다. hashCode()의 리턴값을 number 필드값으로 했기 때문에 저장할 때의 new Key(1)과 읽을 때의 new Key(1)로 같은 해시코드가 리턴됩니다.

직접 해보는 손코딩

hashCode( ) 메소드 재정의 추가   Key.java

```
01    package sec01.exam03;
02
03    public class Key {
04      …
05      @Override
06      public int hashCode() {
07        return number;
08      }
09    }
```

실행결과 ✕

홍길동

저장할 때의 new Key(1)과 읽을 때의 new Key(1)은 사실 서로 다른 객체이지만 HashMap은 hashCode()의 리턴값이 같고, equals()의 리턴값이 true가 되기 때문에 동등한 객체로 평가합니다. 즉, 같은 식별키로 인식한다는 뜻입니다. 결론적으로 말해서 객체의 동등 비교를 위해서는 Object의 equals() 메소드만 재정의하지 말고 hashCode() 메소드도 재정의해서 논리적으로 동등한 객체일 경우 동일한 해시코드가 리턴되도록 해야 합니다.

다음은 이전 예제에서 사용한 Member 클래스를 보완하기 위해 hashCode() 메소드를 재정의한 것입니다. id 필드값이 같을 경우 같은 해시코드를 리턴하도록 하기 위해 String의 hashCode() 메소드의 리턴값을 활용했습니다. String의 hashCode()는 같은 문자열일 경우 동일한 해시코드를 리턴합니다.

hashCode( ) 메소드 재정의 추가 `소스 코드` `Member.java`

```java
01    package sec01.exam04;
02
03    public class Member {
04      public String id;
05
06      public Member(String id) {
07        this.id = id;
08      }
09
10      @Override
11      public boolean equals(Object obj) {
12        if(obj instanceof Member) {
13          Member member = (Member) obj;
14          if(id.equals(member.id)) {
15            return true;
16          }
17        }
18        return false;
19      }
20
21      @Override
22      public int hashCode() {
23        return id.hashCode();
24      }
25    }
```

id가 동일한 문자열인 경우 같은 해시 코드를 리턴

객체 문자 정보(toString( ))

Object 클래스의 toString( ) 메소드는 객체의 문자 정보를 리턴합니다. 객체의 문자 정보란 객체를 문자열로 표현한 값을 말합니다. 기본적으로 Object 클래스의 toString( ) 메소드는 '클래스이름@16진수해시코드'로 구성된 문자 정보를 리턴합니다.

```java
Object obj = new Object();
System.out.println( obj.toString() );
```

실행결과 ✕

```
java.lang.Object@de6ced
```

Object의 toString() 메소드의 리턴값은 자바 애플리케이션에서는 별 값어치가 없는 정보이므로 Object 하위 클래스는 toString() 메소드를 재정의(오버라이딩)하여 간결하고 유익한 정보를 리턴하도록 되어 있습니다. 예를 들어 java.util 패키지의 Date 클래스는 toString() 메소드를 재정의하여 현재 시스템의 날짜와 시간 정보를 리턴합니다. 그리고 String 클래스는 toString() 메소드를 재정의해서 저장하고 있는 문자열을 리턴합니다.

다음 예제는 Object 클래스와 Date 클래스의 toString() 메소드의 리턴값을 출력해본 것입니다.

직접 해보는 손코딩

객체의 문자 정보(toString() 메소드)   소스 코드 **ToStringExample.java**

```java
01  package sec01.exam05;
02
03  import java.util.Date;
04
05  public class ToStringExample {
06    public static void main(String[] args) {
07      Object obj1 = new Object();
08      Date obj2 = new Date();
09      System.out.println(obj1.toString());
10      System.out.println(obj2.toString());
11    }
12  }
```

> **실행결과**   ✕
> java.lang.Object@16f65612
> Mon Apr 29 12:12:36 KST 2019

우리가 만드는 클래스도 toString() 메소드를 재정의해서 좀 더 유용한 정보를 리턴하도록 할 수 있습니다. 다음 예제의 SmartPhone 클래스에서 toString() 메소드를 오버라이딩하여 제작회사와 운영체제를 리턴하도록 했습니다.

직접 해보는 손코딩

객체의 문자 정보(toString() 메소드)   소스 코드 **SmartPhone.java**

```java
01  package sec01.exam06;
02
03  public class SmartPhone {
04    private String company;
05    private String os;
06
07    public SmartPhone(String company, String os) {
08      this.company = company;
```

```
09        this.os = os;
10    }
11
12    @Override
13    public String toString() {              ←———— toString() 재정의
14        return company + ", " + os;
15    }
16 }
```

객체의 문자 정보(toString( ) 메소드)   소스 코드 SmartPhoneExample.java

```
01  package sec01.exam06;
02
03  public class SmartPhoneExample {
04    public static void main(String[] args) {
05      SmartPhone myPhone = new SmartPhone("구글", "안드로이드");
06
07      String strObj = myPhone.toString(); ←————— 재정의된 toString() 호출
08      System.out.println(strObj);
09                                              재정의된 toString()을
10      System.out.println(myPhone); ←———       호출하고 리턴값을
                                                받아 출력
11    }
12  }
```

실행결과   ✕

구글, 안드로이드
구글, 안드로이드

우리는 지금까지 콘솔에 출력하기 위해 System.out.println( ) 메소드를 사용해왔습니다. 이 메소드의 매개값은 콘솔에 출력할 내용인데, 매개값이 기본 타입(byte, short, int, long, float, double, boolean)일 경우, 해당 값을 그대로 출력합니다. 만약 매개값으로 객체를 주면 객체의 toString( ) 메소드를 호출해서 리턴값을 받아 출력하도록 되어 있습니다.

System 클래스

자바 프로그램은 운영체제에서 바로 실행되는 것이 아니라 JVM 위에서 실행됩니다. 따라서 운영체제의 모든 기능을 직접 이용하기는 어렵습니다. 하지만 java.lang 패키지에 속하는 System 클래스를 이용하면 운영체제의 일부 기능을 이용할 수 있습니다. 즉, 프로그램 종료, 키보드로부터 입력, 모니터로 출력, 현재 시간 읽기 등이 가능합니다. System 클래스의 모든 필드와 메소드는 정적static 필드와 정적static 메소드로 구성되어 있습니다.

프로그램 종료(exit())

경우에 따라서는 강제적으로 JVM을 종료시킬 때도 있습니다. 이때 System 클래스의 exit() 메소드를 호출하면 됩니다. exit() 메소드는 현재 실행하고 있는 프로세스를 강제 종료시키는 역할을 합니다. exit() 메소드는 int 매개값을 지정하도록 되어 있는데, 이 값을 종료 상태값이라고 합니다. 일반적으로 정상 종료일 경우 0 값을 줍니다.

```
System.exit(0);
```

다음 예제는 for문이 10번 반복하다가 i가 5가 되면 System.exit(0)가 실행되어 프로그램(JVM)을 종료합니다.

exit() 메소드   소스 코드 ExitExample.java

```
01    package sec01.exam07;
02
03    public class ExitExample {
04      public static void main(String[] args) {
05        for(int i=0; i<10; i++) {
06          if(i == 5) {
07            System.exit(0);
08            //break;
09          }
10        }
11        System.out.println("마무리 코드");
12      }
13    }
```

System.exit(0)은 프로그램을 강제 종료하므로 7라인에서 실행하면 11라인은 출력되지 않습니다. 만약 프로그램이 종료될 때 꼭 11라인을 실행해야 한다면 System.exit(0) 대신에 for문을 빠져나오는 break문을 사용하는 것이 좋습니다. 7라인과 8라인을 번갈아가며 주석 처리하고 실행해보기 바랍니다.

현재 시각 읽기(currentTimeMillis(), nanoTime())

System 클래스의 currentTimeMillis() 메소드와 nanoTime() 메소드는 컴퓨터의 시계로부터 현재 시간을 읽어서 밀리세컨드(1/1000초) 단위와 나노세컨드($1/10^9$초) 단위의 long 값을 리턴합니다.

```
long time = System.currentTimeMillis();
long time = System.nanoTime();
```

리턴값은 주로 프로그램의 실행 소요 시간 측정에 사용됩니다. 프로그램 시작 시 시각을 읽고, 프로그램이 끝날 때 시각을 읽어서 차이를 구하면 프로그램 실행 소요 시간이 나옵니다.

다음 예제는 for문을 사용해서 1부터 1000000까지의 합을 구하는 데 걸린 시간을 출력했습니다.

직접 해보는 손코딩

프로그램 실행 소요 시간 구하기　소스 코드　SystemTimeExample.java

```
01    package sec01.exam08;
02
03    public class SystemTimeExample {
04      public static void main(String[] args) {
05        long time1 = System.nanoTime();  ←──── 시작 시간 읽기
06
07        int sum = 0;
08        for(int i=1; i<=1000000; i++) {
09          sum += i;
10        }
11
12        long time2 = System.nanoTime();  ←──── 끝 시간 읽기
13
14        System.out.println("1~1000000까지의 합: " + sum);
15        System.out.println("계산에 " + (time2-time1) + " 나노초가 소요되었습니다.");
16      }
17    }
```

```
🖥 실행결과                                    ✕
1~1000000까지의 합: 1784293664
계산에 2407700 나노초가 소요되었습니다.
```

Class 클래스

자바는 클래스와 인터페이스의 메타 데이터를 java.lang 패키지에 소속된 Class 클래스로 관리합니다. 여기서 메타 데이터란 클래스의 이름, 생성자 정보, 필드 정보, 메소드 정보를 말합니다.

Class 객체 얻기(getClass( ), forName( ))

프로그램에서 Class 객체를 얻기 위해서는 다음 세 가지 방법 중 하나를 이용하면 됩니다.

클래스로부터 얻는 방법

```
① Class clazz = 클래스이름.class
② Class clazz = Class.forName("패키지...클래스이름")
```

객체로부터 얻는 방법

```
③ Class clazz = 참조변수.getClass( );
```

첫 번째와 두 번째 방법은 객체 없이 클래스 이름만 가지고 Class 객체를 얻는 방법입니다. 세 번째 방법은 클래스로부터 객체가 이미 생성되어 있을 경우에 사용하는 방법입니다. 예를 들어 String 클래스의 Class 객체는 다음과 같이 얻을 수 있습니다.

```
① Class clazz = String.class;
② Class clazz = Class.forName("java.lang.String");
   String str = "감자바";
③ Class clazz = str.getClass();
```

다음은 세 가지 방법으로 Car 클래스의 Class 객체를 얻고, Class의 메소드를 이용해 클래스의 전체 이름과 간단한 이름 그리고 패키지 이름을 얻어 출력합니다.

Class 객체 정보 얻기 소스 코드 **Car.java**

```
01    package sec01.exam09
02
03    public class Car {
04    }
```

Class 객체 정보 얻기 소스 코드 ClassExample.java

```
01    package sec01.exam09;
02
03    public class ClassExample {
04      public static void main(String[] args) throws Exception {
05        //첫 번째 방법
06        Class clazz = Car.class;
07
08        //두 번째 방법
09        //Class clazz = Class.forName("sec01.exam09.Car");
10
11        //세 번째 방법
12        //Car car = new Car();
13        //Class clazz = car.getClass();
14
15        System.out.println(clazz.getName());
16        System.out.println(clazz.getSimpleName());
17        System.out.println(clazz.getPackage().getName());
18      }
19    }
```

실행결과 ✕
```
sec01.exam09.Car
Car
sec01.exam09
```

클래스 경로를 활용해서 리소스 절대 경로 얻기

Class 객체는 해당 클래스의 파일 경로 정보를 가지고 있기 때문에 이 경로를 활용해서 다른 리소스 파일(이미지, XML, Property 파일)의 경로를 얻을 수 있습니다. 이 방법은 UI 프로그램에서 많이 활용됩니다. 예를 들어 다음과 같이 Car 클래스가 위치하는 경로에 photo.jpg 파일이 있다고 가정 해보겠습니다.

```
C:\SelfJavaStudy\chap11\bin\sec01
                    ¦ - exam10
                            ¦ - Car.class
                            ¦ - photo1.jpg
                            ¦ - images
                                    ¦ - photo2.jpg
```

프로그램 실행 중에 이미지 파일(photo1.jpg, photo2.jpg)의 절대 경로가 필요할 경우에 Car.class 를 기준으로 한 상대 경로를 이용해서 절대 경로를 얻을 수 있습니다.

```
String photo1Path = clazz.getResource("photo1.jpg").getPath();
String photo2Path = clazz.getResource("images/photo2.jpg").getPath();
```

직접 해보는 손코딩

리소스 절대 경로 얻기 소스코드 ResourcePathExample.java

```
01    package sec01.exam10;
02
03    public class ResourcePathExample {
04      public static void main(String[] args) {
05        Class clazz = Car.class;
06
07        String photo1Path = clazz.getResource("photo1.jpg").getPath();
08        String photo2Path = clazz.getResource("images/photo2.jpg").getPath();
09
10        System.out.println(photo1Path);
11        System.out.println(photo2Path);
12      }
13    }
```

> **실행결과**   ×
>
> C:/SelfStudyJava/chap11/bin/sec01/exam10/photo1.jpg
> C:/SelfStudyJava/chap11/bin/sec01/exam10/images/photo2.jpg

String 클래스

어떤 프로그램이건 문자열은 데이터로서 아주 많이 사용됩니다. 그렇기 때문에 문자열을 생성하는 방법과 추출, 비교, 찾기, 분리, 변환 등을 제공하는 메소드를 잘 익혀두어야 합니다.

String 생성자

자바의 문자열은 java.lang 패키지의 String 클래스의 인스턴스로 관리됩니다. 소스상에서 문자열 리터럴은 String 객체로 자동 생성되지만, String 클래스의 다양한 생성자를 이용해서 직접 String 객체를 생성할 수도 있습니다. 어떤 생성자를 이용해서 String 객체를 생성할지는 제공되는 매개값의 타입에 달려 있습니다.

다음은 사용 빈도수가 높은 생성자들입니다. 파일의 내용을 읽거나, 네트워크를 통해 받은 데이터는 보통 byte[] 배열이므로 이것을 문자열로 변환하기 위해 사용됩니다.

```
//배열 전체를 String 객체로 생성
String str = new String(byte[] bytes);
//지정한 문자셋으로 디코딩
String str = new String(byte[] bytes, String charsetName);

//배열의 offset 인덱스 위치부터 length만큼 String 객체로 생성
String str = new String(byte[] bytes, int offset, int length);
//지정한 문자셋으로 디코딩
String str = new String(byte[] bytes, int offset, int length, String charsetName)
```

다음은 바이트 배열을 문자열로 변환하는 예제입니다.

직접 해보는 손코딩

바이트 배열을 문자열로 변환   소스코드   ByteToStringExample.java

```
01    package sec01.exam11;
02
03    public class ByteToStringExample {
04      public static void main(String[] args) {
05        byte[] bytes = { 72, 101, 108, 108, 111, 32, 74, 97, 118, 97  };
06
07        String str1 = new String(bytes);
08        System.out.println(str1);                74의 인덱스 위치
09                                                      ↓
10        String str2 = new String(bytes, 6, 4);
11        System.out.println(str2);                     ↑
12      }                                              4개
13    }
```

> **실행결과**   ✕
> Hello Java
> Java

다음 예제는 키보드로부터 읽은 바이트 배열을 문자열로 변환하는 방법을 보여줍니다. System. in.read() 메소드는 키보드에서 입력한 내용을 매개값으로 주어진 바이트 배열에 저장하고 읽은 바이트 수를 리턴합니다. 예를 들어 Hello를 입력하고 Enter 키를 눌렀다면 Hello+캐리지리턴(\r)+라인피드(\n)의 코드값이 바이트 배열에 저장되고 총 7개의 바이트를 읽었기 때문에 7을 리턴합니다.

다음 예제는 10라인에서 String(byte[] bytes, int offset, int length) 형태로 바이트 배열을 문자열로 변환하였는데, length 매개값으로 배열 길이에서 2를 빼준 이유는 캐리지리턴(\r)+라인피드(\n) 부분은 문자열로 만들 필요가 없기 때문입니다.

바이트 배열을 문자열로 변환 (소스 코드 KeyboardToStringExample.java)

```
01   package sec01.exam12;
02
03   public class KeyboardToStringExample {
04     public static void main(String[] args) throws IOException {
05       byte[] bytes = new byte[100];          읽은 바이트를 저장하기 위한 배열 생성
06
07       System.out.print("입력: ");
08       int readByteNo = System.in.read(bytes);   배열에 읽은 바이트를 저장하고
                                                   읽은 바이트 수를 리턴
09
10       String str = new String(bytes, 0, readByteNo-2);
11       System.out.println(str);
12     }                                배열을 문자열로 변환
13   }
```

실행결과 ✕

입력: Hello
Hello

String 메소드

String 클래스는 문자열의 추출, 비교, 찾기, 분리, 변환 등과 같은 다양한 메소드를 가지고 있습니다. 그중에서 사용 빈도수가 높은 메소드를 다음과 같이 정리해보았습니다.

리턴 타입	메소드 이름(매개 변수)	설명
char	charAt(int index)	특정 위치의 문자를 리턴합니다.
boolean	equals(Object anObject)	두 문자열을 비교합니다.
byte[]	getBytes()	byte[]로 리턴합니다.
byte[]	getBytes(Charset charset)	주어진 문자셋으로 인코딩한 byte[]로 리턴합니다.
int	indexOf(String str)	문자열 내에서 주어진 문자열의 위치를 리턴합니다.
int	length()	총 문자의 수를 리턴합니다.
String	replace(CharSequence target, CharSequence replacement)	target 부분을 replacement로 대치한 새로운 문자열을 리턴합니다.
String	substring(int beginIndex)	beginIndex 위치에서 끝까지 잘라낸 새로운 문자열을 리턴합니다.

String	substring(int beginIndex, int endIndex)	beginIndex 위치에서 endIndex 전까지 잘라낸 새로운 문자열을 리턴합니다.
String	toLowerCase()	알파벳 소문자로 변환한 새로운 문자열을 리턴합니다.
String	toUpperCase()	알파벳 대문자로 변환한 새로운 문자열을 리턴합니다.
String	trim()	앞뒤 공백을 제거한 새로운 문자열을 리턴합니다.
String	valueOf(int i) valueOf(double d)	기본 타입 값을 문자열로 리턴합니다.

■ 문자 추출(charAt())

charAt() 메소드는 매개값으로 주어진 인덱스의 문자를 리턴합니다. 여기서 인덱스란 0에서부터 '문자열 길이−1'까지의 번호를 말합니다. 다음 코드를 보면서 이해해보겠습니다.

```java
String subject = "자바 프로그래밍";
char charValue = subject.charAt(3);
```

"자바 프로그래밍" 문자열은 다음과 같이 인덱스를 매길 수 있습니다.

charAt(3)은 3번 인덱스 위치에 있는 문자를 말합니다. 즉 '프' 문자가 해당됩니다.

다음 예제는 주민등록번호에서 7번 인덱스 문자를 읽어 남자와 여자를 구별합니다.

주민등록번호에서 남자와 여자를 구분하는 방법 소스 코드 StringCharAtExample.java

```java
01  package sec01.exam13;
02
03  public class StringCharAtExample {
04    public static void main(String[] args) {
05      String ssn = "010624-1230123";
06      char sex = ssn.charAt(7);
07      switch (sex) {
08        case '1':
09        case '3':
10          System.out.println("남자 입니다.");
11          break;
```

```
12          case '2':
13          case '4':
14            System.out.println("여자 입니다.");
15            break;
16        }
17      }
18    }
```

⊡ 실행결과   ✕

남자 입니다.

■ 문자열 비교(equals())

기본 타입(byte, char, short, int, long, float, double, boolean) 변수의 값을 비교할 때에는
== 연산자를 사용합니다. 그러나 문자열을 비교할 때에는 == 연산자를 사용하면 원하지 않는 결과
가 나올 수 있습니다. 다음 코드를 보면서 이해해봅시다.

```
String strVar1 = new String("신민철");
String strVar2 = "신민철";
String strVar3 = "신민철";
```

자바는 문자열 리터럴이 동일하다면 동일한 String 객체를 참조하도록 되어 있습니다. 그래서
strVar2와 strVar3은 동일한 String 객체를 참조합니다. 그러나 strVar1은 new 연산자로 생성된
다른 String 객체를 참조합니다.

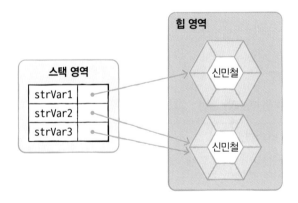

이 경우 변수 strVar1과 strVar2의 == 연산은 false를 산출하고 strVar2와 strVar3의 == 연산은
true를 산출합니다. == 연산자는 각 변수에 저장된 번지를 비교하기 때문에 이러한 결과가 나옵니다.

```
strVar1 == strVar2    //false
strVar2 == strVar3    //true
```

만약 두 String 객체의 문자열만을 비교하고 싶다면 == 연산자 대신에 equals() 메소드를 사용해야
합니다.

```
strVar1.equals(strVar2)    //true
strVar2.equals(strVar3)    //true
```

원래 equals()는 Object 클래스의 번지 비교 메소드이지만, String 클래스가 재정의해서 문자열을
비교하도록 변경했습니다.

직접 해보는 손코딩

문자열 비교　　　StringEqualsExample.java

```
01   package sec01.exam14;
02
03   public class StringEqualsExample {
04     public static void main(String[] args) {
05       String strVar1 = new String("신민철");
06       String strVar2 = "신민철";
07
08       if(strVar1 == strVar2) {
09         System.out.println("같은 String 객체를 참조");
10       } else {
11         System.out.println("다른 String 객체를 참조");
12       }
13
14       if(strVar1.equals(strVar2)) {
15         System.out.println("같은 문자열을 가짐");
16       } else {
17         System.out.println("다른 문자열을 가짐");
18       }
19     }
20   }
```

실행결과　　　✕
다른 String 객체를 참조
같은 문자열을 가짐

■ **바이트 배열로 변환(getBytes())**

종종 문자열을 바이트 배열로 변환하는 경우가 있습니다. 대표적인 예로 네트워크로 문자열을 전송
하거나, 문자열을 암호화할 때 문자열을 바이트 배열로 변환하는 경우가 있습니다. 문자열을 바이트
배열로 변환하는 메소드는 다음 두 가지가 있습니다.

```java
byte[] bytes = "문자열".getBytes();
byte[] bytes = "문자열".getBytes(Charset charset);
```

getBytes() 메소드는 시스템의 기본 문자셋으로 인코딩된 바이트 배열을 리턴합니다. 만약 특정 문자셋으로 인코딩된 바이트 배열을 얻으려면 두 번째 메소드를 사용하면 됩니다. 다음은 EUC-KR과 UTF-8로 각각 인코딩된 바이트 배열을 리턴합니다.

```java
try {
  byte[] bytes1 = "문자열".getBytes("EUC-KR");
  byte[] bytes2 = "문자열".getBytes("UTF-8");
} catch (UnsupportedEncodingException e) {
}
```

어떤 문자셋으로 인코딩하느냐에 따라 바이트 배열의 크기가 달라지는데, EUC-KR은 알파벳은 1바이트, 한글은 2바이트로 변환하고, UTF-8은 알파벳은 1바이트, 한글은 3바이트로 변환합니다. getBytes(Charset charset) 메소드는 잘못된 문자셋을 매개값으로 줄 경우, java.io.UnsupportedEncodingException이 발생하므로 예외 처리가 필요합니다.

바이트 배열을 다시 문자열로 변환(디코딩)할 때에는 어떤 문자셋으로 인코딩된 바이트 배열이냐에 따라서 디코딩 방법이 다릅니다. 단순하게 String(byte[] bytes) 생성자를 이용해서 디코딩하면 시스템의 기본 문자셋을 이용합니다. 시스템 기본 문자셋과 다른 문자셋으로 인코딩된 바이트 배열일 경우 다음 String 생성자를 이용해서 디코딩해야 합니다.

```java
String str = new String(byte[] bytes, String charsetName);
```

다음 예제에서는 문자열을 바이트 배열로 인코딩하고 길이를 출력해보았습니다. 그리고 다시 String 생성자를 이용해서 문자열로 디코딩해보았습니다.

바이트 배열로 변환 소스 코드 StringGetBytesExample.java

```java
01    package sec01.exam15;
02
03    public class StringGetBytesExample {
04      public static void main(String[] args) {
05        String str = "안녕하세요";
06
```

```
07      byte[] bytes1 = str.getBytes();
08      System.out.println("bytes1.length: " + bytes1.length);          ←  기본 문자셋으로
09      String str1 = new String(bytes1);                                  인코딩과 디코딩
10      System.out.println("bytes1->String: " + str1);

11

12      try {

13

14          byte[] bytes2 = str.getBytes("EUC-KR");
15          System.out.println("bytes2.length: " + bytes2.length);      ←  EUC-KR을
16          String str2 = new String(bytes2, "EUC-KR");                     이용해서
17          System.out.println("bytes2->String: " + str2);                  인코딩 및 디코딩

18

19          byte[] bytes3 = str.getBytes("UTF-8");
20          System.out.println("bytes3.length: " + bytes3.length);      ←  UTF-8을
21          String str3 = new String(bytes3, "UTF-8");                      이용해서
22          System.out.println("bytes3->String: " + str3);                  인코딩 및 디코딩

23

24      } catch (UnsupportedEncodingException e) {
25          e.printStackTrace();
26      }
27  }
28  }
```

실행결과 ✕

```
bytes1.length: 15
bytes1->String: 안녕하세요
bytes2.length: 10
bytes2->String: 안녕하세요
bytes3.length: 15
bytes3->String: 안녕하세요
```

■ 문자열 찾기(indexOf( ))

indexOf( ) 메소드는 매개값으로 주어진 문자열이 시작되는 인덱스를 리턴합니다. 만약 주어진 문자열이 포함되어 있지 않으면 −1을 리턴합니다. 다음 코드를 보면서 이해해봅시다.

```
String subject = "자바 프로그래밍";
int index = subject.indexOf("프로그래밍");
```

index 변수에는 3이 저장되는데, "자바 프로그래밍"에서 "프로그래밍" 문자열의 인덱스 위치가 3이기 때문입니다.

indexOf() 메소드는 if문의 조건식에서 특정 문자열이 포함되어 있는지 여부에 따라 실행 코드를 달리할 때 자주 사용됩니다. −1 값을 리턴하면 특정 문자열이 포함되어 있지 않다는 뜻입니다.

```
if( 문자열.indexOf("찾는문자열") != -1 ) {
    //포함되어 있는 경우
} else {
    //포함되어 있지 않은 경우
}
```

직접 해보는 손코딩

문자열 포함 여부 조사　소스 코드　StringIndexOfExample.java

```
01    package sec01.exam16;
02
03    public class StringIndexOfExample {
04      public static void main(String[] args) {
05        String subject = "자바 프로그래밍";
06
07        int location = subject.indexOf("프로그래밍");
08        System.out.println(location);
09
10        if(subject.indexOf("자바") != -1) {
11          System.out.println("자바와 관련된 책이군요");
12        } else {
13          System.out.println("자바와 관련없는 책이군요");
14        }
15      }
16    }
```

실행결과　✕

```
3
자바와 관련된 책이군요
```

■ 문자열 길이(length())

length() 메소드는 문자열의 길이(문자의 수)를 리턴합니다. 다음 코드를 보면서 이해해봅시다.

```
String subject = "자바 프로그래밍";
int length = subject.length();
```

length 변수에는 8이 저장됩니다. subject 객체의 문자열 길이는 공백을 포함해서 8개이기 때문입니다.

총 8 문자

자	바		프	로	그	래	밍
0	1	2	3	4	5	6	7

직접 해보는 손코딩

문자열의 문자 수 얻기   소스 코드   `StringLengthExample.java`

```java
01    package sec01.exam17;
02
03    public class StringLengthExample {
04      public static void main(String[] args) {
05        String ssn = "7306241230123";
06        int length = ssn.length();
07        if(length == 13) {
08          System.out.println("주민번호 자리수가 맞습니다.");
09        } else {
10          System.out.println("주민번호 자리수가 틀립니다.");
11        }
12      }
13    }
```

실행결과   ✕

주민번호 자리수가 맞습니다.

■ 문자열 대치(replace())

replace() 메소드는 첫 번째 매개값인 문자열을 찾아 두 번째 매개값인 문자열로 대치한 새로운 문자열을 생성하고 리턴합니다. 다음 코드를 보면서 이해해봅시다.

```java
String oldStr = "자바 프로그래밍";
String newStr = oldStr.replace("자바", "JAVA");
```

String 객체의 문자열은 변경이 불가능한 특성을 갖기 때문에 replace() 메소드가 리턴하는 문자열은 원래 문자열의 수정본이 아니라 완전히 새로운 문자열입니다. 따라서 newStr 변수는 다음 그림과 같이 새로 생성된 "JAVA 프로그래밍" 문자열을 참조합니다.

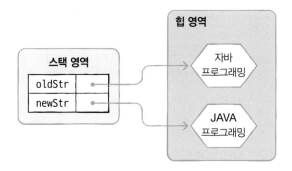

문자열 대치하기 　소스 코드　 StringReplaceExample.java

```java
01    package sec01.exam18;
02
03    public class StringReplaceExample {
04      public static void main(String[] args) {
05        String oldStr = "자바는 객체 지향 언어입니다. 자바는 풍부한 API를 지원합니다.";
06        String newStr = oldStr.replace("자바", "JAVA");
07        System.out.println(oldStr);
08        System.out.println(newStr);
09      }
10    }
```

> 🖥 **실행결과**　　　　　　　　　　　　　　　　　　　　 ✕
>
> 자바는 객체 지향 언어입니다. 자바는 풍부한 API를 지원합니다.
> JAVA는 객체 지향 언어입니다. JAVA는 풍부한 API를 지원합니다.

■ 문자열 잘라내기(substring( ))

substring( ) 메소드는 주어진 인덱스에서 문자열을 추출합니다. substring( ) 메소드는 매개값의 수에 따라 두 가지 형태로 사용됩니다. substring(int beginIndex, int endIndex)는 주어진 시작과 끝 인덱스 사이의 문자열을 추출하고, substring(int beginIndex)는 주어진 인덱스부터 끝까지 문자열을 추출합니다.

```java
String ssn = "880815-1234567";
String firstNum = ssn.substring(0, 6);
String secondNum = ssn.substring(7);
```

상기 코드에서 firstNum 변수값은 "880815"이고, secondNum 변수값은 "1234567"입니다. 이해를 돕기 위해 다음 그림을 봅시다.

8	8	0	8	1	5	-	1	2	3	4	5	6	7
0	1	2	3	4	5	6	7	8	9	10	11	12	13

ssn.substring(0, 6)은 인덱스 0(포함)~6(제외) 사이의 문자열을 추출하는 것이고, substring(7)
은 인덱스 7부터 끝까지 문자열을 추출합니다.

문자열 추출하기　소스 코드　`StringSubstringExample.java`

```java
01    package sec01.exam19;
02
03    public class StringSubstringExample {
04      public static void main(String[] args) {
05        String ssn = "880815-1234567 ";
06
07        String firstNum = ssn.substring(0, 6);
08        System.out.println(firstNum);
09
10        String secondNum = ssn.substring(7);
11        System.out.println(secondNum);
12      }
13    }
```

```
🖥 실행결과         ✕
880815
1234567
```

■ 알파벳 소 · 대문자 변경(toLowerCase( ), toUpperCase( ))

toLowerCase( ) 메소드는 문자열을 모두 소문자로 바꾼 새로운 문자열을 생성한 후 리턴합니다. 반
대로 toUpperCase( ) 메소드는 문자열을 모두 대문자로 바꾼 새로운 문자열을 생성한 후 리턴합
니다.

다음 코드를 보면서 이해해봅시다.

```java
String original = "Java Programming";
String lowerCase = original.toLowerCase();
String upperCase = original.toUpperCase();
```

lowerCase 변수는 새로 생성된 "java programming" 문자열을 참조하고 upperCase 변수는
새로 생성된 "JAVA PROGRAMMING" 문자열을 참조합니다. 이때 원래 original 변수의 "Java
Programming" 문자열이 변경된 것은 아닙니다.

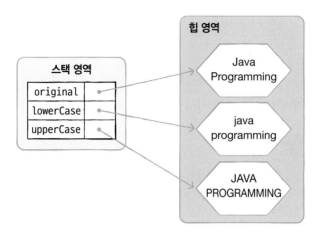

toLowerCase()와 toUpperCase() 메소드는 영어로 된 두 문자열을 대소문자와 관계없이 비교할 때 주로 이용됩니다. 다음 예제에서는 두 문자열이 대소문자가 다를 경우 어떻게 비교하는지를 보여 줍니다. equals() 메소드를 사용하려면 사전에 toLowerCase()와 toUpperCase()로 대소문자를 맞추어야 하지만, equalsIgnoreCase() 메소드를 사용하면 이 작업이 생략됩니다.

전부 소문자 또는 대문자로 변경 소스 코드 StringToLowerUpperCaseExample.java

```java
01   package sec01.exam20;
02
03   public class StringToLowerUpperCaseExample {
04     public static void main(String[] args) {
05       String str1 = "Java Programming";
06       String str2 = "JAVA Programming";
07
08       System.out.println(str1.equals(str2));
09
10       String lowerStr1 = str1.toLowerCase();
11       String lowerStr2 = str2.toLowerCase();
12       System.out.println(lowerStr1.equals(lowerStr2));
13
14       System.out.println(str1.equalsIgnoreCase(str2));
15     }
16   }
```

실행결과 ✕

```
false
true
true
```

■ 문자열 앞뒤 공백 잘라내기(trim())

trim() 메소드는 문자열의 앞뒤 공백을 제거한 새로운 문자열을 생성하고 리턴합니다. 다음 코드를 보면 newStr 변수는 앞뒤 공백이 제거된 새로 생성된 "자바 프로그래밍" 문자열을 참조합니다. trim() 메소드는 앞뒤의 공백만 제거할 뿐 중간의 공백은 제거하지 않습니다.

```java
String oldStr = "   자바 프로그래밍   ";
String newStr = oldStr.trim();
```

trim() 메소드를 사용한다고 해서 원래 문자열의 공백이 제거되는 것은 아닙니다. 다음 그림에서 oldStr.trim()은 oldStr의 공백을 제거하는 것이 아닙니다.

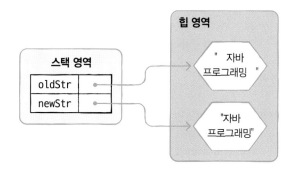

직접 해보는 손코딩

문자열 앞뒤 공백 제거 소스 코드 StringTrimExample.java

```java
01   package sec01.exam21;
02
03   public class StringTrimExample {
04     public static void main(String[] args) {
05       String tel1 = "  02";
06       String tel2 = "123   ";
07       String tel3 = "   1234   ";
08
09       String tel = tel1.trim() + tel2.trim() + tel3.trim();
10       System.out.println(tel);
11     }
12   }
```

> 🖥 실행결과   ✕
>
> 021231234

■ 문자열 변환(valueOf())

valueOf() 메소드는 기본 타입의 값을 문자열로 변환하는 기능을 가지고 있습니다. String 클래스에는 매개 변수의 타입별로 valueOf() 메소드가 다음과 같이 오버로딩되어 있습니다.

```
static String valueOf(boolean b)
static String valueOf(char c)
static String valueOf(int i)
static String valueOf(long l)
static String valueOf(double d)
static String valueOf(float f)
```

직접 해보는 손코딩

기본 타입 값을 문자열로 변환   소스 코드   StringValueOfExample.java

```
01    package sec01.exam22;
02
03    public class StringValueOfExample {
04      public static void main(String[] args) {
05        String str1 = String.valueOf(10);
06        String str2 = String.valueOf(10.5);
07        String str3 = String.valueOf(true);
08
09        System.out.println(str1);
10        System.out.println(str2);
11        System.out.println(str3);
12      }
13    }
```

실행결과 ✕
```
10
10.5
true
```

Wrapper(포장) 클래스

자바는 기본 타입(byte, char, short, int, long, float, double, boolean)의 값을 갖는 객체를 생성할 수 있습니다. 이런 객체를 포장Wrapper 객체라고 하는데, 그 이유는 기본 타입의 값을 내부에 두고 포장하기 때문입니다. 포장 객체의 특징은 포장하고 있는 기본 타입 값은 외부에서 변경할 수 없다는 점입니다. 만약 내부의 값을 변경하고 싶다면 새로운 포장 객체를 만들어야 합니다.

포장 객체는 주로 13장에서 배울 컬렉션 프레임워크에서 기본 타입 값을 객체로 생성해서 관리할 때 사용됩니다.

포장 객체의 설계도인 포장 클래스는 java.lang 패키지에 포함되어 있는데, 다음과 같이 기본 타입에 대응되는 클래스들이 있습니다. char 타입과 int 타입이 각각 Character와 Integer로 변경되고, 기본 타입의 첫 문자를 대문자로 바꾼 이름을 가지고 있습니다.

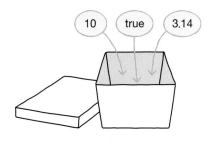

기본 타입	포장 클래스
byte	Byte
char	Character
short	Short
int	Integer
long	Long
float	Float
double	Double
boolean	Boolean

박싱(Boxing)과 언박싱(Unboxing)

기본 타입의 값을 포장 객체로 만드는 과정을 박싱Boxing이라고 하고, 반대로 포장 객체에서 기본 타입의 값을 얻어내는 과정을 언박싱Unboxing이라고 합니다.

다음은 8개의 기본 타입의 값을 박싱하는 방법을 보여주고 있습니다. 간단하게 포장 클래스의 생성자 매개값으로 기본 타입의 값 또는 문자열을 넘겨주면 됩니다.

기본 타입의 값을 줄 경우	문자열을 줄 경우
Byte obj = new Byte(10);	Byte obj = new Byte("10");
Character obj = new Character('가');	없음
Short obj = new Short(100);	Short obj = new Short("100");
Integer obj = new Integer(1000);	Integer obj = new Integer("1000");
Long obj = new Long(10000);	Long obj = new Long("10000");
Float obj = new Float(2.5F);	Float obj = new Float("2.5F");
Double obj = new Double(3.5);	Double obj = new Double("3.5");
Boolean obj = new Boolean(true);	Boolean obj = new Boolean("true");

생성자를 이용하지 않아도 다음과 같이 각 포장 클래스마다 가지고 있는 정적 valueOf( ) 메소드를
사용할 수도 있습니다.

```
Integer obj = Integer.valueOf(1000);
Integer obj = Integer.valueOf("1000");
```

이렇게 박싱된 포장 객체에서 다시 기본 타입
의 값을 얻어내기 위해서는(언박싱하기 위해서
는) 각 포장 클래스마다 가지고 있는 '기본 타입
이름+Value( )' 메소드를 호출하면 됩니다.

기본 타입의 값을 이용		
byte	num	= obj.byteValue();
char	ch	= obj.charValue();
short	num	= obj.shortValue();
int	num	= obj.intValue();
long	num	= obj.longValue();
float	num	= obj.floatValue();
double	num	= obj.doubleValue();
boolean	bool	= obj.booleanValue();

직접 해보는 손코딩

기본 타입의 값을 박싱하고 언박싱하기　　　소스 코드　　BoxingUnBoxingExample.java

```java
01    package sec01.exam23;
02
03    public class BoxingUnBoxingExample {
04      public static void main(String[] args) {
05        //박싱
06        Integer obj1 = new Integer(100);
07        Integer obj2 = new Integer("200");
08        Integer obj3 = Integer.valueOf("300");
09
10        //언박싱
11        int value1 = obj1.intValue();
12        int value2 = obj2.intValue();
13        int value3 = obj3.intValue();
14
15        System.out.println(value1);
16        System.out.println(value2);
17        System.out.println(value3);
18      }
19    }
```

```
실행결과                    ✕
100
200
300
```

자동 박싱과 언박싱

기본 타입 값을 직접 박싱, 언박싱하지 않아도 자동적으로 박싱과 언박싱이 일어나는 경우가 있습니다. 자동 박싱은 포장 클래스 타입에 기본값이 대입될 경우에 발생합니다. 예를 들어 int 타입의 값을 Integer 클래스 변수에 대입하면 자동 박싱이 일어나 힙 영역에 Integer 객체가 생성됩니다.

```
Integer obj = 100;    //자동 박싱
```

자동 언박싱은 기본 타입에 포장 객체가 대입되는 경우와 연산에서 발생합니다. 예를 들어 Integer 객체를 int 타입 변수에 대입하거나, Integer 객체와 int 값을 연산하면 Integer 객체로부터 int 값이 자동 언박싱되어 연산됩니다.

```
Integer obj = new Integer(200);
int value1 = obj;          //자동 언박싱
int value2 = obj + 100;    //자동 언박싱
```

직접 해보는 손코딩

자동 박싱과 언박싱 소스 코드 AutoBoxingUnBoxingExample.java

```
01    package sec01.exam24;
02
03    public class AutoBoxingUnBoxingExample {
04      public static void main(String[] args) {
05        //자동 박싱
06        Integer obj = 100;
07        System.out.println("value: " + obj.intValue());
08
09        //대입 시 자동 언박싱
10        int value = obj;
11        System.out.println("value: " + value);
12
13        //연산 시 자동 언박싱
14        int result = obj + 100;
15        System.out.println("result: " + result);
16      }
17    }
```

> **⚭ 실행결과**   ✕
> value: 100
> value: 100
> result: 200

문자열을 기본 타입 값으로 변환

포장 클래스의 주요 용도는 기본 타입의 값을 박싱해서 포장 객체로 만드는 것이지만, 문자열을 기본 타입 값으로 변환할 때에도 많이 사용됩니다. 대부분의 포장 클래스에는 'parse+기본 타입 이름'으로 되어 있는 정적static 메소드가 있습니다. 정적 메소드는 문자열을 매개값으로 받아 기본 타입 값으로 변환합니다.

기본 타입의 값을 이용		
byte	num	= Byte.parseByte("10");
short	num	= Short.parseShort("100");
int	num	= Integer.parseInt("1000");
long	num	= Long.parseLong("10000");
float	num	= Float.parseFloat("2.5F");
double	num	= Double.parseDouble("3.5");
boolean	bool	= Boolean.parseBoolean("true");

직접 해보는 손코딩

문자열을 기본 타입 값으로 변환   소스 코드 StringToPrimitiveValueExample.java

```
01    package sec01.exam25;
02
03    public class StringToPrimitiveValueExample {
04      public static void main(String[] args) {
05        int value1 = Integer.parseInt("10");
06        double value2 = Double.parseDouble("3.14");
07        boolean value3 = Boolean.parseBoolean("true");
08
09        System.out.println("value1: " + value1);
10        System.out.println("value2: " + value2);
11        System.out.println("value3: " + value3);
12      }
13    }
```

```
실행결과            ✕
value1: 10
value2: 3.14
value3: true
```

포장 값 비교

포장 객체는 내부의 값을 비교하기 위해 ==와 != 연산자를 사용하지 않는 것이 좋습니다. 이 연산자는 내부의 값을 비교하는 것이 아니라 포장 객체의 참조를 비교하기 때문입니다. 예를 들어 다음 두 Integer 객체는 300이라는 동일한 값을 갖고 있지만 == 연산의 결과는 false가 나옵니다.

```
Integer obj1 = 300;
Integer obj2 = 300;
System.out.println(obj1 == obj2);
```

자바 언어 명세를 보면 다음과 같은 규칙이 있습니다. 박싱된 값이 다음 표에 나와 있는 범위의 값이라면 ==와 != 연산자로 내부의 값을 바로 비교할 수 있지만, 그 이외의 경우에는 언박싱한 값을 얻어 비교를 해야 합니다.

타입	값의 범위
boolean	true, false
char	\u0000 ~ \u007f
byte, short, int	−128 ~ 127

따라서 포장 객체에 정확히 어떤 값이 저장될지 모르는 상황이라면 ==와 != 연산자는 사용하지 않는 것이 좋습니다. 직접 내부 값을 언박싱해서 비교하거나, equals() 메소드로 내부 값을 비교하는 것이 좋습니다. 포장 클래스의 equals() 메소드는 내부의 값을 비교하도록 재정의되어 있습니다.

직접 해보는 손코딩

포장 객체 비교   소스 코드 ValueCompareExample.java

```
01  package sec01.exam26;
02
03  public class ValueCompareExample {
04    public static void main(String[] args) {
05      System.out.println("[-128~127 초과값일 경우]");
06      Integer obj1 = 300;
07      Integer obj2 = 300;
08      System.out.println("==결과: " + (obj1 == obj2));
09      System.out.println("언박싱후 ==결과: " + (obj1.intValue()
          == obj2.intValue()));
10      System.out.println("equals() 결과: " + obj1.equals(obj2));
11      System.out.println();
12
13      System.out.println("[-128~127 범위값일 경우]");
14      Integer obj3 = 10;
15      Integer obj4 = 10;
16      System.out.println("==결과: " + (obj3 == obj4));
17      System.out.println("언박싱후 ==결과: " + (obj3.intValue() == obj4.intValue()));
18      System.out.println("equals() 결과: " + obj3.equals(obj4));
19    }
20  }
```

실행결과 ×

```
[-128~127 초과값일 경우]
==결과: false
언박싱후 ==결과: true
equals() 결과: true

[-128~127 범위값일 경우]
==결과: true
언박싱후 ==결과: true
equals() 결과: true
```

Math 클래스

java.lang.Math 클래스는 수학 계산에 사용할 수 있는 메소드를 제공하고 있습니다. Math 클래스가 제공하는 메소드는 모두 정적static 메소드이므로 Math 클래스로 바로 사용이 가능합니다.

다음은 Math 클래스가 제공하는 메소드를 설명한 표입니다.

메소드	설명	예제 코드	리턴값
int abs(int a) double abs(double a)	절대값	int v1 = Math.abs(−5); double v2 = Math.abs(−3.14);	v1 = 5 v2 = 3.14
double ceil(double a)	올림값	double v3 = Math.ceil(5.3); double v4 = Math.ceil(−5.3);	v3 = 6.0 v4 = −5.0
double floor(double a)	버림값	double v5 = Math.floor(5.3); double v6 = Math.floor(−5.3);	v5 = 5.0 v6 = −6.0
int max(int a, int b) double max(double a, double b)	최대값	int v7 = Math.max(5, 9); double v8 = Math.max(5.3, 2.5);	v7 = 9 v8 = 5.3
int min(int a, int b) double min(double a, double b)	최소값	int v9 = Math.min(5, 9); double v10 = Math.min(5.3, 2.5);	v9 = 5 v10 = 2.5
double random()	랜덤값	double v11 = Math.random();	0.0 <= v11 < 1.0
double rint(double a)	가까운 정수의 실수값	double v12 = Math.rint(5.3); double v13 = Math.rint(5.7);	v12 = 5.0 v13 = 6.0
long round(double a)	반올림값	long v14 = Math.round(5.3); long v15 = Math.round(5.7);	v14 = 5 v15 = 6

직접 해보는 손코딩

Math의 수학 메소드   소스 파일 `MathExample.java`

```
01   package sec01.exam27;
02
03   public class MathExample {
04     public static void main(String[] args) {
05       int v1 = Math.abs(-5);
06       double v2 = Math.abs(-3.14);
07       System.out.println("v1=" + v1);
08       System.out.println("v2=" + v2);
09
10       double v3 = Math.ceil(5.3);
11       double v4 = Math.ceil(-5.3);
12       System.out.println("v3=" + v3);
13       System.out.println("v4=" + v4);
14
```

```
15        double v5 = Math.floor(5.3);
16        double v6 = Math.floor(-5.3);
17        System.out.println("v5=" + v5);
18        System.out.println("v6=" + v6);
19
20        int v7 = Math.max(5, 9);
21        double v8 = Math.max(5.3, 2.5);
22        System.out.println("v7=" + v7);
23        System.out.println("v8=" + v8);
24
25        int v9 = Math.min(5, 9);
26        double v10 = Math.min(5.3, 2.5);
27        System.out.println("v9=" + v9);
28        System.out.println("v10=" + v10);
29
30        double v11 = Math.random();
31        System.out.println("v11=" + v11);
32
33        double v12 = Math.rint(5.3);
34        double v13 = Math.rint(5.7);
35        System.out.println("v12=" + v12);
36        System.out.println("v13=" + v13);
37
38        long v14 = Math.round(5.3);
39        long v15 = Math.round(5.7);
40        System.out.println("v14=" + v14);
41        System.out.println("v15=" + v15);
42
43        double value = 12.3456;
44        double temp1 = value * 100;
45        long temp2 = Math.round(temp1);
46        double v16 = temp2 / 100.0;
47        System.out.println("v16=" + v16);
48    }
49 }
```

```
🖥 실행결과                      ✕
v1=5
v2=3.14
v3=6.0
v4=-5.0
v5=5.0
v6=-6.0
v7=9
v8=5.3
v9=5
v10=2.5
v11=0.8389347076415933
v12=5.0
v13=6.0
v14=5
v15=6
v16=12.35
```

43~47라인은 소수점 셋째 자릿수에서 반올림하는 코드입니다. round() 메소드는 항상 소수점 첫째 자리에서 반올림해서 정수값을 리턴합니다. 만약 원하는 소수 자릿수에서 반올림된 값을 얻기 위해서는 반올림할 자릿수가 소수점 첫째 자리가 되도록 10^n을 곱한 후, round() 메소드의 리턴값을 얻습니다. 그리고 나서 다시 $10^n.0$을 나눠주면 됩니다.

Math.random( ) 메소드는 0.0과 1.0 사이의 범위에 속하는 하나의 double 타입의 값을 리턴합니다. 0.0은 범위에 포함되고 1.0은 포함되지 않습니다.

```
0.0  <=  Math.random()  <  1.0
```

Math.random( )을 활용하면 다양한 난수를 얻을 수 있습니다. 예를 들어 1부터 10까지의 정수 난수를 얻고 싶다면 다음과 같은 순서로 연산식을 만들 수 있습니다.

① 각 변에 10을 곱하면 다음과 같이 0.0 〈= … 〈 10.0 사이의 범위에 속하는 하나의 double 타입의 값을 얻을 수 있습니다.

```
0.0 * 10  <=  Math.random() * 10  <  1.0 * 10
```
$\qquad\uparrow\qquad\qquad\qquad\qquad\qquad\uparrow$
$\quad$(0.0)$\qquad\qquad\qquad\qquad$(10.0)

② 각 변을 int 타입으로 강제 타입 변환하면 다음과 같이 0 〈= … 〈 10 사이의 범위에 속하는 하나의 int 타입의 값을 얻을 수 있습니다.

```
(int) (0.0 * 10)  <=  (int) (Math.random() * 10)  <  (int) (1.0 * 10)
```
$\quad\uparrow\qquad\qquad\qquad\qquad\uparrow\qquad\qquad\qquad\qquad\uparrow$
$\ (0)\qquad\quad$(0, 1,2,3,4,5,6,7,8,9)$\qquad\quad$(10)

③ 각 변에 1을 더하면 다음과 같이 1 〈= … 〈 11 사이의 범위에 속하는 하나의 정수를 얻게 됩니다.

```
(int) (0.0 * 10) + 1  <=  (int) (Math.random() * 10) + 1  <  (int) (1.0 * 10) + 1
```
$\quad\uparrow\qquad\qquad\qquad\qquad\uparrow\qquad\qquad\qquad\qquad\uparrow$
$\ (1)\qquad\quad$(1,2,3,4,5,6,7,8,9,10)$\qquad\quad$(11)

④ 이것을 자바 코드로 표현하면 다음과 같습니다.

```
int num = (int) (Math.random() * 10) + 1;
```

만약 시작이 1이 아닌 start일 경우, start 〈= … 〈 (start+n) 범위에 속하는 하나의 정수를 얻기 위한 연산식은 다음과 같이 만들 수 있습니다.

[예1] 주사위 번호 뽑기(1, 2, 3, 4, 5, 6)

```java
int num = (int) (Math.random() * 6) + 1;
```

[예2] 로또 번호 뽑기(1, 2, 3, … 43, 44, 45)

```java
int num = (int) (Math.random() * 45) + 1;
```

다음 예제는 Math.random() 메소드를 이용해서 주사위 눈을 얻는 방법을 보여줍니다.

직접 해보는 손코딩

임의의 주사위의 눈 얻기   소스 코드 MathRandomExample.java

```java
01    package sec01.exam28;
02
03    public class MathRandomExample {
04      public static void main(String[] args) {
05        int num = (int) (Math.random()*6) + 1;
06        System.out.println("주사위 눈: " + num);
07      }
08    }
```

실행결과 ☒

주사위 눈: 4

▶ 6가지 키워드로 끝내는 핵심 포인트

• **Object 클래스**: 자바의 최상위 부모 클래스입니다. 따라서 Object 클래스의 메소드는 모든 자바 객체에서 사용할 수 있습니다.

• **System 클래스**: System 클래스를 이용하면 운영체제의 일부 기능을 이용할 수 있습니다. 즉, 프로그램 종료, 키보드로부터 입력, 모니터로 출력, 현재 시간 읽기 등이 가능합니다. System 클래스의 모든 필드와 메소드는 정적 필드와 정적 메소드로 구성되어 있습니다.

• **Class 클래스**: 자바는 클래스와 인터페이스의 메타 데이터를 Class 클래스로 관리합니다. 메타 데이터란 클래스의 이름, 생성자 정보, 필드 정보, 메소드 정보를 말합니다.

• **String 클래스**: 문자열 리터럴은 String 객체로 자동 생성되지만, String 클래스의 다양한 생성자를 이용해서 직접 String 객체를 생성할 수도 있습니다. String 객체는 문자열 조작을 위한 많은 메소드를 가지고 있습니다.

• **Wrapper(포장) 클래스**: 기본 타입의 값을 갖는 객체를 포장 객체라고 합니다. 포장 객체는 외부에서 변경할 수 없습니다. 기본 타입의 값을 포장 객체로 만드는 것을 박싱이라고 하고, 반대로 포장 객체로부터 기본 타입의 값을 얻는 것을 언박싱이라고 합니다.

• **Math 클래스**: 수학 계산에 사용할 수 있는 메소드를 제공하며, Math 클래스가 제공하는 메소드는 모두 정적 메소드이므로 Math 클래스로 바로 사용할 수 있습니다.

▶ 확인 문제

1. Object 클래스에 대한 설명 중 틀린 것은 무엇입니까?

① 모든 자바 클래스의 최상위 부모 클래스이다.

② Object의 equals( ) 메소드는 == 연산자와 동일하게 번지를 비교한다.

③ 동등 비교를 위해 equals( )와 hashCode( ) 메소드를 재정의하는 것이 좋다.

④ Object의 toString( ) 메소드는 객체의 필드값을 문자열로 리턴한다.

2. 여러분이 작성하는 클래스를 동등 비교하는 컬렉션 객체인 HashSet, HashMap, Hashtable
을 사용하려고 합니다. Object의 equals()와 hashCode() 메소드를 재정의했다고 가정할
경우, 메소드 호출 순서를 생각하고 다음 괄호 (   ) 안을 채워보세요.

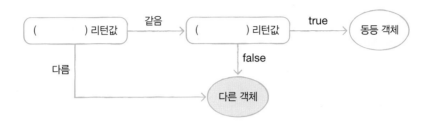

3. Student 클래스를 작성하되, Object의 equals()와 hashCode()를 재정의해서 Student
의 학번(studentNum)이 같으면 동등 객체가 될 수 있도록 해보세요. Student 클래스의 필
드는 다음과 같습니다. hashCode()의 리턴값은 studentNum 필드값의 해시코드를 리턴
하도록 하세요.

소스 코드 **Student.java**

```
01   package sec01.verify.exam03;
02
03   public class Student {
04     private String studentNum;
05
06     public Student(String studentNum) {
07       this.studentNum = studentNum;
08     }
09     public String getStudentNum() {
10       return studentNum;
11     }
12
13     //여기서 코드를 작성하세요.
14   }
```

소스 코드 **StudentExample.java**

```
01   package sec01.verify.exam03;
02
03   public class StudentExample {
04     public static void main(String[] args) {
05       //Student 키로 총점을 저장하는 HashMap 객체 생성
06       HashMap<Student, String> hashMap = new HashMap<Student, String>();
```

```
07
08         //new Student("1")의 점수 95를 저장
09         hashMap.put(new Student("1"), "95");
10
11         //new Student("1")로 점수를 읽어옴
12         String score  = hashMap.get(new Student("1"));
13         System.out.println("1번 학생의 총점: " + score);
14     }
15 }
```

┌─────────────────────────┐
│ 💻 실행결과   ✕ │
├─────────────────────────┤
│ 1번 학생의 총점: 95   │
└─────────────────────────┘

4. Member 클래스를 작성하되, Object의 toString() 메소드를 재정의해서 Member Example 클래스의 실행결과처럼 나오도록 작성해보세요.

소스 코드 **Member.java**

```
01 package sec01.verify.exam04;
02
03 public class Member {
04   private String id;
05   private String name;
06
07   public Member(String id, String name) {
08     this.id = id;
09     this.name = name;
10   }
11
12   //여기서 코드를 작성하세요.
13 }
```

소스 코드 **MemberExample.java**

```
01 package sec01.verify.exam04;
02
03 public class MemberExample {
04   public static void main(String[] args) {
05     Member member = new Member("blue", "이파란");
06     System.out.println(member);
07   }
08 }
```

┌─────────────────────────┐
│ 💻 실행결과   ✕ │
├─────────────────────────┤
│ blue: 이파란   │
└─────────────────────────┘

5. Class 객체에 대한 설명 중 틀린 것은 무엇입니까?

① Class.forName() 메소드 또는 객체의 getClass() 메소드로 얻을 수 있다.

② 클래스의 생성자, 필드, 메소드에 대한 정보를 알아낼 수 있다.

③ 클래스 파일을 기준으로 상대 경로의 리소스의 정보를 얻을 수 있다.

④ 클래스.class로 Class 객체를 얻을 수 없다.

6. 다음에 주어진 바이트 배열 { 73, 32, 108, 111, 118, 101, 32, 121, 111, 117 }을 문자열로 변환해보세요.

소스 코드 **BytesToStringExample.java**

```
01    package sec01.verify.exam06;
02
03    public class  BytesToStringExample {
04      public static void main(String[] args) {
05        byte[] bytes = { 73, 32, 108, 111, 118, 101, 32, 121, 111, 117 };
06        String str = [                          ];
07        System.out.println( str );
08      }
09    }
```

7. 문자열 "모든 프로그램은 자바 언어로 개발될 수 있다."에서 "자바" 문자열이 포함되어 있는지 확인하고, "자바"를 Java로 대치한 새로운 문자열을 만들어보세요.

소스 코드 **FindAndReplaceExample.java**

```
01    package sec01.verify.exam07;
02
01    public class FindAndReplaceExample {
02      public static void main(String[] args) {
03        String str = "모든 프로그램은 자바 언어로 개발될 수 있다.";
04        int index = [     ❶     ];
05        if(index == -1) {
06          System.out.println("자바 문자열이 포함되어 있지 않습니다.");
07        } else {
08          System.out.println("자바 문자열이 포함되어 있습니다.");
09          str = [     ❷     ];
```

```
10        System.out.println("-->" + str);
11      }
12    }
13  }
```

자바 문자열이 포함되어 있습니다.
--> 모든 프로그램은 Java 언어로 개발될 수 있다.

8. 박싱된 Integer 객체를 == 연산자로 비교했습니다. 100을 박싱한 Integer 객체는 true가 나오는데, 300을 박싱한 Integer 객체는 false가 나오는 이유를 설명해보세요.

소스 코드 IntegerCompareExample.java

```
01  package sec01.verify.exam08;
02
03  public class IntegerCompareExample {
04    public static void main(String[] args) {
05      Integer obj1 = 100;
06      Integer obj2 = 100;
07      Integer obj3 = 300;
08      Integer obj4 = 300;
09
10      System.out.println( obj1 == obj2 );
11      System.out.println( obj3 == obj4 );
10    }
11  }
```

실행결과 ×
true
false

9. 문자열 "200"을 정수로 변환하는 코드와 숫자 150을 문자열로 변환하는 코드를 **❶** ~ **❷** 에 작성해보세요.

소스 코드 StringConvertExample.java

```
01  package sec01.verify.exam09;
02
03  public class StringConvertExample {
04    public static void main(String[] args) {
05      String strData1 = "200";
06      int intData1 =         ❶         ;
07
08      int intData2 = 150;
09      String strData2 =      ❷      ;
10    }
11  }
```

기본편 **534** Chapter 11 | 기본 API 클래스

java.util 패키지

Date 클래스   Calendar 클래스

java.util 패키지는 프로그램 개발에서 자주 사용되는 자료구조일 뿐만 아니라, 날짜 정보를 제공해주는 유용한 API를 포함하고 있습니다. 자료구조는 13장 컬렉션 프레임워크에서 따로 설명합니다. 이번 절에서는 날짜 정보를 제공해주는 API에 대해 알아보겠습니다.

시작하기 전에

자바 표준 API에는 날짜 정보와 관련된 클래스들이 있습니다. 그중에서 아래 두 가지 클래스만 소개하려 합니다.

클래스	용도
Date	날짜와 시간 정보를 저장하는 클래스
Calendar	운영체제의 날짜와 시간을 얻을 때 사용

Date 클래스는 특정 시점의 날짜를 표현하는 클래스입니다. Date 객체 안에는 특정 시점의 연도, 월, 일, 시간 정보가 저장됩니다.

Calendar 클래스는 달력을 표현한 클래스입니다. 해당 운영체제의 Calendar 객체를 얻으면, 연도, 월, 일, 요일, 오전/오후, 시간 등의 정보를 얻을 수 있습니다.

Date 클래스

Date 클래스는 날짜를 표현하는 클래스입니다. Date는 객체 간에 날짜 정보를 주고받을 때 매개 변수나 리턴 타입으로 주로 사용됩니다. 현재 시각의 Date 객체는 다음과 같이 생성할 수 있습니다.

```
Date now = new Date();
```

Date 객체의 toString() 메소드는 영문으로 된 날짜를 리턴하기 때문에 원하는 날짜 형식의 문자열을 얻고 싶다면 java.text 패키지의 SimpleDateFormat 클래스와 함께 사용하는 것이 좋습니다. 원하는 형식 문자열로 SimpleDateFormat를 다음과 같이 생성할 수 있습니다.

```
SimpleDateFormat sdf = new SimpleDateFormat("yyyy년 MM월 dd일 hh시 mm분 ss초");
```

SimpleDateFormat 생성자의 매개값은 형식 문자열입니다. yyyy는 4자리 연도, MM은 2자리 월, dd는 2자리 일을 뜻합니다. 형식 문자열에 포함되는 기호는 API 도큐먼트의 SimpleDateFormat 클래스에 자세히 나와 있습니다.

SimpleDateFormat 객체를 얻었다면, format() 메소드를 호출해서 원하는 형식의 날짜 정보를 얻을 수 있습니다. format() 메소드의 매개값은 Date 객체입니다.

```
String strNow = sdf.format(now);
```

현재 날짜를 출력하기 　소스 코드　 DateExample.java

```
01   package sec02.exam01;
02
03   import java.text.*;
04   import java.util.*;
05
06   public class DateExample {
07     public static void main(String[] args) {
08       Date now = new Date();
09       String strNow1 = now.toString();
10       System.out.println(strNow1);
11
12       SimpleDateFormat sdf =
13         new SimpleDateFormat("yyyy년 MM월 dd일 hh시 mm분 ss초");
```

```
14        String strNow2 = sdf.format(now);
15        System.out.println(strNow2);
16    }
17 }
```

Calendar 클래스

Calendar 클래스는 달력을 표현한 클래스입니다. Calendar 클래스는 추상abstract 클래스이므로 new 연산자를 사용해서 인스턴스를 생성할 수 없습니다. Calendar 클래스의 정적 메소드인 getInstance() 메소드를 이용하면 현재 운영체제에 설정되어 있는 시간대TimeZone를 기준으로 한 Calendar 하위 객체를 얻을 수 있습니다.

```
Calendar now = Calendar.getInstance();
```

Calendar 객체를 얻었다면 get() 메소드를 이용해서 날짜와 시간에 대한 정보를 읽을 수 있습니다.

```
int year    = now.get(Calendar.YEAR);          //연도를 리턴
int month   = now.get(Calendar.MONTH) + 1;     //월을 리턴
int day     = now.get(Calendar.DAY_OF_MONTH);  //일을 리턴
String week = now.get(Calendar.DAY_OF_WEEK);   //요일을 리턴
String amPm = now.get(Calendar.AM_PM);         //오전/오후를 리턴
int hour    = now.get(Calendar.HOUR);          //시를 리턴
int minute  = now.get(Calendar.MINUTE);        //분을 리턴
int second  = now.get(Calendar.SECOND);        //초를 리턴
```

get() 메소드를 호출할 때 사용한 매개값은 모두 Calendar 클래스에 선언되어 있는 상수들입니다.

직접 해보는 손코딩

운영체제의 시간대를 기준으로 Calendar 얻기   소스 코드 CalendarExample.java

```
01  package sec02.exam02;
02
03  import java.util.*;
04
05  public class CalendarExample {
06    public static void main(String[] args) {
07      Calendar now = Calendar.getInstance();
```

```
08
09        int year = now.get(Calendar.YEAR);
10        int month = now.get(Calendar.MONTH) + 1;
11        int day = now.get(Calendar.DAY_OF_MONTH);
12
13        int week = now.get(Calendar.DAY_OF_WEEK);
14        String strWeek = null;
15        switch(week) {
16          case Calendar.MONDAY:
17            strWeek = "월";
18            break;
19          case Calendar.TUESDAY:
20            strWeek = "화";
21            break;
22          case Calendar.WEDNESDAY:
23            strWeek = "수";
24            break;
25          case Calendar.THURSDAY:
26            strWeek = "목";
27            break;
28          case Calendar.FRIDAY:
29            strWeek = "금";
30            break;
31          case Calendar.SATURDAY:
32            strWeek = "토";
33            break;
34          default:
35            strWeek = "일";
36        }
37
38        int amPm = now.get(Calendar.AM_PM);
39        String strAmPm = null;
40        if(amPm == Calendar.AM) {
41          strAmPm = "오전";
42        } else {
43          strAmPm = "오후";
44        }
45
46        int hour = now.get(Calendar.HOUR);
47        int minute = now.get(Calendar.MINUTE);
48        int second = now.get(Calendar.SECOND);
49
```

```
50          System.out.print(year + "년 ");
51          System.out.print(month + "월 ");
52          System.out.println(day + "일 ");
53          System.out.print(strWeek + "요일 ");
54          System.out.println(strAmPm + " ");
55          System.out.print(hour + "시 ");
56          System.out.print(minute + "분 ");
57          System.out.println(second + "초 ");
58      }
59  }
```

> **실행결과** ✕
>
> 2024년 1월 29일
> 월요일 오후
> 3시 58분 56초

▶ 2가지 키워드로 끝내는 핵심 포인트

- **Date 클래스:** 날짜를 표현하는 클래스입니다. Date 클래스는 객체 간에 날짜 정보를 주고받을 때 매개 변수나 리턴 타입으로 주로 사용됩니다.

- **Calendar 클래스:** 달력을 표현하는 클래스입니다. Calendar 클래스는 추상[abstract] 클래스이므로 new 연산자를 사용해서 인스턴스를 생성할 수 없습니다. Calendar 클래스의 정적 메소드인 getInstance() 메소드를 이용하면 현재 운영체제에 설정되어 있는 시간대[TimeZone]를 기준으로 한 Calendar 하위 객체를 얻을 수 있습니다.

▶ 확인 문제

1. Date와 SimpleDateFormat 클래스를 이용해서 오늘의 날짜를 다음과 같이 출력하는 프로그램을 작성해보세요.

```
2024년 05월 08일 수요일 10시 30분
```

2. Calendar 클래스를 이용해서 1번과 동일한 실행결과를 출력하는 프로그램을 작성해보세요.

- 프로세스와 스레드의 개념을 이해합니다.

- 멀티 태스킹을 위해 작업 스레드를 생성하고 실행할 수 있습니다.

- 동기화 메소드의 역할을 이해하고 활용할 수 있습니다.

- 스레드의 실행 대기, 일시 정지, 종료 등의 상태를 제어할 수 있습니다.

Chapter

12

스레드

멀티 스레드

프로세스   멀티 스레드   메인 스레드   작업 스레드   동기화 메소드

애플리케이션을 실행하면 운영체제로부터 실행에 필요한 메모리를 할당받아 애플리케이션이 실행되는데, 이것을 프로세스(process)라고 합니다. 그리고 프로세스 내부에서 코드의 실행 흐름을 스레드(thread)라고 합니다. 이번 절에서는 애플리케이션을 개발하는 데 필수 요소인 스레드에 대해 살펴보겠습니다.

시작하기 전에

운영체제에서는 실행 중인 하나의 애플리케이션을 프로세스process라고 부릅니다. 사용자가 애플리케이션을 실행하면 운영체제로부터 실행에 필요한 메모리를 할당받아 애플리케이션의 코드를 실행하는데 이것이 프로세스입니다.

하나의 애플리케이션은 멀티 프로세스multi process를 만들기도 합니다. 예를 들어 메모장 애플리케이션을 2개 실행했다면 2개의 메모장 프로세스가 생성된 것입니다.

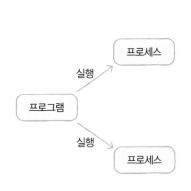

스레드

운영체제는 두 가지 이상의 작업을 동시에 처리하는 멀티 태스킹multi tasking을 할 수 있도록 CPU 및 메모리 자원을 프로세스마다 적절히 할당해주고, 병렬로 실행시킵니다. 예를 들어, 워드로 문서 작업을 하면서 동시에 윈도우 미디어 플레이어로 음악을 들을 수 있습니다.

멀티 태스킹은 꼭 멀티 프로세스를 뜻하는 것은 아닙니다. 한 프로세스 내에서 멀티 태스킹을 할 수 있도록 만들어진 애플리케이션도 있습니다. 대표적인 것이 미디어 플레이어Media player와 메신저Messenger입니다. 미디어 플레이어는 동영상 재생과 음악 재생

> 멀티 프로세스는 자신의 메모리를 가지고 실행하므로 서로 독립적이지만, 멀티 스레드는 하나의 프로세스 내부에 생성되므로 스레드 하나가 예외를 발생시키면 다른 스레드도 영향을 받습니다.

이라는 두 가지 작업을 동시에 처리하고, 메신저는 채팅 기능을 제공하면서 동시에 파일 전송 기능을 수행하기도 합니다. 어떻게 하나의 프로세스가 두 가지 이상의 작업을 처리할 수 있을까요? 그 비밀은 멀티 스레드multi thread에 있습니다.

스레드thread는 사전적 의미로 한 가닥의 실이라는 뜻인데, 한 가지 작업을 실행하기 위해 순차적으로 실행할 코드를 실처럼 이어놓았다고 해서 유래된 이름입니다. 하나의 스레드는 하나의 코드 실행 흐름이기 때문에 한 프로세스 내에 스레드가 2개라면 2개의 코드 실행 흐름이 생긴다는 의미입니다.

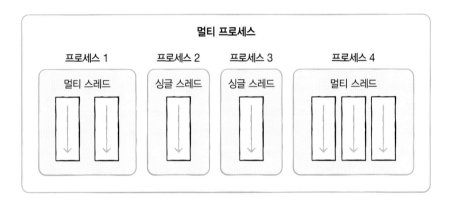

멀티 프로세스는 운영체제에서 할당받은 자신의 메모리를 가지고 실행하기 때문에 각 프로세스는 서로 독립적입니다. 따라서 하나의 프로세스에서 오류가 발생해도 다른 프로세스에 영향을 미치지 않습니다. 하지만 멀티 스레드는 하나의 프로세스 내부에 생성되기 때문에 하나의 스레드가 예외를 발생시키면 프로세스 자체가 종료될 수 있어 다른 스레드에 영향을 미치게 됩니다.

예를 들어 멀티 프로세스인 워드와 엑셀을 동시에 사용하던 도중, 워드에 오류가 생겨 먹통이 되더라도 엑셀은 여전히 사용 가능합니다. 그러나 멀티 스레드로 동작하는 메신저의 경우 파일을 전송하는 스레드에서 예외가 발생하면 메신저 프로세스 자체가 종료되므로 채팅 스레드도 같이 종료됩니다. 그렇기 때문에 멀티 스레드에서는 예외 처리에 만전을 기해야 합니다.

멀티 스레드는 다양한 곳에서 사용됩니다. 대용량 데이터의 처리 시간을 줄이기 위해 데이터를 분할해서 병렬로 처리하기도 하고, UI를 가지고 있는 애플리케이션에서 네트워크 통신을 하기 위해 사용되기도 합니다. 또한 다수 클라이언트의 요청을 처리하는 서버를 개발할 때에도 사용합니다.

멀티 스레드는 애플리케이션을 개발하는 데 꼭 필요한 기능이기 때문에 반드시 이해하고 활용할 수 있도록 해야 합니다.

메인 스레드

자바의 모든 애플리케이션은 메인 스레드main thread가 main() 메소드를 실행하면서 시작합니다. 메인 스레드는 main() 메소드의 첫 코드부터 아래로 순차적으로 실행하고, main() 메소드의 마지막 코드를 실행하거나 return문을 만나면 실행이 종료됩니다.

```java
public static void main(String[] args) {
    String data = null;
    if(…) {
    }
    while(…) {
    }
    System.out.println("…");
}
```

코드의 실행 흐름 ➡ 스레드

메인 스레드는 필요에 따라 작업 스레드들을 만들어서 병렬로 코드를 실행할 수 있습니다. 즉, 멀티 스레드를 생성해서 멀티 태스킹을 수행합니다.

다음 그림에서 오른쪽 멀티 스레드 애플리케이션을 보면 메인 스레드가 작업 스레드1을 생성하고 실행한 다음, 곧이어 작업 스레드2를 생성하고 실행합니다.

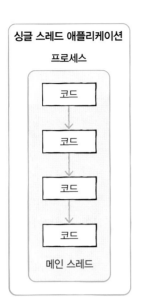
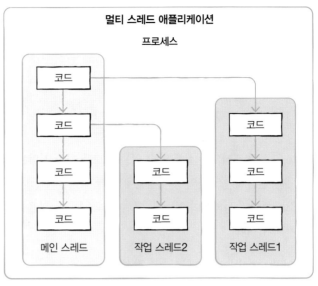

싱글 스레드 애플리케이션에서는 메인 스레드가 종료하면 프로세스도 종료됩니다. 하지만 멀티 스레드 애플리케이션에서는 실행 중인 스레드가 하나라도 있다면, 프로세스는 종료되지 않습니다. 메인 스레드가 작업 스레드보다 먼저 종료되더라도 작업 스레드가 계속 실행 중이라면 프로세스는 종료되지 않습니다.

작업 스레드 생성과 실행

멀티 스레드로 실행하는 애플리케이션을 개발하려면 먼저 몇 개의 작업을 병렬로 실행할지 결정하고 각 작업별로 스레드를 생성해야 합니다.

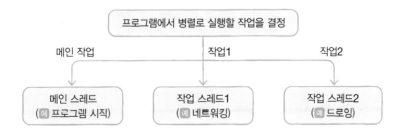

어떤 자바 애플리케이션이건 메인 스레드는 반드시 존재하기 때문에 메인 작업 이외에 추가적인 병렬 작업의 수만큼 스레드를 생성하면 됩니다. 자바에서는 작업 스레드도 객체로 생성되기 때문에 클래스가 필요합니다. java.lang.Thread 클래스를 직접 객체화해서 생성해도 되지만, Thread 클래스를 상속해서 하위 클래스를 만들어 생성할 수도 있습니다.

Thread 클래스로부터 직접 생성

java.lang.Thread 클래스로부터 작업 스레드 객체를 직접 생성하려면 다음과 같이 Runnable을 매개값으로 갖는 생성자를 호출해야 합니다.

```
Thread thread = new Thread(Runnable target);
```

Runnable은 작업 스레드가 실행할 수 있는 코드를 가지고 있는 객체라고 해서 붙여진 이름입니다. Runnable은 인터페이스 타입이기 때문에 구현 객체를 만들어 대입해야 합니다. Runnable에는 run() 메소드 하나가 정의되어 있는데, 구현 클래스는 run()을 재정의해서 작업 스레드가 실행할 코드를 작성해야 합니다.

다음과 같이 Runnable 구현 클래스를 작성합니다.

```
class Task implements Runnable {
  public void run() {
    스레드가 실행할 코드;
  }
}
```

Runnable은 작업 내용을 가지고 있는 객체이지 실제 스레드는 아닙니다. Runnable 구현 객체를 생성한 후, 이것을 매개값으로 해서 Thread 생성자를 호출해야 비로소 작업 스레드가 생성됩니다.

```
Runnable task= new Task();

Thread thread = new Thread(task);
```

코드를 좀 더 절약하기 위해 Thread 생성자를 호출할 때 Runnable 익명 객체를 매개값으로 사용할 수 있습니다. 오히려 이 방법이 더 많이 사용됩니다.

```
Thread thread = new Thread( new Runnable() {
  public void run() {
    스레드가 실행할 코드;          ←————— 익명 구현 객체
  }
} );
```

작업 스레드는 생성되는 즉시 실행되는 것이 아니라, start() 메소드를 다음과 같이 호출해야만 비로소 실행됩니다.

```
thread.start();
```

start() 메소드가 호출되면, 작업 스레드는 매개값으로 받은 Runnable의 run() 메소드를 실행하면서 자신의 작업을 처리합니다.

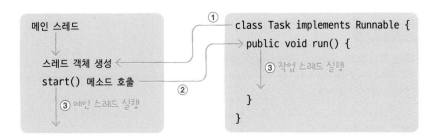

0.5초 주기로 비프beep음을 발생시키면서 동시에 출력하는 작업이 있다고 가정해보겠습니다. 비프음 발생과 출력은 서로 다른 작업이므로 메인 스레드가 동시에 두 가지 작업을 처리할 수 없습니다. 만약 다음과 같이 작성했다면 메인 스레드는 비프음을 모두 발생한 다음, 출력을 시작합니다.

직접 해보는 손코딩

메인 스레드만 이용한 경우   소스 코드 BeepPrintExample1.java

```
01    package sec01.exam01;
02
03    import java.awt.Toolkit;
04
05    public class BeepPrintExample1 {
06      public static void main(String[] args) {
07        Toolkit toolkit = Toolkit.getDefaultToolkit();  ←———— Toolkit 객체 얻기
08        for(int i=0; i<5; i++) {
09          toolkit.beep();  ←———— 비프음 발생
10          try { Thread.sleep(500); } catch(Exception e) {}
11        }                        ↑
                                    ———— 0.5초간 일시 정지
12
13        for(int i=0; i<5; i++) {
14          System.out.println("띵");
15          try { Thread.sleep(500); } catch(Exception e) {}
16        }                        ↑
                                    ———— 0.5초간 일시 정지
17      }
18    }
```

실행결과 ×
띵
띵
띵
띵
띵

note 만약 비프 소리가 나지 않으면, 사운드 카드가 제대로 설치되었는지, 스피커가 켜져 있는지 확인해보세요.

비프음을 발생시키면서 동시에 출력을 하려면 두 작업 중 하나를 메인 스레드가 아닌 다른 스레드에서 실행해야 합니다. 출력은 메인 스레드가 담당하고 비프음을 들려주는 것은 작업 스레드가 담당하도록 수정해보겠습니다.

우선 작업을 정의하는 Runnable 구현 클래스를 다음과 같이 작성합니다.

비프음을 들려주는 작업 정의 소스 코드 BeepTask.java

```java
01   package sec01.exam02;
02
03   import java.awt.Toolkit;
04
05   public class BeepTask implements Runnable {
06     public void run() {
07       Toolkit toolkit = Toolkit.getDefaultToolkit();
08       for(int i=0; i<5; i++) {
09         toolkit.beep();                                      ←——— 스레드 실행 내용
10         try { Thread.sleep(500); } catch(Exception e) {}
11       }
12     }
13   }
```

BeepPrintExample1.java에서 비프음을 발생하는 코드를 다음과 같이 작업 스레드 생성 및 실행 코드로 변경합니다.

메인 스레드와 작업 스레드가 동시에 실행 소스 코드 BeepPrintExample2.java

```java
01   package sec01.exam02;
02
03   public class BeepPrintExample2 {
04     public static void main(String[] args) {
05       Runnable beepTask = new BeepTask();
06       Thread thread = new Thread(beepTask);
07       thread.start();
08
09       for(int i=0; i<5; i++) {
10         System.out.println("띵");
11         try { Thread.sleep(500); }
```

BeepTask
```java
public void run() {
  Toolkit toolkit = Toolkit.getDefaultToolkit();
  for(int i=0; i<5; i++) {
    toolkit.beep();
    try { Thread.sleep(500); } catch(Exception e) {}
  }
}
```

```
12            catch(Exception e) {}
13        }
14    }
15  }
```

5라인에서 BeepTask 객체를 생성하고, 이것을 매개값으로 해서 6라인에서 작업 스레드를 생성합니다. 7라인에서 작업 스레드의 start() 메소드를 호출하면 작업 스레드에 의해 BeepTask 객체의 run() 메소드가 실행되어 비프음이 발생합니다. 그와 동시에 메인 스레드는 9라인의 for문을 실행시켜 0.5초 간격으로 "띵"을 출력합니다.

여기서 잠깐 **Runnable 익명 구현 객체 이용**

다음은 위에서 살펴본 코드의 5~6라인을 Runnable 익명 구현 객체로 대체하여 작업 스레드를 만들 수 있는 방법을 보여줍니다.

```
01    package sec01.exam03;
02
03    import java.awt.Toolkit;
04
05    public class BeepPrintExample3 {
06      public static void main(String[] args) {
07        Thread thread = new Thread(new Runnable() {
08          @Override
09          public void run() {
10            Toolkit toolkit = Toolkit.getDefaultToolkit();
11            for(int i=0; i<5; i++) {
12              toolkit.beep();
13              try { Thread.sleep(500); } catch(Exception e) {}
14            }
15          }
16        });
17        thread.start();
18
19        for(int i=0; i<5; i++) {
20          System.out.println("띵");
21          try { Thread.sleep(500); } catch(Exception e) {}
22        }
23      }
24    }
```

Thread 하위 클래스로부터 생성

작업 스레드가 실행할 작업을 Runnable로 만들지 않고, Thread의 하위 클래스로 작업 스레드를 정의하면서 작업 내용을 포함시킬 수도 있습니다.

다음은 작업 스레드 클래스를 정의하는 방법인데, Thread 클래스를 상속한 후 run() 메소드를 재정의overriding해서 스레드가 실행할 코드를 작성하면 됩니다. 작업 스레드 클래스로부터 작업 스레드 객체를 생성하는 방법은 일반적인 객체를 생성하는 방법과 동일합니다.

```java
public class WorkerThread extends Thread {
  @Override
  public void run() {
    스레드가 실행할 코드;          ◁─────── run() 메소드 재정의
  }
}
Thread thread = new WorkerThread();
```

코드를 좀 더 절약하기 위해 다음과 같이 Thread 익명 객체로 작업 스레드 객체를 생성할 수도 있습니다.

```java
Thread thread = new Thread() {
  public void run() {
    스레드가 실행할 코드;          ◁─────── 익명 자식 객체
  }
};
```

이렇게 생성된 작업 스레드 객체에서 start() 메소드를 호출하면 작업 스레드는 자신의 run() 메소드를 실행하게 됩니다.

```java
thread.start();
```

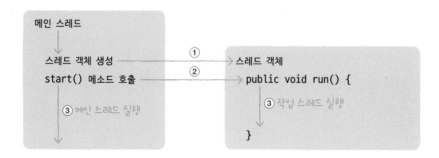

다음 BeepThread 클래스는 이전 예제를 수정해서 Runnable을 생성하지 않고 Thread의 하위 클래스로 작업 스레드를 정의한 것입니다.

비프음을 들려주는 스레드　　소스코드　BeepThread.java

```
01    package sec01.exam04;
02
03    import java.awt.Toolkit;
04
05    public class BeepThread extends Thread {
06      @Override
07      public void run() {
08        Toolkit toolkit = Toolkit.getDefaultToolkit();
09        for(int i=0; i<5; i++) {
10          toolkit.beep();                                      ←――――  스레드 실행 내용
11          try { Thread.sleep(500); } catch(Exception e) {}
12        }
13      }
14    }
```

다음은 BeepThread 클래스를 이용해서 작업 스레드 객체를 생성하고 실행합니다.

메인 스레드와 작업 스레드가 동시에 실행　　소스코드　BeepPrintExample4.java

```
01    package sec01.exam04;
02
03    public class BeepPrintExample4 {
04      public static void main(String[] args) {
05        Thread thread = new BeepThread();
06        thread.start();
07
08        for(int i=0; i<5; i++) {
09          System.out.println("띵");
10          try { Thread.sleep(500); }
11            catch(Exception e) {}
12        }
13      }
14    }
```

```
BeepThread
public void run() {
  Toolkit toolkit = Toolkit.getDefaultToolkit();
  for(int i=0; i<5; i++) {
    toolkit.beep();
    try { Thread.sleep(500); } catch(Exception e) {}
  }
}
```

메인 스레드

5라인에서 BeepThread 객체를 생성하고, 6라인에서 start() 메소드를 호출하여 BeepThread의 run() 메소드를 실행하도록 했습니다. 그와 동시에 메인 스레드는 8라인의 for문을 실행시켜 0.5초 간격으로 "띵"을 출력합니다.

+ 여기서 잠깐 | **Thread 익명 자식 객체 이용하기**

다음은 위에서 살펴본 코드의 5라인을 대체하여 Thread 익명 자식 객체를 이용해서 작업 스레드를 만들 수 있는 또 다른 방법을 보여줍니다.

```
01    package sec01.exam05;
02
03    import java.awt.Toolkit;
04
05    public class BeepPrintExample5 {
06      public static void main(String[] args) {
07        Thread thread = new Thread() {
08          @Override
09          public void run() {
10            Toolkit toolkit = Toolkit.getDefaultToolkit();
11            for(int i=0; i<5; i++) {
12              toolkit.beep();
13              try { Thread.sleep(500); } catch(Exception e) {}
14            }
15          }
16        };
17        thread.start();
18
19        for(int i=0; i<5; i++) {
20          System.out.println("띵");
21          try { Thread.sleep(500); } catch(Exception e) {}
22        }
23      }
24    }
```

스레드의 이름

스레드는 자신의 이름을 가지고 있습니다. 스레드의 이름이 큰 역할을 하는 것은 아니지만, 디버깅할 때 어떤 스레드가 어떤 작업을 하는지 조사할 목적으로 가끔 사용됩니다.

메인 스레드는 'main'이라는 이름을 가지고 있고, 우리가 직접 생성한 스레드는 자동적으로 'Thread-n'이라는 이름으로 설정됩니다. n은 스레드의 번호를 말하는데, Thread-n 대신 다른 이름으로 설정하고 싶다면 Thread 클래스의 setName() 메소드로 변경하면 됩니다.

```
thread.setName("스레드 이름");
```

반대로 스레드 이름을 알고 싶을 경우에는 getName() 메소드를 호출하면 됩니다.

```
thread.getName();
```

setName()과 getName()은 Thread 클래스의 인스턴스 메소드이므로 스레드 객체의 참조가 필요합니다. 만약 스레드 객체의 참조를 가지고 있지 않다면, Thread 클래스의 정적 메소드인 currentThread()를 이용해서 현재 스레드의 참조를 얻을 수 있습니다.

```
Thread thread = Thread.currentThread();
```

다음 예제는 메인 스레드의 참조를 얻어 스레드 이름을 콘솔에 출력하고 새로 생성한 스레드의 이름을 setName() 메소드로 설정한 후, getName() 메소드로 읽어오도록 했습니다.

직접 해보는 손코딩

메인 스레드 이름 출력 및 UserThread 생성 및 시작　　소스 코드 ThreadNameExample.java

```
01    package sec01.exam06;
02
03    public class ThreadNameExample {
04      public static void main(String[] args) {
05        Thread mainThread = Thread.currentThread(); ←──── 이 코드를 실행하는 스레드 객체 얻기
06        System.out.println("프로그램 시작 스레드 이름: " + mainThread.getName());
07
08        ThreadA threadA = new ThreadA(); ←──── ThreadA 생성
09        System.out.println("작업 스레드 이름: " + threadA.getName()); ←─┐
10        threadA.start(); ←──────────── ThreadA 시작              스레드 이름 얻기
11
12        ThreadB threadB = new ThreadB(); ←──── ThreadB 생성
13        System.out.println("작업 스레드 이름: " + threadB.getName()); ←─┘
14        threadB.start(); ←──────────── ThreadB 시작
```

```
15      }
16    }
```

ThreadA 클래스   ThreadA.java

```
01    package sec01.exam06;
02
03    public class ThreadA extends Thread {
04      public ThreadA() {
05        setName("ThreadA");  ←——— 스레드 이름 설정
06      }
07
08      public void run() {
09        for(int i=0; i<2; i++) {
10          System.out.println(getName() + "가 출력한 내용");  ←——— ThreadA 실행 내용
11        }
12      }
13    }
```
스레드 이름 얻기

ThreadB 클래스   ThreadB.java

```
01    package sec01.exam06;
02
03    public class ThreadB extends Thread {
04      public void run() {
05        for(int i=0; i<2; i++) {
06          System.out.println(getName() + "가 출력한 내용");  ←——— ThreadB 실행 내용
07        }
08      }
09    }
```
스레드 이름 얻기

동기화 메소드

싱글 스레드 프로그램에서는 1개의 스레드가 객체를 독차지해서 사용하면 되지만, 멀티 스레드 프로그램에서는 스레드들이 객체를 공유해서 작업해야 하는 경우가 있습니다. 이 경우 주의해야 할 점에 대해 살펴보겠습니다.

공유 객체를 사용할 때의 주의할 점

멀티 스레드 프로그램에서 스레드들이 객체를 공유해서 작업해야 하는 경우, 스레드 A가 사용하던 객체를 스레드 B가 상태를 변경할 수 있기 때문에 스레드 A가 의도했던 것과는 다른 결과를 산출할 수도 있습니다.

이는 여러 사람이 계산기를 함께 나눠 쓰는 상황을 예로 설명할 수 있습니다. 사람 A가 계산기로 작업을 하다가 계산 결과를 메모리에 저장한 뒤 잠시 자리를 비웠는데, 이때 사람 B가 계산기를 만져서 사람 A가 메모리에 저장한 값을 다른 값으로 변경하는 것과 동일합니다. 그런 다음 사람 A가 돌아와 계산기에 저장된 값을 이용해서 이후 작업을 진행한다면 결국 사람 A는 엉터리 값을 이용하게 됩니다.

다음 예제를 보며 이해해봅시다.

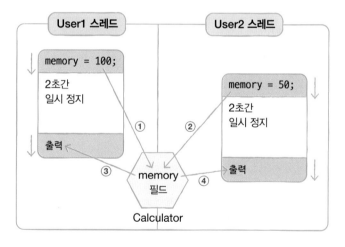

User1 스레드가 Calculator 객체의 memory 필드에 100을 먼저 저장하고 2초간 일시 정지 상태가 됩니다. 그동안에 User2 스레드가 memory 필드값을 50으로 변경합니다. 2초가 지나 User1 스레드가 다시 실행 상태가 되어 memory 필드값을 출력하면 User2 스레드가 저장한 50이 출력됩니다.

메인 스레드가 실행하는 코드 소스 코드 MainThreadExample.java

```
01    package sec01.exam07;
02
03    public class MainThreadExample {
04      public static void main(String[] args) {
05        Calculator calculator = new Calculator();
06
07        User1 user1 = new User1();          ———— User1 스레드 생성
08        user1.setCalculator(calculator);    ——— 공유 객체 설정
09        user1.start();                      ———————— User1 스레드 시작
10
11        User2 user2 = new User2();          ———— User2 스레드 생성
12        user2.setCalculator(calculator);    ——— 공유 객체 설정
13        user2.start();                      ———————— User2 스레드 시작
14      }
15    }
```

> 🖥 실행결과   ✕
> User1: 50
> User2: 50

공유 객체 소스 코드 Calculator.java

```
01    package sec01.exam07;
02
03    public class Calculator {
04      private int memory;
05
06      public int getMemory() {
07        return memory;
08      }
09
10      public void setMemory(int memory) {     ——— 계산기 메모리에 값을 저장하는 메소드
11        this.memory = memory;                 ——— 매개값을 memory 필드에 저장
12        try {
13          Thread.sleep(2000);                 ←— 스레드를 2초간 일시 정지시킴
14        } catch(InterruptedException e) {}
15        System.out.println(Thread.currentThread().getName() + ": " + this.memory);
16      }                                        스레드 이름 얻기                          메모리 값
17    }
```

User1 스레드   소스 코드 User1.java

```
01    package sec01.exam07;
02
03    public class User1 extends Thread {
04      private Calculator calculator;
05
06      public void setCalculator(Calculator calculator) {
07        this.setName("User1");              스레드 이름을 User1로 설정
08        this.calculator = calculator;       공유 객체인 Calculator를 필드에 저장
09      }
10
11      public void run() {
12        calculator.setMemory(100);          공유 객체인 Calculator의
13      }                                     메모리에 100을 저장
14    }
```

User2 스레드   소스 코드 User2.java

```
01    package sec01.exam07;
02
03    public class User2 extends Thread {
04      private Calculator calculator;
05
06      public void setCalculator(Calculator calculator) {
07        this.setName("User2");              스레드 이름을 User2로 설정
08        this.calculator = calculator;       공유 객체인 Calculator를 필드에 저장
09      }
10
11      public void run() {
12        calculator.setMemory(50);           공유 객체인 Calculator의
13      }                                     메모리에 50을 저장
14    }
```

동기화 메소드

스레드가 사용 중인 객체를 다른 스레드가 변경할 수 없게 하려면 스레드 작업이 끝날 때까지 객체에 잠금을 걸어서 다른 스레드가 사용할 수 없도록 해야 합니다.

멀티 스레드 프로그램에서 단 하나의 스레드만 실행할 수 있는 코드 영역을 임계 영역critical section이라고 합니다. 자바는 임계 영역을 지정하기 위해 동기화synchronized 메소드를 제공합니다. 스레드가 객체

내부의 동기화 메소드를 실행하면 즉시 객체에 잠금을 걸어 다른 스레드가 동기화 메소드를 실행하지 못하도록 합니다.

동기화 메소드를 만들려면 다음과 같이 메소드 선언에 synchronized 키워드를 붙이면 되는데, 인스턴스와 정적 메소드 어디든 붙일 수 있습니다.

```java
public synchronized void method() {
    임계 영역;   //단 하나의 스레드만 실행
}
```

동기화 메소드는 메소드 전체 내용이 임계 영역이므로 스레드가 동기화 메소드를 실행하는 즉시 객체에는 잠금이 일어나고, 스레드가 동기화 메소드를 실행 종료하면 잠금이 풀립니다.

만약 동기화 메소드가 여러 개 있을 경우, 스레드가 이들 중 하나를 실행할 때 다른 스레드는 해당 메소드는 물론이고 다른 동기화 메소드도 실행할 수 없습니다. 하지만 이때 다른 스레드에서 일반 메소드는 실행이 가능합니다.

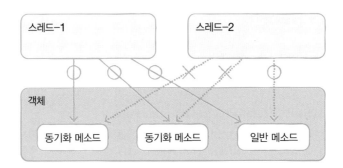

다음 예제는 이전 예제에서 문제가 되었던 공유 객체인 Calculator를 수정한 것입니다. Calculator의 setMemory() 메소드를 동기화 메소드로 만들어서 User1 스레드가 setMemory()를 실행할 동안 User2 스레드가 setMemory() 메소드를 실행할 수 없도록 했습니다.

직접 해보는 손코딩

동기화 메소드로 수정된 공유 객체   소스 코드 Calculator.java

```java
01    package sec01.exam08;
02
03    public class Calculator {
04       private int memory;
05
06       public int getMemory() {
```

```
07        return memory;
08    }
09
10    public synchronized void setMemory(int memory) {
11        this.memory = memory;
12        try {
13            Thread.sleep(2000);
14        } catch(InterruptedException e) {}
15        System.out.println(Thread.currentThread().getName() + ": " +  this.memory);
16    }
17 }
```

MainThreadExample.java를 다시 실행해보면 User1은 100, User2는 50이라는 출력값을 얻을 수 있습니다. 다음 그림을 보면서 이해해보겠습니다.

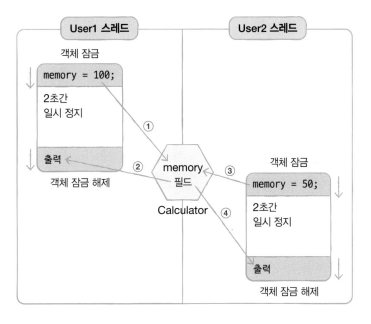

User1 스레드는 Calculator 객체의 동기화 메소드인 setMemory()를 실행하는 순간 Calculator 객체를 잠금 처리합니다. 메인 스레드가 User2 스레드를 실행하지만, 동기화 메소드인 setMemory()를 실행하지는 못하고 User1이 setMemory()를 모두 실행할 동안 대기해야 합니다.

User1 스레드가 setMemory() 메소드를 모두 실행하고 나면 User2 스레드가 setMemory() 메소드를 실행합니다. 결국 User1 스레드가 Calculator 객체를 사용할 동안 User2 스레드는 Calculator 객체를 사용하지 못하므로 User1 스레드는 방해받지 않고 안전하게 Calculator 객체를 사용할 수 있게 되는 것입니다.

▶ 5가지 키워드로 끝내는 핵심 포인트

- **프로세스:** 애플리케이션을 실행하면 운영체제로부터 실행에 필요한 메모리를 할당받아 애플리케이션이 실행되는데, 이것을 프로세스process라고 합니다.

- **멀티 스레드:** 하나의 프로세스 내에 동시 실행을 하는 스레드들이 2개 이상인 경우를 말합니다.

- **메인 스레드:** 자바의 모든 애플리케이션은 메인 스레드가 main() 메소드를 실행하면서 시작합니다. 메인 스레드는 main() 메소드의 첫 코드부터 아래로 순차적으로 실행하고, main() 메소드의 마지막 코드를 실행하거나 return문을 만나면 실행이 종료됩니다.

- **작업 스레드:** 메인 작업 이외에 병렬 작업의 수만큼 생성하는 스레드를 말합니다. 작업 스레드도 객체로 생성되기 때문에 클래스가 필요합니다. Thread 클래스를 직접 객체화해서 생성할 수도 있고, Thread 클래스를 상속해서 하위 클래스를 만들어 생성할 수도 있습니다.

- **동기화 메소드:** 멀티 스레드 프로그램에서 단 하나의 스레드만 실행할 수 있는 코드 영역을 임계 영역critical section이라고 합니다. 자바는 임계 영역을 지정하기 위해 동기화synchronized 메소드를 제공합니다. 스레드가 객체 내부의 동기화 메소드를 실행하면 즉시 객체에 잠금을 걸어 다른 스레드가 동기화 메소드를 실행하지 못하도록 합니다.

▶ 확인 문제

1. 스레드에 대한 설명 중 틀린 것은 무엇입니까?

   ① 자바 애플리케이션은 메인 스레드가 main() 메소드를 실행한다.
   ② 작업 스레드 클래스는 Thread 클래스를 상속해서 만들 수 있다.
   ③ Runnable 객체는 스레드가 실행해야 할 코드를 가지고 있는 객체라고 볼 수 있다.
   ④ 스레드 실행을 시작하려면 run() 메소드를 호출해야 한다.

2. 동영상과 음악을 재생하기 위해 두 가지 스레드를 실행하려고 합니다. ❶ ~ ❸ 에 적당한 코드를 넣어보세요.

소스 코드 ThreadExample.java

```
01    package sec01.verify.exam02;
02
03    public class ThreadExample {
04      public static void main(String[] args) {
05        Thread thread1 = new MovieThread();
06        thread1.start();
07
08        Thread thread2 = new Thread(        ❶        );
09        thread2.start();
10      }
11    }
```

소스 코드 MovieThread.java

```
01    package sec01.verify.exam02;
02
03    public class MovieThread        ❷        {
04      @Override
05      public void run() {
06        for(int i=0;i<3;i++) {
07          System.out.println("동영상을 재생합니다.");
08          try {
09            Thread.sleep(1000);
10          } catch (InterruptedException e) {
11          }
12        }
13      }
14    }
```

소스 코드 MusicRunnable.java

```
01    package sec01.verify.exam02;
02
03    public class MusicRunnable        ❸        {
04      @Override
05      public void run() {
```

```
06        for(int i=0;i<3;i++) {
07          System.out.println("음악을 재생합니다.");
08          try {
09            Thread.sleep(1000);
10          } catch (InterruptedException e) {
11          }
12        }
13      }
14    }
```

3. 동기화 메소드에 대한 설명 중 틀린 것은 무엇입니까?

① 동기화 메소드는 싱글(단일) 스레드 환경에서는 필요 없다.

② 스레드가 동기화 메소드를 실행할 때 다른 스레드는 일반 메소드를 호출할 수 없다.

③ 스레드가 동기화 메소드를 실행할 때 다른 스레드는 다른 동기화 메소드를 호출할 수 없다.

④ 동기화 메소드 선언부에는 synchronized 키워드가 필요하다.

12-2 스레드 제어

핵심 키워드

`스레드 상태`　`일시 정지`　`안전한 종료`　`데몬 스레드`

스레드를 생성하고 시작하면 스레드는 다양한 상태를 가지게 됩니다. 스레드의 상태는 자동으로 변경될 수도 있고, 코드에 의해서 변경될 수도 있습니다. 이번 절에서는 스레드의 상태를 변경해서 스레드를 제어하는 방법에 대해 알아보겠습니다.

시작하기 전에

스레드 객체를 생성하고 start() 메소드를 호출하면 바로 실행되는 것이 아니라 실행 대기 상태가 됩니다. 실행 대기 상태란 언제든지 실행할 준비가 되어 있는 상태를 말합니다. 운영체제는 실행 대기 상태에 있는 스레드 중에서 하나를 선택해서 실행 상태로 만듭니다.

실행 상태의 스레드는 run() 메소드를 모두 실행하기 전에 다시 실행 대기 상태로 돌아갈 수 있으며, 실행 대기 상태에 있는 다른 스레드가 선택되어 실행 상태가 되기도 합니다.

실행 상태에서 run() 메소드의 내용이 모두 실행되면 스레드의 실행이 멈추고 종료 상태가 됩니다.

이 과정을 그림으로 표현하면 다음과 같습니다.

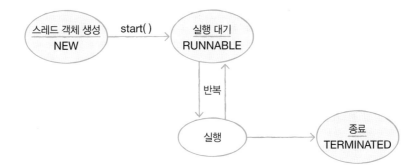

스레드 상태

스레드 객체를 생성하고 start() 메소드를 호출하면 곧바로 스레드가 실행되는 것처럼 보이지만 사실은 실행 대기 상태가 됩니다. 실행 대기 상태란 실행을 기다리고 있는 상태를 말합니다. 실행 대기 상태에 있는 스레드 중에서 운영체제는 하나의 스레드를 선택하고 CPU(코어)가 run() 메소드를 실행하도록 합니다. 이때를 실행running 상태라고 합니다.

실행 상태의 스레드는 run() 메소드를 모두 실행하기 전에 다시 실행 대기 상태로 돌아갈 수 있습니다. 그리고 실행 대기 상태에 있는 다른 스레드가 선택되어 실행 상태가 됩니다.

이렇게 스레드는 실행 대기 상태와 실행 상태를 번갈아가면서 자신의 run() 메소드를 조금씩 실행합니다. 실행 상태에서 run() 메소드가 종료되면, 더 이상 실행할 코드가 없기 때문에 스레드의 실행은 멈추게 됩니다. 이 상태를 종료terminated 상태라고 합니다.

이처럼 스레드는 실행 대기 상태와 실행 상태로 번갈아 변하면서, 경우에 따라서 실행 상태에서 일시 정지 상태로 가기도 합니다. 일시 정지 상태는 스레드가 실행할 수 없는 상태입니다. 일시 정지 상태에서는 바로 실행 상태로 돌아갈 수 없고, 일시 정지 상태에서 빠져나와 실행 대기 상태로 가야 합니다.

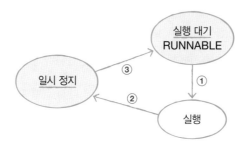

스레드 상태 제어

사용자는 미디어 플레이어에서 동영상을 보다가 일시 정지할 수도 있고, 종료할 수도 있습니다. 일시 정지는 조금 후 다시 동영상을 보겠다는 의미이므로 미디어 플레이어는 동영상 스레드를 일시 정지 상태로 만들어야 합니다. 그리고 종료는 더 이상 동영상을 보지 않겠다는 의미이므로 미디어 플레이어는 스레드를 종료 상태로 만들어야 합니다. 이와 같이 실행 중인 스레드의 상태를 변경하는 것을 스레드 상태 제어라고 합니다.

멀티 스레드 프로그램을 만들기 위해서는 정교한 스레드 상태 제어가 필요한데, 상태 제어가 잘못되면 프로그램은 불안정해져서 먹통이 되거나 다운됩니다. 스레드 제어를 제대로 하기 위해서는 스레드의 상태 변화를 가져오는 메소드를 파악하고 있어야 합니다.

> 스레드 상태 제어는 주어진 시간 동안 일시 정지시키는 sleep() 메소드와 스레드를 안전하게 종료시키는 stop 플래그, interrupt() 메소드를 사용합니다.

다음 그림은 상태 변화를 가져오는 메소드의 종류를 보여줍니다. 취소선으로 표시한 메소드는 스레드의 안전성을 해친다고 하여 더 이상 사용하지 않도록 권장된 Deprecated 메소드입니다.

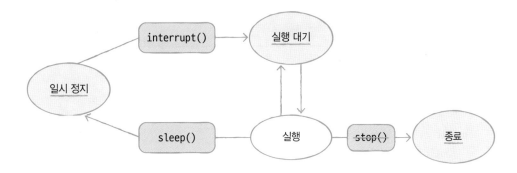

메소드	설명
interrupt()	일시 정지 상태의 스레드에서 InterruptedException을 발생시켜, 예외 처리 코드(catch)에서 실행 대기 상태로 가거나 종료 상태로 갈 수 있도록 합니다.
sleep(long millis)	주어진 시간 동안 스레드를 일시 정지 상태로 만듭니다. 주어진 시간이 지나면 자동적으로 실행 대기 상태가 됩니다.
stop()	스레드를 즉시 종료합니다. 불안전한 종료를 유발하므로 사용하지 않는 것이 좋습니다.

주어진 시간 동안 일시 정지

실행 중인 스레드를 일정 시간 멈추게 하고 싶다면 Thread 클래스의 정적 메소드인 sleep()을 사용하면 됩니다. 다음과 같이 Thread.sleep() 메소드를 호출한 스레드는 주어진 시간 동안 일시 정지 상태가 되고, 다시 실행 대기 상태로 돌아갑니다.

```
try {
  Thread.sleep(1000);
} catch(InterruptedException e) {
  //interrupt() 메소드가 호출되면 실행
}
```

매개값에는 얼마 동안 일시 정지 상태로 있을 것인지 밀리세컨드(1/1000초) 단위로 시간을 주면 됩니다. 위와 같이 1000이라는 값을 주면 스레드는 1초가 경과할 동안 일시 정지 상태로 있게 됩니다. 일시 정지 상태에서 주어진 시간이 되기 전에 interrupt() 메소드가 호출되면 InterruptedException이 발생하기 때문에 예외 처리가 필요합니다.

다음 예제는 3초 주기로 비프^{beep}음을 10번 발생시킵니다.

3초 주기로 10번 비프음 발생 소스 코드 SleepExample.java

```
01    package sec02.exam01;
02
03    import java.awt.Toolkit;
04
05    public class SleepExample {
06      public static void main(String[] args) {
07        Toolkit toolkit = Toolkit.getDefaultToolkit();
08        for(int i=0; i<10; i++) {
09        toolkit.beep();
10          try {
11            Thread.sleep(3000);          3초 동안 메인 스레드를
12          } catch(InterruptedException e) { }   일시 정지 상태로 만듦
13
14        }
15      }
16    }
```

10~12라인은 메인 스레드를 3초 동안 일시 정지 상태로 보내고, 3초가 지나면 다시 실행 준비 상태로 돌아오도록 했습니다.

스레드의 안전한 종료

스레드는 자신의 run() 메소드가 모두 실행되면 자동적으로 종료됩니다. 하지만 경우에 따라서는 실행 중인 스레드를 즉시 종료해야 할 때가 있습니다. 예를 들어 동영상을 끝까지 보지 않고, 사용자가 멈춤을 요구할 수 있습니다.

Thread는 스레드를 즉시 종료하기 위해서 stop() 메소드를 제공하고 있는데, 이 메소드는 deprecated(중요도가 떨어져 이제 사용되지 않음)되었습니다. 그 이유는 stop() 메소드로 스레드를 갑자기 종료하게 되면 스레드가 사용 중이던 자원들이 불안전한 상태로 남겨지기 때문입니다. 그렇다면 스레드를 즉시 종료하기 위한 최선의 방법은 무엇일까요?

note 여기서 자원이란 파일, 네트워크 연결 등을 말합니다.

지금부터 스레드를 안전하게 종료하는 방법에 대해서 알아보겠습니다.

■ stop 플래그를 이용하는 방법

스레드는 run() 메소드가 끝나면 자동적으로 종료되므로, run() 메소드가 정상적으로 종료되도록 유도하는 것이 중요합니다. 다음 코드는 stop 플래그를 이용해서 run() 메소드의 종료를 유도합니다.

```java
public class XXXThread extends Thread {
  private boolean stop;  //stop 플래그 필드

  public void run() {
    while( !stop ) {  ←──────────── stop이 true가 되면 run()이 종료
      스레드가 반복 실행하는 코드;
    }
    //스레드가 사용한 자원 정리
  }
}
```

위 코드에서 stop 필드가 false일 경우에는 while문의 조건식이 true가 되어 반복 실행하지만, stop 필드가 true일 경우에는 while문의 조건식이 false가 되어 while문을 빠져나옵니다. 그리고 스레드가 사용한 자원을 정리하고, run() 메소드가 끝나게 됨으로써 스레드는 안전하게 종료됩니다.

다음 예제는 PrintThread1을 실행한 후 1초 후에 PrintThread1을 멈추도록 setStop() 메소드를 호출합니다.

직접 해보는 손코딩

1초 후 출력 스레드를 중지 소스 코드 StopFlagExample.java

```java
01    package sec02.exam02;
02
03    public class StopFlagExample {
04      public static void main(String[] args)  {
05        PrintThread1 printThread = new PrintThread1();
06        printThread.start();
07
08        try { Thread.sleep(1000); } catch (InterruptedException e) {}
09
10        printThread.setStop(true);  ←──── 스레드를 종료하기 위해
11      }                                      stop 필드를 true로 변경
12    }
```

실행결과 ☒

실행 중
실행 중
실행 중
자원 정리
실행 종료

무한 반복해서 출력하는 스레드 소스 코드 `PrintThread1.java`

```
01    package sec02.exam02;
02
03    public class PrintThread1 extends Thread {
04      private boolean stop;
05
06      public void setStop(boolean stop) {
07        this.stop = stop;
08      }
09
10      public void run() {
11        while(!stop) {
12          System.out.println("실행 중");
13        }
14        System.out.println("자원 정리");
15        System.out.println("실행 종료");
16      }
17    }
```

stop이 true가 될 때

■ interrupt( ) 메소드를 이용하는 방법

interrupt( ) 메소드는 스레드가 일시 정지 상태에 있을 때 InterruptedException을 발생시키는 역할을 합니다. 이를 이용하면 run( ) 메소드를 정상 종료할 수 있습니다.

예를 들어, 다음 그림과 같이 ThreadA가 ThreadB를 생성해서 start( ) 메소드로 ThreadB를 실행했다고 가정해보겠습니다.

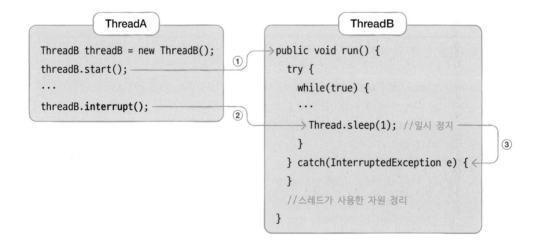

ThreadA가 ThreadB의 interrupt() 메소드를 실행하게 되면 ThreadB가 sleep() 메소드로 일시 정지 상태가 될 때 ThreadB에서 InterruptedException이 발생하여 예외 처리(catch) 블록으로 이동합니다. 결국 ThreadB는 while문을 빠져나와 run() 메소드를 정상 종료하게 됩니다.

다음 예제는 PrintThread2를 실행한 후 1초 후에 PrintThread2를 멈추도록 interrupt() 메소드를 호출합니다.

직접 해보는 손코딩

1초 후 출력 스레드를 중지 소스 코드 InterruptExample.java

```
01  package sec02.exam03;
02
03  public class InterruptExample {
04    public static void main(String[] args)  {
05      Thread thread = new PrintThread2();
06      thread.start();
07
08      try { Thread.sleep(1000); } catch (InterruptedException e) {}
09
10      thread.interrupt();  ←──  스레드를 종료하기 위해
11    }                            InterruptedException을 발생시킴
12  }
```

실행결과 ✕
실행 중
실행 중
실행 중
자원 정리
실행 종료

무한 반복해서 출력하는 스레드 소스 코드 PrintThread2.java

```
01  package sec02.exam03;
02
03  public class PrintThread2 extends Thread {
04    public void run() {
05      try {
06        while(true) {
07          System.out.println("실행 중");
08          Thread.sleep(1); ─────┐
09        }                        │  InterruptedException 발생
10      } catch(InterruptedException e) {} ←──┘
11
12      System.out.println("자원 정리");
13      System.out.println("실행 종료");
14    }
15  }
```

주목할 점은 스레드가 실행 대기 또는 실행 상태에 있을 때 interrupt() 메소드가 실행되면 즉시 InterruptedException이 발생하지 않고, 스레드가 미래에 일시 정지 상태가 되면 Interrupted Exception이 발생한다는 것입니다. 따라서 스레드가 일시 정지 상태가 되지 않으면 interrupt() 메소드 호출은 아무런 의미가 없습니다. 그래서 짧은 시간이나마 일시 정지시키기 위해 8라인에서 Thread.sleep(1)을 사용한 것입니다.

일시 정지를 만들지 않고도 interrupt()의 호출 여부를 알 수 있는 방법이 있습니다. interrupt() 메소드가 호출되었다면 스레드의 interrupted()와 isInterrupted() 메소드는 true를 리턴합니다. interrupted()는 정적 메소드로 현재 스레드가 interrupted되었는지 확인하는 것이고, isInterrupted()는 인스턴스 메소드로 현재 스레드가 interrupted되었는지 확인합니다. 둘 중 어떤 것을 사용해도 무방합니다.

```
boolean status = Thread.interrupted();
boolean status = objThread.isInterrupted();
```

다음은 일시 정지 코드인 Thread.sleep(1)을 사용하지 않고, Thread.interrupted()를 사용해서 PrintThread의 interrupt()가 호출되었는지 확인한 다음 while문을 빠져나가도록 했습니다.

무한 반복해서 출력하는 스레드 소스 코드 PrintThread2.java

```java
01    package sec02.exam04;
02
03    public class PrintThread2 extends Thread {
04      public void run() {
05        while(true) {
06          System.out.println("실행 중");
07          if(Thread.interrupted()) {
08            break;
09          }
10        }
11
12        System.out.println("자원 정리");
13        System.out.println("실행 종료");
14      }
15    }
```

while문을 빠져나옴

데몬 스레드

데몬^{daemon} 스레드는 주 스레드의 작업을 돕는 보조적인 역할을 수행하는 스레드입니다. 주 스레드가 종료되면 데몬 스레드는 강제적으로 자동 종료되는데, 그 이유는 주 스레드의 보조 역할을 수행하므로 주 스레드가 종료되면 데몬 스레드의 존재 의미가 사라지기 때문입니다. 이 점을 제외하면 데몬 스레드는 일반 스레드와 큰 차이가 없습니다.

데몬 스레드의 적용 예는 워드프로세서의 자동 저장, 미디어 플레이어의 동영상 및 음악 재생, 쓰레기 수집기 등이 있는데, 이 기능들은 주 스레드(워드프로세서, 미디어 플레이어, JVM)가 종료되면 같이 종료됩니다.

스레드를 데몬으로 만들기 위해서는 주 스레드가 데몬이 될 스레드의 setDaemon(true)를 호출해주면 됩니다. 아래 코드를 보면 메인 스레드가 주 스레드가 되고, AutoSaveThread가 데몬 스레드가 됩니다.

```java
public static void main(String[] args) {
    AutoSaveThread thread = new AutoSaveThread();
    thread.setDaemon(true);
    thread.start();
    ...
}
```

주의할 점은 start() 메소드가 호출되고 나서 setDaemon(true)를 호출하면 IllegalThreadState Exception이 발생하기 때문에 start() 메소드 호출 전에 setDaemon(true)를 호출해야 한다는 것입니다.

note 현재 실행 중인 스레드가 데몬 스레드인지 아닌지를 구별하려면 isDaemon() 메소드의 리턴값을 조사해보면 됩니다. 데몬 스레드일 경우 true를 리턴합니다.

다음 예제는 1초 주기로 save() 메소드를 자동 호출하도록 AutoSaveThread를 작성하고, 메인 스레드가 3초 후 종료되면 AutoSaveThread도 같이 종료되도록 AutoSaveThread를 데몬 스레드로 만들었습니다.

1초 주기로 save( ) 메소드를 호출하는 데몬 스레드　소스 코드 AutoSaveThread.java

```java
01    package sec02.exam05;
02
03    public class AutoSaveThread extends Thread {
04      public void save() {
05        System.out.println("작업 내용을 저장함.");
06      }
07
08      @Override
09      public void run() {
10        while(true) {
11          try {
12            Thread.sleep(1000);
13          } catch (InterruptedException e) {
14            break;
15          }
16          save();
17        }
18      }
19    }
```

메인 스레드가 실행하는 코드　소스 코드 DaemonExample.java

```java
01    package sec02.exam05;
02
03    public class DaemonExample {
04      public static void main(String[] args) {
05        AutoSaveThread autoSaveThread = new AutoSaveThread();
06        autoSaveThread.setDaemon(true);          AutoSaveThread를 데몬 스레드로 만듦
07        autoSaveThread.start();
08
09        try {
10          Thread.sleep(3000);
11        } catch (InterruptedException e) {
12        }
13
14        System.out.println("메인 스레드 종료");
15      }
16    }
```

실행결과　✕

```
작업 내용을 저장함.
작업 내용을 저장함.
작업 내용을 저장함.
메인 스레드 종료
```

▶ 4가지 키워드로 끝내는 핵심 포인트

- **스레드 상태**: 스레드를 생성하고 시작하면 스레드는 다양한 상태를 가지게 됩니다. 스레드의 상태는 자동으로 변경될 수도 있고, 코드에 의해서 변경될 수도 있습니다.

- **일시 정지**: 실행 중인 스레드를 일정 시간 멈추게 하고 싶다면 Thread 클래스의 정적 메소드인 sleep()을 사용하면 됩니다. 다음과 같이 Thread.sleep() 메소드를 호출한 스레드는 주어진 시간 동안 일시 정지 상태가 되고, 다시 실행 대기 상태로 돌아갑니다.

- **안전한 종료**: Thread는 스레드를 즉시 종료하기 위해서 stop() 메소드를 제공하고 있는데, 이 메소드는 deprecated(중요도가 떨어져 이제 사용되지 않음)되었습니다. 그 이유는 stop() 메소드로 스레드를 갑자기 종료하게 되면 스레드가 사용 중이던 자원들이 불안전한 상태로 남겨지기 때문입니다. 스레드를 안전하게 종료하기 위해서 stop 플래그를 이용하거나 interrupt() 메소드를 이용하는 방법이 있습니다.

- **데몬 스레드**: 주 스레드의 작업을 돕는 보조적인 역할을 수행하는 스레드입니다. 주 스레드가 종료되면 데몬 스레드는 강제적으로 자동 종료되는데, 주 스레드의 보조 역할을 수행하므로 주 스레드가 종료되면 데몬 스레드의 존재 의미가 사라지기 때문입니다.

▶ 확인 문제

1. 스레드 상태 제어를 하는 메소드에 대한 설명 중 틀린 것은 무엇입니까?

   ① start() 메소드는 실행 대기 상태로 만들어준다.
   ② sleep() 메소드는 일시 정지 상태로 만들어준다.
   ③ interrupt() 메소드는 실행 상태를 간섭해서 일시 정지 상태로 만들어준다.
   ④ 일시 정지 상태에서 실행 상태로 변경하는 메소드는 없다.

2. interrupt() 메소드를 호출한 효과에 대한 설명 중 틀린 것은 무엇입니까?

① 일시 정지 상태에서 InterruptedException을 발생시킨다.

② 스레드는 즉시 종료한다.

③ 실행 대기 상태에서 호출되면 일시 정지 상태가 될 때까지 InterruptedException이 발생하지 않는다.

④ 아직 InterruptedException이 발생하지 않았다면 interrupted(), isInterrupted() 메소드는 true를 리턴한다.

3. 메인 스레드에서 1초 후 MovieThread의 interrupt() 메소드를 호출해서 MovieThread를 안전하게 종료하고 싶습니다. ▨▨▨▨에 적당한 코드를 작성해보세요.

소스 코드 ThreadExample.java

```java
01    package sec02.verify.exam03;
02
03    public class ThreadExample {
04      public static void main(String[] args) {
05        Thread thread = new MovieThread();
06        thread.start();
07
08        try { Thread.sleep(1000); } catch (InterruptedException e) {}
09
10        thread.interrupt();
11      }
12    }
```

소스 코드 MovieThread.java

```java
01    package sec02.verify.exam03;
02
03    public class MovieThread extends Thread {
04      @Override
05      public void run() {
06        while(true) {
07          System.out.println("동영상을 재생합니다.");
08
09
10
11        }
12      }
13    }
```

4. 메인 스레드가 종료되면 MovieThread도 같이 종료되게 만들고 싶습니다. ▨▨▨▨▨▨▨에 적당한 코드를 넣어보세요.

소스 코드 ThreadExample.java

```
01    package sec02.verify.exam04;
02
03    public class ThreadExample {
04      public static void main(String[] args) {
05        Thread thread = new MovieThread();
06
07        thread.start();
08
09        try { Thread.sleep(3000); } catch (InterruptedException e) {}
10      }
11    }
```

소스 코드 MovieThread.java

```
01    package sec02.verify.exam04;
02
03    public class MovieThread extends Thread {
04      @Override
05      public void run() {
06        while(true) {
07          System.out.println("동영상을 재생합니다.");
08          try { Thread.sleep(1000); } catch (InterruptedException e) {}
09        }
10      }
11    }
```

5. while문으로 반복적인 작업을 하는 스레드를 종료하는 방법에 대한 설명 중 최선의 방법이 아닌 것은?

① stop() 메소드를 호출해서 즉시 종료시킨다.

② 조건식에 boolean 타입의 stop 플래그를 이용해서 while문을 빠져나가게 한다.

③ 스레드가 반복적으로 일시 정지 상태가 된다면 InterruptedException을 발생시켜 예외 처리 코드에서 break문으로 while문을 빠져나가게 한다.

④ 스레드가 일시 정지 상태로 가지 않는다면 isInterrupted()나 interrupted() 메소드의 리턴값을 조사해서 true일 경우 break문으로 while문을 빠져나가게 한다.

Chapter

13

컬렉션 프레임워크

컬렉션 프레임워크   List 컬렉션   Set 컬렉션   Map 컬렉션

우리는 5장에서 배열을 학습한 바 있습니다. 배열은 기본 타입뿐만 아니라 클래스 타입의 배열도 만들 수 있기 때문에 객체 저장소로 사용될 수 있습니다. 하지만 배열은 선언 시 정한 크기(저장 용량)를 변경할 수 없고, 항목을 저장, 삭제, 추가하는 메소드가 없기 때문에 직접 인덱스를 사용해야 합니다. 이러한 불편함을 해결하기 위해 자바는 컬렉션 프레임워크를 제공합니다. 이번 절에서는 컬렉션 프레임워크에 대해 살펴보겠습니다.

시작하기 전에

자바는 널리 알려져 있는 자료구조^{Data Structure}를 사용해서 객체들을 효율적으로 추가, 삭제, 검색할 수 있도록 인터페이스와 구현 클래스를 java.util 패키지에서 제공합니다. 이들을 총칭해서 컬렉션 프레임워크^{Collection Framework}라고 부릅니다.

컬렉션^{Collection}은 객체의 저장을 뜻하고, 프레임워크^{Framework}란 사용 방법을 정해놓은 라이브러리를 말합니다. 실제로 컬렉션 프레임워크는 사용 방법을 정의한 인터페이스와 실제 객체를 저장하는 다양한 컬렉션 클래스(구현 클래스)를 제공합니다.

컬렉션 프레임워크의 주요 인터페이스로는 List, Set, Map이 있습니다. 이 인터페이스들은 컬렉션 클래스를 사용하는 방법을 정의한 것입니다. 그리고 다음 그림은 이들 인터페이스로 사용 가능한 컬렉션 클래스(구현 클래스)를 보여줍니다.

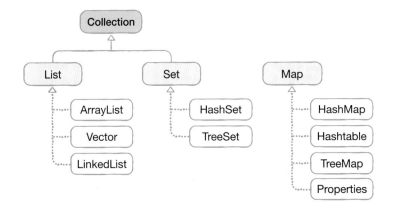

List 컬렉션

List 컬렉션은 배열과 비슷하게 객체를 인덱스로 관리합니다. 배열과의 차이점은 저장 용량capacity이 자동으로 증가하며, 객체를 저장할 때 자동 인덱스가 부여된다는 것입니다. 그리고 추가, 삭제, 검색을 위한 다양한 메소드들이 제공됩니다.

List 컬렉션은 객체 자체를 저장하는 것이 아니라 다음 그림과 같이 객체의 번지를 참조합니다. 그렇기 때문에 동일한 객체를 중복 저장할 수 있는데, 이 경우 동일한 번지가 참조됩니다. null도 저장이 가능하며, 이 경우 해당 인덱스는 객체를 참조하지 않습니다.

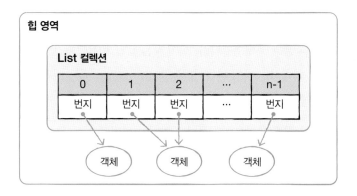

List 컬렉션에는 ArrayList, Vector, LinkedList 등이 있는데, 다음은 List 컬렉션에서 공통적으로 사용 가능한 List 인터페이스의 메소드입니다. 인덱스로 객체를 관리하기 때문에 인덱스를 매개값으로 갖는 메소드가 많습니다.

기능	메소드	설명
객체 추가	boolean add(E e)	주어진 객체를 맨 끝에 추가합니다.
	void add(int index, E element)	주어진 인덱스에 객체를 추가합니다.
	E set(int index, E element)	주어진 인덱스에 저장된 객체를 주어진 객체로 바꿉니다.
객체 검색	boolean contains(Object o)	주어진 객체가 저장되어 있는지 조사합니다.
	E get(int index)	주어진 인덱스에 저장된 객체를 리턴합니다.
	boolean isEmpty( )	컬렉션이 비어 있는지 조사합니다.
	int size( )	저장되어 있는 전체 객체 수를 리턴합니다.
객체 삭제	void clear( )	저장된 모든 객체를 삭제합니다.
	E remove(int index)	주어진 인덱스에 저장된 객체를 삭제합니다.
	boolean remove(Object o)	주어진 객체를 삭제합니다.

위의 표에서 메소드의 매개 변수 타입과 리턴 타입에 E라는 타입 파라미터가 있는데, 이것은 저장되는 객체의 타입을 List 컬렉션을 생성할 때 결정하라는 뜻입니다. 예를 들어보겠습니다.

List 컬렉션에 객체를 추가할 때에는 add() 메소드를 사용하고, 객체를 찾아올 때에는 get() 메소드를 사용합니다. 그리고 객체 삭제는 remove() 메소드를 사용합니다. 다음은 List 컬렉션에 String 객체를 추가, 삽입, 검색, 삭제하는 방법을 보여줍니다.

```
List<String> list = …;
list.add("홍길동");          //맨 끝에 객체 추가
list.add(1, "신용권");        //지정된 인덱스에 객체 삽입
String str = list.get(1);     //인덱스로 객체 검색
list.remove(0);              //인덱스로 객체 삭제
list.remove("신용권");        //객체 삭제
```

List〈String〉으로 list 변수를 선언하였습니다. 이것은 List 컬렉션에 저장되는 객체를 String 타입으로 하겠다는 뜻입니다. 따라서 E 타입 파라미터는 String 타입이 되는 것입니다. 그래서 add() 메소드의 매개값은 문자열이 되고 get() 메소드의 리턴값은 문자열이 됩니다.

List 컬렉션에 저장된 모든 객체를 대상으로 하나씩 가져와 처리하고 싶다면 인덱스를 이용하는 방법과 향상된 for문을 이용하는 방법이 있습니다. 다음은 인덱스를 이용하는 방법입니다. List 컬렉션의 size() 메소드는 현재 저장되어 있는 객체 수를 리턴합니다.

```
List<String> list = …;
for(int i=0; i<list.size(); i++) {  ←———— 저장된 총 객체 수만큼 루핑
  String str = list.get(i);
}
         ↑
     i 인덱스에 저장된 String 객체를 가져옴
```

다음은 향상된 for문을 이용하는 방법입니다. List 컬렉션에 저장된 객체 수만큼 반복하면서 객체를 하나씩 str 변수에 대입합니다.

```
    String 객체를 하나씩 가져옴
      ↓
for(String str : list) {  ←———— 저장된 총 객체 수만큼 루핑
}
```

ArrayList

ArrayList는 List 인터페이스의 대표적인 구현 클래스입니다. 다음은 ArrayList 객체를 생성하는 방법을 보여줍니다.

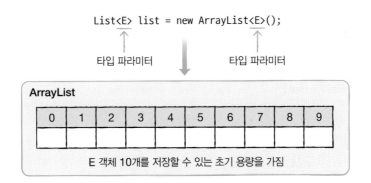

ArrayList를 생성하기 위해서는 저장할 객체 타입을 E 타입 파라미터 자리에 표기하고 기본 생성자를 호출하면 됩니다. 예를 들어 String을 저장하는 ArrayList는 다음과 같이 생성할 수 있습니다.

```
List<String> list = new ArrayList<String>();
List<String> list = new ArrayList<>();
```

두 번째 코드와 같이 ArrayList의 E 타입 파라미터를 생략하면 왼쪽 List에 지정된 타입을 따라 갑니다. 따라서 위 두 코드는 동일하게 String을 저장하는 ArrayList 객체를 생성합니다.

기본 생성자로 ArrayList 객체를 생성하면 내부에 10개의 객체를 저장할 수 있는 초기 용량capacity을 가지게 됩니다. 저장되는 객체 수가 늘어나면 용량이 자동으로 증가합니다.

ArrayList에 객체를 추가하면 0번 인덱스부터 차례대로 저장됩니다. ArrayList 에서 특정 인덱스의 객체를 제거하면 바로 뒤 인덱스부터 마지막 인덱스까지 모두 앞으로 1씩 당겨집니다. 마찬가지로 특정 인덱스에 객체를 삽입하면 해당 인덱스부터 마지막 인덱스까지 모두 1씩 밀려납니다.

> 빈번한 객체 삭제와 삽입이 일어나는 곳에서는 ArrayList를 사용하는 것이 바람직하지 않습니다.

다음은 4번 인덱스가 제거되었을 때 5번 인덱스부터 모두 앞으로 1씩 당겨지는 모습입니다.

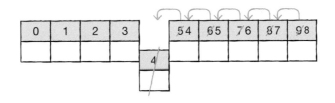

이런 동작 때문에 저장된 객체 수가 많고, 특정 인덱스에 객체를 추가하거나 제거하는 일이 빈번하다면 ArrayList보다는 조금 후에 학습할 LinkedList를 사용하는 것이 좋습니다. 하지만 인덱스를 이용해서 객체를 찾거나 맨 마지막에 객체를 추가하는 경우에는 ArrayList가 더 좋은 성능을 발휘합니다.

다음 예제는 ArrayList에 String 객체를 추가, 검색, 삭제하는 방법을 보여줍니다.

String 객체를 저장하는 ArrayList　소스 코드　ArrayListExample.java

```java
01  package sec01.exam01;
02
03  import java.util.*;
04
05  public class ArrayListExample {
06    public static void main(String[] args) {
07      List<String> list = new ArrayList<String>();
08
09      list.add("Java");                          ←————————— String 객체를 저장
10      list.add("JDBC");
11      list.add("Servlet/JSP");
12      list.add(2, "Database");
13      list.add("iBATIS");
14
15      int size = list.size();                    ←————————— 저장된 총 객체 수 얻기
16      System.out.println("총 객체 수: " + size);
17      System.out.println();
18
19      String skill = list.get(2);                ←————————— 2번 인덱스의 객체 얻기
20      System.out.println("2: " + skill);
21      System.out.println();
22
23      for(int i=0; i<list.size(); i++) {         ←————————— 저장된 총 객체 수만큼 루핑
24        String str = list.get(i);
25        System.out.println(i + ":" + str);
26      }
27      System.out.println();
28
29      list.remove(2);                            ←————————— 2번 인덱스 객체(Database) 삭제됨
30      list.remove(2);                            ←————————— 2번 인덱스 객체(Servlet/JSP) 삭제됨
31      list.remove("iBATIS");
32
33      for(int i=0; i<list.size(); i++) {         ←————————— 저장된 총 객체 수만큼 루핑
34        String str = list.get(i);
35        System.out.println(i + ":" + str);
36      }
37    }
38  }
```

실행결과 ✕

```
총 객체 수: 5

2: Database

0:Java
1:JDBC
2:Database
3:Servlet/JSP
4:iBATIS

0:Java
1:JDBC
```

Vector

Vector는 ArrayList와 동일한 내부 구조를 가지고 있습니다. Vector를 생성하기 위해서는 저장할 객체 타입을 타입 파라미터로 표기하고 기본 생성자를 호출하면 됩니다.

```
List<E> list = new Vector<E>();
List<E> list = new Vector<>();     Vector의 E 타입 파라미터를 생략하면
                                    왼쪽 List에 지정된 타입을 따라 감
```

ArrayList와 다른 점은 Vector는 동기화된^{synchronized} 메소드로 구성되어 있기 때문에 멀티 스레드가 동시에 Vector의 메소드들을 실행할 수 없고, 하나의 스레드가 메소드를 실행을 완료해야만 다른 스레드가 메소드를 실행할 수 있다는 것입니다. 그래서 멀티 스레드 환경에서 안전하게 객체를 추가, 삭제할 수 있습니다. 이것을 스레드에 안전^{thread safe}하다고 표현합니다.

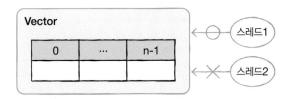

다음은 Vector를 이용해서 Board 객체를 추가, 삭제, 검색하는 예제입니다.

Board 객체를 저장하는 Vector 　소스 코드 VectorExample.java

```java
01   package sec01.exam02;
02
03   import java.util.*;
04
05   public class VectorExample {
06     public static void main(String[] args) {
07       List<Board> list = new Vector<Board>();
08
09       list.add(new Board("제목1", "내용1", "글쓴이1"));
10       list.add(new Board("제목2", "내용2", "글쓴이2"));
11       list.add(new Board("제목3", "내용3", "글쓴이3"));        Board 객체를 저장
12       list.add(new Board("제목4", "내용4", "글쓴이4"));
13       list.add(new Board("제목5", "내용5", "글쓴이5"));
14
15       list.remove(2);     2번 인덱스 객체(제목3) 삭제(뒤의 인덱스는 1씩 앞으로 당겨짐)
16       list.remove(3);     3번 인덱스 객체(제목5) 삭제
```

```
17
18        for(int i=0; i<list.size(); i++) {
19          Board board = list.get(i);
20          System.out.println(board.subject + "\t" + board.content + "\t" + board.writer);
21        }
22    }
23  }
```

게시물 정보 객체   소스 코드 `Board.java`

```
01  package sec01.exam02;
02
03  public class Board {
04    String subject;
05    String content;
06    String writer;
07
08    public Board(String subject, String content, String writer) {
09      this.subject = subject;
10      this.content = content;
11      this.writer = writer;
12    }
13  }
```

LinkedList

LinkedList는 List 구현 클래스이므로 ArrayList와 사용 방법은 똑같은데, 내부 구조는 완전 다릅니다. ArrayList는 내부 배열에 객체를 저장해서 관리하지만, LinkedList는 인접 참조를 링크해서 체인처럼 관리합니다.

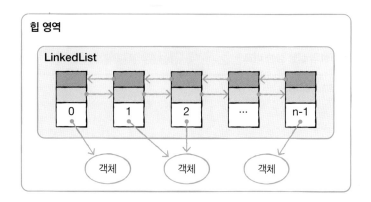

LinkedList에서 특정 인덱스의 객체를 제거하면 앞뒤 링크만 변경되고 나머지 링크는 변경되지 않습니다. 특정 인덱스에 객체를 삽입할 때에도 마찬가지입니다.

다음은 중간에 객체를 제거할 경우 앞뒤 링크의 수정이 일어나는 모습입니다.

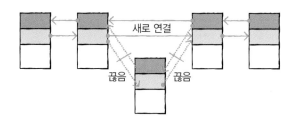

note ArrayList는 중간 인덱스의 객체를 제거하면 뒤에 있는 객체의 인덱스가 1씩 앞으로 당겨지기 때문에 빈번한 객체 삭제와 삽입이 일어나는 곳에서는 ArrayList보다 LinkedList가 좋은 성능을 발휘합니다.

LinkedList를 생성하기 위해서는 저장할 객체 타입을 타입 파라미터(E)에 표기하고 기본 생성자를 호출하면 됩니다. LinkedList가 처음 생성될 때에는 어떠한 링크도 만들어지지 않기 때문에 내부는 비어 있다고 보면 됩니다.

```
List<E> list = new LinkedList<E>();
List<E> list = new LinkedList<>();  ← LinkedList의 E 타입 파라미터를 생략하면
                                       왼쪽 List에 지정된 타입을 따라 감
```

다음 예제는 ArrayList와 LinkedList에 10,000개의 객체를 삽입하는 데 걸린 시간을 측정한 것입니다. 0번 인덱스에 String 객체를 10,000번 추가하기 위해 List 인터페이스의 add(int index, E element) 메소드를 이용했습니다. 실행결과를 보면 LinkedList가 훨씬 빠른 성능을 발휘합니다.

ArrayList와 LinkedList의 실행 성능 비교   `LinkedListExample.java`

```java
01    package sec01.exam03;
02
03    import java.util.*;
04
05    public class LinkedListExample {
06      public static void main(String[] args) {
07        List<String> list1 = new ArrayList<String>();
08        List<String> list2 = new LinkedList<String>();
09
10        long startTime;
11        long endTime;
12
13        startTime = System.nanoTime();
14        for(int i=0; i<10000; i++) {
15          list1.add(0, String.valueOf(i));
16        }
17        endTime = System.nanoTime();
18        System.out.println("ArrayList 걸린시간: " + (endTime-startTime) + " ns");
19
20        startTime = System.nanoTime();
21        for(int i=0; i<10000; i++) {
22          list2.add(0, String.valueOf(i));
23        }
24        endTime = System.nanoTime();
25        System.out.println("LinkedList 걸린시간: " + (endTime-startTime) + " ns");
26      }
27    }
```

> 🖥 실행결과   ✕
>
> ArrayList 걸린시간: 20248953 ns
> LinkedList 걸린시간: 4279517 ns

끝에서부터(순차적으로) 추가 또는 삭제하는 경우는 ArrayList가 빠르지만, 중간에 추가, 삭제하는 경우는 앞뒤 링크 정보만 변경하면 되는 LinkedList가 더 빠릅니다. ArrayList는 뒤쪽 인덱스들을 모두 1씩 증가 또는 감소시키는 시간이 필요하므로 처리 속도가 느립니다.

구분	순차적으로 추가/삭제	중간에 추가/삭제	검색
ArrayList	빠르다	느리다	빠르다
LinkedList	느리다	빠르다	느리다

Set 컬렉션

List 컬렉션은 객체의 저장 순서를 유지하지만, Set 컬렉션은 저장 순서가 유지되지 않습니다. 또한 객체를 중복해서 저장할 수 없고, 하나의 null만 저장할 수 있습니다.

Set 컬렉션은 수학의 집합과 비슷합니다. 집합은 순서와 상관없고 중복이 허용되지 않기 때문입니다. 그리고 구슬 주머니와도 같습니다. 동일한 구슬을 2개 넣을 수 없고, 들어갈(저장할) 때의 순서와 나올(찾을) 때의 순서가 다를 수도 있기 때문입니다.

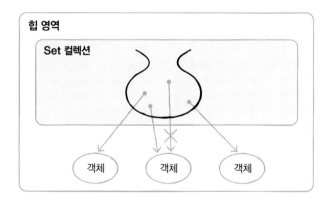

Set 컬렉션에는 HashSet, LinkedHashSet, TreeSet 등이 있는데, 다음은 Set 컬렉션에서 공통적으로 사용 가능한 Set 인터페이스의 메소드입니다. 인덱스로 관리하지 않기 때문에 인덱스를 매개값으로 갖는 메소드가 없습니다.

기능	메소드	설명
객체 추가	boolean add(E e)	주어진 객체를 저장합니다. 객체가 성공적으로 저장되면 true를 리턴하고 중복 객체면 false를 리턴합니다.
객체 검색	boolean contains(Object o)	주어진 객체가 저장되어 있는지 조사합니다.
	boolean isEmpty()	컬렉션이 비어 있는지 조사합니다.
	Iterator〈E〉 iterator()	저장된 객체를 한 번씩 가져오는 반복자를 리턴합니다.
	int size()	저장되어 있는 전체 객체 수를 리턴합니다.
객체 삭제	void clear()	저장된 모든 객체를 삭제합니다.
	boolean remove(Object o)	주어진 객체를 삭제합니다.

List 컬렉션에서 살펴봤던 것처럼 위 표에도 메소드의 매개 변수 타입과 리턴 타입에 E라는 타입 파라미터가 있는데, 이것은 저장되는 객체의 타입을 Set 컬렉션을 생성할 때 결정하라는 뜻입니다. 예를 들어보겠습니다.

다음은 Set 컬렉션에 String 객체를 저장하고 삭제하는 방법을 보여줍니다.

```
Set<String> set = …;
set.add("홍길동");        //객체 추가
set.add("신용권");
set.remove("홍길동");     //객체 삭제
```

Set〈String〉으로 set 변수를 선언하였습니다. 이것은 Set 컬렉션에 저장되는 객체를 String 타입으로 하겠다는 뜻입니다. 따라서 E 타입 파라미터는 String 타입이 되는 것입니다. 그래서 add() 메소드와 remove() 메소드의 매개값은 문자열이 됩니다.

Set 컬렉션은 인덱스로 객체를 검색해서 가져오는 메소드가 없습니다. 대신, 전체 객체를 대상으로 한 번씩 반복해서 가져오는 반복자^{Iterator}를 제공합니다. 반복자는 Iterator 인터페이스를 구현한 객체를 말하는데, iterator() 메소드를 호출하면 얻을 수 있습니다.

```
Set<String> set = …;
Iterator<String> iterator = set.iterator();
```

Iterator〈String〉 타입의 iterator 변수에 대입한 이유는 반복해서 가져올 객체가 String 타입이기 때문입니다. 다음은 Iterator 인터페이스에 선언된 메소드들입니다.

리턴 타입	메소드	설명
boolean	hasNext()	가져올 객체가 있으면 true를 리턴하고 없으면 false를 리턴합니다.
E	next()	컬렉션에서 하나의 객체를 가져옵니다.
void	remove()	Set 컬렉션에서 객체를 제거합니다.

Iterator에서 하나의 객체를 가져올 때는 next() 메소드를 사용합니다. next() 메소드를 사용하기 전에 먼저 가져올 객체가 있는지 확인하는 것이 좋습니다. hasNext() 메소드는 가져올 객체가 있으면 true를 리턴하고 더 이상 가져올 객체가 없으면 false를 리턴합니다. 따라서 true가 리턴될 때 next() 메소드를 사용해야 합니다.

다음은 Set 컬렉션에서 String 객체들을 반복해서 하나씩 가져오는 코드를 보여줍니다.

```
Set<String> set = …;
Iterator<String> iterator = set.iterator();
while(iterator.hasNext()) {
  //String 객체 하나를 가져옴          저장된 객체 수만큼 루핑
  String str = iterator.next();
}
```

Iterator를 사용하지 않더라도 향상된 for문을 이용해서 전체 객체를 대상으로 반복할 수 있습니다.

```
Set<String> set = …;
for(String str : set) {          저장된 객체 수만큼 루핑
}
```

Set 컬렉션에서 Iterator의 next() 메소드로 가져온 객체를 제거하고 싶다면 remove() 메소드를 호출하면 됩니다. Iterator의 메소드이지만, 실제 Set 컬렉션에서 객체가 제거됨을 알아야 합니다. 다음은 Set 컬렉션에서 "홍길동"을 제거합니다.

```
while(iterator.hasNext()) {
  String str = iterator.next();
  if(str.equals("홍길동")) {
    iterator.remove();
  }
}
```

HashSet

HashSet은 Set 인터페이스의 구현 클래스입니다. HashSet을 생성하기 위해서는 다음과 같이 기본 생성자를 호출하면 됩니다.

```
Set<E> set = new HashSet<E>();
```

타입 파라미터 E에는 컬렉션에 저장할 객체 타입을 지정하면 됩니다. 예를 들어 String 객체를 저장하는 HashSet은 다음과 같이 생성할 수 있습니다.

```
Set<String> set = new HashSet<String>();
Set<String> set = new HashSet<>();          HashSet의 E 타입 파라미터를 생략하면
                                            왼쪽 Set에 지정된 타입을 따라 감
```

HashSet은 객체들을 순서 없이 저장하고 동일한 객체는 중복 저장하지 않습니다. HashSet이 판단하는 동일한 객체란 꼭 같은 인스턴스를 뜻하지는 않습니다. HashSet은 객체를 저장하기 전에 먼저 객체의 hashCode() 메소드를 호출해서 해시코드를 얻어내고, 이미 저장되어 있는 객체들의 해시코드와 비교합니다. 만약 동일한 해시코드가 있다면 다시 equals() 메소드로 두 객체를 비교해서 true가 나오면 동일한 객체로 판단하고 중복 저장을 하지 않습니다.

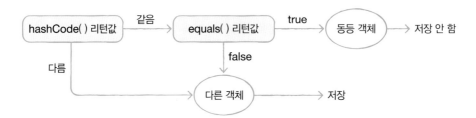

문자열을 HashSet에 저장할 경우에 같은 문자열을 갖는 String 객체는 동등한 객체로 간주되고 다른 문자열을 갖는 String 객체는 다른 객체로 간주되는데, 그 이유는 String 클래스가 hashCode()와 equals() 메소드를 재정의해서 같은 문자열일 경우 hashCode()의 리턴값은 같게, equals()의 리턴값은 true가 나오도록 했기 때문입니다.

다음 예제는 HashSet에 String 객체를 추가, 검색, 제거하는 방법입니다.

String 객체를 중복 없이 저장하는 HashSet   소스 코드   HashSetExample.java

```
01    package sec01.exam04;
02
03    import java.util.*;
04
05    public class HashSetExample {
06      public static void main(String[] args) {
07        Set<String> set = new HashSet<String>();
08
09        set.add("Java");          ←┐
10        set.add("JDBC");           │   "Java"는 한 번만 저장됨
11        set.add("Servlet/JSP");    │
12        set.add("Java");          ←┘
13        set.add("iBATIS");
14
15        int size = set.size();    ←——————————— 저장된 객체 수 얻기
16        System.out.println("총 객체 수: " + size);
17
```

```
18      Iterator<String> iterator = set.iterator();          ← 반복자 얻기
19      while(iterator.hasNext()) {                          ← 객체 수만큼 루핑
20        String element = iterator.next();                  ← 1개의 객체를 가져옴
21        System.out.println("\t" + element);
22      }
23
24      set.remove("JDBC");                                  ← 1개의 객체 삭제
25      set.remove("iBATIS");                                ← 1개의 객체 삭제
26
27      System.out.println("총 객체 수: " + set.size());      ← 저장된 객체 수 얻기
28
29      iterator = set.iterator();                           ← 반복자 얻기
30      for(String element : set) {
31        System.out.println("\t" + element);                ← 객체 수만큼 루핑
32      }
33
34      set.clear();                                         ← 모든 객체를 제거하고 비움
35      if(set.isEmpty()) { System.out.println("비어 있음"); }
36    }
37  }
```

실행결과 ✕

```
총 객체 수: 4
    Java
    JDBC
    Servlet/JSP
    iBATIS
총 객체 수: 2
    Java
    Servlet/JSP
비어 있음
```

다음은 사용자 정의 클래스인 Member를 만들고 hashCode()와 equals() 메소드를 재정의하였습니다. 이는 인스턴스가 달라도 이름과 나이가 동일하다면 동일한 객체로 간주하여 중복 저장되지 않도록 하기 위해서입니다.

직접 해보는 손코딩

hashCode()와 equals() 메소드 재정의 소스 코드 Member.java

```
01  package sec01.exam05;
02
03  public class Member {
04    public String name;
05    public int age;
06
07    public Member(String name, int age) {
08      this.name = name;
09      this.age = age;
10    }
```

```
11
12      @Override
13      public boolean equals(Object obj) {          name과 age 값이 같으면
14        if(obj instanceof Member) {                  true를 리턴
15          Member member = (Member) obj;
16          return member.name.equals(name) && (member.age==age) ;
17        } else {
18          return false;
19        }
20      }
21
22      @Override
23      public int hashCode() {                        name과 age 값이 같으면
24        return name.hashCode() + age;                동일한 hashCode를 리턴
25      }          String의 hashCode() 이용
26    }
```

Member 객체를 중복 없이 저장하는 HashSet 소스 코드 HashSetExample2.java

```
01    package sec01.exam05;
02
03    import java.util.*;
04
05    public class HashSetExample2 {
06      public static void main(String[] args) {
07        Set<Member> set = new HashSet<Member>();
08
09        set.add(new Member("홍길동", 30));          인스턴스는 다르지만 내부 데이터가
10        set.add(new Member("홍길동", 30));          동일하므로 객체 1개만 저장
11
12        System.out.println("총 객체 수 : " + set.size());     저장된 객체 수 얻기
13      }
14    }
```

> **실행결과**   ×
> 총 객체 수 : 1

Map 컬렉션

Map 컬렉션은 키^{key}와 값^{value}으로 구성된 Map.Entry 객체를 저장하는 구조를 가지고 있습니다. Entry는 Map 인터페이스 내부에 선언된 중첩 인터페이스입니다. 여기서 키와 값은 모두 객체입니다.

키는 중복 저장될 수 없지만 값은 중복 저장될 수 있습니다. 만약 기존에 저장된 키와 동일한 키로 값을 저장하면 기존의 값은 없어지고 새로운 값으로 대체됩니다.

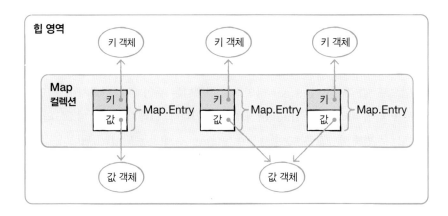

Map 컬렉션에는 HashMap, Hashtable, LinkedHashMap, Properties, TreeMap 등이 있습니다. 다음은 Map 컬렉션에서 공통적으로 사용 가능한 Map 인터페이스의 메소드들입니다. 키로 객체들을 관리하기 때문에 키를 매개값으로 갖는 메소드가 많습니다.

기능	메소드	설명
객체 추가	V put(K key, V value)	주어진 키로 값을 저장합니다. 새로운 키일 경우 null을 리턴하고 동일한 키가 있을 경우 값을 대체하고 이전 값을 리턴합니다
객체 검색	boolean containsKey(Object key)	주어진 키가 있는지 여부를 확인합니다.
	boolean containsValue(Object value)	주어진 값이 있는지 여부를 확인합니다.
	Set⟨Map.Entry⟨K,V⟩⟩ entrySet()	키와 값의 쌍으로 구성된 모든 Map.Entry 객체를 Set에 담아서 리턴합니다.
	V get(Object key)	주어진 키가 있는 값을 리턴합니다.
	boolean isEmpty()	컬렉션이 비어 있는지 여부를 확인합니다.
	Set⟨K⟩ keySet()	모든 키를 Set 객체에 담아서 리턴합니다.
	int size()	저장된 키의 총 수를 리턴합니다.
	Collection⟨V⟩ values()	저장된 모든 값을 Collection에 담아서 리턴합니다.
객체 삭제	void clear()	모든 Map.Entry(키와 값)를 삭제합니다.
	V remove(Object key)	주어진 키와 일치하는 Map.Entry를 삭제하고 값을 리턴합니다.

위 표에서 메소드의 매개 변수 타입과 리턴 타입에 K와 V라는 타입 파라미터가 있습니다. 이것은 저장되는 키와 객체의 타입을 Map 컬렉션을 생성할 때 결정하라는 뜻입니다. 예를 들어보겠습니다.

다음은 키 타입이 String, 값 타입이 Integer인 Map 컬렉션을 생성하고, put() 메소드로 키와 값을 저장합니다. 그리고 키로 값을 얻거나 제거하기 위해 get()과 remove() 메소드를 사용했습니다.

```
Map<String, Integer> map = …;
map.put("홍길동", 30);            //객체 추가
int score = map.get("홍길동");    //객체 찾기
map.remove("홍길동");            //객체 삭제
```

Map〈String, Integer〉로 map 변수를 선언하였습니다. 이것은 Map 컬렉션에 저장되는 키 객체
는 String 타입으로, 값 객체는 Integer 타입으로 하겠다는 뜻입니다. 따라서 K 타입 파라미터는
String이 되고, V 타입 파라미터는 Integer가 되는 것입니다. 그래서 put() 메소드의 첫 번째 매개
값은 문자열이고, 두 번째 매개값은 30이 포장된 Integer 객체(자동 박싱)가 됩니다.

저장된 전체 객체를 대상으로 하나씩 얻고 싶을 경우에는 두 가지 방법을 사용할 수 있습니다. 첫
번째는 keySet() 메소드로 모든 키를 Set 컬렉션으로 얻은 다음, 반복자를 통해 키를 하나씩 얻고
get() 메소드를 통해 값을 얻는 방법입니다.

```
Map<K, V> map = …;
Set<K> keySet = map.keySet();
Iterator<K> keyIterator = keySet.iterator();
while(keyIterator.hasNext()) {
  K key = keyIterator.next();
  V value = map.get(key);
}
```

두 번째는 entrySet() 메소드로 모든 Map.Entry를 Set 컬렉션으로 얻은 다음, 반복자를 통해
Map.Entry를 하나씩 얻고 getKey()와 getValue() 메소드를 이용해 키와 값을 얻는 방법입니다.

```
Set<Map.Entry<K, V>> entrySet = map.entrySet();
Iterator<Map.Entry<K, V>> entryIterator = entrySet.iterator();
while(entryIterator.hasNext()) {
  Map.Entry<K, V> entry = entryIterator.next();
  K key = entry.getKey();
  V value = entry.getValue();
}
```

HashMap

HashMap은 Map 인터페이스를 구현한 대표적인 Map 컬렉션입니다. HashMap의 키로 사용할
객체는 hashCode()와 equals() 메소드를 재정의해서 동등 객체가 될 조건을 정해야 합니다. 객체

가 달라도 동등 객체라면 같은 키로 간주하고 중복 저장되지 않도록 하기 위함입니다. 동등 객체의 조건은 hashCode()의 리턴값이 같아야 하고, equals() 메소드가 true를 리턴해야 합니다.

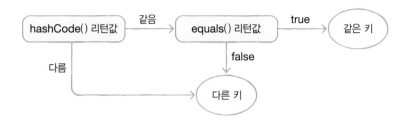

주로 키 타입은 String을 많이 사용하는데, String은 문자열이 같을 경우 동등 객체가 될 수 있도록 hashCode()와 equals() 메소드가 재정의되어 있습니다. HashMap을 생성하기 위해서는 키 타입과 값 타입을 타입 파라미터로 주고 기본 생성자를 호출하면 됩니다.

```
Map<K, V> map = new HashMap<K, V>();
     ↑   ↑                   ↑   ↑
  키 타입 값 타입          키 타입 값 타입
```

키와 값의 타입은 기본 타입(byte, short, int, float, double, boolean, char)을 사용할 수 없고 클래스 및 인터페이스 타입만 사용 가능합니다. 키로 String 타입을 사용하고 값으로 Integer 타입을 사용하는 HashMap은 다음과 같이 생성할 수 있습니다.

```
Map<String, Integer> map = new HashMap<String, Integer>();
Map<String, Integer> map = new HashMap<>(); ← HashMap의 K와 V 타입 파라미터를 생략하면
                                              왼쪽 Map에 지정된 타입을 따라 감
```

다음 예제는 이름을 키로, 점수를 값으로 저장하는 HashMap의 사용 방법을 보여줍니다.

이름을 키로 점수를 값으로 저장하기   소스 코드 HashMapExample.java

```
01    package sec01.exam06;
02
03    import java.util.HashMap;
04    import java.util.Iterator;
05    import java.util.Map;
06    import java.util.Set;
07
08    public class HashMapExample {
09       public static void main(String[] args) {
```

```java
10      //Map 컬렉션 생성
11      Map<String, Integer> map = new HashMap<String, Integer>();
12
13      //객체 저장
14      map.put("신용권", 85);
15      map.put("홍길동", 90);          "홍길동" 키가 같기 때문에
16      map.put("동장군", 80);          제일 마지막에 저장한 값으로 대체
17      map.put("홍길동", 95);
18      System.out.println("총 Entry 수: " + map.size());      저장된 총 Entry 수 얻기
19
20      //객체 찾기
21      System.out.println("\t홍길동 : " + map.get("홍길동"));   이름(키)으로 점수(값)를 검색
22      System.out.println();
23
24      //객체를 하나씩 처리
25      Set<String> keySet = map.keySet();                    Key Set 얻기
26      Iterator<String> keyIterator = keySet.iterator();
27      while(keyIterator.hasNext()) {
28        String key = keyIterator.next();                    반복해서 키를 얻고
29        Integer value = map.get(key);                       값을 Map에서 얻어냄
30        System.out.println("\t" + key + " : " + value);
31      }
32      System.out.println();
33
34      //객체 삭제
35      map.remove("홍길동");                                  키로 Map.Entry를 제거
36      System.out.println("총 Entry 수: " + map.size());
37
38      //객체를 하나씩 처리
39      Set<Map.Entry<String, Integer>> entrySet = map.entrySet();   Map.Entry Set 얻기
40      Iterator<Map.Entry<String, Integer>> entryIterator = entrySet.iterator();
41
42      while(entryIterator.hasNext()) {
43        Map.Entry<String, Integer> entry = entryIterator.next();
44        String key = entry.getKey();                        반복해서
45        Integer value = entry.getValue();                   Map.Entry를 얻고
46        System.out.println("\t" + key + " : " + value);     키와 값을 얻어냄
47      }
48      System.out.println();
49
50      //객체 전체 삭제
51      map.clear();                                          모든 Map.Entry 삭제
```

```
52        System.out.println("총 Entry 수: " + map.size());
53    }
54 }
```

다음 예제는 사용자 정의 객체인 Student를 키로 하고 점수를 값으로 저장하는 HashMap 사용 방법을 보여줍니다. 학번과 이름이 동일한 Student를 동등 키로 간주하기 위해 Student 클래스에는 hashCode()와 equals() 메소드가 재정의되어 있습니다.

직접 해보는 손코딩

키로 사용할 객체 – hashCode()와 equals() 재정의   소스 코드 Student.java

```
01  package sec01.exam07;
02
03  class Student {
04    public int sno;
05    public String name;
06
07    public Student(int sno, String name) {
08      this.sno = sno;
09      this.name = name;
10    }
11
12    public boolean equals(Object obj) {        학번과 이름이 같다면 true를 리턴
13      if(obj instanceof Student) {
14        Student student = (Student) obj;
15        return (sno==student.sno) && (name.equals(student.name));
16      } else {
17        return false;
18      }
19    }
20
```

```
21        public int hashCode() {  ←──────────────── 학번과 이름이 같다면 동일한 값을 리턴
22          return sno + name.hashCode();
23        }
24    }
```

학번과 이름이 동일한 경우 같은 키로 인식 〔소스 코드〕 HashMapExample.java

```
01    package sec01.exam07;
02
03    import java.util.*;
04
05    public class HashMapExample {
06      public static void main(String[] args) {
07        Map<Student, Integer> map = new HashMap<Student, Integer>();
08
09        map.put(new Student(1, "홍길동"), 95);  ←──┐  학번과 이름이 동일한
10        map.put(new Student(1, "홍길동"), 95);  ←──┘  Student를 키로 저장
11
12        System.out.println("총 Entry 수: " + map.size());  ←── 저장된 총 Map.Entry 수 얻기
13      }
14    }
```

```
🔲 실행결과                    ✕
총 Entry 수: 1
```

Hashtable

Hashtable은 HashMap과 동일한 내부 구조를 가지고 있습니다. Hashtable도 키로 사용할 객체는 hashCode()와 equals() 메소드를 재정의해서 동등 객체가 될 조건을 정해야 합니다.

HashMap과의 차이점은 Hashtable은 동기화된synchronized 메소드로 구성되어 있기 때문에 멀티 스레드가 동시에 Hashtable의 메소드들을 실행할 수 없고, 하나의 스레드가 실행을 완료해야만 다른 스레드를 실행할 수 있다는 것입니다. 그래서 멀티 스레드 환경에서 안전하게 객체를 추가, 삭제할 수 있기 때문에 Hashtable은 스레드에 안전thread safe합니다.

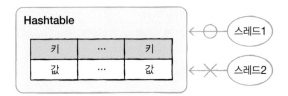

Hashtable의 생성 방법은 HashMap과 크게 다르지 않습니다. 키 타입과 값 타입을 지정하고 기본 생성자를 호출하면 됩니다.

```
Map<K,  V> map = new Hashtable<K,  V>();
      ↑   ↑                      ↑   ↑
   키 타입 값 타입              키 타입 값 타입
```

키로 String 타입을 사용하고, 값으로 Integer 타입을 사용하는 Hashtable은 다음과 같이 생성할 수 있습니다.

```
Map<String, Integer> map = new Hashtable<String, Integer>();     Hashtable의 K와 V 타입
Map<String, Integer> map = new Hashtable<>();  ←───────────────  파라미터를 생략하면 왼쪽
                                                                 Map에 지정된 타입을 따라 감
```

다음은 키보드로 아이디와 비밀번호를 입력받아서, Hashtable에 저장되어 있는 키(아이디)와 값(비밀번호)을 비교한 후 로그인 여부를 출력하는 예제입니다.

직접 해보는 손코딩

아이디와 비밀번호 검사하기  소스 코드 HashtableExample.java

```java
01    package sec01.exam08;
02
03    import java.util.*;
04
05    public class HashTableExample {
06      public static void main(String[] args) {
07        Map<String, String> map = new Hashtable<String, String>();
08
09        map.put("spring", "12");
10        map.put("summer", "123");          ┐ 아이디와 비밀번호를 미리 저장
11        map.put("fall", "1234");
12        map.put("winter", "12345");        ┘
13
14        Scanner scanner = new Scanner(System.in); ←─ 키보드로부터 입력된
                                                        내용을 받기 위해 생성
15
16        while(true) {
17          System.out.println("아이디와 비밀번호를 입력해주세요.");
18          System.out.print("아이디: ");
19          String id = scanner.nextLine(); ←────── 키보드로 입력한 아이디를 읽음
20
```

```java
21        System.out.print("비밀번호: ");
22        String password = scanner.nextLine();     ←——— 키보드로 입력한
23        System.out.println();                              비밀번호를 읽음
24
25        if(map.containsKey(id)) {     ←——————————— 아이디인 키가 존재하는지 확인
26          if(map.get(id).equals(password)) {     ←——— 비밀번호를 비교
27            System.out.println("로그인되었습니다.");
28            break;
29          } else {
30            System.out.println("비밀번호가 일치하지 않습니다.");
31          }
32        } else {
33          System.out.println("입력하신 아이디가 존재하지 않습니다");
34        }
35      }
36    }
37  }
```

> **⟨/⟩ 실행결과**   ✕
>
> 아이디와 비밀번호를 입력해주세요.
> 아이디: summer
> 비밀번호: 123
>
> 로그인되었습니다.

마무리

▶ 4가지 키워드로 끝내는 핵심 포인트

- **컬렉션 프레임워크**: 널리 알려져 있는 자료구조Data Structure를 사용해서 객체들을 효율적으로 추가, 삭제, 검색할 수 있도록 인터페이스와 구현 클래스들을 java.util 패키지에서 제공합니다. 이들을 총칭해서 컬렉션 프레임워크Collection Framework라고 부릅니다.

- **List 컬렉션**: List 컬렉션은 배열과 비슷하게 객체를 인덱스로 관리합니다. 배열과의 차이점은 저장 용량capacity이 자동으로 증가하며, 객체를 저장할 때 자동 인덱스가 부여된다는 것입니다. 그리고 추가, 삭제, 검색을 위한 다양한 메소드가 제공됩니다. List 컬렉션은 동일한 객체를 중복 저장할 수 있고 null도 저장이 가능합니다.

- **Set 컬렉션**: Set 컬렉션은 저장 순서가 유지되지 않습니다. 또한 객체를 중복해서 저장할 수 없고, 하나의 null만 저장할 수 있습니다. Set 컬렉션은 수학의 집합과 비슷합니다. 집합은 순서와 상관없고 중복이 허용되지 않기 때문입니다.

- **Map 컬렉션**: Map 컬렉션은 키key와 값value으로 구성된 Map.Entry 객체를 저장하는 구조를 가지고 있습니다. Entry는 Map 인터페이스 내부에 선언된 중첩 인터페이스입니다. 여기서 키와 값은 모두 객체입니다. 키는 중복 저장될 수 없지만 값은 중복 저장될 수 있습니다. 만약 기존에 저장된 키와 동일한 키로 값을 저장하면 기존의 값은 없어지고 새로운 값으로 대체됩니다.

▶ 확인 문제

1. 자바의 컬렉션 프레임워크에 대한 설명입니다. 맞는 것에 O표, 틀린 것에 X표 하세요.

   ① List 컬렉션은 인덱스로 객체를 관리하며 중복 저장을 허용한다. (　　)
   ② Set 컬렉션은 순서를 유지하지 않으며 중복 저장을 허용하지 않는다. (　　)
   ③ Map 컬렉션은 키와 값으로 구성된 Map.Entry를 저장한다. (　　)
   ④ List와 Set은 모두 하나의 null만 저장 가능하다. (　　)

2. List 컬렉션에 대한 설명입니다. 맞는 것에 O표, 틀린 것에 X표 하세요.

① 대표적인 구현 클래스로는 ArrayList, Vector, LinkedList가 있다. (　　　)

② 멀티 스레드 환경에서는 ArrayList보다는 Vector가 스레드에 안전하다. (　　　)

③ ArrayList에서 객체를 삭제하면 삭제된 위치는 비어 있게 된다. (　　　)

④ 중간 위치에 객체를 빈번히 삽입하거나 제거할 경우 LinkedList를 사용하는 것이 좋다.
(　　　)

3. Set 컬렉션에 대한 설명입니다. 맞는 것에 O표, 틀린 것에 X표 하세요.

① 대표적인 구현 클래스로는 HashSet, LinkedHashSet, TreeSet이 있다. (　　　)

② Set 컬렉션에서 객체를 하나씩 꺼내오고 싶다면 Iterator를 이용한다. (　　　)

③ HashSet은 hashCode()와 equals()를 이용해서 중복된 객체를 판별한다. (　　　)

④ Set 컬렉션에는 null을 저장할 수 없다. (　　　)

4. Map 컬렉션에 대한 설명 중 틀린 것은 무엇입니까?

① 대표적인 구현 클래스로는 HashMap, Hashtable, TreeMap이 있다.

② HashMap과 Hashtable은 hashCode()와 equals()를 이용해서 중복 키를 판별한다.

③ 멀티 스레드 환경에서는 HashMap보다 Hashtable이 스레드에 안전하다.

④ Map 컬렉션에는 다른 키로 객체를 중복해서 저장할 수 없습니다.

5. 싱글 스레드 환경에서 Board 객체를 저장 순서에 맞게 읽고 싶습니다. 가장 적합한 컬렉션을 생성하도록 밑줄 친 부분에 코드를 작성해보세요.

————————— 변수 = new —————————
　　(타입)　　　　　　　　　　　　(생성자 호출)

6. 싱글 스레드 환경에서 학번(String)을 키로, 점수(Integer)를 값으로 저장하는 가장 적합한 컬렉션을 생성하도록 밑줄 친 부분에 코드를 작성해보세요.

————————— 변수 = new —————————
　　(타입)　　　　　　　　　　　　(생성자 호출)

7. BoardDao 객체의 getBoardList() 메소드를 호출하면 List〈Board〉 타입의 컬렉션을 리턴합니다. ListExample 클래스를 실행할 때 다음과 같이 출력될 수 있도록 BoardDao의 getBoardList() 메소드를 작성해보세요.

BoardDao 사용 클래스 소스 코드 ListExample.java

```java
01    package sec01.verify.exam07;
02
03    import java.util.List;
04
05    public class ListExample {
06      public static void main(String[] args) {
07        BoardDao dao = new BoardDao();
08        List<Board> list = dao.getBoardList();
09        for(Board board : list) {
10          System.out.println(board.getTitle() + "-" + board.getContent());
11        }
12      }
13    }
```

> 🔲 실행결과   ✕
>
> 제목1-내용1
> 제목2-내용2
> 제목3-내용3

게시물 클래스 소스 코드 Board.java

```java
01    package sec01.verify.exam07;
02
03    public class Board {
04      private String title;
05      private String content;
06
07      public Board(String title, String content) {
08        this.title = title;
09        this.content = content;
10      }
11
12      public String getTitle() { return title; }
13      public String getContent() { return content; }
14    }
```

게시물을 가져오는 클래스 〔소스 코드〕 BoardDao.java

```
01    package sec01.verify.exam07;
02
03    import java.util.ArrayList;
04    import java.util.List;
05
06    public class BoardDao {
07      //코드 작성
08    }
```

8. HashSet에 Student 객체를 저장하려고 합니다. 학번이 같으면 동일한 Student라고 가정하고 중복 저장이 되지 않도록 하고 싶습니다. Student 클래스에서 재정의해야 하는 hashCode()와 equals() 메소드의 내용을 채워보세요. Student의 해시코드는 학번이라고 가정합니다.

Student 중복 저장 방지 〔소스 코드〕 HashSetExample.java

```
01    package sec01.verify.exam08;
02
03    import java.util.HashSet;
04    import java.util.Iterator;
05    import java.util.Set;
06
07    public class HashSetExample {
08      public static void main(String[] args) {
09        Set<Student> set = new HashSet<Student>();
10
11        set.add(new Student(1, "홍길동"));
12        set.add(new Student(2, "신용권"));
13        set.add(new Student(1, "조민우"));  ←──── 학번이 같으므로 저장되지 않음
14
15        Iterator<Student> iterator = set.iterator();
16        while(iterator.hasNext()) {
17          Student student = iterator.next();
18          System.out.println(student.studentNum + ":" + student.name);
19        }
20      }
21    }
```

> 📄 **실행결과**   ✕
> 1:홍길동
> 2:신용권

hashCode( )와 equals( ) 재정의   소스 코드 Student.java

```java
01    package sec01.verify.exam08;
02
03    public class Student {
04      public int studentNum;
05      public String name;
06
07      public Student (int studentNum, String name) {
08        this.studentNum = studentNum;
09        this.name = name;
10      }
11
12      @Override
13      public int hashCode() {
14        //코드 작성
15      }
16
17      @Override
18      public boolean equals(Object obj) {
19        //코드 작성
20      }
21    }
```

9. HashMap에 아이디(String)와 점수(Integer)가 저장되어 있습니다. 실행결과와 같이 평균 점수를 출력하고, 최고 점수와 최고 점수를 받은 아이디를 출력해보세요.

점수 관리 ▧ 소스 코드 `MapExample.java`

```java
01    package sec01.verify.exam09;
02
03    import java.util.HashMap;
04    import java.util.Map;
05    import java.util.Set;
06
07    public class MapExample {
08    public static void main(String[] args) {
09        Map<String,Integer> map = new HashMap<String,Integer>();
10        map.put("blue", 96);
11        map.put("hong", 86);
12        map.put("white", 92);
13
14        String name = null;      //최고 점수를 받은 아이디 저장
15        int maxScore = 0;        //최고 점수 저장
16        int totalScore = 0;      //점수 합계 저장
17
18        //작성 위치
19      }
20    }
```

```
▧ 실행결과                    ✕
평균점수: 91
최고점수: 96
최고점수를 받은 아이디: blue
```

13-2 LIFO와 FIFO 컬렉션

핵심 키워드

Stack   Queue

컬렉션 프레임워크에는 LIFO(후입선출) 자료구조를 제공하는 Stack 클래스와 FIFO(선입선출) 자료구조를 제공하는 Queue 인터페이스가 있습니다. 이번 절에서는 Stack 클래스와 Queue 인터페이스에 대해 살펴보겠습니다.

시작하기 전에

후입선출LIFO: Last In First Out은 나중에 넣은 객체가 먼저 빠져나가는 자료구조를 말합니다. 반대로 선입선출FIFO: First In First Out은 먼저 넣은 객체가 먼저 빠져나가는 자료구조를 말합니다.

컬렉션 프레임워크에는 LIFO(리포) 자료구조를 제공하는 Stack 클래스와 FIFO(피포) 자료구조를 제공하는 Queue 인터페이스를 제공하고 있습니다.

다음은 스택Stack과 큐Queue의 구조를 보여줍니다.

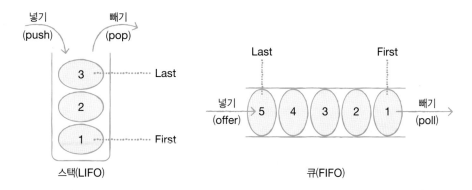

Stack

Stack 클래스는 LIFO 자료구조를 구현한 클래스입니다. 다음 표는 Stack 클래스의 주요 메소드입니다.

리턴 타입	메소드	설명
E	push(E item)	주어진 객체를 스택에 넣습니다.
E	peek()	스택의 맨 위 객체를 가져옵니다. 객체를 스택에서 제거하지 않습니다.
E	pop()	스택의 맨 위 객체를 가져옵니다. 객체를 스택에서 제거합니다.

Stack 객체를 생성하려면 저장할 객체 타입을 E 타입 파라미터 자리에 표기하고 기본 생성자를 호출하면 됩니다. 예를 들어 String을 저장하는 Stack은 다음과 같이 생성할 수 있습니다.

```
Stack<E> stack = new Stack<E>();        Stack의 E 타입 파라미터를 생략하면
Stack<E> stack = new Stack<>();  ←──── 왼쪽 Stack에 지정된 타입을 따라 감
```

다음은 동전 케이스를 Stack 클래스로 구현한 예제입니다. 동전 케이스는 위에만 열려 있는 스택 구조를 가지고 있습니다. 먼저 넣은 동전은 제일 밑에 깔리고 나중에 넣은 동전이 위에 쌓이기 때문에 Stack에서 동전을 빼면 마지막에 넣은 동전이 먼저 나오게 됩니다.

직접 해보는 손코딩

동전 클래스   소스 코드 Coin.java

```
01    package sec02.exam01;
02
03    public class Coin {
04      private int value;
05
06      public Coin(int value) {
07        this.value = value;
08      }
09
10      public int getValue() {
11        return value;
12      }
13    }
```

```java
01   package sec02.exam01;
02
03   import java.util.*;
04
05   public class StackExample {
06     public static void main(String[] args) {
07       Stack<Coin> coinBox = new Stack<Coin>();
08
09       coinBox.push(new Coin(100));
10       coinBox.push(new Coin(50));
11       coinBox.push(new Coin(500));          ←───── 동전을 끼움
12       coinBox.push(new Coin(10));
13
14       while(!coinBox.isEmpty()) {  ←──────── 동전 케이스가 비었는지 확인
15         Coin coin = coinBox.pop();←───── 동전 케이스에서 제일 위의 동전을 꺼냄
16         System.out.println("꺼내온 동전 : " + coin.getValue() + "원");
17       }
18     }
19   }
```

```
🖥 실행결과                    ✕
꺼내온 동전 : 10원
꺼내온 동전 : 500원
꺼내온 동전 : 50원
꺼내온 동전 : 100원
```

Queue

Queue 인터페이스는 FIFO 자료구조에서 사용되는 메소드를 정의하고 있습니다. 다음은 Queue 인터페이스에 정의되어 있는 메소드입니다.

리턴 타입	메소드	설명
boolean	offer(E e)	주어진 객체를 넣습니다.
E	peek()	객체 하나를 가져옵니다. 객체를 큐에서 제거하지 않습니다.
E	poll()	객체 하나를 가져옵니다. 객체를 큐에서 제거합니다.

Queue 인터페이스를 구현한 대표적인 클래스는 LinkedList입니다. LinkedList는 List 인터페이스를 구현했기 때문에 List 컬렉션이기도 합니다. 다음 코드는 LinkedList 객체를 Queue 인터페이스 타입으로 변환한 것입니다.

```
Queue<E> queue = new LinkedList<E>();
Queue<E> queue = new LinkedList<>();  ←── LinkedList의 E 타입 파라미터를 생략하면
                                           왼쪽 Queue에 지정된 타입을 따라 감
```

다음은 Queue를 이용해서 간단한 메시지 큐를 구현한 예제입니다. 먼저 넣은 메시지가 반대쪽으로 먼저 나오기 때문에 넣은 순서대로 메시지가 처리됩니다.

직접 해보는 손코딩

Message 클래스　소스 코드　Message.java

```
01    package sec02.exam02;
02
03    public class Message {
04      public String command;
05      public String to;
06
07      public Message(String command, String to) {
08        this.command = command;
09        this.to = to;
10      }
11    }
```

Queue를 이용한 메시지 큐　소스 코드　QueueExample.java

```
01    package sec02.exam02;
02
03    import java.util.LinkedList;
04    import java.util.Queue;
05
06    public class QueueExample {
07      public static void main(String[] args) {
08        Queue<Message> messageQueue = new LinkedList<Message>();
09
10        messageQueue.offer(new Message("sendMail", "홍길동"));
11        messageQueue.offer(new Message("sendSMS", "신용권"));      ←── 메시지 저장
12        messageQueue.offer(new Message("sendKakaotalk", "홍두께"));
13
14        while(!messageQueue.isEmpty()) {  ←── 메시지 큐가 비었는지 확인
15          Message message = messageQueue.poll();  ←── 메시지 큐에서 1개의 메시지 꺼냄
16          switch(message.command) {
17            case "sendMail":
```

```
18              System.out.println(message.to + "님에게 메일을 보냅니다.");
19          break;
20        case "sendSMS":
21          System.out.println(message.to + "님에게 SMS를 보냅니다.");
22          break;
23        case "sendKakaotalk":
24          System.out.println(message.to + "님에게 카카오톡을 보냅니다.");
25          break;
26        }
27      }
28    }
29  }
```

실행결과   ✕

홍길동님에게 메일을 보냅니다.
신용권님에게 SMS를 보냅니다.
홍두께님에게 카카오톡을 보냅니다.

▶ 4가지 키워드로 끝내는 핵심 포인트

- Stack: 후입선출^{LIFO}을 구현한 클래스입니다.

- Queue: 선입선출^{FIFO}에 필요한 메소드를 정의한 인터페이스입니다. 구현 클래스로는 LinkedList가 있습니다.

▶ 확인 문제

1. Stack과 Queue에 대한 설명입니다. 맞는 것에 O표, 틀린 것에 X표 하세요.

① Stack은 후입선출(LIFO)를 구현한 클래스이다. (   )

② Queue는 선입선출(FIFO)을 위한 위한 인터페이스이다. (   )

③ Stack의 push()는 객체를 넣을 때, pop()은 객체를 뺄 때 사용한다. (   )

④ Queue의 poll()은 객체를 넣을 때, offer()는 객체를 뺄 때 사용한다. (   )

Chapter

14

입출력 스트림

14-1 입출력 스트림

입출력 스트림　InputStream　OutputStream　Reader　Writer

프로그램은 데이터를 읽고 출력하는 작업을 빈번히 수행합니다. 데이터는 키보드를 통해 입력될 수도 있고, 파일 또는 네트워크로부터 입력될 수도 있습니다. 반대로 모니터로 출력될 수도 있고, 파일 또는 네트워크로 출력될 수도 있습니다. 이번절에서는 데이터를 읽고 출력하기 위해 사용되는 입출력 API에 대해서 알아보겠습니다.

시작하기 전에

자바에서 데이터는 스트림Stream을 통해 입출력됩니다. 스트림은 단일 방향으로 연속적으로 흘러가는것을 말하는데, 물이 높은 곳에서 낮은 곳으로 흐르듯이 데이터는 출발지에서 도착지로 흘러갑니다.

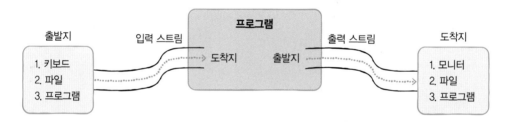

프로그램이 출발지냐 또는 도착지냐에 따라서 사용하는 스트림의 종류가 결정됩니다. 프로그램이 도착지이면 흘러온 데이터를 입력받아야 하므로 입력 스트림을 사용합니다. 반대로 프로그램이 출발지면 데이터를 출력해야 하므로 출력 스트림을 사용합니다.

입출력 스트림의 종류

java.io 패키지에는 여러 가지 종류의 스트림^{Stream} 클래스를 제공하고 있습니다. 이들 스트림 클래스는 다음과 같이 크게 두 종류로 구분됩니다.

- **바이트^{byte} 기반 스트림:** 그림, 멀티미디어 등의 바이너리 데이터를 읽고 출력할 때 사용
- **문자^{character} 기반 스트림:** 문자 데이터를 읽고 출력할 때 사용

스트림 클래스가 바이트 기반인지, 문자 기반인지를 구별하려면 최상위 클래스를 보면 됩니다. 다음 표는 바이트 기반 스트림과 문자 기반 스트림의 최상위 클래스와 하위 클래스의 이름 형태를 보여줍니다.

구분	바이트 기반 스트림		문자 기반 스트림	
	입력 스트림	출력 스트림	입력 스트림	출력 스트림
최상위 클래스	InputStream	OutputStream	Reader	Writer
하위 클래스 (예)	XXXInputStream (FileInputStream)	XXXOutputStream (FileOutputStream)	XXXReader (FileReader)	XXXWriter (FileWriter)

InputStream과 OutputStream은 바이트 기반 입출력 스트림의 최상위 클래스입니다. 이들 클래스의 하위(자식) 클래스는 모두 바이트 기반 입출력 스트림이며, 클래스 접미사로 InputStream 또는 OutputStream이 붙습니다. 예를 들어 이미지와 같은 바이너리 파일의 입출력 스트림 클래스는 FileInputStream과 FileOutputStream입니다.

Reader와 Writer는 문자 기반 입출력 스트림의 최상위 클래스입니다. 이들 클래스의 하위(자식) 클래스들은 모두 문자 기반 입출력 스트림이며, 클래스 접미사로 Reader 또는 Writer가 붙습니다. 예를 들어 텍스트 파일의 입출력 스트림 클래스는 FileReader와 FileWriter입니다.

바이트 출력 스트림: OutputStream

OutputStream은 바이트 기반 출력 스트림의 최상위 클래스로 추상 클래스입니다. 모든 바이트 기반 출력 스트림 클래스는 OutputStream 클래스를 상속받아서 만들어집니다. 다음과 같이 FileOutputStream, PrintStream, BufferedOutputStream, DataOutputStream 클래스는 모두 OutputStream 클래스를 상속하고 있습니다.

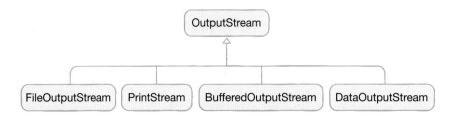

OutputStream 클래스에는 모든 바이트 기반 출력 스트림이 기본적으로 가져야 할 메소드가 정의되어 있습니다. 다음은 OutputStream 클래스의 주요 메소드입니다.

리턴 타입	메소드	설명
void	write(int b)	1byte를 출력합니다.
void	write(byte[ ] b)	매개값으로 주어진 배열 b의 모든 바이트를 출력합니다.
void	write(byte[ ] b, int off, int len)	매개값으로 주어진 배열 b[off]부터 len개까지의 바이트를 출력합니다.
void	flush( )	출력 버퍼에 잔류하는 모든 바이트를 출력합니다.
void	close( )	출력 스트림을 닫습니다.

write(int b) 메소드

write(int b) 메소드는 매개 변수로 주어지는 int(4byte)에서 끝 1byte만 출력 스트림으로 보냅니다. 매개 변수가 int 타입이므로 4byte 모두를 보내는 것은 아닙니다.

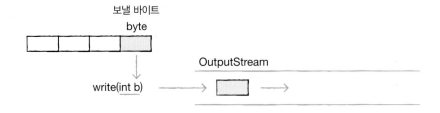

다음 예제는 10, 20, 30이 저장된 각각의 바이트를 파일 C:\Temp\test1.db로 출력해서 test1.db의 내용으로 저장합니다.

1byte씩 출력하기 소스 코드 WriteExample.java

```
01    package sec01.exam01;
02
03    import java.io.FileOutputStream;
04    import java.io.OutputStream;
05
06    public class WriteExample {
07      public static void main(String[] args) throws Exception {
08        OutputStream os = new FileOutputStream("C:/Temp/test1.db"); ←
09                                                          데이터 도착지를 test1.db로 하는
10        byte a = 10;                                      바이트 기반 파일 출력 스트림을 생성
11        byte b = 20;
12        byte c = 30;
13
14        os.write(a);
15        os.write(b); ← 1byte씩 출력
16        os.write(c);
17
18        os.flush(); ← 출력 버퍼에 잔류하는 모든 바이트를 출력
19        os.close(); ← 출력 스트림을 닫음
20      }
21    }
```

실행결과

Temp 폴더에 test1.db 파일이 생성됨

8라인은 데이터 도착지를 test1.db로 하는 바이트 기반 파일 출력 스트림을 생성하고 OutputStream 타입 변수에 대입했습니다. FileOutputStream은 자식 클래스이므로 자동 타입 변환이 됩니다.

14~16라인은 write() 메소드로 1byte씩 세 번 출력하는 코드입니다. 18라인이 매우 중요합니다. 출력 스트림은 출력할 바이트를 바로 보내는 것이 아니라 내부 버퍼(저장소)에 우선 저장해놓습니다. flush() 메소드는 이 내부 버퍼에 잔류된 바이트를 모두 출력하는 역할을 합니다. 왜 버퍼를 사용하는지에 대한 내용은 〈14-2 성능 향상 보조 스트림〉641쪽에서 설명하겠습니다. 19라인은 OutputStream을 더 이상 사용하지 않겠다는 의미로 close() 메소드를 호출했습니다.

write(byte[ ] b) 메소드

write(byte[ ] b) 메소드는 매개값으로 주어진 배열의 모든 바이트를 출력 스트림으로 보냅니다.

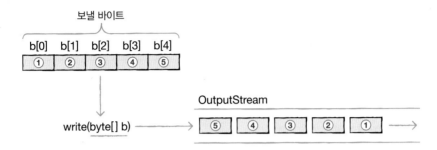

다음 예제는 10, 20, 30이 저장된 배열을 파일 C:\Temp\test2.db로 출력해서 test2.db의 내용으로 저장합니다.

배열 전체를 출력하기 WriteExample.java

```
01    package sec01.exam02;
02
03    import java.io.FileOutputStream;
04    import java.io.OutputStream;
05
06    public class WriteExample {
07      public static void main(String[] args) throws Exception {
08        OutputStream os = new FileOutputStream("C:/Temp/test2.db");  ←  데이터 도착지를 test2.db로 하는
                                                                           바이트 기반 파일 출력 스트림을 생성
09
10        byte[] array = { 10, 20, 30 };
11
12        os.write(array);  ←—————— 배열의 모든 바이트를 출력
13
14        os.flush();  ←———— 출력 버퍼에 잔류하는 모든 바이트를 출력
15        os.close();  ←———— 출력 스트림을 닫음
16      }
17    }
```

write(byte[ ] b, int off, int len) 메소드

write(byte[ ] b, int off, int len) 메소드는 b[off]부터 len개의 바이트를 출력 스트림으로 보냅니다.

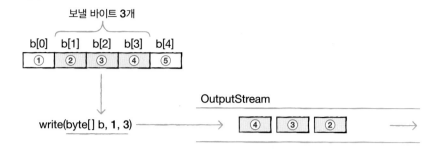

다음 예제는 10, 20, 30, 40, 50이 저장된 배열에서 20, 30, 40을 추려서 파일 C:\Temp\test3.db로 출력해서 test3.db의 내용으로 저장합니다.

배열 일부를 출력하기   WriteExample.java

```
01    package sec01.exam03;
02
03    import java.io.FileOutputStream;
04    import java.io.OutputStream;
05
06    public class WriteExample {
07      public static void main(String[] args) throws Exception {
08        OutputStream os = new FileOutputStream("C:/Temp/test3.db");
09
10        byte[] array = { 10, 20, 30, 40, 50 };
11
12        os.write(array, 1, 3);
13
14        os.flush();
15        os.close();
16      }
17    }
```

데이터 도착지를 test3.db로 하는 바이트 기반 파일 출력 스트림을 생성

배열의 1번 인덱스부터 3개를 출력

출력 버퍼에 잔류하는 모든 바이트를 출력

출력 스트림을 닫음

바이트 입력 스트림: InputStream

InputStream은 바이트 기반 입력 스트림의 최상위 클래스로 추상 클래스입니다. 모든 바이트 기반 입력 스트림은 InputStream 클래스를 상속받아서 만들어집니다. 다음과 같이 FileInputStream, BufferedInputStream, DataInputStream 클래스는 모두 InputStream 클래스를 상속하고 있습니다.

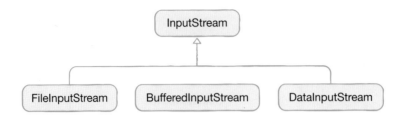

InputStream 클래스에는 바이트 기반 입력 스트림이 기본적으로 가져야 할 메소드가 정의되어 있습니다. 다음은 InputStream 클래스의 주요 메소드입니다.

리턴 타입	메소드	설명
int	read()	1byte를 읽고 읽은 바이트를 리턴합니다.
int	read(byte[] b)	읽은 바이트를 매개값으로 주어진 배열에 저장하고 읽은 바이트 수를 리턴합니다.
int	read(byte[] b, int off, int len)	len개의 바이트를 읽고 매개값으로 주어진 배열에서 b[off]부터 len개까지 저장합니다. 그리고 읽은 바이트 수를 리턴합니다.
void	close()	입력 스트림을 닫습니다.

read() 메소드

read() 메소드는 입력 스트림으로부터 1byte를 읽고 int(4byte) 타입으로 리턴합니다. 따라서 리턴된 4byte 중 끝 1byte에만 데이터가 들어 있습니다. 예를 들어 입력 스트림에서 5개의 바이트가 들어온다면 다음과 같이 read() 메소드로 1byte씩 5번 읽을 수 있습니다.

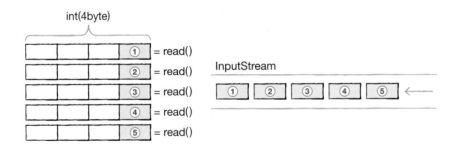

더 이상 입력 스트림으로부터 바이트를 읽을 수 없다면 read() 메소드는 −1을 리턴하는데, 이것을 이용하면 읽을 수 있는 마지막 바이트까지 반복해서 1byte씩 읽을 수 있습니다.

다음 예제는 sec01.exam01.WriteExample에서 C:/Temp/test1.db에 저장한 내용을 1byte씩 끝까지 읽습니다.

1byte씩 읽기   소스 코드 ReadExample.java

```
01    package sec01.exam04;
02
03    import java.io.FileInputStream;
04    import java.io.InputStream;
05
06    public class ReadExample {
07      public static void main(String[] args) throws Exception {
08        InputStream is = new FileInputStream("C:/Temp/test1.db");
09        while(true) {
10          int data = is.read();
11          if(data == -1) break;
12          System.out.println(data);
13        }
14        is.close();
15      }
16    }
```

데이터 출발지를 test1.db로 하는
바이트 기반 파일 입력 스트림을 생성

1byte씩 읽기
파일 끝에 도달했을 경우

입력 스트림을 닫음

실행결과 ✕

```
10
20
30
```

8라인은 데이터 출발지를 test1.db로 하는 바이트 기반 파일 입력 스트림을 생성하고 InputStream 타입 변수에 대입했습니다. FileInputStream은 자식 클래스이므로 자동 타입 변환이 됩니다.

9~13라인은 InputStream으로 반복해서 1byte씩 읽고 모니터에 출력합니다. 14라인은 InputStream을 더 이상 사용하지 않겠다는 의미로 close() 메소드를 호출했습니다.

read(byte[] b) 메소드

read(byte[] b) 메소드는 입력 스트림으로부터 매개값으로 주어진 배열의 길이만큼 바이트를 읽고 해당 배열에 저장합니다. 그리고 읽은 바이트 수를 리턴합니다. 실제로 읽은 바이트 수가 배열의 길이보다 적을 경우, 읽은 수만큼만 리턴합니다. 예를 들어 입력 스트림에서 5개의 바이트가 들어온다면 다음과 같이 길이 3인 배열로 두 번 읽을 수 있습니다.

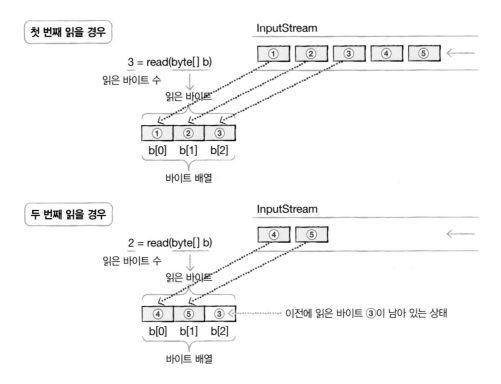

첫 번째 읽을 경우

InputStream

3 = read(byte[] b)
읽은 바이트 수

읽은 바이트

① ② ③
b[0] b[1] b[2]

바이트 배열

두 번째 읽을 경우

InputStream

2 = read(byte[] b)
읽은 바이트 수

읽은 바이트

④ ⑤ ③
b[0] b[1] b[2]

이전에 읽은 바이트 ③이 남아 있는 상태

바이트 배열

read(byte[] b) 메소드 역시 입력 스트림으로부터 바이트를 더 이상 읽을 수 없다면 −1을 리턴하는데, 이것을 이용하면 읽을 수 있는 마지막 바이트까지 반복해서 읽을 수 있습니다.

다음 예제는 길이가 100인 배열을 생성하고 read(byte[] b) 메소드로 한꺼번에 100byte를 읽고 배열에 저장합니다. 정확하게 말하면 파일에 읽을 바이트가 100개 이상이 남아있을 경우에만 100byte를 한꺼번에 읽습니다. 그렇지 않다면 읽을 수 있는 바이트 수만큼만 읽습니다. 다음 예제에서 C:/Temp/test2.db 파일은 sec01.exam02.WriteExample 예제에서 생성된 파일입니다.

직접 해보는 손코딩

배열 길이만큼 읽기 소스 코드 ReadExample.java

```
01    package sec01.exam05;
02
03    import java.io.FileInputStream;
04    import java.io.InputStream;
05
06    public class ReadExample {
07      public static void main(String[] args) throws Exception {
08        InputStream is = new FileInputStream("C:/Temp/test2.db");
09
10        byte[] buffer = new byte[100];
```

데이터 출발지를 test2.db로 하는
바이트 기반 파일 입력 스트림을 생성

길이 100인 배열 생성

```
11
12        while(true) {
13          int readByteNum = is.read(buffer); ←——— 배열 길이만큼 읽기
14          if(readByteNum == -1) break; ←——— 파일 끝에 도달했을 경우
15          for(int i=0; i<readByteNum; i++) {
16            System.out.println(buffer[i]);      ←——— 읽은 바이트 수만큼 반복하면서
17          }                                         배열에 저장된 바이트를 출력
18        }
19
20        is.close(); ←——— 입력 스트림을 닫음
21      }
22    }
```

실행결과

```
10
20
30
```

많은 양의 바이트를 읽을 때는 read(byte[ ] b) 메소드를 사용하는 것이 좋습니다. 입력 스트림으로부터 100개의 바이트가 들어온다면 read() 메소드는 100번을 반복해서 읽어야 하지만, read(byte[ ] b) 메소드는 한 번 읽을 때 배열 길이만큼 읽기 때문에 읽는 횟수가 현저히 줄어듭니다.

read(byte[ ] b, int off, int len) 메소드

read(byte[ ] b, int off, int len) 메소드는 입력 스트림으로부터 len개의 바이트만큼 읽고, 매개값으로 주어진 바이트 배열 b[off]부터 len개까지 저장합니다. 그리고 읽은 바이트 수인 len개를 리턴합니다. 실제로 읽은 바이트 수가 len개보다 작을 경우에는 읽은 수만큼만 리턴합니다. 예를 들어 입력 스트림에서 전체 5개의 바이트가 들어오고, 여기서 3개만 읽어 b[2], b[3], b[4]에 각각 저장한다면 다음과 같이 할 수 있습니다.

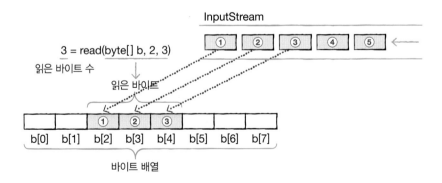

read(byte[ ] b, int off, int len) 역시 입력 스트림으로부터 바이트를 더 이상 읽을 수 없다면 −1을 리턴합니다. read(byte[ ] b)와의 차이점은 한 번에 읽어들이는 바이트 수를 len 매개값으로 조절할 수 있고, 배열에서 저장이 시작되는 인덱스를 지정할 수 있다는 점입니다. 만약 off를 0으로, len을 배열의 길이로 준다면 read(byte[ ] b)와 동일합니다.

```
InputStream is = …;
byte[] readBytes = new byte[100];
int readByteNo=is.read(readBytes);
```

```
InputStream is = …;
byte[] readBytes = new byte[100];
int readByteNo=is.read(readBytes, 0, 100);
```

다음 예제는 C:/Temp/test3.db에서 3byte를 읽고, 길이 5인 배열의 배열[2], 배열[3], 배열[4]에 저장합니다. test3.db 파일은 sec01.exam03.WriteExample 예제에서 생성된 파일입니다.

직접 해보는 손코딩

지정한 길이만큼 읽기   소스 코드 ReadExample.java

```
01  package sec01.exam06;
02
03  import java.io.FileInputStream;
04  import java.io.InputStream;
05
06  public class ReadExample {
07    public static void main(String[] args) throws Exception {
08      InputStream is = new FileInputStream("C:/Temp/test3.db");
09
10      byte[] buffer = new byte[5];
11
12      int readByteNum = is.read(buffer, 2, 3);
13      if(readByteNum != -1) {
14        for(int i=0; i<buffer.length; i++) {
15          System.out.println(buffer[i]);
16        }
17      }
18
19      is.close();
20    }
21  }
```

데이터 출발지를 test3.db로 하는
바이트 기반 파일 입력 스트림을 생성

입력 스트림으로부터 3byte를 읽고 buffer[2],
buffer[3], buffer[4]에 각각 저장

읽은 바이트가 있다면

배열 전체를 읽고 출력

입력 스트림을 닫음

실행결과 ✕
```
0
0
20
30
40
```

문자 출력 스트림: Writer

Writer는 문자 기반 출력 스트림의 최상위 클래스로 추상 클래스입니다. 모든 문자 기반 출력 스트림 클래스는 Writer 클래스를 상속받아서 만들어집니다. 다음과 같이 FileWriter, BufferedWriter, PrintWriter, OutputStreamWriter 클래스는 모두 Writer 클래스를 상속하고 있습니다.

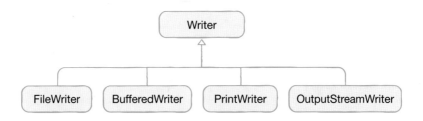

Writer 클래스는 모든 문자 기반 출력 스트림이 기본적으로 가져야 할 메소드가 정의되어 있습니다. Writer 클래스의 주요 메소드는 다음과 같습니다.

리턴 타입	메소드	설명
void	write(int c)	매개값으로 주어진 한 문자를 보냅니다.
void	write(char[ ] cbuf)	매개값으로 주어진 배열의 모든 문자를 보냅니다.
void	write(char[ ] cbuf, int off, int len)	매개값으로 주어진 배열에서 cbuf[off]부터 len개까지의 문자를 보냅니다.
void	write(String str)	매개값으로 주어진 문자열을 보냅니다.
void	write(String str, int off, int len)	매개값으로 주어진 문자열에서 off 순번부터 len개까지의 문자를 보냅니다.
void	flush( )	버퍼에 잔류하는 모든 문자를 출력합니다.
void	close( )	출력 스트림을 닫습니다.

write(int c) 메소드

write(int c) 메소드는 매개 변수로 주어지는 int(4byte)에서 끝 2byte(1개의 문자)만 출력 스트림으로 보냅니다. 매개 변수가 int 타입이므로 4byte 모두를 보내는 것은 아닙니다.

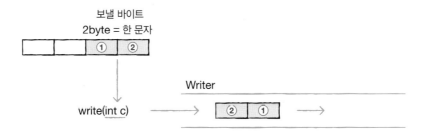

다음 예제는 'A', 'B', 'C'가 저장된 각각의 char를 파일 C:\Temp\test7.txt로 출력해서 test7.txt의 내용으로 저장합니다.

한 문자씩 출력하기 소스 코드 `WriteExample.java`

```java
01    package sec01.exam07;
02
03    import java.io.FileWriter;
04    import java.io.Writer;
05
06    public class WriteExample {
07      public static void main(String[] args) throws Exception {
08        Writer writer = new FileWriter("C:/Temp/test7.txt");  ←─┐
09                                                                │
                                                      데이터 도착지를 test7.txt로 하는
                                                      문자 기반 파일 출력 스트림을 생성
10        char a = 'A';
11        char b = 'B';
12        char c = 'C';
13
14        writer.write(a);
15        writer.write(b);  ←──── 한 문자씩 출력
16        writer.write(c);
17
18        writer.flush();  ←──── 출력 버퍼에 잔류하는 모든 문자를 출력
19        writer.close();  ←──── 출력 스트림을 닫음
20      }
21    }
```

8라인은 데이터 도착지를 test7.txt로 하는 문자 기반 파일 출력 스트림을 생성하고 Writer 타입 변수에 대입했습니다. FileWriter는 자식 클래스이므로 자동 타입 변환이 됩니다.

14~16라인은 write( ) 메소드로 한 문자(2byte)씩 세 번 출력하는 코드입니다. 18라인은 Output Stream에서 이미 설명한 바 있습니다. flush( ) 메소드는 이 내부 버퍼에 잔류된 문자들을 모두 출력하는 역할을 합니다. 19라인은 Writer를 더 이상 사용하지 않겠다는 의미로 close( ) 메소드를 호출했습니다.

write(char[ ] cbuf) 메소드

write(char[ ] cbuf) 메소드는 매개값으로 주어진 char[ ] 배열의 모든 문자를 출력 스트림으로 보냅니다.

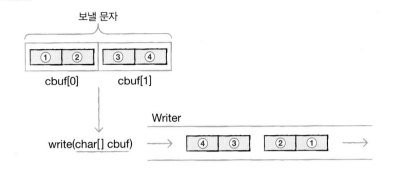

보낼 문자

다음 예제는 'A', 'B', 'C'가 저장된 배열을 파일 C:\Temp\test8.txt로 출력해서 test8.txt의 내용으로 저장합니다.

직접 해보는 손코딩

배열 전체를 출력하기   소스 코드 WriteExample.java

```java
01    package sec01.exam08;
02
03    import java.io.FileWriter;
04    import java.io.Writer;
05
06    public class WriteExample {
07      public static void main(String[] args) throws Exception {
08        Writer writer = new FileWriter("C:/Temp/test8.txt");
09
10        char[] array = { 'A', 'B', 'C' };
11
12        writer.write(array);
13
14        writer.flush();
15        writer.close();
16      }
17    }
```

08행 → 데이터 도착지를 test8.txt로 하는 문자 기반 파일 출력 스트림을 생성

12행 → 배열의 모든 문자를 출력

14행 → 출력 버퍼에 잔류하는 모든 문자를 출력

15행 → 출력 스트림을 닫음

write(char[] cbuf, int off, int len) 메소드

write(char[] cbuf, int off, int len) 메소드는 cbuf[off]부터 len개의 문자를 출력 스트림으로 보냅니다.

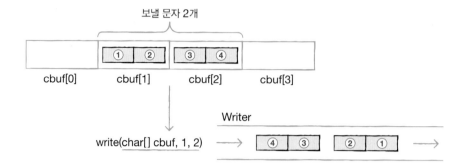

다음 예제는 'A', 'B', 'C', 'D', 'E', 'F'가 저장된 배열에서 'B', 'C', 'D'을 추려서 파일 C:\Temp\test9.txt로 출력해서 test9.txt의 내용으로 저장합니다.

배열 일부를 출력하기 소스 코드 WriteExample.java

```java
01    package sec01.exam09;
02
03    import java.io.FileWriter;
04    import java.io.Writer;
05
06    public class WriteExample {
07      public static void main(String[] args) throws Exception {
08        Writer writer = new FileWriter("C:/Temp/test9.txt");
09
10        char[] array = { 'A', 'B', 'C', 'D', 'E' };
11
12        writer.write(array, 1, 3);
13
14        writer.flush();
15        writer.close();
16      }
17    }
```

데이터 도착지를 test9.txt로 하는
문자 기반 파일 출력 스트림을 생성

배열의 1번 인덱스부터
3개를 출력

출력 버퍼에 잔류하는 모든 문자를 출력

출력 스트림을 닫음

write(String str)와 write(String str, int off, int len) 메소드

Writer는 문자열을 좀 더 쉽게 보내기 위해서 write(String str)와 write(String str, int off, int len) 메소드를 제공합니다. write(String str)은 문자열 전체를 출력 스트림으로 보내고, write (String str, int off, int len)은 주어진 문자열 off 순번부터 len개까지의 문자를 보냅니다.

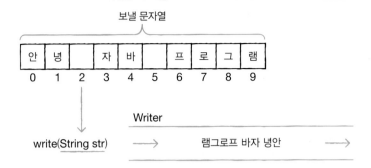

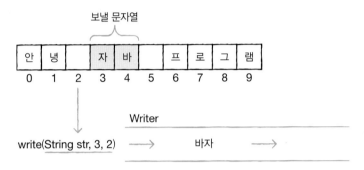

다음 예제는 문자열 "ABC"를 C:\Temp\test10.txt로 출력해서 test10.txt의 내용으로 저장합니다.

직접 해보는 손코딩

문자열 출력하기 소스 코드 WriteExample.java

```java
01    package sec01.exam10;
02
03    import java.io.FileWriter;
04    import java.io.Writer;
05
06    public class WriteExample {
07      public static void main(String[] args) throws Exception {
08        Writer writer = new FileWriter("C:/Temp/test10.txt");  ←
09
10        String str = "ABC";
11
12        writer.write(str);  ← 문자열 전체를 출력
13
14        writer.flush();  ← 출력 버퍼에 잔류하는 모든 문자열을 출력
15        writer.close();  ← 출력 스트림을 닫음
16      }
17    }
```

데이터 도착지를 test10.txt로 하는
문자 기반 파일 출력 스트림을 생성

실행결과

test10.txt
파일(F) 편집(E)
도움말
ABC

문자 입력 스트림: Reader

Reader는 문자 기반 입력 스트림의 최상위 클래스로 추상 클래스입니다. 모든 문자 기반 입력 스트림은 Reader 클래스를 상속받아서 만들어집니다. 다음과 같이 FileReader, BufferedReader, InputStreamReader 클래스는 모두 Reader 클래스를 상속하고 있습니다.

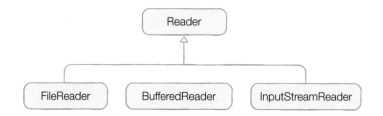

Reader 클래스에는 문자 기반 입력 스트림이 기본적으로 가져야 할 메소드가 정의되어 있습니다. 다음은 Reader 클래스의 주요 메소드입니다.

리턴 타입	메소드	설명
int	read()	1개의 문자를 읽고 리턴합니다.
int	read(char[] cbuf)	읽은 문자들을 매개값으로 주어진 문자 배열에 저장하고 읽은 문자 수를 리턴합니다.
int	read(char[] cbuf, int off, int len)	len개의 문자를 읽고 매개값으로 주어진 문자 배열에서 cbuf[off] 부터 len개까지 저장합니다. 그리고 읽은 문자 수를 리턴합니다.
void	close()	입력 스트림을 닫습니다.

read() 메소드

read() 메소드는 입력 스트림으로부터 1개의 문자(2byte)를 읽고 int(4byte) 타입으로 리턴합니다. 따라서 리턴된 4byte 중 끝에 있는 2byte에 문자 데이터가 들어 있습니다. 예를 들어 입력 스트림에서 2개의 문자(총 4byte)가 들어온다면 다음과 같이 read() 메소드로 한 문자씩 두 번 읽을 수 있습니다.

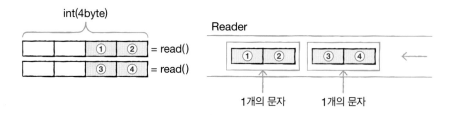

read() 메소드가 리턴한 int 값을 char 타입으로 변환하면 읽은 문자를 얻을 수 있습니다.

```
char charData = (char) read();
```

더 이상 입력 스트림으로부터 문자를 읽을 수 없다면 read() 메소드는 −1을 리턴하는데 이것을 이용하면 읽을 수 있는 마지막 문자까지 반복하면서 한 문자씩 읽을 수 있습니다.

다음 예제는 sec01.exam07.WriteExample에서 C:/Temp/test7.txt에 저장한 내용을 한 문자씩 끝까지 읽습니다.

직접 해보는 손코딩

한 문자씩 읽기   소스 코드   ReadExample.java

```
01    package sec01.exam11;
02
03    import java.io.FileReader;
04    import java.io.Reader;              데이터 출발지를 test7.txt로 하는
05                                        문자 기반 파일 입력 스트림을 생성
06    public class ReadExample {
07      public static void main(String[] args) throws Exception {
08        Reader reader = new FileReader("C:/Temp/test7.txt"); ←
09        while(true) {
10          int data = reader.read(); ←————— 한 문자씩 읽기
11          if(data == -1) break; ←————— 파일 끝에 도달했을 경우
12          System.out.println((char)data);
13        }
14        reader.close(); ←————— 입력 스트림을 닫음
15      }
16    }
```

실행결과 ✕

A
B
C

8라인은 데이터 출발지를 test7.txt로 하는 문자 기반 파일 입력 스트림을 생성하고 Reader 타입 변수에 대입했습니다. FileReader는 자식 클래스이므로 자동 타입 변환이 됩니다.

9~13라인은 Reader로 반복해서 한 문지씩 읽고 모니터에 출력합니다. 14라인은 Reader를 더 이상 사용하지 않겠다는 의미로 close() 메소드를 호출했습니다.

read(char[] cbuf) 메소드

read(char[] cbuf) 메소드는 입력 스트림으로부터 매개값으로 주어진 문자 배열의 길이만큼 문자를 읽고 배열에 저장합니다. 그리고 읽은 문자 수를 리턴합니다. 실제로 읽은 문자 수가 배열의 길이

보다 적을 경우 읽은 수만큼만 리턴합니다. 예를 들어 입력 스트림에서 3개의 문자가 들어온다면 다음과 같이 길이가 2인 문자 배열로 두 번 읽을 수 있습니다.

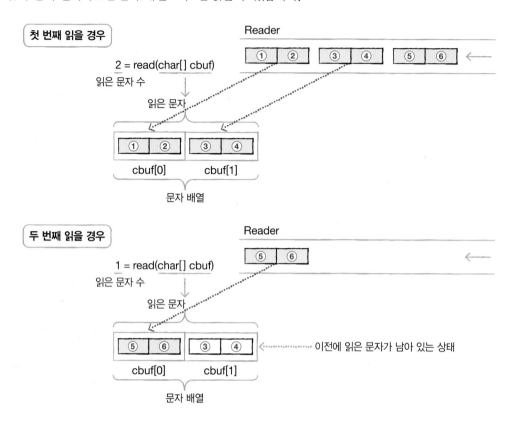

read(char[] cbuf) 메소드 역시 입력 스트림으로부터 문자를 더 이상 읽을 수 없다면 −1을 리턴합니다. 이것을 이용하면 읽을 수 있는 마지막 문자까지 반복해서 읽을 수 있습니다.

다음 예제는 길이가 100인 배열을 생성하고 read(char[] cbuf) 메소드로 한꺼번에 100개의 문자를 읽고 배열에 저장합니다. 정확하게 말하면 파일에 읽을 문자가 100개 이상이 남아 있을 경우에만 100개의 문자를 한꺼번에 읽습니다. 그렇지 않다면 읽을 수 있는 문자 수만큼만 읽습니다. 다음 예제에서 C:/Temp/test8.txt 파일은 sec01.exam08.WriteExample에서 생성된 파일입니다.

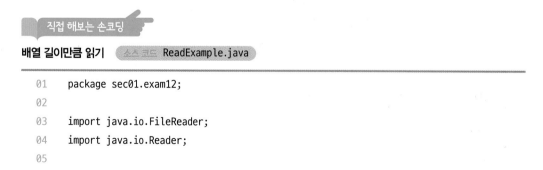

직접 해보는 손코딩

배열 길이만큼 읽기   소스 코드 ReadExample.java

```
01    package sec01.exam12;
02
03    import java.io.FileReader;
04    import java.io.Reader;
05
```

```
06   public class ReadExample {
07     public static void main(String[] args) throws Exception {
08       Reader reader = new FileReader("C:/Temp/test8.txt");   데이터 출발지를
                                                                test8.txt로 하는
09                                                              문자 기반 파일
10       char[] buffer = new char[100];   길이 100인 배열 생성    입력 스트림을 생성

11
12       while(true) {
13         int readCharNum = reader.read(buffer);   배열 길이만큼 읽기
14         if(readCharNum == -1) break;   파일 끝에 도달했을 경우
15         for(int i=0; i<readCharNum; i++) {
16           System.out.println(buffer[i]);   읽은 문자 수만큼 반복하면서
                                               배열에 저장된 문자를 출력
17         }
18       }
19
20       reader.close();   입력 스트림을 닫음
21     }
22   }
```

실행결과

```
A
B
C
```

많은 양의 문자를 읽을 때는 read(char[] cbuf) 메소드를 사용하는 것이 좋습니다. 입력 스트림으로부터 100개의 문자가 들어온다면 read() 메소드는 100번을 반복해서 읽어야 하지만, read(char[] cbuf) 메소드는 한 번 읽을 때 배열 길이만큼 읽기 때문에 읽는 횟수가 현저히 줄어듭니다.

read(char[] cbuf, int off, int len) 메소드

read(char[] cbuf, int off, int len) 메소드는 입력 스트림으로부터 len개의 문자만큼 읽고 매개 값으로 주어진 문자 배열에서 cbuf[off]부터 len개까지 저장합니다. 그리고 읽은 문자 수인 len개를 리턴합니다. 실제로 읽은 문자 수가 len개보다 적을 경우에는 읽은 수만큼만 리턴합니다. 예를 들어 입력 스트림에서 전체 3개의 문자가 들어오고, 여기서 2개만 읽고 cbuf[1], cbuf[2]에 각각 저장한다면 다음과 같이 할 수 있습니다.

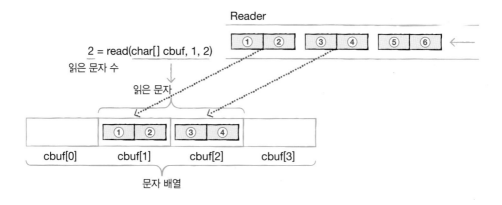

read(char[ ] cbuf, int off, int len) 메소드 역시 입력 스트림으로부터 문자를 더 이상 읽을 수 없다면 −1을 리턴합니다. read(char[ ] cbuf) 메소드와의 차이점은 한 번에 읽어들이는 문자 수를 len 매개값으로 조절할 수 있고, 배열에서 저장이 시작되는 인덱스를 지정할 수 있다는 점입니다. 만약 off를 0으로, len을 배열의 길이로 준다면 read(char[ ] cbuf) 메소드와 동일합니다.

```
Reader reader = …;
char[] cbuf = new char[100];
int readCharNo=is.read(cbuf);
```

```
Reader reader = …;
char[] cbuf = new char[100];
int readCharNo=is.read(cbuf, 0, 100);
```

다음 예제는 C:/Temp/test9.txt에서 3개의 문자를 읽고, 길이 5인 배열의 배열[2], 배열[3], 배열[4]에 저장합니다. test9.txt 파일은 sec01.exam09.WriteExample에서 생성된 파일입니다.

직접 해보는 손코딩

지정한 길이만큼 읽기 　　　　ReadExample.java

```
01    package sec01.exam13;
02
03    import java.io.FileReader;
04    import java.io.Reader;
05
06    public class ReadExample {
07      public static void main(String[] args) throws Exception {
08        Reader reader = new FileReader("C:/Temp/test9.txt"); ←   데이터 출발지를 test9.txt로 하는
                                                                    문자 기반 파일 입력 스트림을 생성
09
10        char[] buffer = new char[5];
                                                        입력 스트림으로부터 3개의 문자를 읽고
11                                                      buffer[2], buffer[3], buffer[4]에 각각 저장
12        int readCharNum = reader.read(buffer, 2, 3); ←
13        if(readCharNum != -1) { ←───────── 읽은 문자가 있다면
14          for(int i=0; i<buffer.length; i++) {
15            System.out.println(buffer[i]); ←─── 배열 전체를 읽고 출력
16          }
17        }
18
19        reader.close(); ←─── 입력 스트림을 닫음
20      }
21    }
```

실행결과 ✕

B
C
D

▶ 5가지 키워드로 끝내는 핵심 포인트

- **입출력 스트림**: 자바에서 데이터는 스트림Stream을 통해 입출력됩니다. 프로그램이 출발지냐 또는 도착지냐에 따라서 사용하는 스트림의 종류가 결정됩니다. 프로그램이 도착지이면 흘러온 데이터를 입력받아야 하므로 입력 스트림을 사용합니다. 반대로 프로그램이 출발지면 데이터를 출력해야 하므로 출력 스트림을 사용합니다.

- **InputStream**: 바이트 기반 입력 스트림의 최상위 클래스로 추상 클래스입니다. 모든 바이트 기반 입력 스트림은 InputStream 클래스를 상속받아서 만들어집니다. InputStream 클래스에는 바이트 기반 입력 스트림이 기본적으로 가져야 할 메소드가 정의되어 있습니다.

- **OutputStream**: 바이트 기반 출력 스트림의 최상위 클래스로 추상 클래스입니다. 모든 바이트 기반 출력 스트림 클래스는 OutputStream 클래스를 상속받아서 만들어집니다. OutputStream 클래스에는 모든 바이트 기반 출력 스트림이 기본적으로 가져야 할 메소드가 정의되어 있습니다.

- **Reader**: 문자 기반 입력 스트림의 최상위 클래스로 추상 클래스입니다. 모든 문자 기반 입력 스트림은 Reader 클래스를 상속받아서 만들어집니다. Reader 클래스에는 문자 기반 입력 스트림이 기본적으로 가져야 할 메소드가 정의되어 있습니다.

- **Writer**: 문자 기반 출력 스트림의 최상위 클래스로 추상 클래스입니다. 모든 문자 기반 출력 스트림 클래스는 Writer 클래스를 상속받아서 만들어집니다. Writer 클래스는 모든 문자 기반 출력 스트림이 기본적으로 가져야 할 메소드가 정의되어 있습니다.

▶ 확인 문제

1. 입출력 스트림에 대한 설명입니다. 맞는 것에 O표, 틀린 것에 X표 하세요.

   ① 하나의 스트림으로 입력과 출력이 동시에 가능하다. (   )
   ② 프로그램을 기준으로 데이터가 들어오면 입력 스트림이다. (   )
   ③ 프로그램을 기준으로 데이터가 나가면 출력 스트림이다. (   )
   ④ 파일에 데이터를 저장하려면 출력 스트림을 사용해야 한다. (   )

2. InputStream과 Reader에 대한 설명입니다. 맞는 것에 O표, 틀린 것에 X표 하세요.

① 이미지 데이터는 InputStream 또는 Reader로 모두 읽을 수 있다. (　　　)

② Reader의 read( ) 메소드는 1문자를 읽고 리턴한다. (　　　)

③ InputStream의 read( ) 메소드는 1byte를 읽고 리턴한다. (　　　)

④ InputStream의 read(byte[ ] b) 메소드는 읽은 바이트 수를 리턴한다. (　　　)

3. InputStream의 read(byte[ ] b, int off, int len) 메소드에 대한 설명입니다. 맞는 것에 O표, 틀린 것에 X표 하세요.

① 메소드의 리턴값은 읽은 바이트 수이다. (　　　)

② 첫 번째 매개값 b에는 읽은 데이터가 저장된다. (　　　)

③ 두 번째 매개값 off는 첫 번째 매개값 b에서 데이터가 저장될 시작 인덱스이다. (　　　)

④ 세 번째 매개값 len은 첫 번째 매개값 b에서 데이터가 저장될 마지막 인덱스이다. (　　　)

4. 출력 스트림에서 데이터를 출력한 후 flush( ) 메소드를 호출하는 이유가 무엇입니까?

① 출력 스트림의 버퍼에 있는 데이터를 모두 출력하고 버퍼를 비운다.

② 출력 스트림을 메모리에서 제거한다.

③ 출력 스트림의 버퍼에 있는 데이터를 모두 삭제한다.

④ 출력 스트림을 닫는 역할을 한다.

14-2 보조 스트림

핵심 키워드

보조 스트림 문자 변환 성능 향상 기본 타입 입출력 개행 출력

기본 스트림인 InputStream/OutputStream, Reader/Writer를 직접 사용해서
데이터를 입출력할 수 있지만, 데이터를 변환해서 입출력하거나, 데이터의 출력
형식을 지정하고 싶을 경우, 그리고 입출력 성능을 향상시키고 싶을 경우가 있을
것입니다. 이럴 때 기본 스트림에 보조 스트림을 연결하여 사용하면 편리하게 이
러한 기능들을 수행할 수 있습니다.

시작하기 전에

보조 스트림이란 다른 스트림과 연결이 되어 여러 가지 편리한 기능을 제공해주는 스트림을 말합
니다. 보조 스트림은 자체적으로 입출력을 수행할 수 없기 때문에 입출력 소스와 바로 연결되는
InputStream, OutputStream, Reader, Writer 등에 연결해서 입출력을 수행합니다. 보조 스트
림은 문자 변환, 입출력 성능 향상, 기본 타입 입출력 등의 기능을 제공합니다.

다음은 입력 스트림과 출력 스트림에 보조 스트림을 연결한 모습을 가상화한 것입니다.

프로그램은 입력 스트림으로부터 직접 데이터를 읽지 않고, 보조 스트림에서 제공하는 기능을 이용
해서 데이터를 읽습니다. 반대로 출력 스트림으로 직접 데이터를 보내지 않고 보조 스트림에서 제공
하는 기능을 이용해서 데이터를 보냅니다.

보조 스트림 연결하기

보조 스트림을 연결하려면 보조 스트림을 생성할 때 자신이 연결될 스트림을 다음과 같이 생성자의 매개값으로 제공하면 됩니다.

```
보조스트림 변수 = new 보조스트림(연결스트림)
```

예를 들어 InputStream을 문자 변환 보조 스트림인 InputStreamReader에 연결하는 코드는 다음과 같습니다.

```
InputStream is = …;
InputStreamReader reader = new InputStreamReader(is);
```

보조 스트림의 생성자 매개값은 InputStream, OutputStream, Reader, Writer 이외에 또 다른 보조 스트림이 될 수 있습니다. 이 말은 보조 스트림을 연속적으로 연결할 수 있다는 뜻입니다.

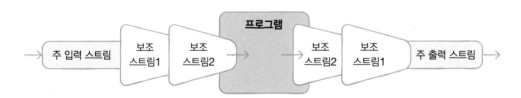

예를 들어 다음과 같이 문자 변환 보조 스트림인 InputStreamReader를 다시 성능 향상 보조 스트림인 BufferedReader에 연결할 수 있습니다.

```
InputStream is = System.in;
InputStreamReader reader = new InputStreamReader(is);
BufferedReader br = new BufferedReader(reader);
```

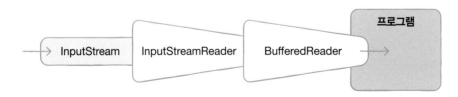

문자 변환 보조 스트림

소스 스트림이 바이트 기반 스트림(InputStream, OutputStream, FileInputStream, FileOutputStream)이면서 입출력 데이터가 문자라면 Reader와 Writer로 변환해서 사용하는 것을 고려할 수 있습니다. 그 이유는 문자 입출력은 Reader와 Writer가 편리하기 때문입니다.

OutputStreamWriter

OutputStreamWriter는 바이트 기반 출력 스트림에 연결되어 문자 출력 스트림인 Writer로 변환하는 보조 스트림입니다.

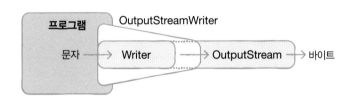

```
Writer writer = new OutputStreamWriter(바이트 기반 출력 스트림);
```

예를 들어 파일 출력을 위한 바이트 기반 FileOutputStream을 다음과 같이 Writer 타입으로 변환할 수 있습니다.

```
FileOutputStream fos = new FileOutputStream("C:/Temp/test1.txt");
Writer writer = new OutputStreamWriter(fos);
```

InputStreamReader

InputStreamReader는 바이트 기반 입력 스트림에 연결되어 문자 입력 스트림인 Reader로 변환하는 보조 스트림입니다.

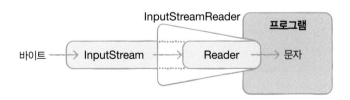

```
Reader reader = new InputStreamReader(바이트 기반 입력 스트림);
```

예를 들어 파일 입력을 위한 바이트 기반 FileInputStream을 다음과 같이 Reader 타입으로 변환할 수 있습니다.

```java
FileInputStream fis = new FileInputStream("C:/Temp/test1.txt");
Reader reader = new InputStreamReader(fis);
```

다음 예제는 파일로 문자를 저장하고, 저장된 문자를 다시 읽습니다. 사용하는 소스 스트림은 바이트 기반 FileOutputStream과 FileInputStream입니다. 하지만 이들 스트림을 직접 사용하지 않고 각각 Writer와 Reader로 변환해서 입출력을 합니다.

문자 변환 보조 스트림　　코드　CharacterConvertStreamExample.java

```java
01    package sec02.exam01;
02
03    import java.io.FileInputStream;
04    import java.io.FileOutputStream;
05    import java.io.InputStreamReader;
06    import java.io.OutputStreamWriter;
07    import java.io.Reader;
08    import java.io.Writer;
09
10    public class CharacterConvertStreamExample {
11      public static void main(String[] args) throws Exception {
12        write("문자 변환 스트림을 사용합니다.");
13        String data = read();
14        System.out.println(data);
15      }
16
17      public static void write(String str) throws Exception {
18        FileOutputStream fos = new FileOutputStream("C:/Temp/test1.txt");
19        Writer writer = new OutputStreamWriter(fos);
20        writer.write(str);
21        writer.flush();
22        writer.close();
23      }
24
25      public static String read() throws Exception {
26        FileInputStream fis = new FileInputStream("C:/Temp/test1.txt");
27        Reader reader = new InputStreamReader(fis);
```

FileOutputStream에 OutputStreamWriter 보조 스트림을 연결

OutputStreamWriter 보조 스트림을 이용해서 문자 출력

FileInputStream에 InputStreamReader 보조 스트림을 연결

```
28        char[] buffer = new char[100];
29        int readCharNum = reader.read(buffer);  ←── InputStreamReader 보조 스트림을
                                                        이용해서 문자 입력
30        reader.close();
31        String data = new String(buffer, 0, readCharNum);  ←── char 배열에서 읽은
                                                                  수만큼 문자열로 변환
32        return data;
33    }
34 }
```

> 🖥 **실행결과**　　　　　　　　　　　　✕
>
> 문자 변환 스트림을 사용합니다.

성능 향상 보조 스트림

프로그램의 실행 성능은 입출력이 가장 늦은 장치를 따라갑니다. CPU와 메모리가 아무리 뛰어나도 하드 디스크의 입출력이 늦어지면 프로그램의 실행 성능은 하드 디스크의 처리 속도에 맞춰집니다. 네트워크로 데이터를 전송할 때도 마찬가지입니다. 느린 네트워크 환경이라면 컴퓨터 사양이 아무리 좋아도 메신저와 게임의 속도는 느릴 수밖에 없습니다.

이 문제에 대한 완전한 해결책은 될 수 없지만, 프로그램이 입출력 소스와 직접 작업하지 않고 중간에 메모리 버퍼buffer와 작업함으로써 실행 성능을 향상시킬 수 있습니다. 예를 들어 프로그램은 직접 하드 디스크에 데이터를 보내지 않고 메모리 버퍼에 데이터를 보냄으로써 쓰기 속도가 향상됩니다. 버퍼는 데이터가 쌓이기를 기다렸다가 꽉 차게 되면 데이터를 한꺼번에 하드 디스크로 보냄으로써 출력 횟수를 줄여줍니다.

기본적으로 출력 스트림은 내부에 작은 버퍼를 가지고 있습니다. 하지만 이것만으로는 불충분합니다. 보조 스트림 중에서는 위와 같이 메모리 버퍼를 추가로 제공하여 프로그램의 실행 성능을 향상시키는 것들이 있습니다. 바이트 기반 스트림에서는 BufferedInputStream, BufferedOutputStream이 있고 문자 기반 스트림에는 BufferedReader, BufferedWriter가 있습니다.

BufferedOutputStream과 BufferedWriter

BufferedOutputStream은 바이트 기반 출력 스트림에 연결되어 버퍼를 제공해주는 보조 스트림이고, BufferedWriter는 문자 기반 출력 스트림에 연결되어 버퍼를 제공해주는 보조 스트림입니다.

BufferedOutputStream과 BufferedWriter는 프로그램에서 전송한 데이터를 내부 버퍼에 쌓아두었다가 버퍼가 꽉 차면, 버퍼의 모든 데이터를 한꺼번에 보냅니다. 프로그램 입장에서 보면 메모리 버퍼로 데이터를 고속 전송하기 때문에 출력 성능이 향상되는 효과를 얻게 됩니다.

BufferedOutputStream과 BufferedWriter 보조 스트림은 다음과 같이 생성자의 매개값으로 준 출력 스트림과 연결되어 추가적인 내부 버퍼를 제공합니다.

```
BufferedOutputStream bos = new BufferedOutputStream(바이트 기반 출력 스트림);
BufferedWriter bw = new BufferedWriter(문자 기반 출력 스트림);
```

BufferedInputStream과 BufferedReader

BufferedInputStream은 바이트 기반 입력 스트림에 연결되어 버퍼를 제공해주는 보조 스트림이고, BufferedReader는 문자 기반 입력 스트림에 연결되어 버퍼를 제공해주는 보조 스트림입니다. BufferedInputStream과 BufferedReader는 입력 소스로부터 자신의 내부 버퍼 크기만큼 데이터를 미리 읽고 버퍼에 저장해둡니다. 프로그램은 외부의 입력 소스로부터 직접 읽는 대신 버퍼로부터 읽음으로써 읽기 성능이 향상됩니다.

BufferedInputStream과 BufferedReader 보조 스트림은 다음과 같이 생성자의 매개값으로 준 입력 스트림과 연결되어 추가적인 내부 버퍼를 제공합니다.

```
BufferedInputStream bis = new BufferedInputStream(바이트 기반 입력 스트림);
BufferedReader br = new BufferedReader(문자 기반 입력 스트림);
```

다음 예제는 성능 향상 보조 스트림(BufferedInputStream, BufferedOutputStream)을 사용했을 때와 사용하지 않았을 때의 파일 복사 실행 성능 차이를 보여줍니다. 실행결과를 보면 보조 스트림을 사용했을 때 훨씬 성능이 좋아지는 것을 알 수 있습니다.

직접 해보는 손코딩

파일 복사 성능 테스트 소스 코드 NonBufferVsBufferExample.java

```
01    package sec02.exam02;
02
03    import java.io.*;
04
05    public class NonBufferVsBufferExample {
06      public static void main(String[] args) throws Exception {
07        String originalFilePath1 =                                          기본 스트림 생성
08          NonBufferVsBufferExample.class.getResource("originalFile1.jpg").getPath();
09        String targetFilePath1 = "C:/Temp/targetFile1.jpg";
10        FileInputStream fis = new FileInputStream(originalFilePath1);
11        FileOutputStream fos = new FileOutputStream(targetFilePath1);
12
13        String originalFilePath2 =                                          버퍼 보조 스트림 연결
14          NonBufferVsBufferExample.class.getResource("originalFile2.jpg").getPath();
15        String targetFilePath2 = "C:/Temp/targetFile2.jpg";
16        FileInputStream fis2 = new FileInputStream(originalFilePath2);
17        FileOutputStream fos2 = new FileOutputStream(targetFilePath2);
18        BufferedInputStream bis = new BufferedInputStream(fis2);
19        BufferedOutputStream bos = new BufferedOutputStream(fos2);
20                                                          FileInputStream, FileOutputStream을
21        long nonBufferTime = copy(fis, fos);←─────── 이용한 복사 시간 측정
22        System.out.println("버퍼를 사용하지 않았을 때:\t" + nonBufferTime + "ns");
23                                                  BufferedInputStream, BufferedOutputStream을
24        long bufferTime = copy(bis, bos);←─────── 이용한 복사 시간 측정
25        System.out.println("버퍼를 사용했을 때:\t\t" + bufferTime + "ns");
26
27        fis.close();
28        fos.close();
29        bis.close();
30        bos.close();
31      }
32
33      static int data = -1;
34      public static long copy(InputStream is, OutputStream os) throws Exception {
```

```
35        long start = System.nanoTime();  ←── 시작 시간 저장
36        while(true) {
37          data = is.read();
38          if(data == -1) break;    ←── [파일 복사]
                                         원본 파일에서 읽은 1byte를
39          os.write(data);              타깃 파일로 바로 출력
40        }
41        os.flush();
42        long end = System.nanoTime();  ←── 끝 시간 저장
43        return (end-start);  ←── 복사에 걸린 시간 리턴
44      }
45    }
```

실행결과	✕
버퍼를 사용하지 않았을 때:	5330067700ns
버퍼를 사용했을 때:	42501200ns

BufferedReader에 대해 좀 더 얘기해야 될 것 같습니다. BufferedReader는 라인 단위로 문자열을 읽는 매우 편리한 readLine() 메소드를 제공합니다. 정확하게 말하면 readLine()은 [Enter] 키(캐리지리턴(\r)+라인피드(\n)) 이전의 모든 문자열을 읽고 리턴합니다. 이 메소드를 이용하면 키보드에서 입력한 내용 및 파일 내용을 라인 단위로 읽을 수 있습니다. 예를 들어 보겠습니다. 다음과 같은 텍스트 파일이 있습니다.

직접 해보는 손코딩

라인 단위로 구분된 문자열   소스 코드 language.txt

```
01    C 언어
02    Java 언어
03    Python 언어
```

라인 단위로 문자열을 얻고 싶다면 BufferedReader 보조 스트림을 다음과 같이 생성하고, readLine()으로 반복해서 읽으면 됩니다. 총 3개의 라인이 있으므로 readLine()을 세 번 실행할 수 있는데, 더 이상 읽을 라인이 없다면 readLine()은 null을 리턴합니다. 이때 반복문을 빠져나오면 됩니다.

직접 해보는 손코딩

라인 단위로 문자열 읽기   소스 코드 ReadLineExample.java

```
01    package sec02.exam03;
02
03    import java.io.*;
```

고급편   **644**   Chapter 14 | 입출력 스트림

```
04
05    public class ReadLineExample {
06      public static void main(String[] args) throws Exception {
07        Reader reader = new FileReader(                                        ┐ 문자 기반
08          ReadLineExample.class.getResource("language.txt").getPath()  ⟵───── 입력 스트림 얻기
09        );                                                                     ┘
10        BufferedReader br = new BufferedReader(reader); ⟵──── BufferedReader 보조 스트림 연결
11
12        while(true) {
13          String data = br.readLine(); ⟵─────── 라인 단위 문자열을 읽고 리턴
14          if(data == null) break; ⟵─────── 파일 끝에 도달했을 경우
15          System.out.println(data);
16        }
17
18        br.close(); ⟵─────── 입력 스트림 닫기
19      }
20    }
```

실행결과 ✕
```
C 언어
Java 언어
Python 언어
```

기본 타입 입출력 보조 스트림

DataInputStream과 DataOutputStream 보조 스트림을 연결하면 기본 타입인 boolean, char, short, int, long, float, double을 입출력할 수 있습니다.

다음은 DataInputStream과 DataOutputStream 객체를 생성하는 코드입니다. 다른 보조 스트림과 마찬가지로 연결할 바이트 입출력 스트림을 생성자의 매개값으로 주면 됩니다.

```
DataInputStream dis = new DataInputStream(바이트 기반 입력 스트림);
DataOutputStream dos = new DataOutputStream(바이트 기반 출력 스트림);
```

다음은 기본 타입을 입출력하기 위해 DataInputStream과 DataOutputStream이 제공하는 메소드들을 보여줍니다.

	DataInputStream		DataOutputStream
boolean	readBoolean()	void	writeBoolean(boolean v)
byte	readByte()	void	writeByte(int v)
char	readChar()	void	writeChar(int v)
double	readDouble()	void	writeDouble(double v)
float	readFloat()	void	writeFloat(float v)
int	readInt()	void	writeInt(int v)
long	readLong()	void	writeLong(long v)
short	readShort()	void	writeShort(int v)
String	readUTF()	void	writeUTF(String str)

이 메소드로 입출력할 때 주의할 점이 있는데, 데이터 타입의 크기가 모두 다르므로 DataOutput
Stream으로 출력한 데이터를 다시 DataInputStream으로 읽어올 때는 출력한 순서와 동일한 순
서로 읽어야 합니다. 예를 들어 출력할 때의 순서가 int → boolean → double이라면 읽을 때의 순
서도 int → boolean → double이어야 합니다.

다음은 이름, 성적, 순위 순으로 파일에 출력하고 다시 이름, 성적, 순위 순으로 파일로부터 입력받는
예제입니다.

직접 해보는 손코딩

기본 타입 입출력   소스 코드 DataInputOutputStreamExample.java

```
01    package sec02.exam04;
02
03    import java.io.*;
04
05    public class DataInputOutputStreamExample {
06      public static void main(String[] args) throws Exception {
07        FileOutputStream fos = new FileOutputStream("C:/Temp/primitive.db");
08        DataOutputStream dos = new DataOutputStream(fos);
09
10        dos.writeUTF("홍길동");
11        dos.writeDouble(95.5);
12        dos.writeInt(1);
13
14        dos.writeUTF("감자바");
15        dos.writeDouble(90.3);
16        dos.writeInt(2);
```

바이트 기반 출력 스트림을 생성하고
DataOutputStream 보조 스트림 연결

← 기본 타입 값 출력

```
17
18      dos.flush(); dos.close();  ←———— 출력 스트림 닫기
19
20      FileInputStream fis = new FileInputStream("C:/Temp/primitive.db");
21      DataInputStream dis = new DataInputStream(fis);
22
23      for(int i=0; i<2; i++) {
24          String name = dis.readUTF();
25          double score = dis.readDouble();  ←———— 기본 타입 값 읽기
26          int order = dis.readInt();
27          System.out.println(name + " : " + score + " : " + order);
28      }
29
30      dis.close();  ←———— 입력 스트림 닫기
31      }
32  }
```

바이트 기반 입력 스트림을 생성하고
DataInputStream 보조 스트림 연결

> **실행결과**   ✕
> 홍길동 : 95.5 : 1
> 감자바 : 90.3 : 2

프린터 보조 스트림

PrintStream과 PrintWriter는 프린터와 유사하게 출력하는 print(), println() 메소드를 가지고 있는 보조 스트림입니다. 지금까지 매우 빈번히 사용했던 콘솔 출력 스트림인 System.out이 바로 PrintStream 타입이기 때문에 print(), println() 메소드를 사용할 수 있었습니다. PrintStream 은 바이트 기반 출력 스트림과 연결되고, PrintWriter는 문자 기반 출력 스트림과 연결됩니다.

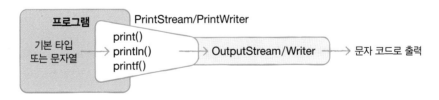

PrintStream과 PrintWriter는 다른 보조 스트림과 마찬가지로 연결할 출력 스트림을 생성자의 매개값으로 받습니다.

```
PrintStream ps = new PrintStream(바이트 기반 출력 스트림);
PrintWriter pw = new PrintWriter(문자 기반 출력 스트림);
```

println() 메소드는 출력할 데이터 끝에 개행 문자인 '\n'을 추가합니다. 그래서 콘솔이나 파일에서 줄 바꿈이 일어납니다. 그러나 print() 메소드는 '\n'을 추가하지 않기 때문에 개행 없이 문자를 출력합니다. println()과 print() 메소드는 출력할 데이터 타입에 따라 다음과 같이 오버로딩이 되어 있습니다.

PrintStream / PrintWriter			
void	print(boolean b)	void	println(boolean b)
void	print(char c)	void	println(char c)
void	print(double d)	void	println(double d)
void	print(float f)	void	println(float f)
void	print(int i)	void	println(int i)
void	print(long l)	void	println(long l)
void	print(Object obj)	void	println(Object obj)
void	print(String s)	void	println(String s)
		void	println()

다음 예제는 FileOutputStream에 보조 스트림으로 PrintStream을 연결해서 print()와 println() 메소드로 문자열을 출력합니다.

라인 단위로 출력하기 소스 코드 PrintStreamExample.java

```
01   package sec02.exam05;
02
03   import java.io.FileOutputStream;
04   import java.io.PrintStream;
05
06   public class PrintStreamExample {
07     public static void main(String[] args) throws Exception {
08       FileOutputStream fos = new FileOutputStream("C:/Temp/printstream.txt");
09       PrintStream ps = new PrintStream(fos);
10
11       ps.println("[프린터 보조 스트림]");
12       ps.print("마치 ");
13       ps.println("프린터가 출력하는 것처럼 ");
14       ps.println("데이터를 출력합니다.");
15
```

바이트 기반 출력 스트림을 생성하고 PrintStream 보조 스트림 연결

← 라인 단위로 문자열 출력

```
16      ps.flush();          버퍼에 잔류하는
17      ps.close();     ←    문자열을 모두 보내고,
18  }                        출력 스트림 닫음
19  }
```

➕ 여기서 잠깐 **PrintStream과 BufferedReader**

PrintStream의 println() 메소드로 출력한 내용은 BufferedReader의 readLine()으로 읽으면 매우 편리합니다.
println() 메소드는 개행 문자('\n')를 포함하고 출력하므로 readLine() 메소드가 개행 문자 앞까지 쉽게 읽을 수 있기 때문
입니다.

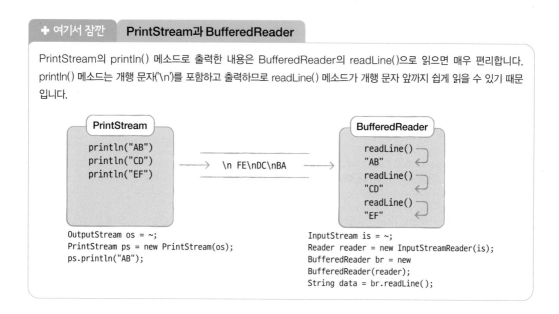

```
PrintStream
println("AB")
println("CD")
println("EF")
```
\n FE\nDC\nBA

```
BufferedReader
readLine()
"AB"
readLine()
"CD"
readLine()
"EF"
```

```
OutputStream os = ~;
PrintStream ps = new PrintStream(os);
ps.println("AB");
```

```
InputStream is = ~;
Reader reader = new InputStreamReader(is);
BufferedReader br = new
BufferedReader(reader);
String data = br.readLine();
```

객체 입출력 보조 스트림

ObjectOutputStream과 ObjectInputStream 보조 스트림을 연결하면 메모리에 생성된 객체를
파일 또는 네트워크로 출력할 수 있습니다.

바이트 → InputStream → ObjectInputStream 역직렬화 → **프로그램** 객체 → ObjectOutputStream 직렬화 → OutputStream → 바이트

ObjectOutputStream은 객체를 직렬화하는 역할을 하고, ObjectInputStream은 객체로 역직렬
화하는 역할을 합니다. 직렬화란 객체를 바이트 배열로 만드는 것을 말하고, 역직렬화란 바이트 배열
을 다시 객체로 복원하는 것을 말합니다.

ObjectInputStream과 ObjectOutputStream은 다른 보조 스트림과 마찬가지로 연결할 바이트 기반 입출력 스트림을 생성자의 매개값으로 받습니다.

```
ObjectInputStream ois = new ObjectInputStream(바이트 기반 입력 스트림);
ObjectOutputStream oos = new ObjectOutputStream(바이트 기반 출력 스트림);
```

ObjectOutputStream의 writeObject() 메소드는 객체를 직렬화해서 출력 스트림으로 보냅니다.

```
oos.writeObject(객체);
```

반대로 ObjectInputStream의 readObject() 메소드는 입력 스트림에서 읽은 바이트를 역직렬화해서 객체로 다시 복원해서 리턴합니다. 리턴 타입은 Object 타입이기 때문에 원래 타입으로 다음과 같이 강제 변환해야 합니다.

```
객체타입 변수 = (객체타입) ois.readObject();
```

자바는 모든 객체를 직렬화하지 않습니다. java.io.Serializable 인터페이스를 구현한 객체만 직렬화합니다. Serializable 인터페이스는 메소드 선언이 없는 인터페이스입니다. 객체를 파일로 저장하거나, 네트워크로 전송할 목적이라면 개발자는 클래스를 선언할 때 implements Serializable을 추가해야 합니다. 이것은 개발자가 JVM에게 직렬화해도 좋다고 승인하는 역할을 한다고 보면 됩니다.

```
public class XXX implements Serializable { … }
```

다음 예제는 List 컬렉션을 파일로 저장하고 읽습니다. List 컬렉션의 구현 클래스로 ArrayList을 사용하는데, ArrayList는 Serializable 인터페이스를 구현하고 있습니다. 따라서 파일에 저장이 가능하다는 뜻입니다. 주의해야 할 점은 ArrayList에 저장되는 객체 역시 Serializable 인터페이스를 구현하고 있어야 한다는 것입니다. 그래서 Board 역시 Serializable 인터페이스를 구현하고 있습니다.

직접 해보는 손코딩

객체 입출력 보조 스트림 소스코드 ObjectStreamExample.java

```
01    package sec02.exam06;
02
03    import java.io.*;
04    import java.text.SimpleDateFormat;
05    import java.util.*;
```

```
06
07    public class ObjectStreamExample {
08      public static void main(String[] args) throws Exception {
09        writeList();  ←─────────────── List를 파일에 저장
10        List<Board> list = readList();  ←───── 파일에 저장된 List 읽기
11

12        SimpleDateFormat sdf = new SimpleDateFormat("yyyy-MM-dd");
13        for(Board board : list) {
14          System.out.println(
15            board.getBno() + "\t" + board.getTitle() + "\t" +
16            board.getContent() + "\t" + board.getWriter() + "\t" +       ←──  List 내용을
17            sdf.format(board.getDate())                                        모니터에 출력
18          );
19        }
20      }
21

22      public static void writeList() throws Exception {
23        List<Board> list = new ArrayList<>();  ←──────── List 생성
24

25        list.add(new Board(1, "제목1", "내용1", "글쓴이1", new Date()));     list에
26        list.add(new Board(2, "제목2", "내용2", "글쓴이2", new Date()));  ←──  Board 객체
27        list.add(new Board(3, "제목3", "내용3", "글쓴이3", new Date()));     저장
28

29        FileOutputStream fos = new FileOutputStream("C:/Temp/board.db");
30        ObjectOutputStream oos = new ObjectOutputStream(fos);              객체 출력
31        oos.writeObject(list);                                        ←── 스트림을
32        oos.flush();                                                      이용해서
33        oos.close();                                                      list 출력
34      }
35

36      public static List<Board> readList() throws Exception {
37        FileInputStream fis = new FileInputStream("C:/Temp/board.db");
38        ObjectInputStream ois = new ObjectInputStream(fis);               객체 입력
39        List<Board> list = (List<Board>) ois.readObject();            ←── 스트림을
40        return list;                                                      이용해서
41      }                                                                   list 읽기
42    }
```

▣ 실행결과				✕
1	제목1	내용1	글쓴이1	2024-01-07
2	제목2	내용2	글쓴이2	2024-01-07
3	제목3	내용3	글쓴이3	2024-01-07

```
01    package sec02.exam06;
02
03    import java.io.Serializable;
04    import java.util.Date;                      ──── Serializable 인터페이스 구현
05
06    public class Board implements Serializable {
07       private int bno;
08       private String title;
09       private String content;
10       private String writer;
11       private Date date;
12
13       public Board(int bno, String title, String content, String writer, Date date) {
14          this.bno = bno;
15          this.title = title;
16          this.content = content;
17          this.writer = writer;
18          this.date = date;
19       }
20
21       public int getBno() { return bno; }
22       public void setBno(int bno) { this.bno = bno; }
23       public String getTitle() { return title; }
24       public void setTitle(String title) { this.title = title; }
25       public String getContent() { return content; }
26       public void setContent(String content) { this.content = content; }
27       public String getWriter() { return writer; }
28       public void setWriter(String writer) { this.writer = writer; }
29       public Date getDate() { return date; }
30       public void setDate(Date date) { this.date = date; }
31    }
```

마무리

▶ 5가지 키워드로 끝내는 핵심 포인트

• **보조 스트림**: 다른 스트림과 연결되어 여러 가지 편리한 기능을 제공해주는 스트림을 말합니다. 보조 스트림은 자체적으로 입출력을 수행할 수 없기 때문에 입출력 소스와 바로 연결되는 InputStream, OutputStream, Reader, Writer 등에 연결해서 입출력을 수행합니다. 보조 스트림은 문자 변환, 입출력 성능 향상, 기본 타입 입출력 등의 기능을 제공합니다.

• **문자 변환**: 소스 스트림이 바이트 기반 스트림(InputStream, OutputStream, FileInput Stream, FileOutputStream)이면서 입출력 데이터가 문자라면 Reader와 Writer로 변환해서 사용하는 것을 고려할 수 있습니다. 그 이유는 문자 입출력은 Reader와 Writer가 편리하기 때문입니다. OutputStreamWriter는 Writer로 변환하는 보조 스트림이고, InputStreamReader는 Reader로 변환하는 보조 스트림입니다.

• **성능 향상**: 기본적으로 출력 스트림은 내부에 작은 버퍼를 가지고 있습니다. 하지만 이것만으로는 불충분합니다. 보조 스트림 중에서는 메모리 버퍼를 추가로 제공하여 프로그램의 실행 성능을 향상시키는 것들이 있습니다. 바이트 기반 스트림에서는 BufferedInputStream, BufferedOutputStream이 있고 문자 기반 스트림에는 BufferedReader, Buffered Writer가 있습니다.

• **기본 타입 입출력**: DataInputStream과 DataOutputStream 보조 스트림을 연결하면 기본 타입인 boolean, char, short, int, long, float, double을 입출력할 수 있습니다.

• **개행 출력**: PrintStream/PrintWriter의 println() 메소드는 출력할 데이터 끝에 개행 문자인 '\n'을 추가합니다. 그래서 출력 시 콘솔이나 파일에서 줄 바꿈이 일어납니다.

1. 보조 스트림에 대한 설명입니다. 맞는 것에 O표, 틀린 것에 X표 하세요.

① InputStreamReader는 InputStream을 Reader로 변환하는 보조 스트림이다.
( )

② BufferedInputStream은 데이터 읽기 성능을 향상시키는 보조 스트림이다. ( )

③ DataInputStream은 객체를 입출력하는 보조 스트림이다. ( )

④ PrintStream은 라인 단위로 출력할 수 있는 보조 스트림이다. ( )

2. FileReader와 BufferedReader를 이용해서 source.txt 내용을 읽고, 각 라인 번호를 추가해 모니터로 출력하는 프로그램을 작성해보세요.

라인 번호를 출력   소스 코드   AddLineNumberExample.java

```
01    package sec02.verify.exam02;
02
03    import java.io.BufferedReader;
04    import java.io.FileReader;
05
06    public class AddLineNumberExample {
07      public static void main(String[] args) throws Exception {
08        String filePath = "src/sec02/verify/exam02/AddLineNumberExample.java";
09
10
11
12
13
14
15
16
17
18
19
20      }
21    }
```

```
1: package sec02.verify.exam02;
2:
3: import java.io.BufferedReader;
4: import java.io.FileReader;
5:
6: public class AddLineNumberExample {
7:    public static void main(String[] args) throws Exception {
8:     String filePath = "src/sec02/verify/exam02/AddLineNumberExample.java";
...
```

입출력 관련 API

`System.in` `System.out` `Scanner` `File`

우리는 지금까지 입출력 스트림과 보조 스트림에 대해서 살펴보았습니다. 자바 표준 API에서는 이들 스트림을 이용해서 다양한 기능을 제공합니다. 대표적으로 콘솔에서 입출력에 사용되는 System.in은 InputStream 타입이고, System.out은 PrintStream 타입입니다. 이번 절에서는 콘솔 입출력 시 보조 스트림을 사용하는 방법과 파일 입출력 시 부가적인 정보를 제공해주는 File 클래스에 대해서 알아보겠습니다.

콘솔^{Console}은 시스템을 사용하기 위해 키보드로 입력을 받고 모니터로 출력하는 소프트웨어를 말합니다. 유닉스나 리눅스 운영체제는 터미널^{terminal}에 해당하고, 윈도우 운영체제는 명령 프롬프트에 해당합니다. 이클립스에도 Console 뷰가 있는데, 키보드로 직접 입력받고 내용을 출력합니다. 자바는 콘솔로부터 데이터를 입력받을 때 System.in을 사용하고, 콘솔에 데이터를 출력할 때 System.out을 사용합니다. 그리고 에러를 출력할 때에는 System.err를 사용합니다.

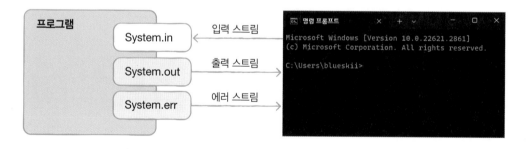

System.in 필드

자바는 콘솔에서 키보드의 데이터를 입력받을 수 있도록 System 클래스의 in 정적 필드를 제공합니다. System.in은 InputStream 타입의 필드이므로 다음과 같이 InputStream 변수로 참조가 가능합니다.

```
InputStream is = System.in;
```

키보드로부터 어떤 키가 입력되었는지 확인하려면 InputStream의 read() 메소드로 1byte를 읽으면 됩니다. 리턴된 int 값에는 해당 키의 코드가 저장되어 있습니다.

```
int keyCode = is.read();
```

이 이야기는 〈02-4 변수와 시스템 입출력〉111쪽에서 설명한 바 있습니다. 우리는 여기서 좀 더 나아가보겠습니다. 키보드로 입력되는 내용은 어짜피 문자입니다. 그래서 Enter 키가 입력되고 나서 라인 단위로 전체 문자열을 읽는 방법으로 변경해보겠습니다.

```
InputStream is = System.in;
Reader reader = new InputStreamReader(is);
BufferedReader br = new BufferedReader(reader);
```

먼저 InputStreamReader 보조 스트림을 연결해서 Reader로 변환합니다. 그리고 라인 단위로 읽기 위해 BufferedReader 보조 스트림을 추가로 연결합니다. 그러면 다음과 같이 readLine() 메소드로 입력된 라인을 읽을 수 있습니다.

```
String lineStr = br.readLine();
```

다음 예제는 반복해서 키보드로부터 입력된 문자열을 라인 단위로 읽고 모니터에 출력합니다. 반복을 멈추려면 "q" 또는 "quit"를 입력하면 됩니다.

직접 해보는 손코딩

키보드로부터 라인 단위 문자열 얻기　　소스 코드 GetLineStringFromKeyboard.java

```
01    package sec03.exam01;
02
03    import java.io.*;
04
```

```
05    public class GetLineStringFromKeyboard {
06      public static void main(String[] args) throws Exception {
07        InputStream is = System.in;                               ← InputStream을
08        Reader reader = new InputStreamReader(is);                   Reader로 변환하고 다시
09        BufferedReader br = new BufferedReader(reader);              BufferedReader를 연결
10
11        while(true) {
12          System.out.print("입력하세요: ");
13          String lineStr = br.readLine();  ← 라인 단위로 문자열을 읽음
14          if(lineStr.equals("q") || lineStr.equals("quit")) break;  ← q 또는 quit를 읽었을 때
15          System.out.print("입력된내용: " + lineStr);                      while 반복문 종료
16          System.out.println();
17        }
18
19        br.close();  ← 입력 스트림 닫기
20      }
21    }
```

실행결과

```
입력하세요: System.in에
입력된내용: System.in에
입력하세요: 보조 스트림을 연결해서
입력된내용: 보조 스트림을 연결해서
입력하세요: 편리하게 라인 단위로 입력 받을 수 있습니다.
입력된내용: 편리하게 라인 단위로 입력 받을 수 있습니다.
입력하세요: q
```

System.out 필드

콘솔에서 키보드로 입력된 데이터를 System.in으로 읽었다면, 반대로 콘솔에서 모니터로 데이터를 출력하기 위해서는 System 클래스의 out 정적 필드를 사용합니다. System.out은 PrintStream 타입의 필드입니다. 따라서 PrintStream이 제공하는 print(), println(), printf()와 같은 메소드를 이용해서 모니터로 출력할 수 있습니다. 이들 메소드에 대한 사용 방법은 〈02-4 변수와 시스템 입출력〉에서 설명한 내용을 참조해주세요.

Scanner 클래스

Scanner 클래스는 입출력 스트림도 아니고, 보조 스트림도 아닙니다. Scanner는 문자 파일이나 바이트 기반 입력 스트림에서 라인 단위 문자열을 쉽게 읽도록 하기 위해 java.util 패키지에서 제공하는 클래스입니다. System.in 필드에서 살펴보았듯이 라인 단위로 읽기 위해 여러 가지 보조 스트림을 연결하는 작업이 필요했습니다. 하지만 Scanner는 이러한 보조 스트림 없이 매우 쉽게 라인 단위 문자열을 읽기 위해 nextLine() 메소드를 제공합니다.

```
                    생성된 Scanner를 변수에 저장

Scanner scanner = new Scanner(System.in);
 scanner 변수 선언    바이트 기반 입력 스트림으로부터 scanner 생성


              읽은 문자열을 String 변수에 저장

  String inputData = scanner.nextLine();
   String 변수 선언    [Enter] 이전까지 입력된 행단위 문자열을 읽음
```

Scanner 클래스 역시 〈02-4 변수와 시스템 입출력〉에서 설명했으며 여러 예제에서 사용해보았습니다. 다음 예제는 Scanner를 이용해서 상품의 내용을 키보드로 입력받아 Product 객체를 생성하고 List 컬렉션에서 관리합니다.

직접 해보는 손코딩

Scanner로 입력된 문자열 얻기   소스 코드 Product.java

```
01    package sec03.exam02;
02
03    public class Product {
04       private int pno;
05       private String name;
06       private int price;
07       private int stock;
08
09       public int getPno() { return pno; }
10       public void setPno(int pno) { this.pno = pno; }
11       public String getName() { return name; }
12       public void setName(String name) { this.name = name; }
13       public int getPrice() { return price; }
14       public void setPrice(int price) { this.price = price; }
15       public int getStock() { return stock; }
16       public void setStock(int stock) { this.stock = stock; }
17    }
```

Scanner로 입력된 문자열 얻기   소스 코드 ProductStorage.java

```
01    package sec03.exam02;
02
03    import java.util.*;
```

```
04
05    public class ProductStorage {
06      private List<Product> list = new ArrayList<>(); ←——————— List 컬렉션 생성
07      private Scanner scanner = new Scanner(System.in); ←——————— 키보드 입력 Scanner 생성
08      private int counter; ←——————— pno 제공 카운터
09
10      public void showMenu() {
11        while(true) {
12          System.out.println("-------------------------------");
13          System.out.println("1.등록  ¦  2.목록  ¦  3.종료");
14          System.out.println("-------------------------------");
15
16          System.out.print("선택: ");
17          String selectNo = scanner.nextLine(); ←——————— 번호 읽기
18          switch(selectNo) {
19            case "1": registerProduct(); break; ←——————— Product 등록
20            case "2": showProducts(); break; ←——————— 등록된 모든 Product 정보 보기
21            case "3": return; ←——————— 프로그램 종료
22          }
23        }
24      }
25
26      public void registerProduct() {
27        try {
28          Product product = new Product();
29          product.setPno(++counter); ←——————— pno 세팅
30
31          System.out.print("상품명: ");
32          product.setName(scanner.nextLine()); ←——————— 이름을 읽고 세팅
33
34          System.out.print("가격: ");
35          product.setPrice(Integer.parseInt(scanner.nextLine())); ←——————— 가격을 읽고 세팅
36
37          System.out.print("재고: ");
38          product.setStock(Integer.parseInt(scanner.nextLine())); ←——————— 재고를 읽고 세팅
39
40          list.add(product); ←——————— list에 Product 저장
41        } catch(Exception e) {
42          System.out.println("등록 에러: " + e.getMessage());
43        }
44      }
45
```

```
46    public void showProducts() {
47       for(Product p : list) {
48          System.out.println(p.getPno() + "\t" + p.getName() + "\t" +
49                            p.getPrice() + "\t" + p.getStock());
50       }
51    }
52 }
```

list에 저장된 모든 Product 정보를 모니터에 출력

Scanner로 입력된 문자열 얻기   소스 코드   ProductStorageExample.java

```
01   package sec03.exam02;
02
03   public class ProductStorageExample {
04      public static void main(String[] args) {
05         ProductStorage productStoreage = new ProductStorage();
06         productStoreage.showMenu();
07      }
08   }
```

ProductStorage 객체를 생성하고 showMenu() 메소드 호출

```
┌─ 실행결과 ──────────────────────── ✕ ─┐
│ ---------------------------------
│ 1.등록  ¦  2.목록  ¦  3.종료
│ ---------------------------------
│ 선택: 1
│ 상품명: 마우스
│ 가격: 10000
│ 재고: 5
│ ---------------------------------
│ 1.등록  ¦  2.목록  ¦  3.종료
│ ---------------------------------
│ 선택: 1
│ 상품명: 키보드
│ 가격: 15000
│ 재고: 7
│ ---------------------------------
│ 1.등록  ¦  2.목록  ¦  3.종료
│ ---------------------------------
│ 선택: 2
│ 1      마우스 10000         5
│ 2      키보드 15000         7
│ ---------------------------------
│ 1.등록  ¦  2.목록  ¦  3.종료
│ ---------------------------------
│ 선택: 3
└──────────────────────────────────┘
```

File 클래스

java.io 패키지에서 제공하는 File 클래스는 파일 및 폴더(디렉토리) 정보를 제공해주는 역할을 합니다. File 클래스로부터 File 객체를 생성하려면 문자열 경로를 다음과 같이 제공해야 합니다.

```java
File file = new File("C:/Temp/file.txt");
File file = new File("C:\\Temp\\file.txt");
```

경로 구분자는 운영체제마다 조금씩 다릅니다. 윈도우에서는 \ 또는 /를 둘 다 사용할 수 있고, 유닉스나 리눅스에서는 /를 사용합니다. 만약 윈도우에서 \를 경로 구분자로 사용하고 싶다면 이스케이프 문자(\\)로 기술해야 합니다.

File 객체를 생성했다고 해서 파일이나 폴더가 생성되는 것은 아닙니다. 그리고 제공되는 문자열 경로에 실제 파일이나 폴더가 없더라도 예외가 발생하지 않습니다. 해당 경로에 실제로 파일이나 폴더가 있는지 확인하고 싶다면, File 객체를 생성하고 나서 다음과 같이 exists() 메소드를 호출해보면 됩니다. 파일이나 폴더가 존재한다면 true를 리턴하고 그렇지 않다면 false를 리턴합니다.

```java
boolean isExist = file.exists();
```

exists() 메소드의 리턴값이 false일 때 다음 메소드로 파일 또는 폴더를 생성할 수 있습니다.

리턴 타입	메소드	설명
boolean	createNewFile()	새로운 파일을 생성합니다.
booelan	mkdir()	새로운 폴더를 생성합니다.
boolean	mkdirs()	경로상에 없는 모든 폴더를 생성합니다.

exists() 메소드의 리턴값이 true라면 다음 메소드를 사용할 수 있습니다.

리턴 타입	메소드	설명
boolean	delete()	파일 또는 폴더를 삭제합니다.
boolean	canExecute()	실행할 수 있는 파일인지 여부를 확인합니다.
boolean	canRead()	읽을 수 있는 파일인지 여부를 확인합니다.
boolean	canWrite()	수정 및 저장할 수 있는 파일인지 여부를 확인합니다.
String	getName()	파일의 이름을 리턴합니다.
String	getParent()	부모 폴더를 리턴합니다.
File	getParentFile()	부모 폴더를 File 객체로 생성 후 리턴합니다.

String	getPath()	전체 경로를 리턴합니다.
boolean	isDirectory()	폴더인지 여부를 확인합니다.
boolean	isFile()	파일인지 여부를 확인합니다.
boolean	isHidden()	숨김 파일인지 여부를 확인합니다.
long	lastModified()	마지막 수정 날짜 및 시간을 리턴합니다.
long	length()	파일의 크기를 리턴합니다.
String[]	list()	폴더에 포함된 파일 및 서브 폴더 목록 전부를 String 배열로 리턴합니다.
String[]	list(FilenameFilter filter)	폴더에 포함된 파일 및 서브 폴더 목록 중에 FilenameFilter에 맞는 것만 String 배열로 리턴합니다.
File[]	listFiles()	폴더에 포함된 파일 및 서브 폴더 목록 전부를 File 배열로 리턴합니다.
File[]	listFiles(FilenameFilter filter)	폴더에 포함된 파일 및 서브 폴더 목록 중에 FilenameFilter에 맞는 것만 File 배열로 리턴합니다.

다음은 C:\Temp 폴더에 images 폴더와 file1.txt, file2.txt, file3.txt 파일을 생성하고, Temp 폴더에 있는 파일 목록을 출력하는 예제입니다.

직접 해보는 손코딩

File 클래스를 이용한 파일 및 폴더 정보 출력　　소스 코드 FileExample.java

```
01    package sec03.exam03;
02
03    import java.io.File;
04    import java.text.SimpleDateFormat;
05    import java.util.Date;
06
07    public class FileExample {
08      public static void main(String[] args) throws Exception {
09        File dir = new File("C:/Temp/images");
10        File file1 = new File("C:/Temp/file1.txt");        ←──── File 객체 생성
11        File file2 = new File("C:/Temp/file2.txt");
12        File file3 = new File("C:/Temp/file3.txt");
13
14        if(dir.exists() == false) {  dir.mkdirs();  }
15        if(file1.exists() == false) {  file1.createNewFile();  }      파일 또는 폴더가
16        if(file2.exists() == false) {  file2.createNewFile();  }  ←── 존재하지
17        if(file3.exists() == false) {  file3.createNewFile();  }      않으면 생성
18
19        File temp = new File("C:/Temp");               C:/Temp 폴더의 내용 목록을
20        File[] contents = temp.listFiles();        ←── File 배열로 얻음
```

```
21
22          System.out.println("시간\t\t\t형태\t\t크기\t이름");
23          System.out.println("--------------------------------------------------------");
24          SimpleDateFormat sdf = new SimpleDateFormat("yyyy-MM-dd a HH:mm");
25          for(File file : contents) {
26            System.out.print(sdf.format(new Date(file.lastModified())));
27            if(file.isDirectory()) {
28              System.out.print("\t<DIR>\t\t\t" + file.getName());
29            } else {
30              System.out.print("\t\t\t" + file.length() + "\t" + file.getName());
31            }
32            System.out.println();
33          }
34        }
35      }
```

파일 또는 폴더 정보를 출력

실행결과 ✕

```
시간                          형태      크기    이름
--------------------------------------------------------
2024-01-07 PM 14:10                  382    board.db
2024-01-07 PM 14:30                  0      file1.txt
2024-01-07 PM 14:30                  0      file2.txt
2024-01-07 PM 14:30                  0      file3.txt
2024-01-07 PM 14:30         <DIR>           images
2024-01-07 PM 13:57                  76     printstream.txt
```

파일 또는 폴더의 정보를 얻기 위해 File 객체를 단독으로 사용할 수 있지만, 파일 입출력 스트림 (FileInputStream, FileOutputStream, FileReader, FileWriter) 객체를 생성할 때 경로 정보를 제공할 목적으로도 사용합니다. 이들 스트림 생성자에 문자열 경로 대신에 다음과 같이 File 객체를 대입할 수 있습니다.

```
//첫 번째 방법
FileInputStream fis = new FileInputStream("C:/Temp/image.gif");

//두 번째 방법
File file = new File("C:/Temp/image.gif");
FileInputStream fis = new FileInputStream(file);
```

마무리

▶ 4가지 키워드로 끝내는 핵심 포인트

- **System.in**: 자바는 콘솔에서 키보드의 데이터를 입력받을 수 있도록 System 클래스의 in 정적 필드를 제공합니다. System.in은 InputStream 타입의 필드입니다. 주로 InputStreamReader 보조 스트림과 BufferedReader 보조 스트림을 연결해서 사용하거나, Scanner를 이용해서 입력된 문자열을 읽습니다.

- **System.out**: 콘솔에서 키보드로 입력된 데이터를 System.in으로 읽었다면, 반대로 콘솔에서 모니터로 데이터를 출력하기 위해서는 System 클래스의 out 정적 필드를 사용합니다. System.out은 PrintStream 타입의 필드입니다. 따라서 PrintStream이 제공하는 print(), println(), printf()와 같은 메소드를 이용해서 모니터로 출력할 수 있습니다.

- **Scanner**: Scanner 클래스는 입출력 스트림도 아니고, 보조 스트림도 아닙니다. Scanner는 문자 파일이나, 바이트 기반 입출력 스트림에서 라인 단위 문자열을 쉽게 읽도록 하기 위해 java.util 패키지에서 제공하는 클래스입니다.

- **File**: java.io 패키지에서 제공하는 File 클래스는 파일 및 폴더(디렉토리) 정보를 제공해주는 역할을 합니다.

▶ 확인 문제

1. 이 문제는 정답 없이 독자 여러분이 직접 개발해보는 작은 프로젝트입니다. 이 책을 학습하고 나서 뭔가를 만들고 싶다는 생각이 든다면, 아래의 메뉴를 가지고 있는 콘솔 게시판을 만들어보세요. 어떤 경우라도 예외가 발생되어 프로그램이 종료되지 않도록 예외 처리에 만전을 기하기 바랍니다. 추가적인 기능이 필요하다면 여러분의 아이디어와 결합해보세요.

```
----------------------------------------------------------------
1. 목록보기  │  2.상세보기  │  3.수정하기  │  4.삭제하기  │  5.파일저장  │  6.종료
----------------------------------------------------------------
선택:
```

① 추천 소스 파일:

```
Board.java, BoardService.java, BoardServiceExample.java
```

② 추천 API:

```
List, ArrayList, Scanner,
FileOutputStream, FileInputStream, ObjectOutputStream, ObjectInputStream
```

A 최신 자바의 강화된 언어 기능

우리 책 본문은 자바 8 버전부터 최신 버전까지 모두 실행할 수 있는 호환 코드를 사용하고 있습니다. 그 이유는 현업에서는 여전히 자바 8 버전을 사용하고 있으므로 전통적인 자바 언어 문법을 먼저 이해하는 것이 중요하기 때문입니다.

14장까지의 내용을 모두 이해했다면, 이제 이번 부록을 통해 최신 자바에서 강화된 언어 기능을 배워보기를 바랍니다. 1장에서 JDK 21을 설치했다면 추가 설치 없이 그대로 학습하면 됩니다. 만약 이전 버전의 JDK를 사용했다면, 1장을 참고해서 JDK 21 이상 버전으로 개발 환경을 구축해서 학습하기를 바랍니다.

부록의 내용은 우리 책 본문과 관련된 내용으로 제한했습니다. 최신 자바에서 강화된 언어 및 라이브러리 기능을 보다 자세히 알고 싶다면 『이것이 자바다(3판)』(2024, 한빛미디어)을 참고하기를 바랍니다.

최신 자바에서 강화된 언어 기능은 다음과 같습니다.

- **지역 변수 타입 추론**

  생성자나 메소드에서 선언되는 지역 변수는 명시적 타입 대신 var를 사용해서 컴파일 시에 타입 추론을 할 수 있습니다. 이 기능의 도입으로 복잡한 코드가 간결해졌습니다.

- **텍스트 블록**

  문자열 속에 포함된 이스케이프 문자 때문에 복잡성이 증가함에 따라 텍스트 블록을 대신 사용할 수 있습니다. 이 기능 또한 코드를 간결하게 작성할 수 있도록 해줍니다.

- **switch문을 위한 패턴 매칭**

  switch문에서 표현식을 사용할 수 있습니다. 표현식을 사용하면 다양한 패턴 매칭이 가능합니다. 이 기능 또한 코드를 간결하게 작성할 수 있도록 해줍니다.

- **중첩 클래스의 정적 멤버 허용**

  인스턴스 멤버 클래스와 로컬 클래스에서 정적 필드와 메소드를 작성할 수 있습니다. 이 기능은 중첩 클래스의 제한 내용을 없애고, 사용상의 편리성을 증가시켜줍니다.

지역 변수 타입 추론

자바 10부터 지역^{local} 변수를 위한 타입 추론^{type inference for local variables} 기능이 추가되었습니다. 지역 변수를 선언할 때 예약된 타입^{reserved type}인 var를 사용하면 컴파일 시에 지역 변수에 대입되는 값을 보고 컴파일러가 추론^{inference}해서 타입을 결정합니다.

전통적으로 자바는 지역 변수를 선언할 때 대입되는 값에 따라서 다음과 같이 구체적인 타입을 사용해야 합니다.

```java
void method() {
    String name = "홍길동";
    int age = 25;
}
```

위 코드는 자바 10부터 예약된 타입인 var를 사용해서 대입되는 값에 상관없이 다음과 같이 작성할수 있습니다.

```java
void method() {
    var name = "홍길동";
    var age = 25;
}
```

var는 생성자^{constructor} 또는 메소드^{method} 안에서 지역 변수를 선언할 때만 사용할 수 있습니다. 클래스나 인터페이스의 필드를 선언할 때는 사용할 수 없습니다.

지역 변수 타입 추론 기능은 개발자들 사이에서 다소 논란이 있습니다. 코드의 간결성을 중요시하는 사람들은 환영하지만, 코드의 가독성을 중요시하는 사람들은 중요한 타입 정보가 없어짐에 따라 가독성이 떨어져서 나쁜 코드가 될 수 있다고 말합니다. 둘 다 맞는 이야기입니다. 다음 예제를 살펴보겠습니다.

직접 해보는 손코딩

가독성 나쁨   소스 코드 VarExample1.java

```java
01  package sec01.exam01;
02
03  public class VarExample1 {
04      public static void main(String[] args) {
05          String x = getData();
```

```
06        var y = getData();
07      }
08
09    public static String getData() {
10      return "홍길동";
11    }
12  }
```

5라인에서 String 타입으로 선언한 변수 x는 분명히 문자열이 대입될 것이라는 것을 압니다. 반면에 6라인에서 var로 선언된 변수 y의 타입은 getData() 메소드의 리턴 타입을 보지 않는다면 쉽게 예측할 수 없습니다(가독성 나쁨).

하지만 예약된 타입인 var를 사용하면 코드가 확실히 간결해집니다. 이를 확인해보기 위해 595쪽의 예제인 sec01.exam06.HashMapExample.java를 수정해보겠습니다.

직접 해보는 손코딩

간결성 좋음 소스 코드 VarExample2.java

```
01    package sec01.exam01;
02
03    import java.util.HashMap;
04    import java.util.Iterator;
05    import java.util.Map;
06    import java.util.Set;
07
08    public class VarExample2 {
09      public static void main(String[] args) {
10        method1();
11        method2();
12      }
13
14      public static void method1() {                  전통적 방식대로
15        Map<String, Integer> map = new HashMap<String, Integer>();   구체적 타입을
16        map.put("신용권", 85);                          사용한 메소드
17        map.put("홍길동", 90);
18        map.put("동장군", 80);
19
20        Set<Map.Entry<String, Integer>> entrySet = map.entrySet();
21        Iterator<Map.Entry<String, Integer>> entryIterator = entrySet.iterator();
22        while(entryIterator.hasNext()) {
```

```
23        Map.Entry<String, Integer> entry = entryIterator.next();
24        String key = entry.getKey();
25        Integer value = entry.getValue();
26        System.out.println(key + " : " + value);
27      }
28    }
29
30  public static void method2() {
31    var map = new HashMap<String, Integer>();
32    map.put("신용권", 85);
33    map.put("홍길동", 90);
34    map.put("동장군", 80);
35
36    var entrySet = map.entrySet();
37    var entryIterator = entrySet.iterator();
38    while(entryIterator.hasNext()) {
39      var entry = entryIterator.next();
40      var key = entry.getKey();
41      var value = entry.getValue();
42      System.out.println(key + " : " + value);
43    }
44  }
45  }
```

예약된 타입 var를
사용한 메소드

┌─────────────────┐
│ ▥ 실행결과   × │
├─────────────────┤
│   홍길동 : 90   │
│   신용권 : 85   │
│   동장군 : 80   │
│   홍길동 : 90   │
│   신용권 : 85   │
│   동장군 : 80   │
└─────────────────┘

method1()은 전통적인 방식대로 구체적인 타입을 사용해서 Map에 저장된 성적을 출력합니다. 키와 값의 타입을 정확히 알 수 있지만, 코드가 매우 복잡해 보입니다. 반면에 method2()는 var를 이용해서 복잡한 타입을 감춰 코드가 훨씬 간결해진 것을 볼 수 있습니다.

var를 사용하면 코드는 간결해지지만, 그렇다고 장점만 있는 것은 아닙니다. 전통적인 방식대로 변수를 선언하면 구체적인 타입을 사용해 잘못된 값의 대입을 막아 오류 발생을 줄일 수 있습니다. 따라서 어떤 기능을 개발하느냐에 따라 개발자들이 선택적으로 사용하는 것이 좋습니다.

텍스트 블록

88쪽에서는 문자열 안에서 탭만큼 띄우기, 줄 바꿈, 특정 문자 입력을 위해 이스케이프 문자를 사용했습니다. 이스케이프 문자로 인해 코드가 매우 복잡했는데 자바 13부터는 텍스트 블록이 추가되어 이스케이프 문자를 사용하지 않아도 됩니다.

텍스트 블록 문법은 다음과 같습니다.

```
String str = """
...
""";
```

큰따옴표 3개로 감싸면 그 안에 작성된 문자열은 그대로 변수에 저장됩니다. 예를 들어 다음 예제에서 str1과 str2에는 동일한 문자열이 저장됩니다.

직접 해보는 손코딩

텍스트 블록　　소스 코드　TextBlockExample.java

```java
01  package sec01.exam02;
02
03  public class TextBlockExample {
04    public static void main(String[] args) {
05      String str1 = "" +
06      "{\n" +
07      "\t\"id\":\"winter\",\n" +
08      "\t\"name\":\"눈송이\"\n" +
09      "}";
10
11      String str2 = """
12      {
13        "id":"winter",
14        "name":"눈송이"
15      }
16      """;
17
18      System.out.println(str1);
19      System.out.println("-----------------------------------");
20      System.out.println(str2);
21      System.out.println("-----------------------------------");
22      String str = """
23      나는 자바를 \
24      학습합니다.
25      나는 자바 고수가 될 겁니다.
26      """;
27      System.out.println(str);
28    }
29  }
```

실행결과 ✕

```
{
    "id":"winter",
    "name":"눈송이"
}
-----------------------------
{
    "id":"winter",
    "name":"눈송이"
}

-----------------------------
나는 자바를 학습합니다.
나는 자바 고수가 될 겁니다.
```

텍스트 블록에서 줄 바꿈은 \n에 해당합니다. 만약 줄 바꿈을 하지 않고 다음 줄에 이어서 작성하고 싶다면 23라인처럼 맨 끝에 \를 붙여주면 됩니다. 이 기능은 자바 14부터 사용할 수 있습니다.

switch문의 표현식

자바 12 이후 버전부터는 switch문에서 표현식expressions을 사용할 수 있습니다. 표현식을 사용하면 다양한 매칭 패턴을 사용할 수 있기 때문에 더 간결한 코드를 만들 수 있습니다.

다음은 switch문을 작성하는 방식들을 보여줍니다(강화된 방식으로 표현식을 사용하는 방법입니다).

전통적인 방식	강화된 방식1	강화된 방식2

switch(표현값) {
  case 레이블:
    실행문; …
    [break;]
  …
  default:
    실행문; …
    [break;]
}
	switch(표현값) {
	  case 레이블 [, 레이블] -> {
	    실행문; …
	  }
	  …
	  default -> {
	    실행문; …
	  }
	}
		타입 변수 = switch(표현값) {
		  case 레이블 [, 레이블] -> 리턴값;
		  …
		  case 레이블 [, 레이블] -> {
		    실행문; …
		    yield 리턴값;
		  }
		  …
		  default -> 리턴값
		};

– 레이블에 리터럴(값) 또는 상수가 주로 사용됨	– 레이블에 null 또는 타입 매칭을 사용할 수 있음 – 한 개의 실행문은 { } 생략 가능	– 레이블에 null 또는 타입 매칭을 사용할 수 있음 – 리턴값은 값 또는 하나의 값을 리턴하는 연산식 또는 메소드 호출 코드가 올 수 있음

지금부터 하나씩 살펴보도록 하겠습니다.

화살표와 중괄호를 사용

자바 12부터는 break문을 없애고 화살표와 중괄호를 사용해 가독성을 높일 수 있습니다.

```
switch(표현값) {
    case 레이블, … → {
        …
    }
    case 레이블, … → {
        …
    }
```

```
    default → {
        ...
    }
}
```

표현값에는 정수 타입(byte, char, short, int, long)과 String 및 enum 타입의 값이 오거나, 이 값들을 리턴하는 연산식 및 메소드 호출 코드가 올 수 있습니다. 일반적으로 변수가 오는데, 표현값이 case 레이블과 매칭될 경우 중괄호를 실행합니다.

case 레이블은 쉼표를 구분자로 해서 여러 개를 작성할 수 있습니다. 중괄호 안에는 실행문들이 오는데, 실행문이 한 개만 작성된다면 중괄호를 생략할 수 있습니다.

다음 예제는 165쪽에서 실습한 예제인 sec01.exam07.SwitchCharExample.java를 수정한 것입니다. 표현식으로 수정된 코드와 비교해보길 바랍니다.

직접 해보는 손코딩

switch문의 표현식 소스 코드 SwitchExample1.java

```
01    package sec01.exam03;
02
03    public class SwitchExample1 {
04      public static void main(String[] args) {
05        method1();
06        method2();
07      }
08      //전통적인 코드
09      public static void method1() {
10        char grade = 'B';
11
12        switch (grade) {
13          case 'A':
14          case 'a':
15            System.out.println("우수 회원입니다.");
16            System.out.println("감사합니다.");
17            break;
18          case 'B':
19          case 'b':
20            System.out.println("일반 회원입니다.");
21            break;
22          default:
23            System.out.println("손님입니다.");
```

```
24         }
25       }
26    //표현식으로 수정한 코드
27    public static void method2() {
28       char grade = 'B';
29
30       switch (grade) {
31         case 'A', 'a'  -> {
32           System.out.println("우수 회원입니다.");
33           System.out.println("감사합니다.");
34         }
35         case 'B', 'b'  -> System.out.println("일반 회원입니다.");
36         default        -> System.out.println("손님입니다.");
37       }
38     }
39   }
```

method1()은 전통적인 switch문입니다. case 레이블이 하나씩 수직으로 나열되어 있고, break문이 끝에 있기 때문에 작성할 코드양도 많아 가독성이 좋지 않습니다. 반면 method2()는 표현식을 사용한 것인데, case 레이블을 여러 값으로 지정할 수 있고 break문이 사라짐에 따라 코드가 매우 간결해졌습니다.

단일값 리턴

자바 12부터는 switch문이 리턴한 단일값을 변수에 대입할 수 있습니다. 전통적인 방식에는 없던 문법으로 다음과 같이 작성할 수 있습니다. 화살표 오른쪽에 값을 기술하면 되고, 중괄호를 사용할 경우에는 yield 키워드(자바 13부터)로 값을 지정하면 됩니다.

```
타입 변수 = switch(표현값) {
    case 레이블, … -> 값1;
    case 레이블, … -> {
        …;
        yield 값2;
    }
    default -> 값3;    //switch가 단일값을 리턴할 경우에는 반드시 default를 작성
};
```

전통적인 switch문은 표현값이 case 레이블과 매칭될 경우 해당 case 블록을 실행하는 형태입니다.

그렇기 때문에 switch문의 실행 결과를 다른 변수에 대입해야 한다면, 변수를 switch문 바깥쪽에 선언해 놓고, 매칭된 case 블록에서 값을 대입하는 형태로 작성해야 합니다.

다음 예제는 전통적인 switch문과 단일값을 리턴하는 switch문을 비교해서 보여줍니다. method1()은 전통적인 switch문이고, method2()는 자바 13부터 사용할 수 있는 단일값을 리턴하는 switch문입니다.

직접 해보는 손코딩

switch문의 단일값 리턴   소스 코드   SwitchExample2.java

```java
01    package sec01.exam03;
02
03    public class SwitchExample2 {
04      public static void main(String[] args) {
05        method1();
06        method2();
07      }
08
09      //전통적 방식
10      public static void method1() {
11        String grade = "B";
12
13        //Switch 바깥쪽에 변수 선언
14        int score;
15
16        switch (grade) {
17          case "A":
18            //변수에 값 대입
19            score = 100;
20            break;
21          case "B":
22            int result = 100 - 20;
23            //변수에 값 대입
24            score = result;
25            break;
26          default:
27            //변수에 값 대입
28            score = 60;
29        }
30        System.out.println("score: " + score);
31
```

```
32        }
33
34        //자바 13부터 사용 가능한 방식
35        public static void method2() {
36          String grade = "B";
37
38          //변수를 선언하고 switch문이 리턴하는 값으로 초기화
39          int score = switch(grade) {
40            case "A" -> 100;
41            case "B" -> {
42              int result = 100 - 20;
43              yield result;
44            }
45            default -> 60;
46          };
47          System.out.println("score: " + score);
48        }
49      }
```

실행결과 ✕
score: 80
score: 80

null 매칭

전통적으로 switch문의 표현값이 null일 경우, NullPointerException이 발생합니다. 하지만 자바 21부터는 다음과 같이 예외를 발생시키지 않고 null을 처리할 수 있습니다.

```
switch(표현값) {
    …
    case null           -> { … }   //표현값이 null일 경우 선택
    case null, default  -> { … }   //표현값이 null이거나 위의 case가 선택되지 않은 경우 선택
}
```

다음 예제는 표현값이 String 타입일 경우, null이 될 수 있기 때문에 switch문에서 null을 처리하는 방법을 보여줍니다.

switch문의 null 매칭   소스 코드 SwitchExample3.java

```
01    package sec01.exam03;
02
03    public class SwitchExample3 {
```

```
04      private static void method1(String s) {
05        switch (s) {
06          case null -> System.out.println("null");
07          case "a", "b" -> System.out.println("a or b");
08          case "c" -> System.out.println("c");
09          default -> System.out.println("unkown");
10        }
11      }
12
13      private static void method2(String s) {
14        switch (s) {
15          case "a", "b" -> System.out.println("a or b");
16          case "c" -> System.out.println("c");
17          case null, default -> System.out.println("unkown");
18        }
19      }
20
21      public static void main(String[] args) {
22        method1(null);
23        method2(null);
24      }
25    }
```

🖥 실행결과	✕
null	
unkown	

타입 매칭

자바 21부터는 switch문에서 타입 매칭을 사용할 수 있습니다. 표현값이 객체일 경우, case 레이블
은 '타입 변수' 형태로 작성할 수 있습니다. 표현식이 해당 타입일 경우 매칭되고, 자동 타입 변환되어
변수에 대입됩니다. 그리고 해당 case 블록을 실행할 때 변수를 사용할 수 있습니다.

```
switch(표현식) {
    case 타입 변수 -> {        //표현식이 해당 타입일 경우(자동 타입 변환이 가능할 경우) 매칭
        ...
    }
    case 타입 변수 -> {        //표현식이 해당 타입일 경우(자동 타입 변환이 가능할 경우) 매칭
        ...
    }
    case null, default -> {   //표현식이 null이거나 그 외의 타입일 경우 매칭
        ...
    }
}
```

다음 예제는 표현값이 Integer 또는 String 타입일 경우, 각각 case 레이블과 매칭되면서 Integer 와 String으로 자동 타입 변환되고 변수에 대입됩니다. 그리고 해당 case 블록 안에서 변수를 사용할 수 있습니다. 그 외에는 default 블록이 실행됩니다.

switch문의 타입 매칭 소스 코드 SwitchExample4.java

```java
01    package sec01.exam03;
02
03    import java.util.Date;
04
05    public class SwitchExample4 {
06      public static void method1(Object obj) {
07        switch(obj) {
08          //obj가 Integer 타입일 경우
09          case Integer i -> System.out.println(i);
10          //obj가 String 타입일 경우
11          case String s -> System.out.println("\"" + s + "\"");
12          //obj가 null이거나 그 외의 타입일 경우
13          case null, default ->  System.out.println("unknown");
14        }
15      }
16
17      public static void main(String[] args) {
18        method1(10);              //매개값은 Integer 객체로 자동 박싱
19        method1("10");            //매개값은 String 객체
20        method1(null);            //매개값이 null
21        method1(new Date());      //매개값은 Date 객체
22      }
23    }
```

실행결과 ✕

```
10
"10"
unknown
unknown
```

표현값은 레이블 중 하나와 일치시키도록 해야 합니다. 일치시킬 레이블이 없을 경우, 나머지 일치를 위해 default를 반드시 포함해야 합니다. 이것을 표현값과 실행문의 완전성(exhaustiveness)이라고 하는데, 모든 표현값이 실행문에서 처리되어야 함을 뜻합니다.

위 예제에서 표현값 obj는 Integer와 String 타입 외에 다양한 타입이 될 수 있기 때문에 case null, default를 생략하면 7라인에서 컴파일 에러(An enhanced switch statement should be exhaustive; a default label expected)가 발생합니다.

가드 조건 검사

타입 매칭을 한 후, 추가 매칭을 하기 위해 가드^{guard}라는 조건 검사를 추가할 수 있습니다. 가드가 true가 될 때 최종 case 레이블이 매칭되고 해당 case 블록이 실행됩니다. 다음은 가드를 작성하는 방법을 보여줍니다.

```
switch(표현식) {
    case 타입 변수 when 조건식 -> {      //표현식이 해당 타입이면서 조건식이 true일 경우 매칭
       ...
    }
    case 타입 변수 when 조건식 -> {      //표현식이 해당 타입이면서 조건식이 true일 경우 매칭
       ...
    }
    case null, default -> {            //표현식이 null이거나 그 외의 타입일 경우 매칭
       ...
    }
}
```

다음 예제는 가드를 사용해서 좀 더 정밀하게 매칭하는 코드입니다. Integer 타입이라도 1과 2를 별도로 매칭하고, String 타입이라도 "a"와 "b"를 별도로 매칭합니다.

직접 해보는 손코딩

switch문의 가드 사용   소스코드 SwitchExample5.java

```
01    package sec01.exam03;
02
03    public class SwitchExample5 {
04        //2와 b가 출력되지 않음
05        //이클립스의 컴파일 오류, 터미널에서 실행
06        private static void method(Object obj) {
07          int score = switch (obj) {
08              case Integer i when i == 1 -> 90;
09              case Integer i when i == 2 -> 80;
10              case Integer i -> 70;
11              case String s when s.equals("a") -> 90;
12              case String s when s.equals("b") -> 80;
13              case String s -> 70;
14              case null, default -> 0;
15          };
16          System.out.println("score: " + score);
```

```
17        }
18
19        public static void main(String[] args) {
20            method(1);
21            method(2);
22            method(3);
23            method("a");
24            method("b");
25            method("c");
26            method(null);
27        }
28    }
```

레이블 작성 순서

case 레이블이 타입 매칭을 사용할 경우 타입은 좁은 범위를 먼저 작성하고, 넓은 범위를 나중에 작성해야 합니다. switch문은 위에서부터 순차적으로 case 레이블을 평가하기 때문에 위쪽 case 레이블이 먼저 매칭되면 아래쪽 case 레이블은 평가하지 않습니다.

다음 코드를 보겠습니다.

```
Integer data = 3;
switch (data) {
    case 0 -> System.out.println("0");                              … ❶
    case Integer i when i > 0 -> System.out.println("positive number"); … ❷
    case Integer i -> System.out.println("negative number");        … ❸
}
```

정수의 범위를 비교하면 ❶보다 ❸이 넓고, ❷보다 ❸이 더 넓습니다. 따라서 레이블을 작성할 때 ❶, ❷ 뒤에 ❸이 오도록 작성해야 합니다. 순서를 바꾸게 되면 컴파일 에러(label is dominated by one of the preceding case labels)가 발생합니다.

부모와 자식 관계, 인터페이스와 구현 관계에도 범위가 있습니다. 부모는 자식 클래스보다 항상 넓은 범위를 가지고, 인터페이스는 구현 클래스보다 항상 넓은 범위를 가집니다.

다음 코드를 보겠습니다.

```
class A {}
class B extends A {}
------------------------------------------------------------------
Object obj = new A();
switch (obj) {
    case B b  -> System.out.println("B type"); ··· ❶    //자식 패턴 작성
    case A a  -> System.out.println("A type"); ··· ❷    //부모 패턴 작성
    default   -> System.out.println("unknown type");    //그 외의 패턴
}
```

A가 B의 부모이므로 A가 더 넓은 범위를 가집니다. 따라서 ❶보다 ❷를 먼저 작성하면 컴파일 에러 (label is dominated by one of the preceding case labels)가 발생합니다.

직접 해보는 손코딩

switch문의 레이블 작성 순서   소스코드   SwitchExample6.java

```java
01    package sec01.exam03;
02
03    public class SwitchExample6 {
04      private static void method1(Integer obj) {
05        switch (obj) {
06            case 0 -> System.out.println("0");
07            case Integer i when i > 0 -> System.out.println("positive number");
08            case Integer i -> System.out.println("negative number");
09        }
10      }
11
12      private static class A  {}
13      private static class B extends A {}
14
15      private static void method2(Object obj) {
16        switch (obj) {
17            case B b -> System.out.println("obj is b type");
18            case A a -> System.out.println("obj is a type");
19            case null, default -> System.out.println("obj is null or unknown type");
20        }
21      }
22
23      public static void main(String[] args) {
```

```
24        method1(-5);
25        method2(new B());
26    }
27  }
```

레이블 통과

레이블에 타입 매칭이 사용되면 기본적으로 다음 레이블로 통과할 수 없습니다. 그렇기 때문에 화살표를 사용하지 않을 경우에는 반드시 break문을 작성해야 합니다. 이를 생략하면 컴파일 에러가 발생합니다. 단, 다음 레이블이 default라면 통과할 수 있습니다.

```
switch (object) {
    case String s:
        …
        break;      //생략하면 컴파일 에러 생김(다음 case 레이블로 무조건 통과 금지)

    case Integer i:
        …
            break;    //명시적 통과 금지

    default:
        …
}
```

가급적이면 타입 매칭을 사용하는 레이블은 화살표를 사용하는 것을 권장합니다. 화살표를 사용하면 중괄호 여부와 상관없이 다음 레이블로 통과할 수 없습니다.

```
switch(object) {
    case Integer i      -> 실행문;

    case String s       -> {  …  }

    default             -> {  …  }
}
```

switch문의 레이블 통과 소스코드 SwitchExample7.java

```
01    package sec01.exam03;
02
03    public class SwitchExample7 {
04      private static void method1(Object obj) {
05        switch (obj) {
06          case String s:
07            System.out.println("String: " + s);
08            break;     //생략하면 컴파일 에러 생김(다음 case 레이블로 통과 금지)
09          case Integer i:
10            System.out.println("Integer: " + i);
11          case null, default:
12            System.out.println("null or unknown");
13        }
14      }
15
16      private static void method2(Object obj) {
17        switch (obj) {
18          case String s -> System.out.println("String: " + s);
19          case Integer i -> System.out.println("Integer: " + i);
20          case null, default -> System.out.println("null or unknown");
21        }
22      }
23
24      public static void main(String[] args) {
25        method1("a");
26        System.out.println();
27
28        method1(1);
29        System.out.println();
30
31        method2(1);
32      }
33    }
```

```
🖥 실행결과                    ✕
String: a

Integer: 1
null or unknown

Integer: 1
```

중첩 클래스의 정적 멤버 허용

자바 17부터 인스턴스 멤버 클래스에서 정적 필드와 정적 메소드를 선언할 수 있게 되었습니다. 430, 431쪽에서 언급한 바와 같이 전통적인 자바는 인스턴스 멤버 클래스와 로컬 클래스 내부에 정적 필드와 메소드를 선언할 수 없었습니다.

하지만 자바 17부터 가능해졌으므로 432, 433쪽 sec01.exam01 패키지의 A와 Main 클래스를 다음과 같이 수정할 수 있습니다.

중첩 클래스의 정적 멤버 허용 소스 코드 A.java

```
01    package sec01.exam04;
02
03    /**바깥 클래스**/
04    class A {
05      A() { System.out.println("A 객체가 생성됨"); }
06
07      /**인스턴스 멤버 클래스**/
08      class B {
09        B() { System.out.println("B 객체가 생성됨"); }
10        int field1;
11        static int field2;              //자바 17부터 허용
12        void method1() { }
13        static void method2() { }      //자바 17부터 허용
14      }
15
16      /**정적 멤버 클래스**/
17      static class C {
18        C() { System.out.println("C 객체가 생성됨"); }
19        int field1;
20        static int field2;
21        void method1() { }
22        static void method2() { }
23      }
24
25      void method() {
26        /**로컬 클래스**/
27        class D {
28          D() { System.out.println("D 객체가 생성됨"); }
29          int field1;
```

```
30        static int field2;              //자바 17부터 허용
31        void method1() { }
32        static void method2() { }       //자바 17부터 허용
33      }
34      D d = new D();
35      d.field1 = 3;
36      d.method1();
37      D.field2 = 3;                      //자바 17부터 허용
38      D.method2();                       //자바 17부터 허용
39    }
40  }
```

중첩 클래스의 정적 멤버 허용   소스 코드 Main.java

```
01  package sec01.exam04;
02
03  public class Main {
04    public static void main(String[] args) {
05      A a = new A();
06
07      //인스턴스 멤버 클래스 객체 생성
08      A.B b = a.new B();
09      b.field1 = 3;
10      b.method1();
11      A.B.field2 = 3;    //자바 17부터 허용
12      A.B.method2();     //자바 17부터 허용
13
14      //정적 멤버 클래스 객체 생성
15      A.C c = new A.C();
16      c.field1 = 3;
17      c.method1();
18      A.C.field2 = 3;
19      A.C.method2();
20
21      //로컬 클래스 객체 생성을 위한 메소드 호출
22      a.method();
23    }
24  }
```

```
📟 실행결과            ✕
A 객체가 생성됨
B 객체가 생성됨
C 객체가 생성됨
D 객체가 생성됨
```

이 기능은 중첩 클래스의 제한을 해제함으로써 중첩 클래스를 사용하는 데 편리성을 높일 수 있습니다.

instanceof의 자동 타입 변환

372쪽과 419쪽에서 객체가 어떤 타입인지지 검사할 때 instanceof 연산자를 사용할 수 있다고 배웠습니다. 전통적으로 instanceof 연산자는 객체의 타입만 확인할 뿐 타입 변환은 개발자가 직접 강제 타입 변환(캐스팅)을 해야 했습니다.

```
                    ( Parent )    ( Child )
                    ( 객체   )    ( 객체  )
                         ↘      ↙
public void method(Parent parent) {
    if(parent instanceof Child) {  ←─── parent 매개 변수가 참조하는 객체가 Child인지 조사
        Child child = (Child) parent;  ←─── Child로 강제 타입 변환
        //child 변수 사용
    }
}
```

method()의 매개 변수의 타입은 Parent입니다. method()가 호출될 때 Parent와 Parent를 상속하는 Child 객체가 대입될 수 있습니다. method()는 매개값이 Child 객체인지를 확인하기 위해 instanceof 연산자로 먼저 확인하고, 강제 타입 변환을 하고 있습니다.

자바 12부터는 instanceof 연산의 결과가 true일 경우, 자동 타입 변환이 되어 우측 변수에 대입되기 때문에 명시적인 강제 타입 변환 코드가 필요없습니다. 위 코드는 다음과 같이 작성할 수 있습니다.

```
if(parent instanceof Child child) {
    //child 변수 사용
}
```

타입 검사와 함께 자동 타입 변환까지 수행되기 때문에 코드가 간결해진 것을 확인할 수 있습니다.

다음 예제는 personInfo 메소드의 매개값으로 Student를 제공했을 경우에만 studentNo를 출력하고 study 메소드를 호출합니다.

직접 해보는 손코딩

instanceof의 자동 타입 변환   소스 코드 `InstanceofExample.java`

```
01    package sec01.exam05;
02
03    public class InstanceofExample {
04        public static void personInfo(Person person) {
```

```
05        System.out.println("name: " + person.name);
06        person.walk();
07
08        //person이 참조하는 객체가 Student 타입일 경우 자동 타입 변환됨
09        if (person instanceof Student student) {
10          System.out.println("studentNo: " + student.studentNo);
11          student.study();
12        }
13      }
14
15      public static void main(String[] args) {
16        //Person 객체를 매개값으로 제공하고 personInfo 메소드 호출
17        Person p1 = new Person("홍길동");
18        personInfo(p1);
19
20        System.out.println();
21
22        //Student 객체를 매개값으로 제공하고 personInfo 메소드 호출
23        Person p2 = new Student("김길동", 10);
24        personInfo(p2);
25      }
26    }
```

실행결과 ✕

```
name: 홍길동
걷습니다.

name: 김길동
걷습니다.
studentNo: 10
공부를 합니다.
```

instanceof의 자동 타입 변환 소스 코드 Person.java

```
01    package sec01.exam05;
02
03    public class Person {
04      //필드 선언
05      public String name;
06
07      //생성자 선언
08      public Person(String name) {
09        this.name = name;
10      }
11
12      //메소드 선언
13      public void walk() {
14        System.out.println("걷습니다.");
15      }
16    }
```

instanceof의 자동 타입 변환 〔소스 코드 Student.java〕

```java
01    package sec01.exam05;
02
03    public class Student extends Person {
04        //필드 선언
05        public int studentNo;
06
07        //생성자 선언
08        public Student(String name, int studentNo) {
09            super(name);
10            this.studentNo = studentNo;
11        }
12
13        //메소드 선언
14        public void study() {
15            System.out.println("공부를 합니다.");
16        }
17    }
```

▶ 5가지 키워드로 끝나는 핵심 포인트

- **지역 변수 타입 추론**: 지역 변수 선언시 var를 사용해서 타입 복잡성을 낮춥니다.

- **텍스트 블록**: 이스케이프 문자 대신 텍스트 블록(""" ~ """)를 사용해서 복잡성을 낮춥니다.

- **switch문의 표현식**: case 레이블 –〉 { … } 문법을 사용할 수 있습니다.

- **중첩 클래스의 정적 멤버 허용**: 중첩 클래스에서 정적 필드와 메소드를 작성할 수 있습니다.

- **instanceof 타입 변환**: instanceof는 타입 검사와 함께 자동 타입 변환을 수행합니다.

▶ 확인 문제

1. 지역 변수 타입 추론에 대한 설명으로 틀린 것은 무엇입니까?

① var 키워드로 클래스나 인터페이스의 필드를 선언할 수 있다.

② var 키워드로 생성자나 메소드의 로컬(지역) 변수를 선언할 수 있다.

③ var로 선언된 변수는 컴파일 시에 대입되는 값을 참조해서 타입을 추론한다.

④ var를 사용하면 복잡한 타입을 감추므로써 코드의 간결성을 높여줄 수 있다.

2. 표현식을 사용하는 switch문에 대한 설명으로 틀린 것은 무엇입니까?

① switch문에서 리턴된 단일값을 변수에 대입할 수 있습니다.

② 화살표를 사용할 때에는 중괄호를 반드시 작성해야 합니다.

③ case 레이블에 다입 매칭과 가드를 사용할 수 있습니다.

④ case 레이블의 순서는 좁은 범위를 먼저 작성하고 넓은 범위를 작성해야 합니다.

01-1 확인 문제

1. x, o, o, o   2. ③

01-2 확인 문제

1. o, o, x, o

01-3 확인 문제

1. ② ➡ ① ➡ ③ ➡ ④   2. o, o, x, o   3. o, o, x, o   4. o, o, x, o   5. ③, ④

02-1 확인 문제

1. o, o, o, x   2. o, x, x, o, o, x

3. ④ 변수 score2가 초기화되지 않았기 때문에 읽을 수 없음

4. 10 변수 v3이 선언 블록을 벗어 났음

02-2 확인 문제

1.

구분	1byte	2byte	4byte	8byte
정수 타입	byte	short char	int	long
실수 타입			float	double
논리 타입	boolean			

2. x, x, o, x, x, o, x, x, x, x

3.

```
🔲 실행결과                    ✕
자바는

재미있는 "프로그래밍" 언어

입니다.
```

4. 허용 범위를 벗어남

5.
```
실행결과                    ×

출발합니다.
```

02-3 확인 문제

1. ③ char 타입의 양의 허용 범위가 short 타입보다 더 큼

2. ④ 문자열을 char 타입으로 강제 타입 변환(캐스팅)할 수 없음

3. ① 연산의 결과는 int 타입임

4. ⑤ 연산의 결과는 int 타입임

5. 연산의 결과는 int 타입인데, char 타입 변수 c2에 저장했기 때문

```java
char c2 = (char) (c1 + 1);
```

6. int 2, 연산의 결과는 int 타입임

7. double, (double)x / y 또는 x / (double)y 또는 (double)x / (double)y

8. (int) (var1 + var2)

9. (int)var1 + (int)(var2 + var3) + (int)Double.parseDouble(var4) 또는

   (int)(var1 + (int)var2 + var3 + Double.parseDouble(var4)) 또는

   (int)(var1 + var2 + (int)var3 + Double.parseDouble(var4)) 또는

   (int)(var1 + var2 + var3 + (int)Double.parseDouble(var4))

10.
```
실행결과                    ×

5
23
23
```

11. Byte.parseByte

    Integer.parseInt

    Float.parseFloat

    Double.parseDouble

02-4 확인 문제

1.
```java
package sec04.verify.exam01;

public class Exam01 {
  public static void main(String[] args) {
    String name = "감자바";
    int age = 25;
    String tel1="010", tel2="123", tel3="4567";
    System.out.println("이름: " + name);
    System.out.print("나이: " + age + "\n");
    System.out.printf("전화: %1$s-%2$s-%3$s", tel1, tel2, tel3);
  }
}
```

2.
```java
package sec04.verify.exam02;

import java.util.Scanner;

public class Exam02 {
  public static void main(String[] args) {
    Scanner scanner = new Scanner(System.in);
    System.out.print("첫 번째 수:");
    String strNum1 = scanner.nextLine();
    System.out.print("두 번째 수:");
    String strNum2 = scanner.nextLine();
    int num1 = Integer.parseInt(strNum1);
    int num2 = Integer.parseInt(strNum2);
    int result = num1 + num2;
    System.out.println("덧셈 결과:" + result);
  }
}
```

3. ──

```java
package sec04.verify.exam03;

import java.util.Scanner;

public class Exam03 {
  public static void main(String[] args) {
    Scanner scanner = new Scanner(System.in);

    System.out.println("[필수 정보 입력]");

    System.out.print("1. 이름: ");
    String name = scanner.nextLine();

    System.out.print("2. 주민번호 앞 6자리: ");
    String ssn = scanner.nextLine();

    System.out.print("3. 전화번호: ");
    String tel = scanner.nextLine();

    System.out.println();

    System.out.println("[입력된 내용]");
    System.out.println("1. 이름: " + name);
    System.out.println("2. 주민번호 앞 6자리: " + ssn);
    System.out.println("3. 전화번호: " + tel);
  }
}
```

03-1 확인 문제

1. ③   2. ④

03-2 확인 문제

1. b = -b;, 부호 연산을 하므로 결과는 int 타입이 됨

2. 31   **3.** !stop   **4.** /, %

5. var1/var2는 정수 연산이므로 결과는 정수 2, 그래서 변수 var3에는 2.0이 저장

(int)(var3 * var2)는 (int)(2.0 * 2)이므로 결과는 4, 그래서 변수 var4는 4가 저장

6. value / 100 * 100   **7.** float 타입 0.1f는 정확히 0.1이 아니기 때문

8. (lengthTop + lengthBottom) * height / 2.0

9.

```
package sec02.verify.exam09;

import java.util.Scanner;

public class Exam09 {
  public static void main(String[] args) {
    Scanner scanner = new Scanner(System.in);

    System.out.print("첫 번째 수: ");
    double num1 = Double.parseDouble(scanner.nextLine());

    System.out.print("두 번째 수: ");
    double num2 = Double.parseDouble(scanner.nextLine());

    System.out.println("--------------------");
    if(num2 != 0.0) {
      System.out.println("결과: " + (num1/num2));
    } else {
      System.out.println("결과: 무한대");
    }
  }
}
```

10.

```
package sec02.verify.exam10;

public class Exam10 {
  public static void main(String[] args) {
    int var1 = 10;
```

```
        int var2 = 3;
        int var3 = 14;
        double var4 = var1 * var1 * Double.parseDouble(var2 + "." + var3);
        System.out.println("원의 넓이:" + var4);
    }
}
```

11.
```
package sec02.verify.exam11;

import java.util.Scanner;

public class Exam11 {
    public static void main(String[] args) {
        Scanner scanner = new Scanner(System.in);

        System.out.print("아이디:");
        String name = scanner.nextLine();

        System.out.print("패스워드:");
        String strPassword = scanner.nextLine();

        int password = Integer.parseInt(strPassword);

        if(name.equals("java")) {
            if(password == 12345) {
                System.out.println("로그인 성공");
            } else {
                System.out.println("로그인 실패:패스워드가 틀림");
            }
        } else {
            System.out.println("로그인 실패:아이디 존재하지 않음");
        }
    }
}
```

12. true, false

13. value += 10;

    value -= 10;

    value *= 10;

    value /= 10;

14. 가

04-1 확인 문제

1. if문, switch문   2. o, o, o, x   3. 등급은 B입니다.

4. 어떤 혜택을 원하세요?

    우수 회원 혜택을 받으실 수 있습니다.

    일반 회원 혜택을 받으실 수 있습니다.

    감사합니다.

04-2 확인 문제

1. for문, while문, do-while문

2.

```
package sec02.verify.exam02;

public class Exam02 {
  public static void main(String[] args) {
    int sum = 0;
    for (int i = 1; i <= 100; i++) {
      if (i % 3 == 0) {
        sum += i;
      }
    }
    System.out.println("3의 배수의 합: " + sum);
  }
}
```

3.

```
package sec02.verify.exam03;

public class Exam03 {
  public static void main(String[] args) {
    while (true) {
      int num1 = (int) (Math.random() * 6) + 1;
      int num2 = (int) (Math.random() * 6) + 1;
      System.out.println("(" + num1 + ", " + num2 + ")");
      if ((num1 + num2) == 5) {
        break;
      }
    }
  }
}
```

4.

```
package sec02.verify.exam04;

public class Exam04 {
  public static void main(String[] args) {
    for (int x = 1; x <= 10; x++) {
      for (int y = 1; y <= 10; y++) {
        if ((4 * x + 5 * y) == 60) {
          System.out.println("(" + x + ", " + y + ")");
        }
      }
    }
  }
}
```

5.

```
package sec02.verify.exam05;

public class Exam05 {
  public static void main(String[] args) {
    for (int i = 1; i < 5; i++) {
      for (int j = 1; j <= i; j++) {
```

```
        System.out.print("*");
        if (j == i) {
          System.out.println();
        }
      }
    }
  }
}
```

6. _____

```
package sec02.verify.exam06;


public class Exam06 {
  public static void main(String[] args) {
    for (int i = 1; i < 5; i++) {
      for (int j = 4; j > 0; j--) {
        if (i < j) {
          System.out.print(" ");
        } else {
          System.out.print("*");
        }
      }
      System.out.println();
    }
  }
}
```

7. _____

```
package sec02.verify.exam07;

import java.util.Scanner;

public class Exam07 {
  public static void main(String[] args) {
    boolean run = true;

    int balance = 0;
```

```java
        Scanner scanner = new Scanner(System.in);

        while (run) {
            System.out.println("------------------------------------");
            System.out.println("1.예금 ¦ 2.출금 ¦ 3.잔고 ¦ 4.종료");
            System.out.println("------------------------------------");
            System.out.print("선택> ");

            int menuNum = Integer.parseInt(scanner.nextLine());

            switch (menuNum) {
            case 1:
                System.out.print("예금액> ");
                balance += Integer.parseInt(scanner.nextLine());
                break;
            case 2:
                System.out.print("출금액> ");
                balance -= Integer.parseInt(scanner.nextLine());
                break;
            case 3:
                System.out.print("잔고> ");
                System.out.println(balance);
                break;
            case 4:
                run = false;
                break;
            }

            System.out.println();
        }

        System.out.println("프로그램 종료");
    }
}
```

05-1 확인 문제

1. O, O, O, X   2. O, O, X, O   3. O, X, O, O   4. O, O, O, X

5. true

   false

   true

   true

   true

05-2 확인 문제

1. ②   2. ③   3. 3, 5

4. ───

```
package sec02.verify.exam04;

public class Exam04 {
  public static void main(String[] args) {
    int max = 0;
    int[] array = { 1, 5, 3, 8, 2 };

    for (int i = 0; i < array.length; i++) {
      if (max < array[i]) {
        max = array[i];
      }
    }

    System.out.println("max: " + max);
  }
}
```

5. ───

```
package sec02.verify.exam05;

public class Exam05 {
  public static void main(String[] args) {
```

```java
        int[][] array = { { 95, 86 }, { 83, 92, 96 }, { 78, 83, 93, 87, 88 } };

        int sum = 0;
        double avg = 0.0;

        int count = 0;
        for (int i = 0; i < array.length; i++) {
            for (int j = 0; j < array[i].length; j++) {
                sum += array[i][j];
                count++;
            }
        }
        avg = (double) sum / count;

        System.out.println("sum: " + sum);
        System.out.println("avg: " + avg);
    }
}
```

6.

```java
package sec02.verify.exam06;

import java.util.Scanner;

public class Exam06 {
    public static void main(String[] args) {
        boolean run = true;

        int studentNum = 0;
        int[] scores = null;

        Scanner scanner = new Scanner(System.in);

        while (run) {
            System.out.println("---------------------------------------------------");
            System.out.println("1.학생수 | 2.점수입력 | 3.점수리스트 | 4.분석 | 5.종료");
            System.out.println("---------------------------------------------------");
            System.out.print("선택> ");
```

```java
      int selectNo = Integer.parseInt(scanner.nextLine());

      if (selectNo == 1) {
        System.out.print("학생수> ");
        studentNum = Integer.parseInt(scanner.nextLine());
        scores = new int[studentNum];
      } else if (selectNo == 2) {
        for (int i = 0; i < scores.length; i++) {
          System.out.print("scores[" + i + "]> ");
          scores[i] = Integer.parseInt(scanner.nextLine());
        }
      } else if (selectNo == 3) {
        for (int i = 0; i < scores.length; i++) {
          System.out.println("scores[" + i + "]: " + scores[i]);
        }
      } else if (selectNo == 4) {
        int max = 0;
        int sum = 0;
        double avg = 0;
        for (int i = 0; i < scores.length; i++) {
          max = (max < scores[i]) ? scores[i] : max;
          sum += scores[i];
        }
        avg = (double) sum / studentNum;
        System.out.println("최고 점수: " + max);
        System.out.println("평균 점수: " + avg);
      } else if (selectNo == 5) {
        run = false;
      }
    }

    System.out.println("프로그램 종료");
  }
}
```

05-3 확인 문제

1. O, O, X, O

2.

```
package sec03.verify.exam02;

public enum LoginResult {
  SUCCESS,
  FAIL_ID,
  FAIL_PASSWORD
}
```

```
package sec03.verify.exam02;

public class Exercise13 {
  public static void main(String[] args) {
    LoginResult result = LoginResult.FAIL_PASSWORD;
    if(result == LoginResult.SUCCESS) {
    } else if(result == LoginResult.FAIL_ID) {
    } else if(result == LoginResult.FAIL_PASSWORD) {
    }
  }
}
```

06-1 확인 문제

1. O, O, X, O

2.

3. 필드, 생성자, 메소드

06-2 확인 문제

1. O, O, X, O

2. _____

```
package sec02.verify.exam02;

public class Member {
  String name;
  String id;
  String password;
  int age;
}
```

3. _____

```
package sec02.verify.exam03;

public class MemberExample {
  public static void main(String[] args) {
    Member member = new Member();
    member.name = "최하얀";
    member.age = 23;
  }
}
```

06-3 확인 문제

1. X, O, O, O

2. _____

```
package sec03.verify.exam02;

public class Member {
  String name;
  String id;
  String password;
  int age;
```

```
    Member(String name, String id) {
      this.name = name;
      this.id = id;
    }
  }
```

3. ──

```
package sec03.verify.exam03;

public class Board {
  String title;
  String content;
  String writer;
  String date;
  int hitcount;

  Board(String title, String content) {
    this(title, content, "로그인한 회원아이디", "현재 컴퓨터 날짜", 0);
  }

  Board(String title, String content, String writer) {
    this(title, content, writer, "현재 컴퓨터 날짜", 0);
  }

  Board(String title, String content, String writer, String date) {
    this(title, content, writer, date, 0);
  }

  Board(String title, String content, String writer, String date, int hitcount) {
    this.title = title;
    this.content = content;
    this.writer = writer;
    this.date = date;
    this.hitcount = hitcount;
  }
}
```

4. Board board = new Board("제목", "내용");

   Board board = new Board("제목", "내용", "홍길동");

   Board board = new Board("제목", "내용", "홍길동", "2025-12-31");

   Board board = new Board("제목", "내용", "홍길동", "2025-12-31", 0);

06-4 확인 문제

1. void, return, …, 오버로딩   2. o, x, o, o

3. ───

```
package sec04.verify.exam03;

public class MemberService {
  boolean login(String id, String password) {
    if(id.equals("hong") && password.equals("12345")) {
      return true;
    } else {
      return false;
    }
  }

  void logout(String id) {
    System.out.println("로그아웃 되었습니다.");
  }
}
```

```
package sec04.verify.exam03;

public class MemberServiceExample {
  public static void main(String[] args) {
    MemberService memberService = new MemberService();
    boolean result = memberService.login("hong", "12345");
    if(result) {
      System.out.println("로그인 되었습니다.");
      memberService.logout("hong");
    } else {
```

```
            System.out.println("id 또는 password가 올바르지 않습니다.");
        }
      }
    }
```

4. ──

```
package sec04.verify.exam04;

public class Printer {
  static void println(int value) {
    System.out.println(value);
  }

  static void println(boolean value) {
    System.out.println(value);
  }

  static void println(double value) {
    System.out.println(value);
  }

  static void println(String value) {
    System.out.println(value);
  }
}
```

06-5 확인 문제

1. O, X, O, O   2. ②

3. ──

```
package sec05.verify.exam01;

public class ShopService {
  private static ShopService singleton = new ShopService();

  private ShopService() {}
```

```
    static ShopService getInstance() {
      return singleton;
    }
  }
```

06-6 확인 문제

1. ③

07-1 확인 문제

1. x, o, o, o   2. o, x, o, o   3. x, x, o, x

4. 부모 생성자를 올바르게 호출하지 않음

6라인과 7라인 사이에 super(name); 를 추가해야함.

5.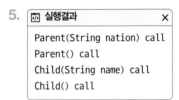

```
▣ 실행결과                          ✕

Parent(String nation) call
Parent() call
Child(String name) call
Child() call
```

07-2 확인 문제

1. o, x, o, o

2.
```
▣ 실행결과                          ✕

스노우 타이어가 굴러갑니다.
스노우 타이어가 굴러갑니다.
```

3. ②   4. x, o, o, o, x, x

5. 멤버 로그인

A 로그인

07-3 확인 문제

1. O, O, O, X **2.** O, O, O, X

3.

```
package sec03.verify.exam03;

public class LoginServlet extends HttpServlet {
  @Override
  public void service() {
    System.out.println("로그인 합니다.");
  }
}
```

```
package sec03.verify.exam03;

public class FileDownloadServlet extends HttpServlet {
  @Override
  public void service() {
    System.out.println("파일 다운로드 합니다.");
  }
}
```

08-1 확인 문제

1. O, X, O, O **2.** O, O, X, O

3.

```
package sec01.verify.exam03;

public class Dog implements Soundable {
  @Override
  public String sound() {
    return "멍멍";
  }
}
```

```
package sec01.verify.exam03;

public class Cat implements Soundable {
  @Override
  public String sound() {
    return "야옹";
  }
}
```

08-2 확인 문제

1. O, X, O, O   2. O, O, X, O

3.

```
package sec02.verify.exam03;

public interface DataAccessObject {
  public void select();
  public void insert();
  public void update();
  public void delete();
}
```

```
package sec02.verify.exam03;

public class MySqlDao implements DataAccessObject  {
  @Override
  public void select() {
    System.out.println("MySql DB에서 검색");
  }

  @Override
  public void insert() {
    System.out.println("MySql DB에 삽입");
  }
```

```java
  @Override
  public void update() {
    System.out.println("MySql DB를 수정");
  }

  @Override
  public void delete() {
    System.out.println("MySql DB에서 삭제");
  }
}
```

```java
package sec02.verify.exam03;

public class OracleDao implements DataAccessObject  {
  @Override
  public void select() {
    System.out.println("Oracle DB에서 검색");
  }

  @Override
  public void insert() {
    System.out.println("Oracle DB에 삽입");
  }

  @Override
  public void update() {
    System.out.println("Oracle DB를 수정");
  }

  @Override
  public void delete() {
    System.out.println("Oracle DB에서 삭제");
  }
}
```

09-1 확인 문제

1. O, O, O, X   2. ③

3. _____

```
package verify.exam04;

public class NestedClassExample {
  public static void main(String[] args) {
    Car myCar = new Car();

    Car.Tire tire = myCar.new Tire();

    Car.Engine engine = new Car.Engine();
  }
}
```

4. nickName은 final 특성을 갖기 때문에 4라인에서 값을 변경할 수 없다.

수정: 3,4 라인을 없애고 대신 **String nickName = chatId;** 를 넣는다.

5. _____

```
package sec01.verify.exam05;

public class BackgroundChangeListener implements CheckBox.OnSelectListener {
  @Override
  public void onSelect() {
    System.out.println("배경을 변경합니다.");
  }
}
```

09-2 확인 문제

1. _____

```
package sec02.verify.exam01;

public class Anonymous {
  Worker field = new Worker() {
```

```java
    @Override
    public void start() {
      System.out.println("디자인을 합니다.");
    }
  };

  void method1() {
    Worker localVar = new Worker() {
      @Override
      public void start() {
        System.out.println("개발을 합니다.");
      }
    };
    localVar.start();
  }

  void method2(Worker worker) {
    worker.start();
  }
}
```

```java
package sec02.verify.exam01;

public class AnonymousExample {
  public static void main(String[] args) {
    Anonymous anony = new Anonymous();
    //익명 객체 필드 사용
    anony.field.start();
    //익명 객체 로컬변수 사용
    anony.method1();
    //익명 객체 매개값 사용
    anony.method2(
      new Worker() {
        @Override
        public void start() {
          System.out.println("테스트를 합니다.");
        }
```

```
        }
      );
    }
  }
```

2.

```
package sec02.verify.exam02;

public class Anonymous {
  Vehicle field = new Vehicle() {
    @Override
    public void run() {
      System.out.println("자전거가 달립니다.");
    }
  };

  void method1() {
    Vehicle localVar = new Vehicle() {
      @Override
      public void run() {
        System.out.println("승용차가 달립니다.");
      }
    };
    localVar.run();
  }

  void method2(Vehicle v) {
    v.run();
  }
}
```

```
package sec02.verify.exam02;

public class AnonymousExample {
  public static void main(String[] args) {
    Anonymous anony = new Anonymous();
    //익명 객체 필드 사용
```

```
      anony.field.run();
      //익명 객체 로컬변수 사용
      anony.method1();
      //익명 객체 매개값 사용
      anony.method2(
        new Vehicle() {
          @Override
          public void run() {
            System.out.println("트럭이 달립니다.");
          }
        }
      );
    }
  }
```

3.
```
package sec02.verify.exam03;

public class CheckBoxExample {
  public static void main(String[] args) {
    CheckBox checkBox = new CheckBox();
    checkBox.setOnSelectListener(new CheckBox.OnSelectListener() {
      @Override
      public void onSelect() {
        System.out.println("배경을 변경합니다.");
      }
    });
    checkBox.select();
  }
}
```

10-1 확인 문제

1. ④

10-2 확인 문제

1. ③   2. ④   3. ③

4.

```
💬 실행결과                                    ✕

10
숫자로 변환할 수 없음
10
인덱스를 초과했음
10
```

11-1 확인 문제

1. ④   2. hashCode(), equals()

3. ─────────────────────────────

```java
package sec01.verify.exam03;

public class Student {
  private String studentNum;

  public Student(String studentNum) {
    this.studentNum = studentNum;
  }

  public String getStudentNum() {
    return studentNum;
  }

  @Override
  public boolean equals(Object obj) {
    if(obj instanceof Student) {
      Student student = (Student) obj;
      if(studentNum.equals(student.getStudentNum())) {
        return true;
      }
    }
    return false;
  }
```

```
    @Override
    public int hashCode() {
      return studentNum.hashCode();
    }
  }
```

4. _____

```
package sec01.verify.exam04;

public class Member {
  private String id;
  private String name;

  public Member(String id, String name) {
    this.id = id;
    this.name = name;
  }

  @Override
  public String toString() {
    return id + ": " + name;
  }
}
```

5. ④

6. _____

```
package sec01.verify.exam06;

public class BytesToStringExample {
  public static void main(String[] args) {
    byte[] bytes = { 73, 32, 108, 111, 118, 101, 32, 121, 111, 117 };
    String str = new String(bytes);
    System.out.println( str );
  }
}
```

7.

```
package sec01.verify.exam07;

public class FindAndReplaceExample {
  public static void main(String[] args) {
    String str = "모든 프로그램은 자바 언어로 개발될 수 있다.";
    int index = str.indexOf("자바");
    if(index == -1) {
      System.out.println("자바 문자열이 포함되어 있지 않습니다.");
    } else {
      System.out.println("자바 문자열이 포함되어 있습니다.");
      str = str.replace("자바", "Java");
      System.out.println("-->" + str);
    }
  }
}
```

8. 값의 범위가 −128~127이면 ==은 값을 비교하고 그 이외에는 번지를 비교하기 때문입니다.

9.

```
package sec01.verify.exam09;

public class StringConvertExample {
  public static void main(String[] args) {
    String strData1 = "200";
    int intData1 = Integer.parseInt(strData1);

    int intData2 = 150;
    String strData2 = String.valueOf(intData2);
  }
}
```

11-2 확인 문제

1.

```
package sec02.verify.exam01;

import java.text.SimpleDateFormat;
import java.util.Date;

public class DatePrintExample {
  public static void main(String[] args) {
    Date now = new Date();

    SimpleDateFormat sdf = new SimpleDateFormat("yyyy년 MM월 dd일 E요일 HH시 mm분");
    System.out.println( sdf.format(now) );
  }
}
```

2.

```
package sec02.verify.exam02;

import java.util.Calendar;

public class DatePrintExample {
  public static void main(String[] args) {
    Calendar now = Calendar.getInstance();

    int year = now.get(Calendar.YEAR);

    int month = now.get(Calendar.MONTH) + 1;
    String strMonth = (month<10)? ("0"+month) : (""+month);

    int dayOfMonth = now.get(Calendar.DAY_OF_MONTH);
    String strDayOfMonth = (dayOfMonth<10)? ("0"+dayOfMonth) : (""+dayOfMonth);

    String[] dayArray = {"일", "월", "화", "수", "목", "금", "토"};
    int dayOfWeek = now.get(Calendar.DAY_OF_WEEK);
    String strDayOfWeek = dayArray[dayOfWeek-1] + "요일";

    int hour = now.get(Calendar.HOUR_OF_DAY);
```

```
            String strHour = (hour<10)? ("0"+hour) : (""+hour);

            int minute = now.get(Calendar.MINUTE);
            String strMinute = (minute<10)? ("0"+minute) : (""+minute);

            System.out.print(year + "년 ");
            System.out.print(strMonth + "월 ");
            System.out.print(strDayOfMonth + "일 ");
            System.out.print(strDayOfWeek + " ");
            System.out.print(strHour + "시 ");
            System.out.print(strMinute + "분 ");
        }
    }
```

12-1 확인 문제

1. ④

2. new MusicRunnable()

   extends Thread

   implements Runnable

3. ②

12-2 확인 문제

1. ③   2. ②

3. ─────────────────────────────

```
package sec02.verify.exam03;

public class MovieThread extends Thread {
  @Override
  public void run() {
    while(true) {
      System.out.println("동영상을 재생합니다.");
      if(this.isInterrupted()) {
```

```
        break;
      }
    }
  }
}
```

4. `thread.setDaemon(true);`   5. ①

13-1 확인 문제

1. O, O, O, X   2. O, O, X, O   3. O, O, O, X   4. ④

5. List<Board>, ArrayList<Board> 또는 ArrayList<>

6. Map<String, Integer>, HashMap<String, Integer> 또는 HashMap<>

7. ───────────────────────────────────────

```
package sec01.verify.exam07;

import java.util.ArrayList;
import java.util.List;

public class BoardDao {
  public List<Board> getBoardList() {
    List<Board> list = new ArrayList<Board>();
    list.add(new Board("제목1", "내용1"));
    list.add(new Board("제목2", "내용2"));
    list.add(new Board("제목3", "내용3"));
    return list;
  }
}
```

8. ───────────────────────────────────────

```
package sec01.verify.exam08;

public class Student {
  public int studentNum;
  public String name;
```

```
        public Student (int studentNum, String name) {
          this.studentNum = studentNum;
          this.name = name;
        }

        @Override
        public int hashCode() {
          return studentNum;
        }

        @Override
        public boolean equals(Object obj) {
          if(!(obj instanceof Student)) return false;
          Student student = (Student) obj;
          if(studentNum != student.studentNum) return false;
          return true;
        }
      }
```

9. _____

```
    package sec01.verify.exam09;

    import java.util.HashMap;
    import java.util.Map;
    import java.util.Set;

    public class MapExample {
      public static void main(String[] args) {
        Map<String,Integer> map = new HashMap<String,Integer>();
        map.put("blue", 96);
        map.put("hong", 86);
        map.put("white", 92);

        String name = null;
        int maxScore = 0;
        int totalScore = 0;

        Set<Map.Entry<String,Integer>> entrySet = map.entrySet();
```

```
              for(Map.Entry<String,Integer> entry : entrySet) {
                if(entry.getValue()>maxScore) {
                  name = entry.getKey();
                  maxScore = entry.getValue();
                }
                totalScore += entry.getValue();
              }

              int avgScore = totalScore / map.size();
              System.out.println("평균점수: " + avgScore);

              System.out.println("최고점수: " + maxScore);
              System.out.println("최고점수를 받은 아이디: " + name);
          }
      }
```

13-2 확인 문제

1. O, O, O, X

14-1 확인 문제

1. X, O, O, O   2. X, O, O, O   3. O, O, O, X   4. ①

14-2 확인 문제

1. O, O, X, O

2.
```
package sec02.verify.exam02;

import java.io.BufferedReader;
import java.io.FileReader;

public class AddLineNumberExample {
  public static void main(String[] args) throws Exception {
```

```
        String filePath = "src/sec02/verify/exam02/AddLineNumberExample.java";

        FileReader fr = new FileReader(filePath);
        BufferedReader br = new BufferedReader(fr);

        int rowNumber = 0;
        String rowData;
        while( (rowData=br.readLine())!= null ) {
          System.out.println(++rowNumber + ": " + rowData);
        }

        br.close();
      }
    }
```

부록 A 확인 문제

1. ①   2. ②